알찬 예제로 배우는
Excel 2016

임창인 지음

kyohaksa

머리말

엑셀은 업무에서 발생하는 자료들을 입력하고, 계산하고, 분석하는 대표적인 스프레드시트 프로그램입니다. 엑셀은 엑셀 97, 엑셀 2007, 엑셀 2010, 엑셀 2013 등의 버전으로 많은 사람들에 의해 사용되어져 왔고, 이후 다양한 기능이 업그레이드되어 엑셀 2016이 출시되었습니다. 본서는 엑셀 2016을 기준으로 작성되었습니다.

본서는 엑셀 2016의 변화된 사용법과 기본기능, 실무에서 많이 사용하는 차트 및 분석 도구, 함수 활용, 간단한 외부파일 활용 등에 대하여 다양한 예제를 제시하고 예제 파일과 함께 자세한 설명으로 독자들이 정확하게 이해할 수 있도록 하였습니다. 이미 엑셀의 기본 기능을 숙지한 독자라면 예제의 연관성을 배제하여 필요한 부분만 학습할 수 있도록 하였습니다. 따라서, 엑셀을 처음 시작하는 초보부터 실무에 엑셀을 적용하여 빠르게 업무를 처리하려고 하는 독자까지 본서를 활용할 수 있을 것입니다.

본서를 통하여 "엑셀은 어렵다!"라는 통념에서 벗어나 자신감을 가지고 업무에 활용하시기를 바라며 "엑셀! 할 만하군!"으로 생각이 바뀌기를 바랍니다.

끝으로 본서를 선택해 주신 독자 분들과 만들어지기까지 애써주신 출판사의 관계자분들에게 가장 먼저 감사 인사드립니다. 또한 한상 옆에서 힘을 전해준 가족과 대덕씨에게도 감사드립니다.

2017년 저자 드림

이 책의 포지션

엑셀을 알고 싶고 다양한 실무 노하우가 필요하다면 알찬 예제로 배우는 엑셀이 정답입니다.

Version _ Excel 2016.

Series Point

알찬 예제로 배우는 시리즈만의 7대 특징

실습과 실전 문제 중심으로 구성

하나의 실습을 진행하는데 있어 먼저 소스와 완성 샘플을 보여주고, 전체적인 제작 포인트를 제시하여 예제에 접근하는데 필요한 기본 골격을 확실히 심어준 상태에서 따라해 볼 수 있어 빠른 이해 및 다양한 응용이 가능합니다.

반복 학습에 따른 실력 향상 극대화

하나의 섹션이 시작될 때마다 전체적인 개요를 잡아주고 실습에 들어감과 동시에, 해당 섹션의 마지막에 내용을 한 번 더 총정리 해주어 반복 학습에 따른 능률의 극대화를 꾀했습니다.

예제의 양과 질적인 면에서 알차게 구성

일상생활이나 업무에 조금만 응용하면 사용할 수 있는 예제들만을 엄선하여 단계별 난이도 조정에 따라 배열해 놓아, 기초부터 차근차근 실력을 향상시킬 수 있습니다.

베테랑 강사들의 알찬 노하우를 제공

실습 중간중간에 필자들이 현장에서 강의하면서 교안에 빽빽하게 써놓았던 자기만의 노하우 및 학생들의 집중적인 질문을 받았던 핵심 사항을 [강의노트]라는 제목하에 달아 놓아 저자의 노하우를 고스란히 자신의 재산으로 만들 수 있습니다.

강의 교재로 최적화한 구성

일선에서의 교육에 맞도록 최대한 실습 위주로 만들었고, 기능에 대한 설명은 한눈에 볼 수 있게끔 일목요연하게 정돈시켜 놓았습니다.

교재 자료 온라인 다운로드 제공

본 교재에 사용된 예제 파일 및 완성 파일은 (주)교학사 홈페이지(www.kyohak.co.kr) [IT/기술/수험서]-[도서 자료]의 자료실에 등록되어 있습니다. 교육시 필요한 자료들은 언제든지 이곳에서 다운로드하면 됩니다.

스스로 마스터할 수 있는 능력을 배양

매 단원 직접 해보기 및 실전 문제를 통해 다양한 응용력을 키우고, 의문사항은 교학사 도서문의를 통해 언제든지 문의 및 해결하여 자신을 한 단계 업그레이드시킬 수 있습니다.

알찬 예제로 배우는 시리즈의 예제 및 결과 파일은 교학사 홈페이지 (www.kyohak.co.kr)에서 다운 받을 수 있습니다. 다운 받은 후 압축 프로그램을 이용하여 압축을 풀어 사용하세요.

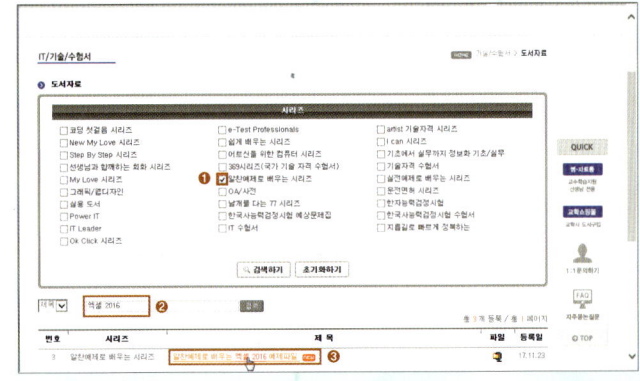

1. 인터넷 브라우저를 실행한 후 교학사 홈페이지(www.kyohak.co.kr)에 접속합니다. 상단 메뉴에서 [IT/기술/수험서]-[도서자료]를 클릭합니다.
2. [알찬예제로 배우는 시리즈]를 선택한 후 [검색하기] 버튼을 클릭합니다. 또는 검색 창에 "엑셀2016"을 입력한 후 [검색] 버튼을 클릭합니다.
3. 검색된 도서의 압축 아이콘을 클릭하여 다운로드합니다.

알찬 예제로 배우는
Excel 2016
01.

일러두기

본문은 예제 중심으로 구성되어 있습니다. 따라서 모든 예제들을 따라하기 전에 꼭 '소스 미리보기'를 먼저 보십시오.
소스 미리보기에서는 어떤 파일을 가지고 어떤 결과를 만들어 내는지 한눈에 확인할 수 있습니다. 뿐만 아니라 그 예제를 만들어 가는데 꼭 필요한 '제작 포인트'가 서술되어 있어 쉽게 섹션의 핵심 기능을 알고 시작할 수 있습니다.
엑셀 원본 폴더의 예제에 사용한 폰트가 컴퓨터의
'C:\windows\font' 폴더에 없는 경우 화면과 다르게 보일 수 있습니다. 이러한 경우 여러분의 컴퓨터에 있는 폰트 중에서 가장 비슷한 폰트로 변경해서 사용해 주시길 바랍니다.

알찬 예제로 배우는
Excel 2016
02.

이 책의 구성

섹션 설명
섹션에서 다룰 내용에 대한 전체적인 개념을 설명합니다. 본문에 대한 이해도를 높이기 위한 코너이므로 필독해 주세요.

직접 해보기
실제로 만들어 가는 과정을 따라하기 식으로 설명하여 누구나 쉽게 예제를 만들어 나갈 수 있고 알찬 기능을 익힐 수 있도록 구성하였습니다.

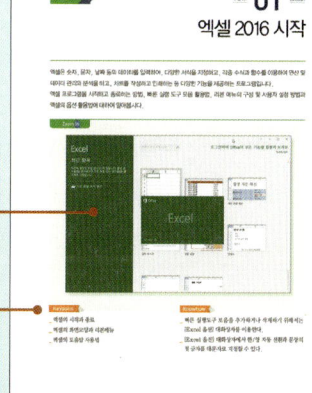

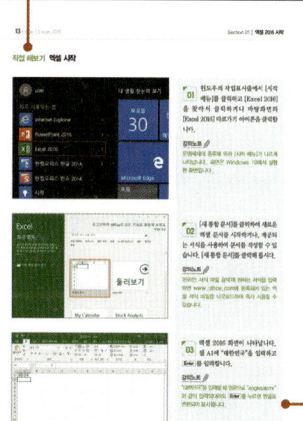

소스 미리보기
본문에서 배울 예제의 완성파일을 미리 보여주어, 전체적인 흐름을 잡을 수 있도록 하였습니다.

강의노트
알아두면 도움이 되는 내용, 막히는 부분을 더 쉽게 이해할 수 있도록 설명해 줍니다.

키포인트/노하우
학습하는 섹션의 핵심 툴을 알아보고 내용을 완벽하게 습득하기 위한 저자의 노하우를 정리 하였습니다.

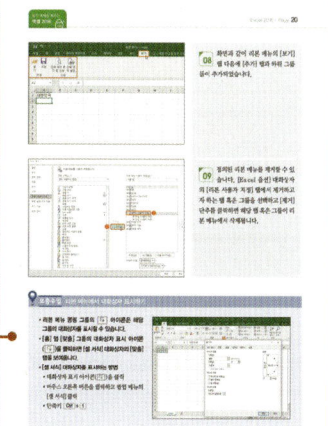

보충수업
해당 섹션에서 설명한 부분 이외에 좀더 고급적인 기능이나 알아두면 큰 도움이 될 부분을 기술하고 있습니다.

실전 문제
앞에서 배운 내용을 응용하여 혼자서 실습 해 볼 수 있도록 실습 예제를 수록하였습니다. 준비파일과 완성파일을 보여주고 실습에 필요한 간단한 힌트도 제공합니다.

Contents

Part 01 엑셀 2016 기초

Section 01. 엑셀 2016 시작 — 12
- 직접 해보기 엑셀 시작 — 13
- 직접 해보기 빠른 실행 도구 모음에 명령 추가 및 제거 — 16
- 직접 해보기 새 리본 메뉴 추가 및 제거 — 17
- 직접 해보기 눈금선 표시, 기본 글꼴 지정 — 21
- 직접 해보기 엔터 방향, 자동 저장 간격 지정하기 — 21

Section 02. 데이터 입력과 저장 — 26
- 직접 해보기 데이터 입력하기 — 27
- 직접 해보기 빠른 수식 입력하기 — 28
- 직접 해보기 특수 기호 입력하기 — 30
- 직접 해보기 한자 입력하기 — 31
- 직접 해보기 통합 문서 저장하기 — 33

Section 03. 데이터 자동 채우기 — 36
- 직접 해보기 채우기 핸들을 이용하여 데이터 입력하기 — 37
- 직접 해보기 입력으로 사용자 지정 목록 만들기 — 39
- 직접 해보기 가져오기로 사용자 지정 목록 만들기 — 40
- 직접 해보기 선형으로 연속 데이터 채우기 — 42
- 직접 해보기 급수로 연속 데이터 채우기 — 43
- 직접 해보기 날짜 연속 데이터 채우기 — 45
- 직접 해보기 빠른 채우기로 입력하기 — 47

Section 04. 시트 다루기 — 50
- 직접 해보기 시트 이름 바꾸기 — 51
- 직접 해보기 시트 삽입하고 삭제하기 — 51
- 직접 해보기 워크시트 이동과 복사하기 — 53
- 직접 해보기 시트 탭 색 바꾸기 — 54
- 직접 해보기 그룹 워크시트 사용하기 — 55
- 직접 해보기 시트 보호하기 — 57
- 직접 해보기 시트 보호 해제하기 — 59

Section 05. 워크시트 편집 — 62
- 직접 해보기 셀 범위 지정하기 — 63
- 직접 해보기 행/열, 시트전체 범위 지정하기 — 63
- 직접 해보기 데이터 이동하기 — 64
- 직접 해보기 데이터 복사하기 — 65
- 직접 해보기 값과 서식 붙여넣기 — 66
- 직접 해보기 행/열 바꾸기로 붙여넣기 — 68
- 직접 해보기 그림으로 붙여넣기 — 69
- 직접 해보기 연산하여 붙여 넣기 — 70
- 직접 해보기 복사한 셀 삽입 — 71
- 직접 해보기 빈셀 삽입하기 — 73
- 직접 해보기 셀 삭제하기 — 76
- 직접 해보기 셀 내용 지우기 — 78

직접 해보기	행과 열 삽입과 삭제하기	79
직접 해보기	찾기	81
직접 해보기	찾아 바꾸기	82
직접 해보기	행 높이와 열 너비 변경하기	83

Section 06. 셀 서식 88

직접 해보기	글꼴 지정하기	89
직접 해보기	맞춤 지정하기	90
직접 해보기	표시 형식 지정하기	93
직접 해보기	사용자 지정 표시 형식 지정하기	96
직접 해보기	테두리 지정하기	100
직접 해보기	채우기 지정하기	102
직접 해보기	셀 강조 규칙으로 조건부 서식 지정하기	104
직접 해보기	상위/하위 규칙으로 조건부 서식 지정하기	106
직접 해보기	데이터 막대로 조건부 서식 표시하기	107
직접 해보기	아이콘으로 조건부 서식 표시하기	107
직접 해보기	수식으로 조건부 서식 지정하기	108
직접 해보기	조건부 서식 규칙 지우기	110
직접 해보기	셀 강조 규칙으로 표 서식 지정하기	112

Section 07. 수식 116

직접 해보기	수식 사용하기	118
직접 해보기	상대 참조와 절대 참조 연산하기	119
직접 해보기	이름 정의와 연산하기	121

Section 08. 함수 사용 126

직접 해보기	SUM 함수 사용하기	127
직접 해보기	SUMIF 함수와 함수 마법사 사용하기	128
직접 해보기	함수 마법사 사용하기	128
직접 해보기	AVERAGE와 ROUND 함수 사용하기	129
직접 해보기	RANK.EQ 함수와 & 연산자 사용하기	130
직접 해보기	RANK.EQ 함수 마법사 사용하기	131
직접 해보기	COUNTA 함수 함수 마법사 사용하기	132
직접 해보기	COUNTIF 함수 함수 마법사 사용하기	133
직접 해보기	IF 함수 함수 마법사로 사용하기	134
직접 해보기	VLOOKUP 함수 함수 마법사 사용하기	135
직접 해보기	TODAY 함수 사용하기	138
직접 해보기	YEAR 함수 사용하기	139
직접 해보기	DSUM 함수 사용하기 I	140
직접 해보기	DSUM 함수 사용하기 II	141
직접 해보기	REPLACE 함수 사용하기	143
직접 해보기	CHOOSE, MID 함수 사용하기	144
직접 해보기	LEFT 함수 사용하기	145

Section 09. 인쇄 148

직접 해보기	머리글 만들기	154
직접 해보기	바닥글 만들기	155
직접 해보기	페이지 나누기와 인쇄 제목 지정하기	158

Part 02 데이터 관리와 분석

Section 10. 데이터 유효성 검사   164
- 직접 해보기   숫자 유효성 검사 지정하기 165
- 직접 해보기   목록 유효성 검사 지정하기 167
- 직접 해보기   텍스트 길이 유효성 검사 지정하기   169
- 직접 해보기   잘못된 데이터 표시하기   170

Section 11. 자동 필터 & 고급 필더   174
- 직접 해보기   자동 필터로 검색하기   175
- 직접 해보기   날짜 필터, 텍스트 필터, 숫자 필터로 검색하기   176
- 직접 해보기   숫자필터의 상위 10(T)로 검색하기   180
- 직접 해보기   수식을 사용하여 조건 만들기   185
- 직접 해보기   지정한 필드이름만 추출하기   186

Section 12. 정렬과 표 만들기   190
- 직접 해보기   하나의 기준으로 정렬하기   191
- 직접 해보기   둘 이상의 기준으로 정렬하기   192
- 직접 해보기   글꼴 색으로 정렬하기   193
- 직접 해보기   서울시, 경기도, 대전시 순서로 정렬하기   194
- 직접 해보기   기본 스타일의 표 만들기   196
- 직접 해보기   표 기능 해제와 원하는 스타일의 표 만들기   197
- 직접 해보기   요약 행 만들기   199

Section 13. 텍스트 나누기와 중복된 항목 제거   202
- 직접 해보기   너비가 일정함으로 텍스트 나누기   203
- 직접 해보기   구분 기호로 텍스트 나누기   205
- 직접 해보기   중복된 항목 제거하기   207

Section 14. 목표 값 찾기, 시나리오, 데이터 표   210
- 직접 해보기   목표 값 찾기 실행하기   211
- 직접 해보기   시나리오 만들기   212
- 직접 해보기   시나리오 요약 만들기   215
- 직접 해보기   시나리오 요약 보고서 삭제   216
- 직접 해보기   변수가 하나인 데이터 표 만들기   217
- 직접 해보기   변수가 두개인 데이터 표 만들기   219

Section 15. 부분합   222
- 직접 해보기   부분합 계산하기   223
- 직접 해보기   하나의 그룹항목에 중첩 부분합 계산하기   225
- 직접 해보기   그룹항목 안쪽에 중첩 부분합 계산하기   227
- 직접 해보기   윤곽기호 사용하기   229
- 직접 해보기   부분합 결과에서 3수준의 결과만 복사하기   232

Section 16. 피벗 테이블   236
- 직접 해보기   피벗 테이블 만들기   237
- 직접 해보기   [값 필드 설정]으로 피벗 테이블 수정   240
- 직접 해보기   테이블 새로 고침   243
- 직접 해보기   레이블이 있는 셀 병합 및 가운데 맞춤과 빈 셀 표시   244
- 직접 해보기   행 총합계 숨기기   245
- 직접 해보기   숫자 그룹 작성하기   246
- 직접 해보기   날짜 그룹 작성하기   248
- 직접 해보기   선택 항목의 그룹 작성하기 250
- 직접 해보기   피벗 테이블 만들기   251
- 직접 해보기   수동으로 피벗 테이블 필터링하기   252

직접 해보기	슬라이서로 필터링하기	254
직접 해보기	시간막대로 필터링하기	256
직접 해보기	피벗 테이블과 피벗 차트 만들기	258
직접 해보기	피벗 테이블을 이용하여 피벗 차트 만들기	260

Section 17. 빠른 분석   264

직접 해보기	빠른 분석을 사용한 서식지정하기	267
직접 해보기	빠른 분석을 사용한 합계와 평균 계산하기	268
직접 해보기	빠른 분석을 사용한 스파크라인 차트 만들기	270
직접 해보기	빠른 분석을 사용한 피벗 테이블 만들기	271

Part 03 차트 및 도형

Section 18. 차트   276

직접 해보기	스파크라인 차트 만들기	277
직접 해보기	추천 차트를 활용한 차트 만들기	279
직접 해보기	막대 차트 만들기	281
직접 해보기	차트 종류 변경하기	282
직접 해보기	차트 요소 추가하기	284
직접 해보기	데이터 범위 변경과 행/열 전환하기	285
직접 해보기	차트영역 편집	286
직접 해보기	값 축과 보조 축 지정하기	291
직접 해보기	차트 제목 및 축 제목 지정하기	292
직접 해보기	눈금선 표시 및 삭제하기	295
직접 해보기	데이터 계열과 데이터 요소 서식 지정하기	296
직접 해보기	보조 축 지정하기	297

Section 19. 그림과 도형   302

직접 해보기	그림 파일 삽입하기	303
직접 해보기	도형 삽입과 편집하기	305

Part 04 매크로와 부가기능

Section 20. [입력하세요] 기능   312

직접 해보기	함수 사용하기	313
직접 해보기	피벗 테이블 사용하기	314
직접 해보기	차트 작성하기	315

Section 21. 매크로   318

직접 해보기	상대참조로 매크로 기록하기	319
직접 해보기	상대참조로 기록된 매크로 실행하기	320
직접 해보기	절대참조로 매크로 기록하기	321
직접 해보기	절대참조로 기록된 매크로 실행하기	323
직접 해보기	단추 컨트롤로 매크로 실행하기	324
직접 해보기	매크로 사용 통합 문서 열기	327
직접 해보기	매크로 사용 통합 문서 저장하기	327

부록   Excel 함수와 오류의 종류   331

EX
CEL 2016

Part 01

엑셀 2016 기초

많은 사람들이 엑셀을 어렵게 생각합니다. 그러나 가보지 않은 길이
두려운 것처럼 엑셀 역시 만나지 못했기 때문에 두려운 것입니다.
한 단계씩 차분히 학습하고, 이해하고, 반복적으로 실습하다보면
저절로 엑셀의 편리성을 찾게 될 것임을 확신합니다.
Part 01에서는 엑셀에서 가장 많이 사용하는 데이터 입력,
서식, 데이터 처리 및 관리 등에 대하여 학습합니다.
이 부분만 잘 활용하여도 어려움 없이 엑셀을 활용한
자료를 완성할 수 있을 것입니다.

Part1. **01** Section

엑셀 2016 시작

엑셀은 숫자, 문자, 날짜 등의 데이터를 입력하여, 다양한 서식을 지정하고, 각종 수식과 함수를 이용하여 연산 및 데이터 관리와 분석을 하고, 차트를 작성하고 인쇄하는 등 다양한 기능을 제공하는 프로그램입니다.
엑셀 프로그램을 시작하고 종료하는 방법, 빠른 실행 도구 모음 활용법, 리본 메뉴의 구성 및 사용자 설정 방법과 엑셀의 옵션 활용법에 대하여 알아봅시다.

Zoom In

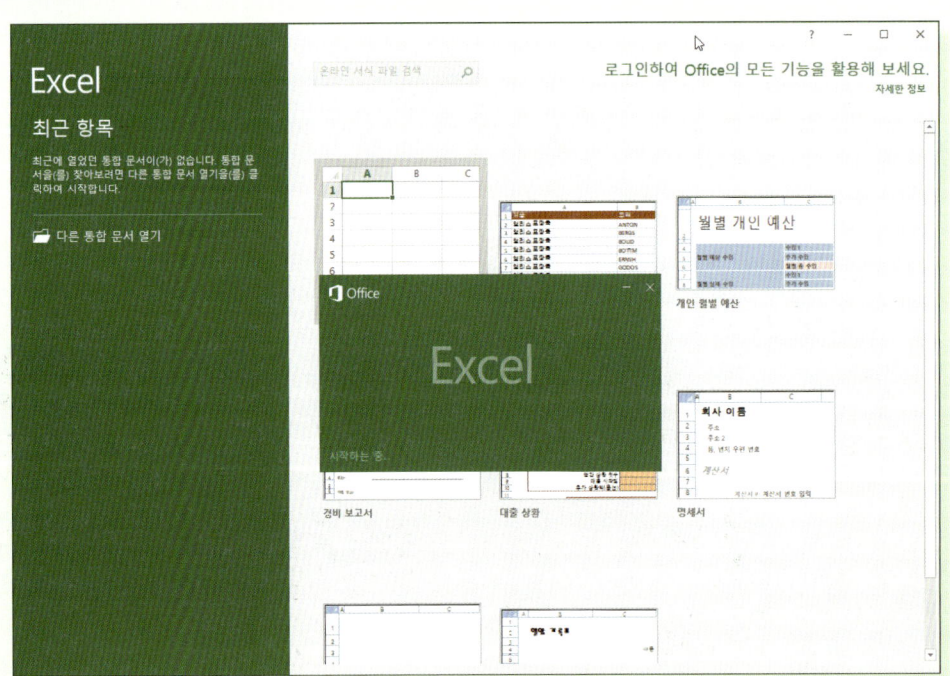

Keypoint

_ 엑셀의 시작과 종료
_ 엑셀의 화면모양과 리본메뉴
_ 엑셀의 도움말 사용법

Knowhow

_ 빠른 실행도구 모음을 추가하거나 삭제하기 위해서는 [Excel 옵션] 대화상자를 이용한다.
_ [Excel 옵션] 대화상자에서 한/영 자동 전환과 문장의 첫 글자를 대문자로 지정할 수 있다.

직접 해보기 엑셀 시작

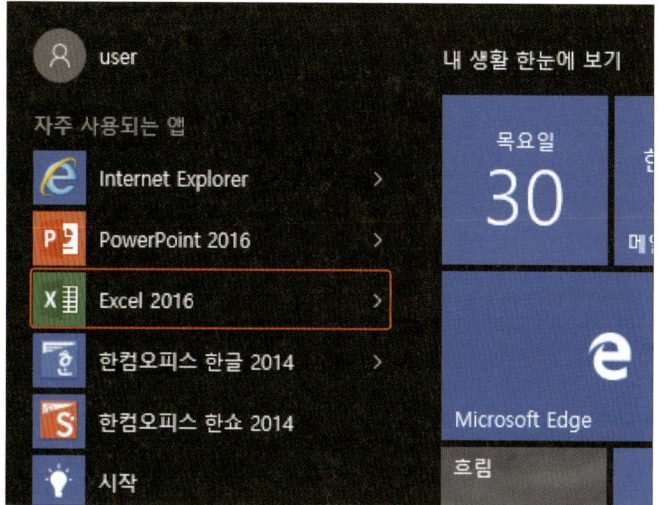

01 윈도우의 작업표시줄에서 [시작 메뉴]를 클릭하고 [Excel 2016]을 찾아서 클릭하거나 바탕화면의 [Excel 2016] 바로가기 아이콘을 클릭합니다.

강의노트
운영체제의 종류에 따라 [시작 메뉴]가 다르게 나타납니다. 화면은 Windows 10에서 실행한 화면입니다.

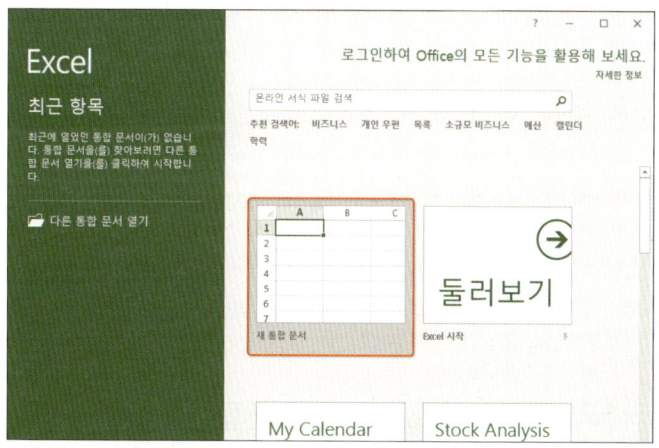

02 [새 통합 문서]를 클릭하여 새로운 엑셀 문서를 시작하거나, 제공되는 서식을 사용하여 문서를 작성할 수 있습니다. [새 통합 문서]를 클릭해 봅시다.

강의노트
'온라인 서식 파일 검색'에 원하는 서식을 입력하면 www.office.com에 등록되어 있는 엑셀 서식 파일을 다운로드하여 즉시 사용할 수 있습니다.

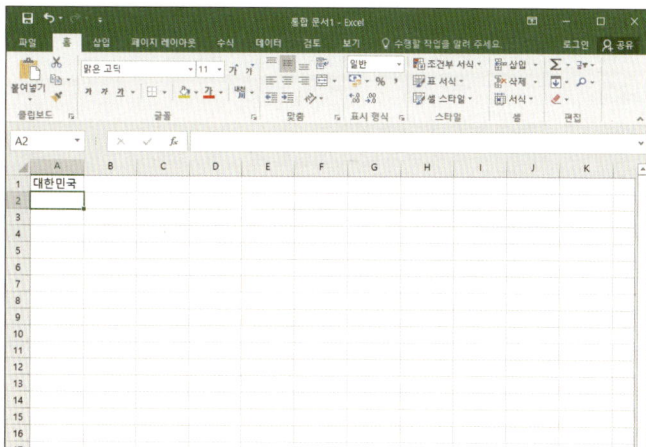

03 엑셀 2016 화면이 나타납니다. 셀 A1에 "대한민국"을 입력하고 Enter 를 입력합니다.

강의노트
"대한민국"을 입력할 때 영문으로 "eogksalsrnr"와 같이 입력되더라도 Enter 를 누르면 한글로 변환되어 표시됩니다.

Step 01. 엑셀 2016의 화면구성

엑셀 2016의 기본 화면구성입니다. 구성 요소들의 위치와 이름을 알고 있으면 엑셀 작업을 훨씬 수월하게 할 수 있습니다. 화면의 크기나 해상도에 따라 리본 메뉴의 모습은 다를 수 있습니다.

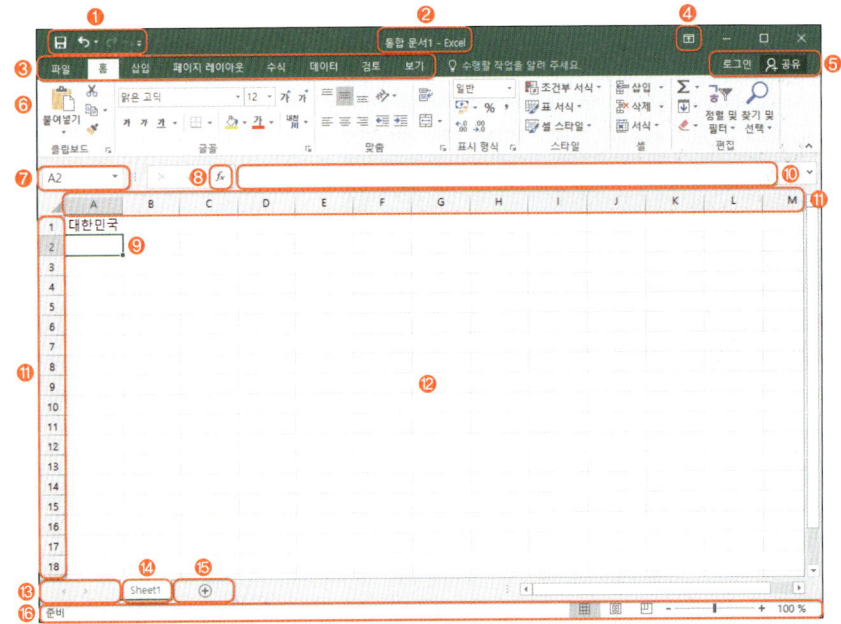

❶ 빠른 실행 도구 모음

사용자가 자주 사용하는 명령들을 등록하여 사용하는 도구 모음입니다. 기본으로 저장, 실행 취소, 다시 실행 도구가 등록되어 있습니다.

❷ 파일명

현재 작업 중인 문서의 파일명입니다. 사용자가 저장하지 않은 문서의 이름은 "통합 문서1.xlsx"로 표시되고 [저장] 버튼을 클릭하면 자동으로 [다른 이름으로 저장]이 실행되거나 현재 작업 중인 파일명에 저장됩니다.

❸ 명령 탭

작업에 필요한 명령 실행 도구가 서로 관련 있는 도구들로 분류되어 있습니다.

❹ 리본 메뉴 표시 옵션

화면 상단의 리본 메뉴를 표시하거나 숨길 수 있습니다. 리본 메뉴 표시 옵션을 클릭하면 하위 메뉴가 표시됩니다.

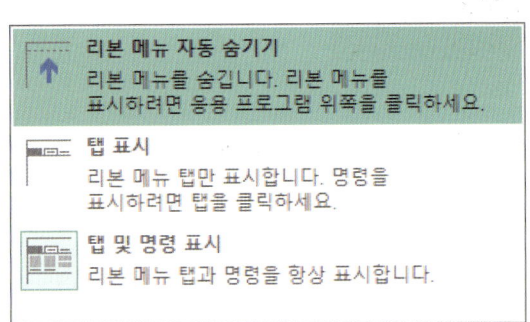

강의노트 ✏️

리본 메뉴 전체가 표시되는 상태에서 [Ctrl]+[F1]을 입력하면 [탭 표시] 상태가 되고, 다시 [Ctrl]+[F1]을 입력하면 전체가 표시됩니다.

❺ 작업 공유

로그인은 Microsoft Office에 계정을 등록할 수 있습니다. 계정 등록 후 로그인하면 클라우드 기반 통합 문서를 사용할 수 있습니다. 공유는 클라우드 기반 통합 문서를 다른 사용자를 초대하여 공유하여 작업할 수 있습니다.

❻ 리본 메뉴

작업에 필요한 모든 명령 도구들이 표시됩니다. 명령어는 8개의 탭으로 분류되고 각각의 탭은 관련 명령 도구 그룹으로 분류됩니다. 화면의 해상도나 엑셀 화면의 크기에 따라 리본 메뉴 모양이 다르게 나타날 수 있습니다.

❼ 이름 상자

현재 셀의 주소를 표시합니다. 이름 상자에 주소를 직접 입력하면 입력한 셀 주소로 이동합니다. 또한, 이름을 정의할 때 정의할 이름을 입력하여 사용할 수 있습니다.

❽ 함수 삽입

수식에 필요한 함수를 직접 입력하여 식을 완성할 수도 있고, 함수 마법사를 이용하여 필요한 함수를 선택하고, 함수에 필요한 인수를 '인수 설명 글'의 도움을 받으면서 쉽게 완성할 수 있습니다.

❾ 현재 셀

데이터 입력, 편집 등을 할 수 있는 셀 포인트입니다.

❿ 수식 입력 줄

현재 셀에 입력한 내용의 원본 데이터를 보여줍니다. 수식 입력 줄에서 셀의 데이터 값 혹은 수식을 입력하거나 편집할 수 있습니다.

⓫ 행 머리글/열 머리글

셀의 행과 열에 주어진 고유번호입니다. 행 머리글은 1에서 1048576까지이고, 열 머리글은 A에서 XFD까지입니다.

강의노트 ✏

- [Ctrl] + [→] : 열 머리글 끝으로 이동
- [Ctrl] + [↓] : 행 머리글 끝으로 이동
- [Ctrl] + [←] : 열 머리글 처음으로 이동
- [Ctrl] + [↑] : 행 머리글 처음으로 이동

⓬ 워크시트

엑셀에서 자료를 입력하고, 분석하고 처리하는 작업 영역입니다. 현재 1개의 워크시트만 사용하고 있는데, 필요에 따라 255개의 워크시트를 사용할 수 있습니다.

⓭ 시트 탭 이동 버튼

통합 문서에 포함되어 있는 시트의 개수가 많아 모든 시트 이름이 보이지 않을 경우 사용합니다.

⓮ 시트 탭

시트의 이름을 표시합니다. 작업하고자 하는 시트의 이름을 클릭하여 작업 시트를 이동합니다.

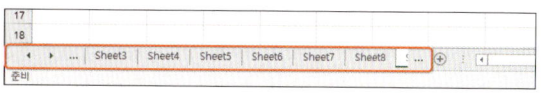

⓯ 새 시트 추가

새로운 시트를 추가 합니다.

⓰ 상태 표시줄

셀 모드, 키보드의 설정 상태, 기본 계산 결과, 화면 보기 방법, 확대/축소 등 설정 상태를 표시합니다.

직접 해보기 빠른 실행 도구 모음에 명령 추가 및 제거

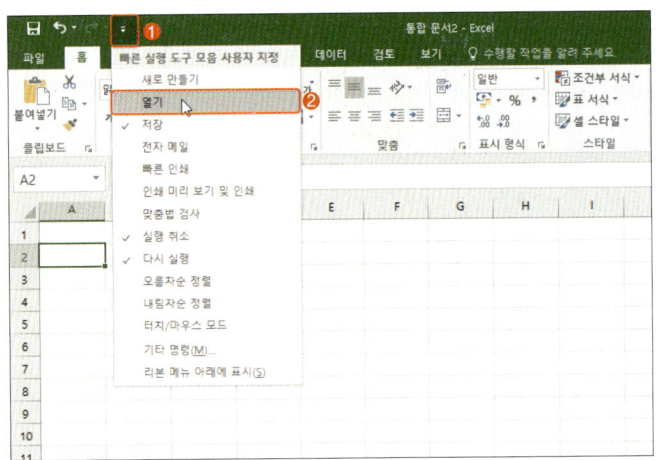

01 [빠른 실행 도구 모음]에 [열기], [표시 형식], [카메라] 도구를 추가해 봅시다.
[빠른 실행 도구 모음 사용자 지정]을 클릭하고, [열기]를 클릭하면 [열기] 도구가 추가됩니다.

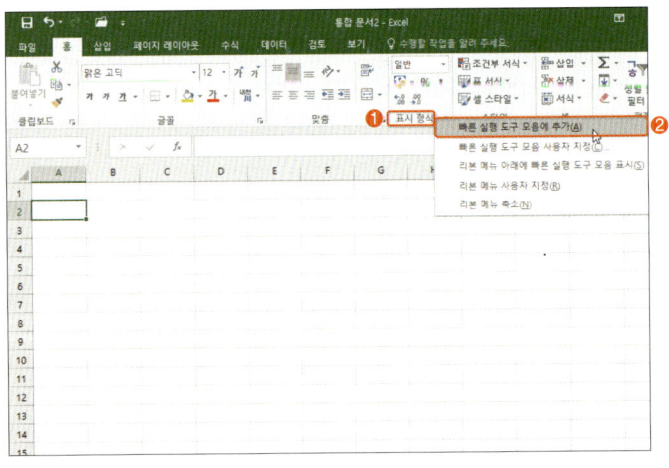

02 리본 메뉴에서 명령을 선택하여 추가 할 수 있습니다. [리본 메뉴] – [홈] 탭의 [표시 형식]의 팝업 메뉴에서 [빠른 실행 도구 모음에 추가]를 클릭하면 [표시 형식] 도구가 추가됩니다.

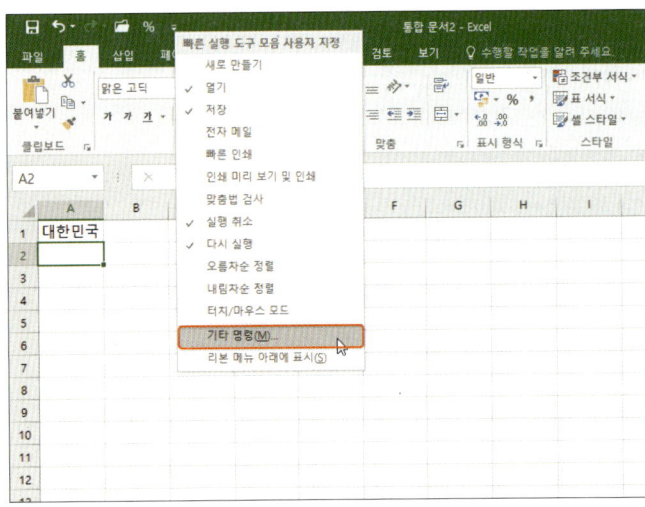

03 리본 메뉴에 표시되지 않은 명령어를 선택하여 명령을 추가할 수 있습니다. [빠른 실행 도구 모음 사용자 지정]의 [기타 명령]을 클릭합니다.

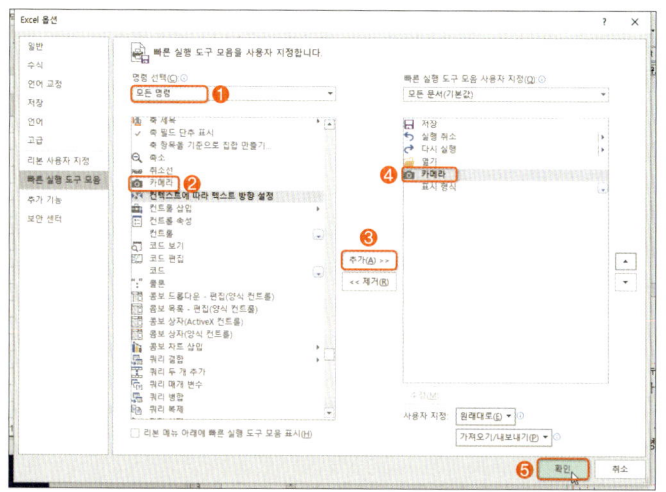

04 [Excel 옵션] 대화상자의 [빠른 실행 도구 모음]을 클릭하고 [명령 선택]에서 [모든 명령]을 선택한 후 하위 목록에서 [카메라]를 클릭합니다. [추가] 버튼을 클릭하여 [카메라] 도구가 [빠른 실행 도구 모음 사용자 지정] 항목에 추가되면 [확인]을 클릭합니다.

강의노트 🖉
오른쪽의 순서 이동 화살표를 클릭하여 도구 모음의 순서를 바꾸어 줄 수 있습니다.

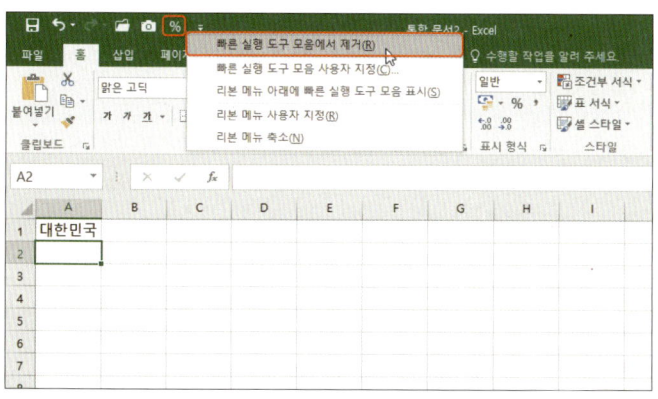

05 [빠른 실행 도구 모음]의 제거할 명령어에서 마우스 오른쪽 버튼을 클릭하고 팝업 메뉴에서 [빠른 실행 도구 모음에서 제거]를 클릭합니다.

직접 해보기 새 리본 메뉴 추가 및 제거

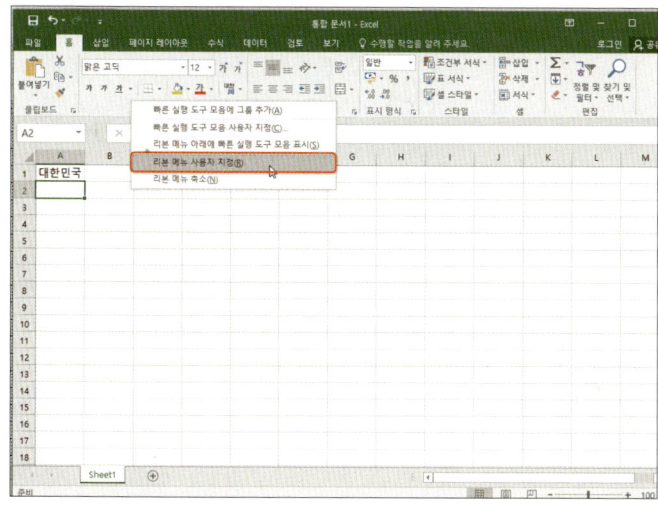

01 리본 메뉴에 [추가] 탭과 하위그룹을 생성하고 필요한 명령어를 추가해 봅시다.
리본 메뉴 임의의 위치에서 마우스 오른쪽 버튼을 클릭하여 바로 가기 메뉴에서 [리본 메뉴 사용자 지정]을 선택합니다.

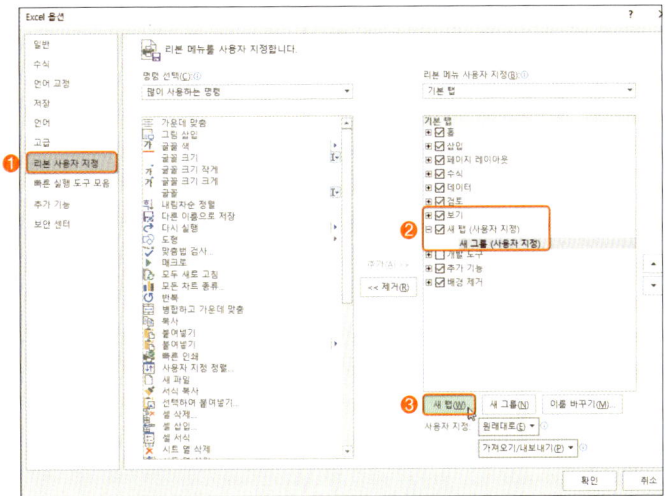

02 [Excel 옵션] 대화상자의 [리본 사용자 지정] 탭의 [보기] 그룹을 선택하고 [새 탭]을 클릭하면 [보기] 그룹 아래쪽에 [새 탭(사용자 지정)]과 [새 그룹(사용자 지정)]이 생성됩니다.

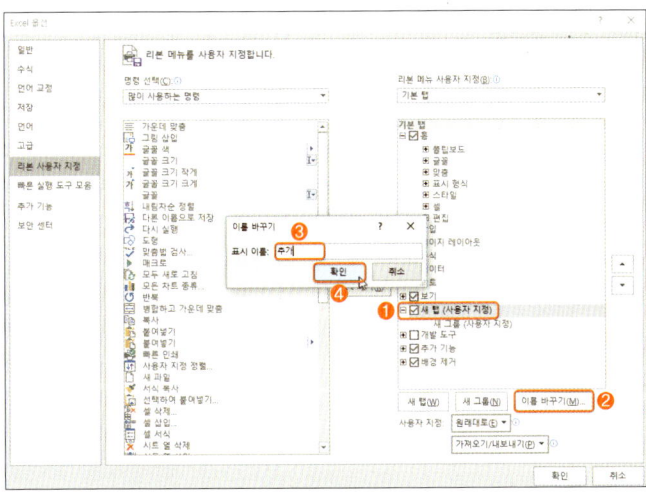

03 [새 탭(사용자 지정)]을 선택하고 [이름 바꾸기]를 클릭하여 [이름 바꾸기] 대화상자가 나타나면 표시 이름을 "추가"로 입력하고 [확인]을 클릭합니다.

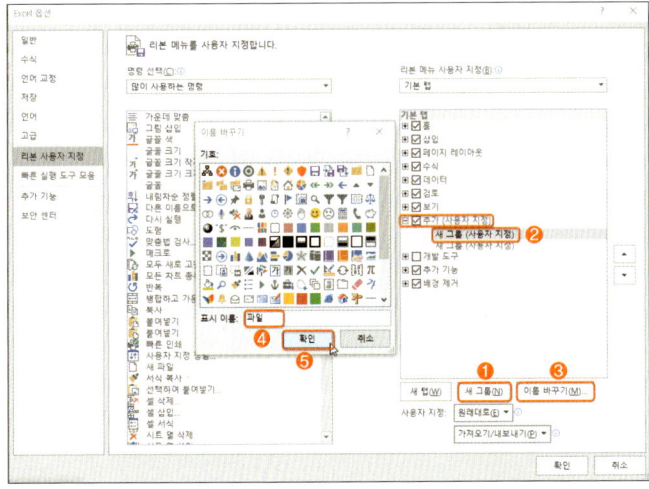

04 탭 이름이 [추가]로 바뀐 것을 확인하고, [새 그룹]을 클릭하여 그룹을 하나 추가합니다.
첫 번째 [새 그룹(사용자 지정)]을 클릭하고 [이름 바꾸기]를 클릭하여 표시 이름에 "파일"을 입력하고 [확인]을 클릭합니다.

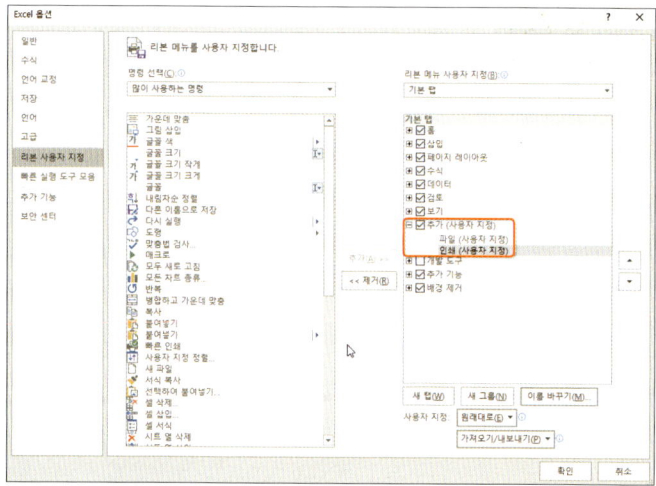

05 두 번째 [새 그룹(사용자 지정)]을 클릭하고 이름을 "인쇄"로 변경합니다. [추가] 탭에 [파일]과 [인쇄] 두 개의 그룹이 생성되었습니다.

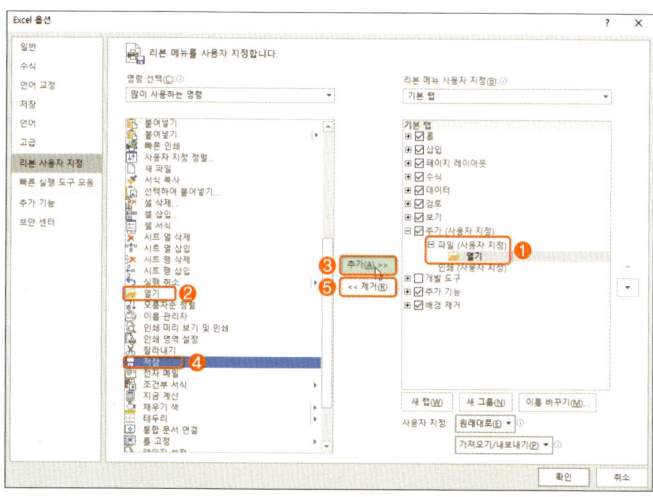

06 그룹에 명령을 추가해 봅시다. [파일] 그룹을 클릭하고 왼쪽의 명령 그룹에서 [열기]를 찾아서 선택한 후 [추가]를 클릭하면 [파일] 그룹에 [열기] 도구가 추가됩니다. 다시 [저장]을 찾아서 클릭하고 [추가]를 클릭합니다.

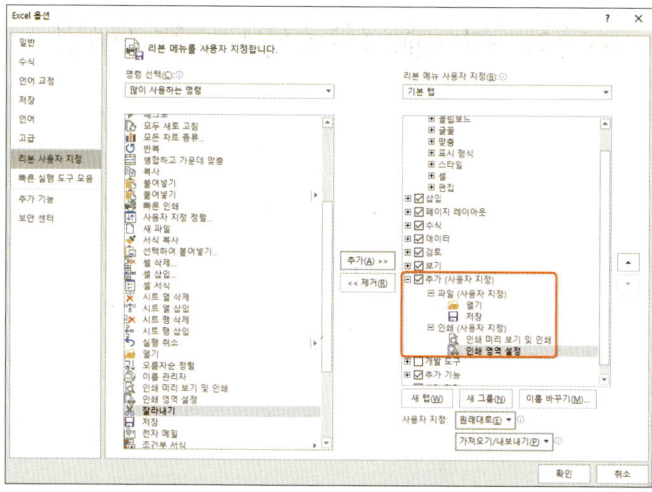

07 [파일] 그룹에 [열기]와 [저장], [인쇄] 그룹에 [인쇄 미리 보기 및 인쇄]와 [인쇄 영역 설정]을 추가합니다. 화면과 같이 명령 지정이 모두 완료되었으면 [확인]을 클릭합니다.

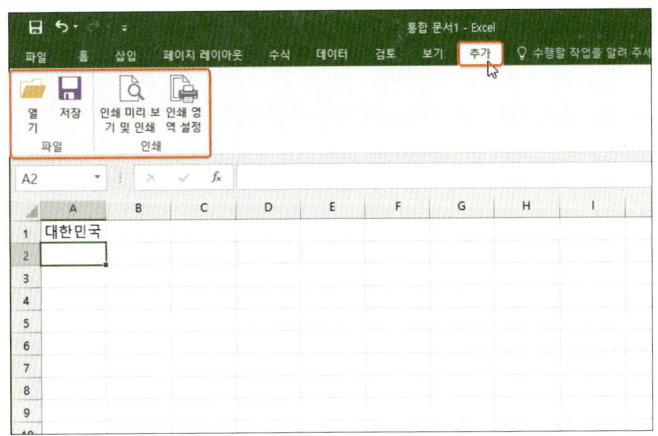

08 화면과 같이 리본 메뉴의 [보기] 탭 다음에 [추가] 탭과 하위 그룹들이 추가되었습니다.

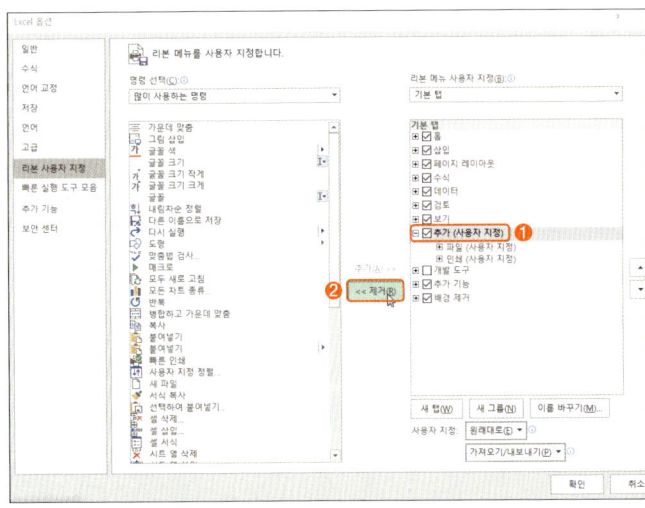

09 정의된 리본 메뉴를 제거할 수 있습니다. [Excel 옵션] 대화상자의 [리본 사용자 지정] 탭에서 제거하고자 하는 탭 혹은 그룹을 선택하고 [제거] 단추를 클릭하면 해당 탭 혹은 그룹이 리본 메뉴에서 삭제됩니다.

보충수업 리본 메뉴에서 대화상자 표시하기

- 리본 메뉴 명령 그룹의 🔲 아이콘은 해당 그룹의 대화상자를 표시할 수 있습니다.
- [홈] 탭 [맞춤] 그룹의 대화상자 표시 아이콘(🔲)을 클릭하면 [셀 서식] 대화상자의 [맞춤] 탭을 보여줍니다.
- [셀 서식] 대화상자를 표시하는 방법
  - 대화상자 표시 아이콘(🔲)을 클릭
  - 마우스 오른쪽 버튼을 클릭하고 팝업 메뉴의 [셀 서식] 클릭
  - 단축키 Ctrl + 1

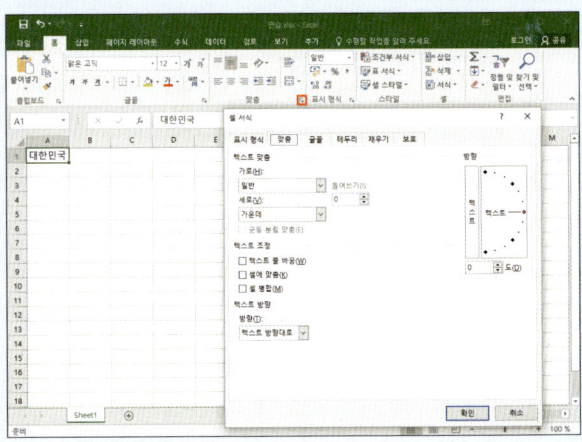

직접 해보기 | 눈금선 표시, 기본 글꼴 지정

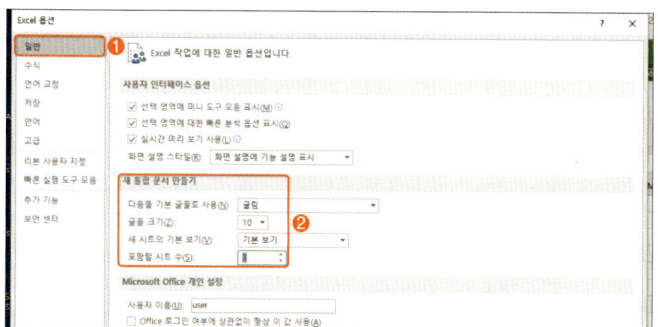

01 엑셀 기본 글꼴과 글꼴 크기, 기본 시트 수를 지정해 봅시다.
리본 메뉴 [파일] 탭의 [옵션]을 클릭하여 [Excel 옵션] 대화상자가 나타나면 [일반] 탭의 [새 통합 문서 만들기] 항목에서 기본 글꼴 : 굴림, 글꼴 크기 : 10, 포함할 시트 수 : 3을 각각 입력합니다.

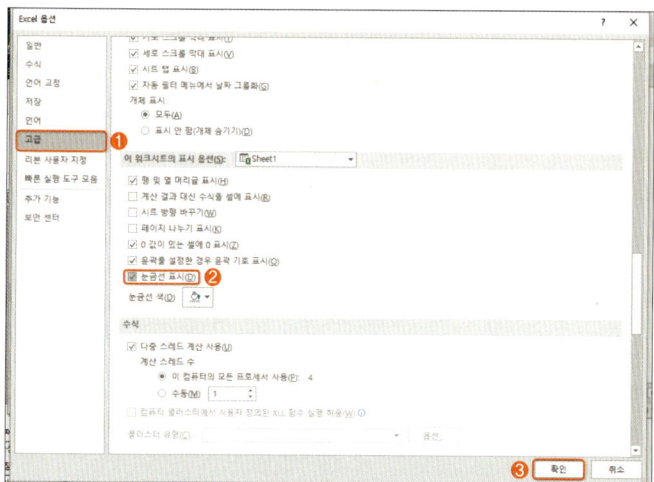

02 [고급] 탭에서 [이 워크시트의 표시 옵션] 항목의 [눈금선 표시]를 선택(√)하고 [확인]을 클릭합니다.

강의노트
[눈금선 표시]는 즉시 엑셀 화면에 적용되지만, 글꼴, 글꼴 크기, 시트 수 등은 통합 문서를 새로 만들 때 적용됩니다.

직접 해보기 | 엔터 방향, 자동 저장 간격 지정하기

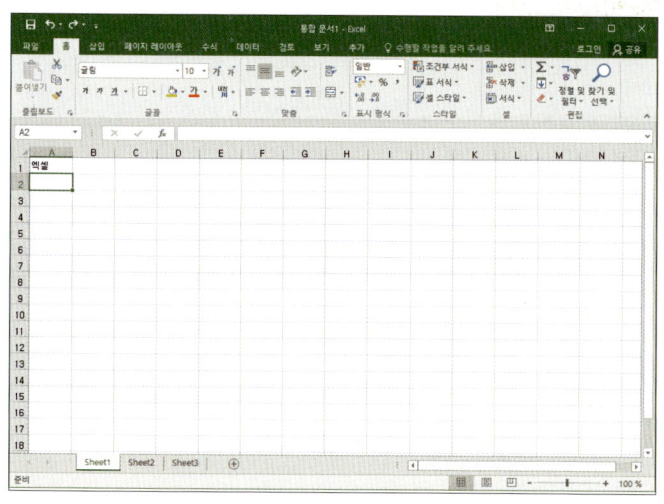

01 Enter 키를 누를 때 커서 방향을 아래쪽으로 이동하도록 지정하고, 자동 저장 간격을 30분으로 지정해 봅시다.
새 통합 문서를 만들고, 셀 A1에 "엑셀"을 입력하고 Enter 를 누릅니다. 셀 포인터는 A2(아래쪽)로 이동합니다.

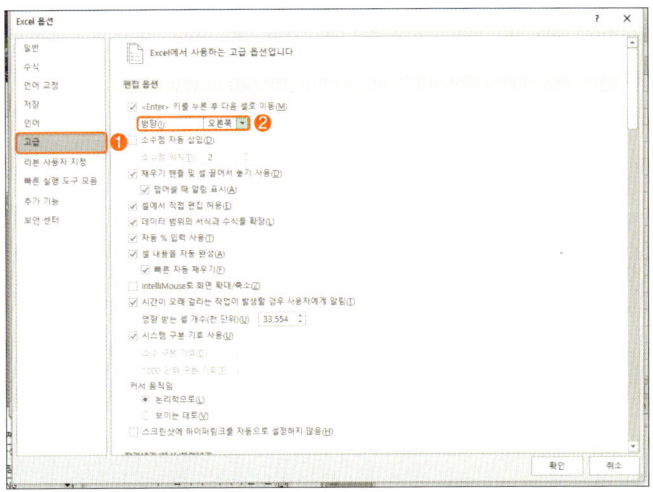

02 리본 메뉴 [파일] 탭의 [옵션]을 클릭하여 [Excel 옵션] 대화상자가 나타나면 [고급] 탭에서 [편집 옵션] 항목의 [방향]을 "오른쪽"을 선택합니다.

강의노트

새 통합 문서는 이전에 지정한 기본 글꼴 : 굴림, 글꼴 크기 : 10, 포함 시트 수 : 3으로 만들어 집니다.

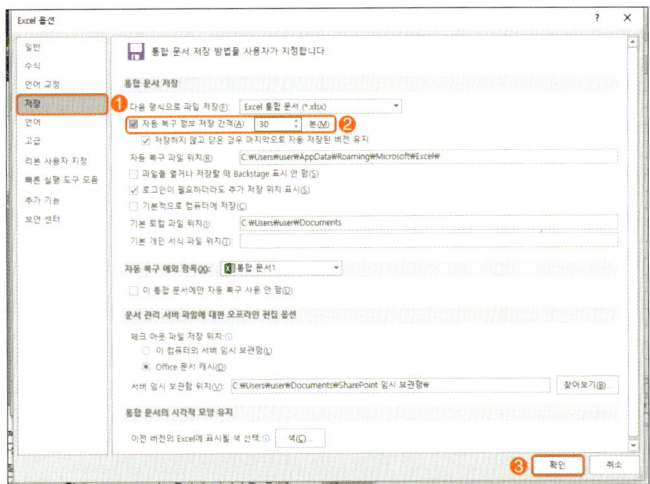

03 [저장] 탭의 [통합 문서 저장] 항목에서 [자동 복구 정보 저장 간격]을 "30"분으로 입력하고, [확인]을 클릭합니다.

강의노트

자동 저장은 시스템이 일정한 시간 간격으로 저장하였다가 예기치 못한 상황이 발생하였을 때 자동 저장한 파일을 불러와 파일을 복구시켜 주는 기능입니다.

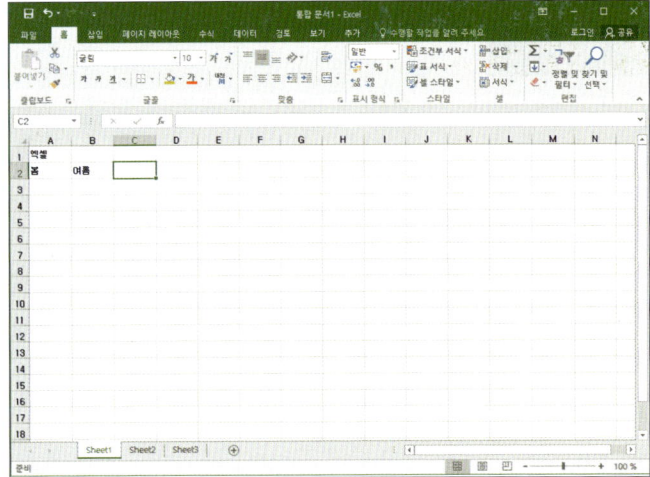

04 셀 A2에 "봄"을 입력하고 Enter 를 누릅니다. 셀 포인터는 B2(오른쪽)로 이동합니다.

보충수업 도움말 사용하기

도움말이 사용하는 기본적인 방법은 F1 키를 누르는 것입니다. 도움말 창이 나타나면 검색 창에 검색하고자 하는 단어 "정렬"을 입력하고 Enter 를 누릅니다.

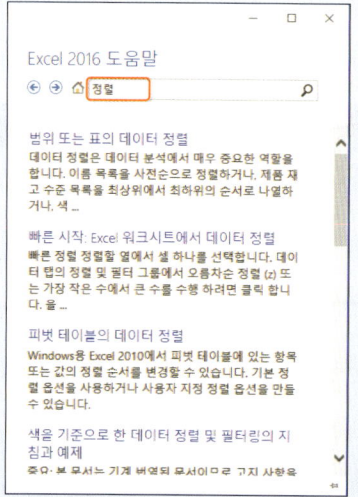

수행할 작업을 알려 주세요.를 클릭하고 검색하고자 하는 단어 "정렬"을 입력합니다. 정렬의 종류가 나타나면 바로 정렬을 실행할 수 있고, 도움말이 필요하면 "정렬"에 대한 도움말을 클릭합니다.

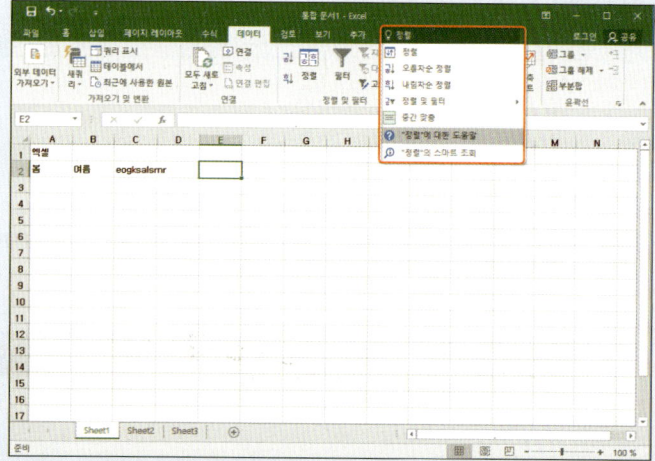

명령 아이콘 위에 마우스를 올리면 약 2초 후 간략한 도움말이 표시됩니다. 상세한 도움말을 위하여 [자세히]를 클릭합니다.

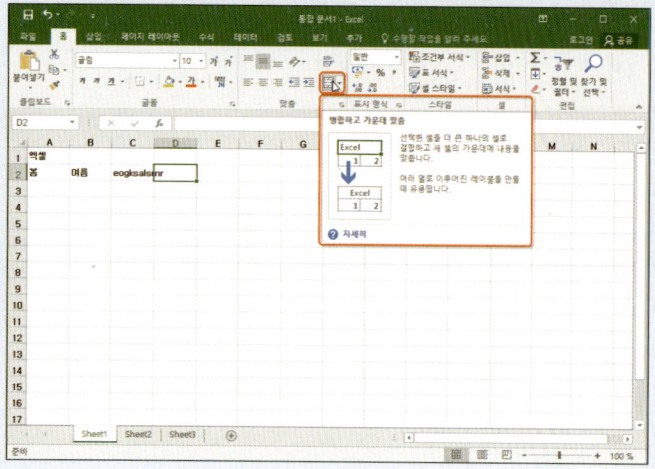

실전문제

01. 빠른 실행 도구 모음에 [열기]와 [다른 이름으로 저장] 명령을 추가하시오.

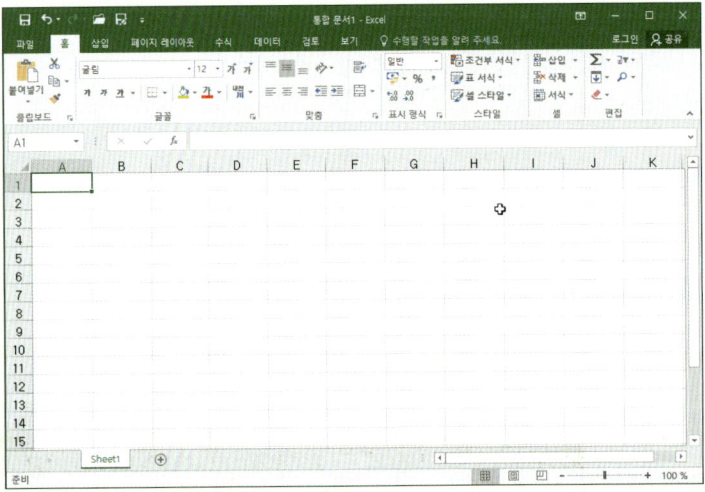

Hint [파일] 탭-[옵션]-[Excel 옵션] 대화상자의 [빠른 실행 도구모음]

02. 리본 메뉴의 [보기] 탭 뒤에 [본인 이름] 탭을 추가하고, 본인 이름 그룹에 카메라, 화면 캡처, 현재 시간 명령을 추가하시오.

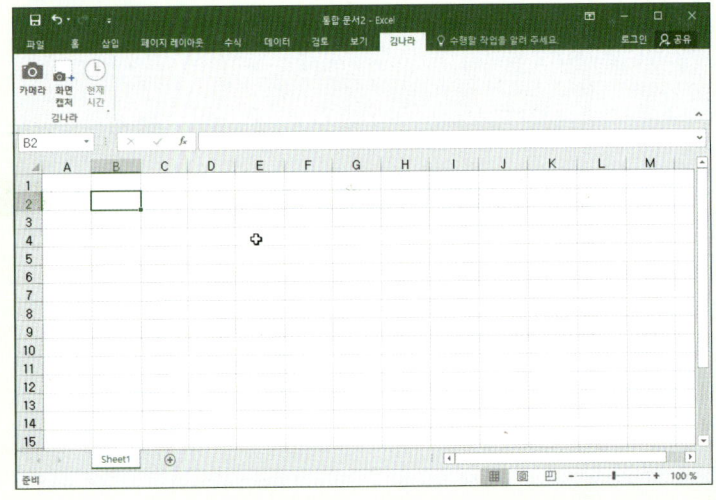

Hint [파일] 탭-[옵션]-[Excel 옵션] 대화상자의 [리본 사용자 지정]

 실전문제

03. 엑셀 화면의 셀 구분선을 숨기시오.

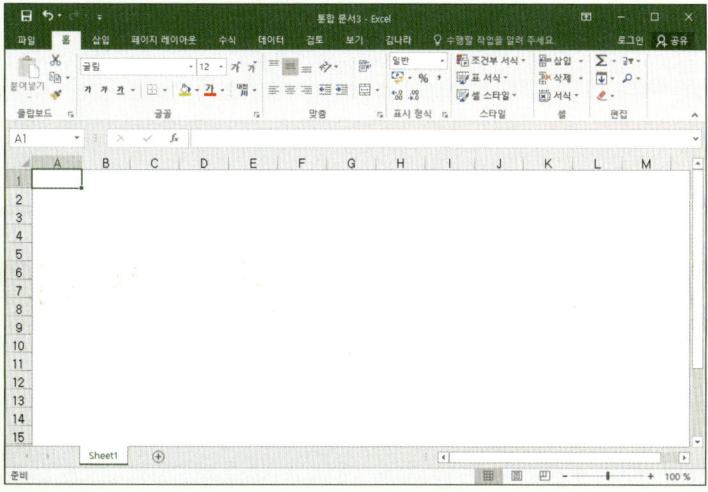

Hint [파일] 탭-[옵션]-[Excel 옵션] 대화상자의 [고급]의 [표시] 항목

04. [세금이 계산되는 견적서] 서식 파일을 불러오시오.

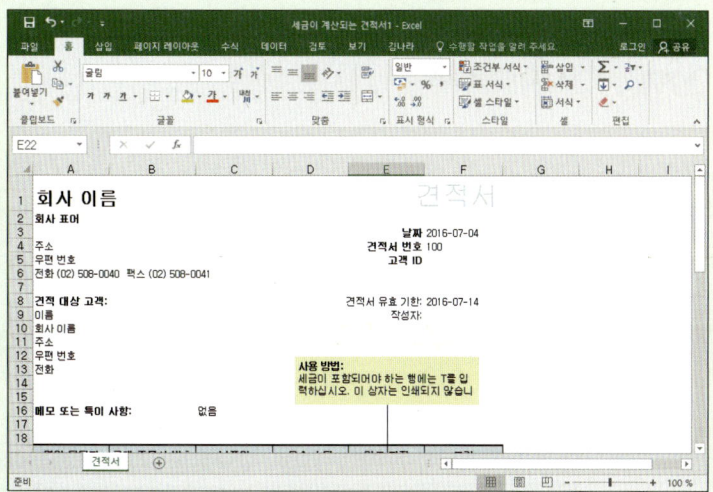

완성파일 | 실전문제-01-4-결과.xlsx

Hint [파일] 탭-[새로 만들기]-온라인 서식 파일 검색

Part1. **02** Section

데이터 입력과 저장

엑셀에서 사용하는 데이터는 숫자, 문자, 수식 등이 있습니다. 숫자는 날짜 및 시간, 논리 값, 수 등으로 구성되어 있고, 문자는 영문자, 한글, 기호, 한자 등으로 구성되어 있습니다. 데이터는 유형에 따라 입력 형식이 다르므로 입력할 때 유의합니다.

Zoom In

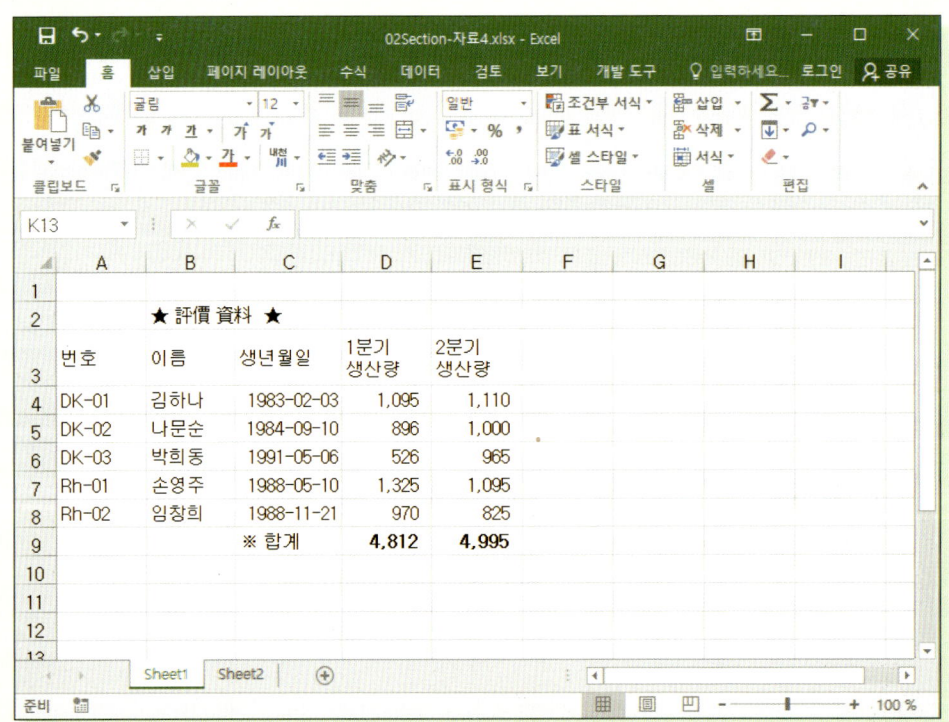

Keypoint
_ 데이터, 숫자, 특수 기호, 한자의 입력
_ 통합 문서의 저장과 불러오기

Knowhow
_ 데이터는 숫자, 텍스트, 날짜, 시간 등의 방법으로 저장할 수 있다.
_ 특수 기호는 [기호] 명령을 이용하거나 한글 자음을 입력하고 한자 키를 눌러 기호 목록에서 선택한다.

직접 해보기 데이터 입력하기

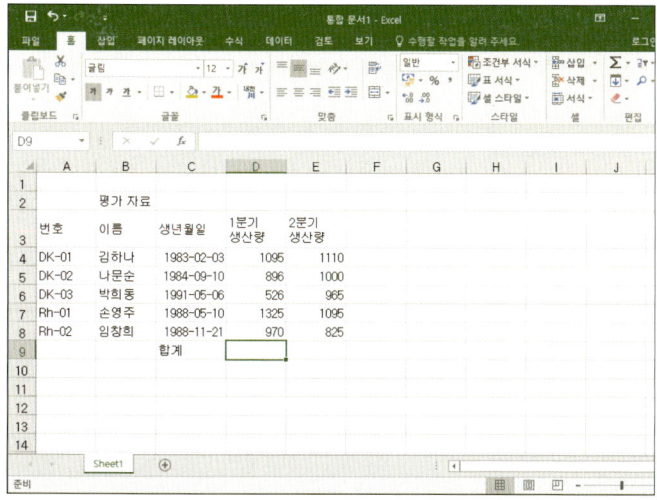

01 보기와 같이 [새 통합 문서]에 자료를 입력하여 봅시다.
[새 통합 문서]를 열고 워크시트에 자료를 입력합니다.

강의노트
셀 D3과 같이 하나의 셀에 두 줄 이상으로 자료를 입력할 때는 줄 바꾸기를 위하여 [Alt] + [Enter]를 사용합니다.

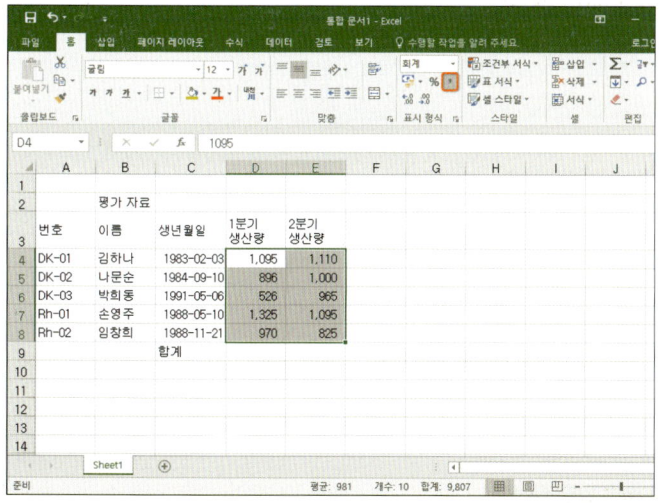

02 입력한 숫자에 세 자리마다 쉼표(,)를 표시하기 위하여 셀 「D4:E8」을 블록으로 지정하고, [홈] 탭 [표시 형식] 그룹의 [,](쉼표 스타일)을 클릭합니다.

강의노트
숫자를 입력할 때 쉼표를 직접 입력해도 되지만, 숫자만 입력한 후 [,](쉼표 스타일)을 사용하면 편리합니다. 셀의 블록을 지정하는 방법은 'Secton05 워크시트 편집'의 '직접 해보기-셀 범위 지정하기'를 참고해 주세요.

보충수업 [Enter]와 [Ctrl]+[Enter]와 [Alt]+[Enter] 비교

- [Enter] : 셀에 데이터를 입력하고 [Enter]를 입력하면 다음 셀로 이동합니다.
- [Ctrl]+[Enter] : 여러 개의 셀을 블록으로 지정하고 내용(예: 엑셀)을 입력하고 [Ctrl]+[Enter]를 입력하면 블록으로 지정한 모든 셀에 "엑셀"이 입력됩니다.
- [Alt]+[Enter] : 하나의 셀에 여러 줄을 입력하고자 할 때 사용합니다. "1분기"+[Alt]+[Enter]+"생산량" 순서로 입력합니다.

직접 해보기 빠른 수식 입력하기

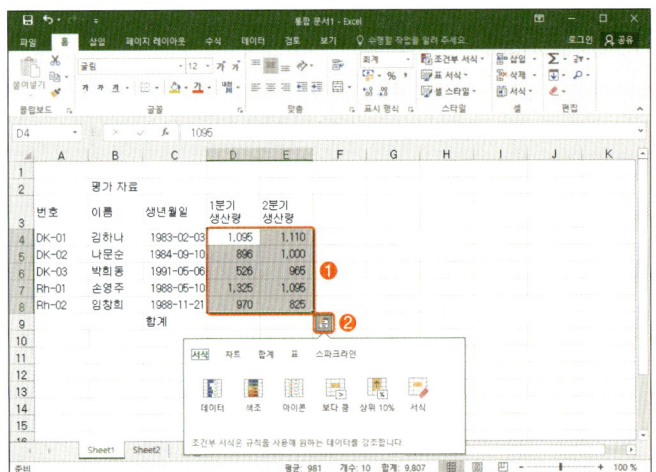

01 빠른 분석을 이용하여 합계를 계산해 봅시다.

셀 「D4:E8」을 블록으로 지정하고, 오른쪽 아래에 표시되는 [빠른 분석] 아이콘(📊)을 클릭합니다.

강의노트 ✏️

셀의 블록을 지정하는 방법은 'Secton05 워크시트 편집'의 '직접 해보기-셀 범위 지정하기'를 참조해 주세요.

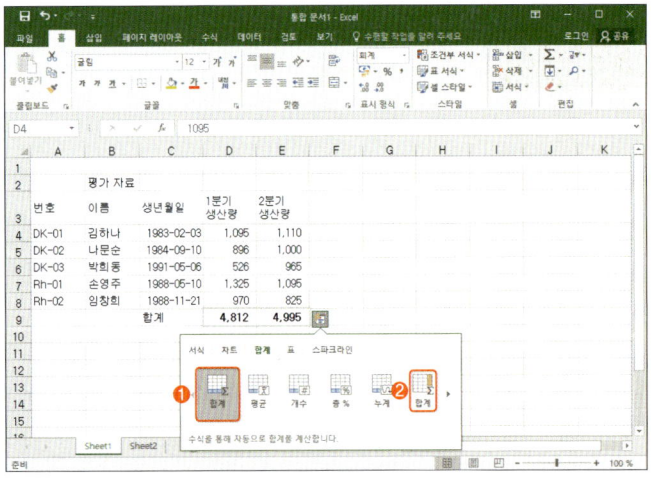

02 ①합계[📊]를 클릭합니다.

강의노트 ✏️

①합계[📊]는 열 방향 합계를 계산하고,
②합계[📊]는 행 방향 합계를 계산합니다.

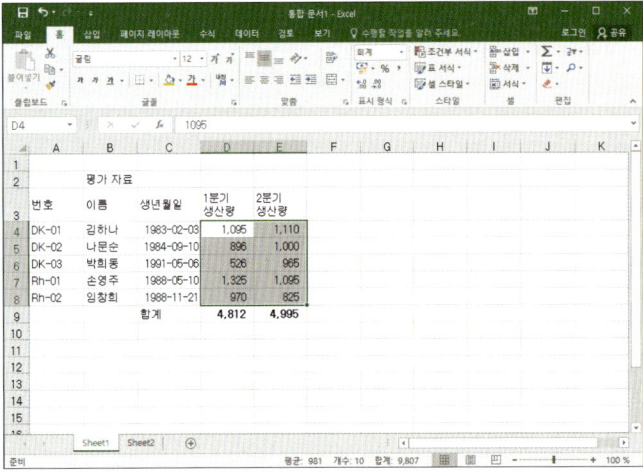

03 "1분기 생산량"과 "2분기 생산량'의 합계가 자동 계산되어 블록 아래 셀에 표시됩니다.

강의노트 ✏️

[빠른 분석](📊)은 데이터 분석을 위한 유용한 도구들을 리본 메뉴를 사용하지 않고 블록으로 지정하는 즉시 표시하여 빠르고 쉽게 사용 할 수 있도록 하는 기능입니다.

보충수업 데이터의 종류와 빠른 수식 입력

엑셀에서 사용하는 데이터는 정수, 소수와 같은 숫자, 텍스트, 날짜, 시간 등이 있습니다. 데이터 형식에 따라 수행할 수 있는 작업의 종류와 값을 저장하는 데 사용되는 메모리의 양, 즉 파일 크기가 결정됩니다.

(1) 숫자

- 0~9의 숫자와 + − ( ) , . / $ ₩ % E e TRUE FALSE 등의 문자로 구성됩니다.
- 입력하면 기본적으로 셀의 오른쪽에 맞추어 입력됩니다.
- 숫자가 셀 너비보다 길면 "#"이 표시되고, 셀 너비를 넓혀주면 정상 숫자를 표시합니다.
- TRUE와 FALSE는 논리 값이나 암시적으로 1과 0인 숫자로 활용됩니다.

(2) 문자

- 숫자, 공백, 한글, 영문자, 특수 문자, 한자 등 표시할 수 있는 모든 문자들로 구성됩니다.
- 셀에 입력하면 기본적으로 셀의 왼쪽에 맞추어 입력됩니다.
- 문자 길이가 셀 너비보다 길면 입력 셀의 오른쪽 셀이 비어있으면 그대로 연결되어 표시되고, 오른쪽 셀이 비어있지 않으면 셀 너비만큼 표시됩니다. 셀의 너비를 넓혀 주면 모든 문자를 표시합니다.

(3) 날짜 및 시간

- 날짜는 연-월-일 혹은 연/월/일과 같이 하이픈(-)이나 슬래시(/)로 연월일을 구분하여 입력합니다.
- 연을 생략하고 월-일, 즉 08-15를 입력하면 연도는 현재 연도를 입력한 것과 같습니다.
- 유효한 날짜는 1900년 1월 1일 이후의 모든 날짜입니다.
- 날짜는 1900년 1월 1일을 기준으로 숫자 값으로 취급하기 때문에 날짜를 입력하면 숫자(예, 42,556)로 표시되는 경우가 있습니다. 오류가 아니므로 표시 형식을 날짜 형식으로 바꾸어 줍니다.
- 날짜와 시간은 숫자 데이터로 취급됩니다. 따라서 셀의 오른쪽에 맞추어 입력됩니다.
- 시간은 시:분:초와 같이 시, 분, 초를 콜론(:)으로 구분하여 입력하고, AM, PM을 사용하여 오전, 오후를 구분할 수 있습니다.

(4) 수식

- 등호(=), +, − 로 시작하여 입력합니다.
- 등호(=), 상수, 셀 참조, 각종 연산자, 함수 등으로 구성되며, 수식의 결과를 표시합니다.

직접 해보기 특수 기호 입력하기

_ 준비파일 | 02Section-자료2.xlsx

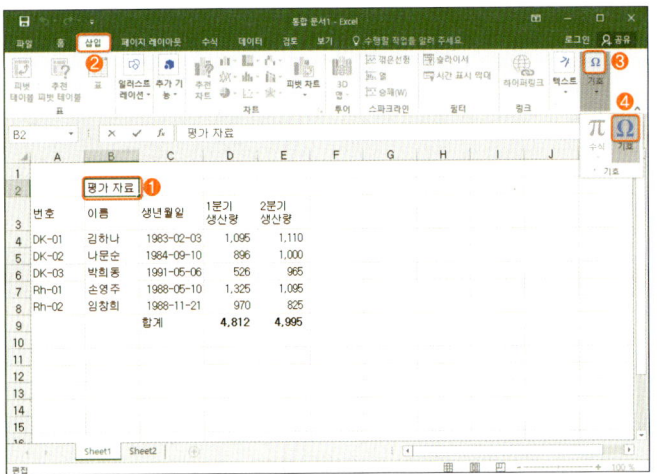

01 제목을 "★ 평가자료 ★"로 수정하고 합계를 "※합계"로 수정해 봅시다.
셀 B2를 더블클릭하고 "평가 자료"의 맨 앞으로 커서를 이동합니다. [삽입] 탭 [기호] 그룹의 [기호]를 클릭합니다.

강의노트

- 셀 B2를 클릭하고, 수식 입력 줄에서 편집할 수 있습니다.
- F2 를 누르면 더블클릭한 것과 같은 편집 상태로 전환할 수 있습니다.

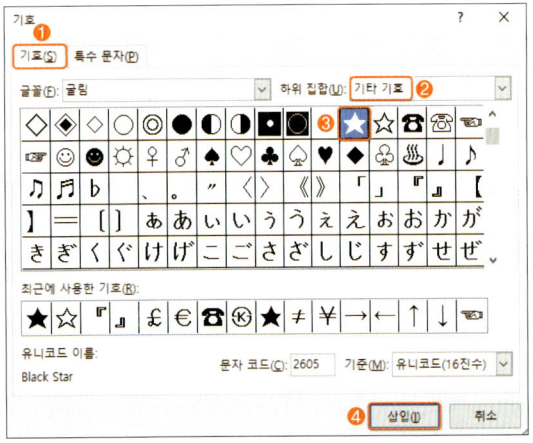

02 [기호] 대화상자에서 [하위 집합]의 "기타 기호"를 선택합니다. 기타 기호가 표시되면 "★"을 클릭하고 [삽입]을 클릭하면, 기호가 커서 자리에 입력되고, [취소] 버튼이 [닫기] 버튼으로 바뀝니다.

 보충수업

기호 목록의 [보기 변경]을 클릭하면 해당 자음에 대한 기호 목록 전체가 표시됩니다. 기호 목록은 한글 자음에 따라 달라집니다. 아래 기호 목록은 "ㅁ"에 대한 기호 목록입니다.

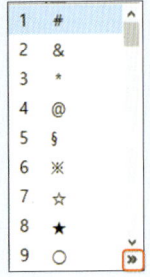

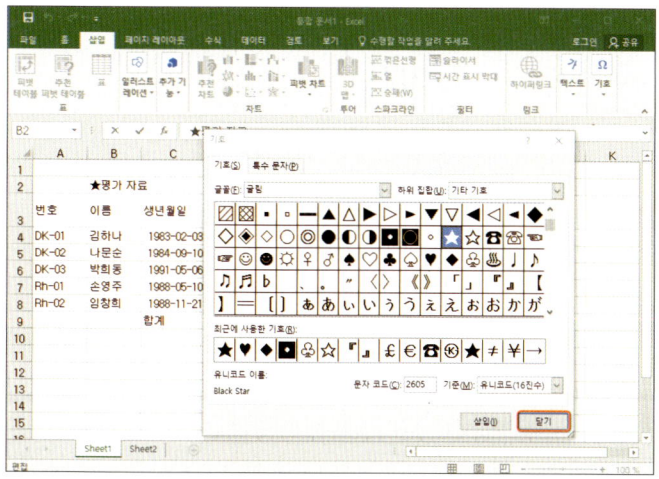

03 [닫기]를 클릭하여 [기호] 대화상자를 닫습니다. 같은 방법으로 "★ 평가자료" 뒤에도 "★"을 입력하고 적당한 위치에 공백을 입력하여 완성합니다.

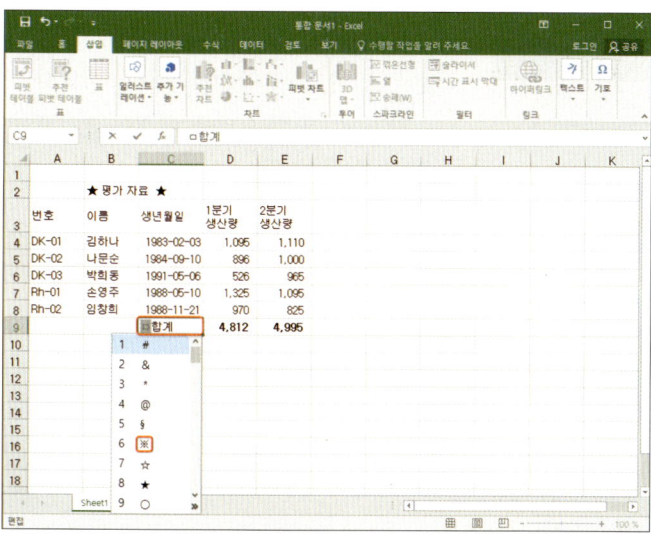

04 셀 C9를 더블클릭하고 "합계"의 맨 앞으로 커서를 이동한 후, "ㅁ"을 입력하고 한자 키를 입력하면 기호 목록이 나타납니다. 기호 목록에서 "※"를 클릭합니다.

직접 해보기 한자 입력하기

_ 준비파일 | 02Section-자료3.xlsx

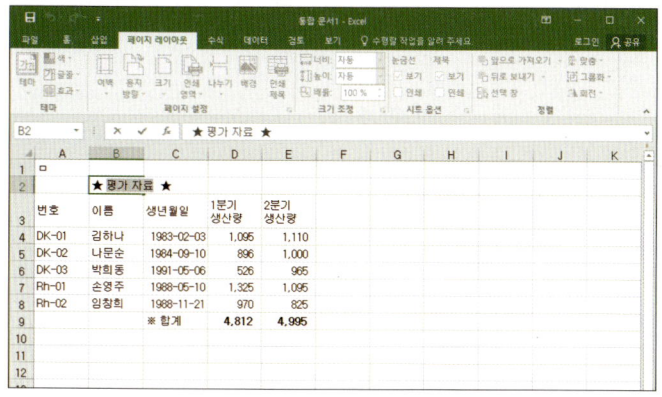

01 "평가 자료"를 한자로 변환해 봅시다.
셀 B2의 "평가 자료"를 블록으로 지정하고 한자 키를 누릅니다.

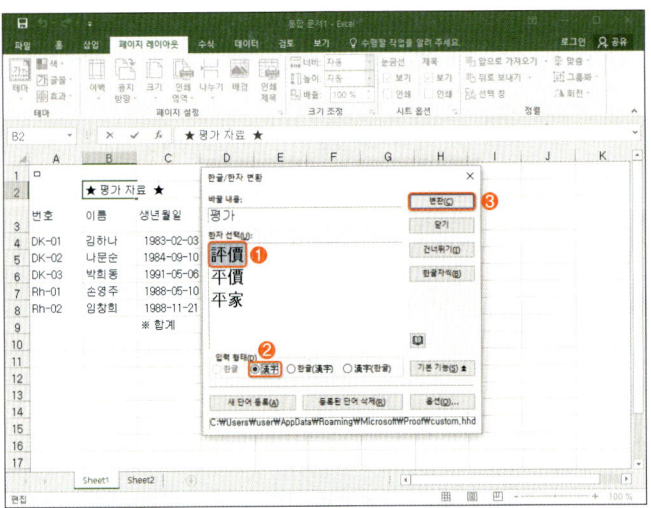

02 [한글/한자 변환] 대화상자에서 "평가"에 알맞은 한자를 선택하고, 입력 형태를 지정하고, [변환]을 클릭합니다.

강의노트
블록으로 지정한 단어가 2개인 경우 하나의 단어씩 변환을 진행합니다.

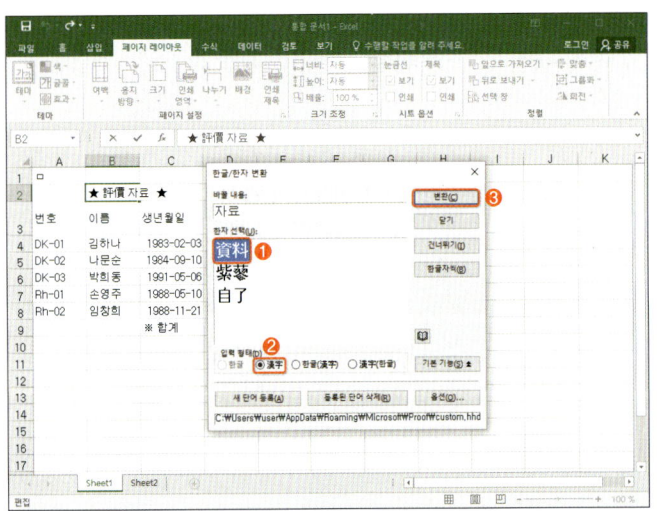

03 "자료"에 알맞은 한자를 선택하고, 입력 형태를 지정하고, [변환]을 클릭합니다.

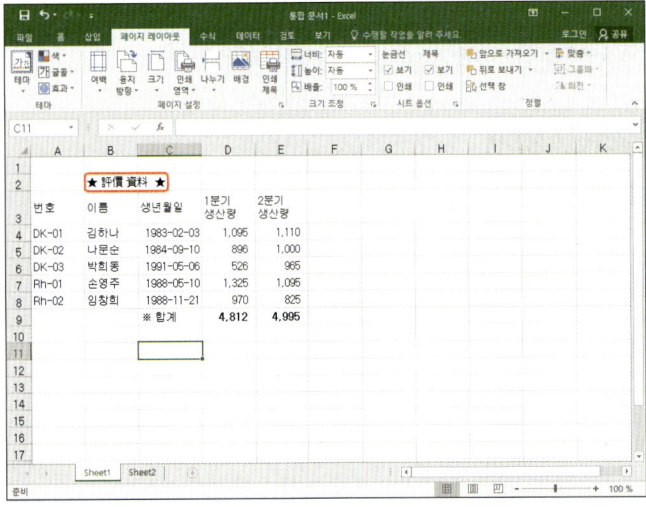

04 블록으로 지정된 부분이 모두 한자로 변환되면 [한글/한자 변환] 대화상자는 자동으로 닫힙니다. 이후 결과를 확인합니다.

강의노트
한자로 바뀐 내용을 블록으로 지정하고 한자 키를 누르면 다시 한글로 변환할 수 있습니다.

직접 해보기 | 통합 문서 저장하기

_ 준비파일 | 02Section-자료4.xlsx

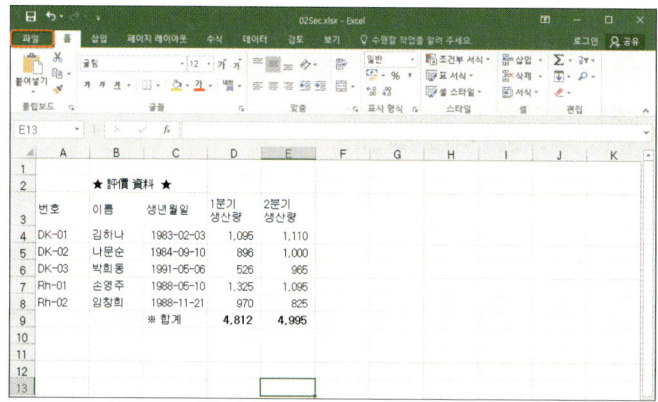

01 통합 문서를 [바탕화면]에 "성적 자료"로 저장해 봅시다.
문서를 저장하기 위하여 [파일] 탭을 클릭하고 [저장]을 클릭합니다.

강의노트 ✏️
저장하기 단축키 Ctrl + S 를 누르거나 저장 아이콘(💾)을 클릭하여도 됩니다.

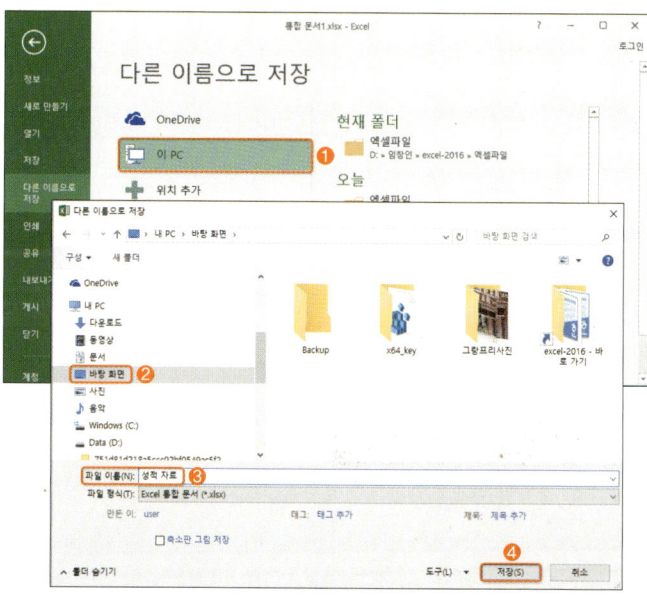

02 작성된 문서를 처음 저장하면 기본으로 [다른 이름으로 저장]이 됩니다. 내 컴퓨터에 저장하기 위하여 [이 PC]를 클릭하고 저장하고자 하는 폴더 [바탕화면]을 클릭하고, [파일 이름] "성적 자료"를 입력합니다. [저장]을 클릭하여 바탕화면에 저장합니다. 파일이 저장되면 화면은 엑셀 편집 상태로 전환됩니다.

보충수업 | 통합 문서 열기

저장된 통합 문서는 [파일] 탭을 클릭해서 백스테이지에서 [열기]를 클릭해서 불러올 수 있습니다. PC에 저장된 통합 문서는 백스테이지에서 [이 PC]를 선택하고 [열기] 대화상자가 나타나면 불러올 파일을 선택하고 [열기]를 클릭하면 불러올 수 있습니다.

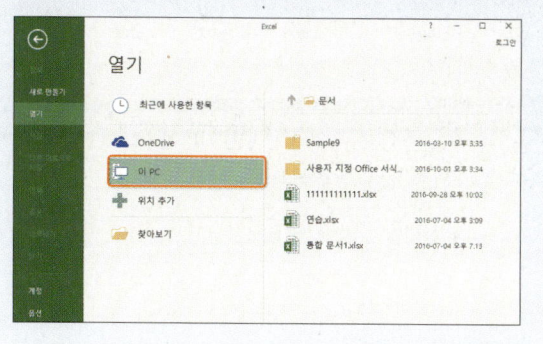

실전문제

01. 새 통합 문서에 다음과 같이 데이터를 입력하고, 파일 이름 "실전문제-02.xlsx"로 저장하시오.

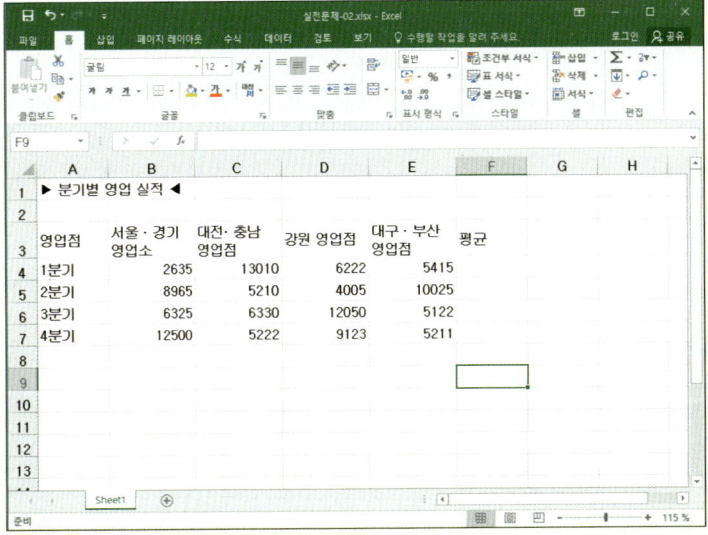

완성파일 | 실전문제 02-1-결과.xlsx

Hint 셀 내에서 줄바꾸기는 [Alt]+[Enter]

02. [빠른 분석( )] 도구를 이용하여 분기별 평균을 계산하시오.

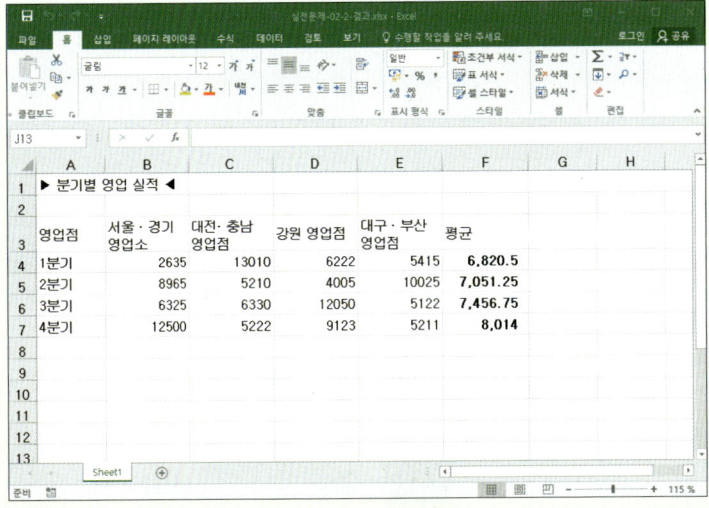

완성파일 | 실전문제 02-2-결과.xlsx

실전문제

03. 입력한 데이터를 천 단위마다 쉼표를 표시하고, 평균값은 반올림하여 정수 값만 나타내시오.

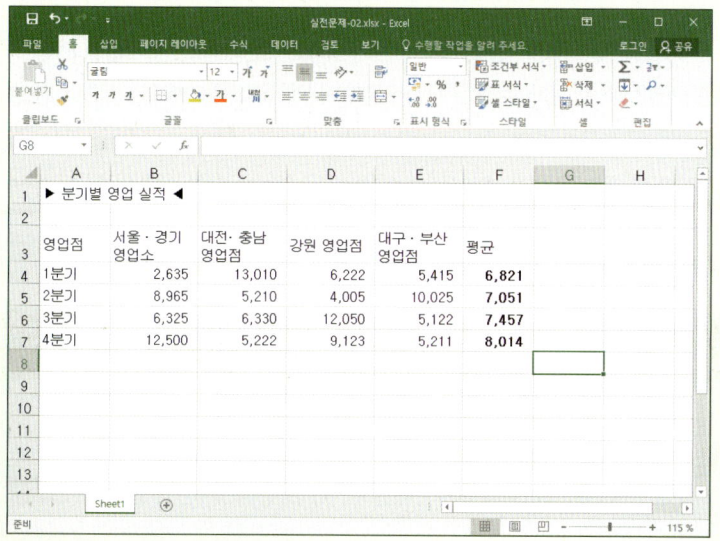

완성파일 | 실전문제 02-3-결과.xlsx

Hint [홈] 탭-[표시 형식] 그룹

04. "작성자 : 본인이름"을 셀 E9에 입력하고 다음과 같이 한자로 변환하시오.

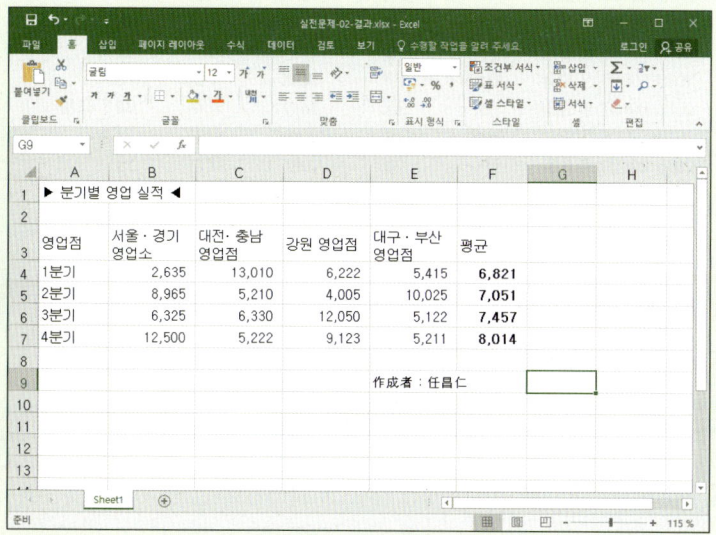

완성파일 | 실전문제 02-4-결과.xlsx

Part1. **03** Section

데이터 자동 채우기

엑셀 시트에서 셀을 클릭하면 클릭한 셀의 오른쪽 하단에 작은 사각형이 있는데, 이 작은 사각형을 채우기 핸들이라고 합니다. 채우기 핸들을 이용하면 현재 셀 값의 유형에 따라 인접한 셀에 데이터를 빠르게 복사하여 입력하거나, 일정한 규칙에 의해 자동으로 변화된 값을 입력 할 수 있고, 수식을 복사하여 입력할 수도 있습니다.
채우기 핸들의 사용법과 기존의 데이터의 일부를 이용하여 데이터를 빠르게 채우는 방법에 대하여 알아봅시다.

Zoom In

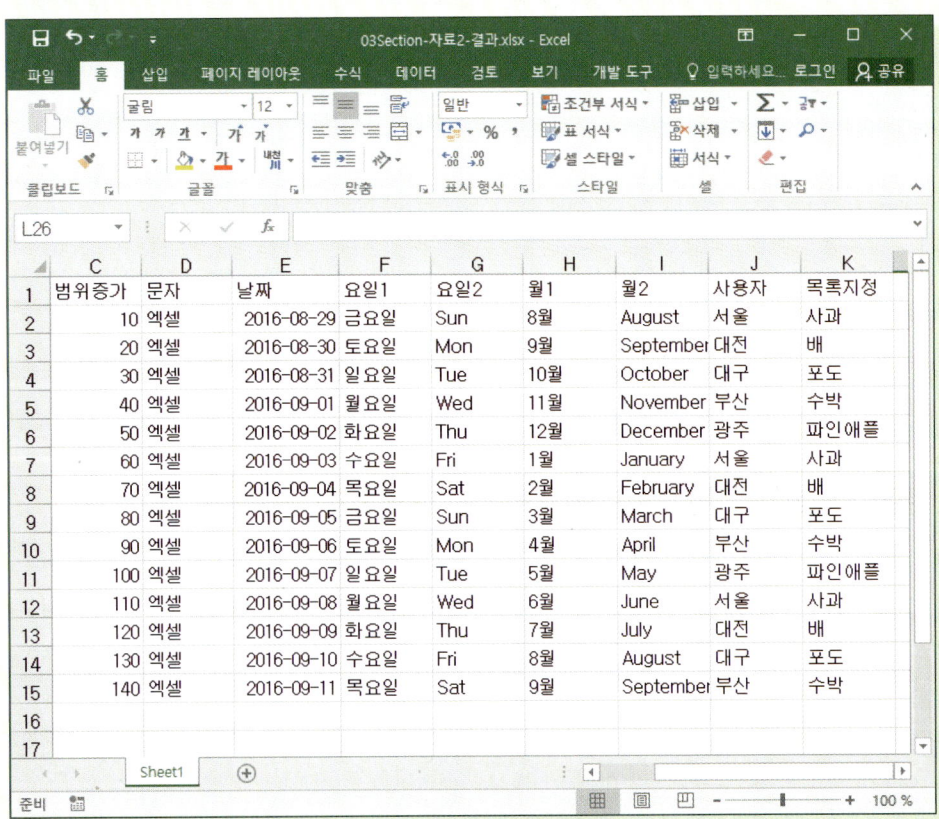

Keypoint

_ 채우기 핸들로 데이터 입력하기
_ 사용자 지정 목록 만들어 데이터 입력하기
_ 연속 데이터 입력하기
_ 빠른 채우기로 입력하기

Knowhow

_ 숫자 또는 날짜 등을 인접한 셀에 똑같이 입력하거나 일정한 간격으로 증가시킬 때 채우기 핸들을 사용하면 편하게 데이터를 입력할 수 있다.
_ [연속 데이터] 대화상자를 사용하면 행과 열을 선택하여 선형, 급수, 날짜를 자동으로 채울 수 있다.

직접 해보기 | 채우기 핸들을 이용하여 데이터 입력하기

_ 준비파일 | 03Section-자료1.xlsx

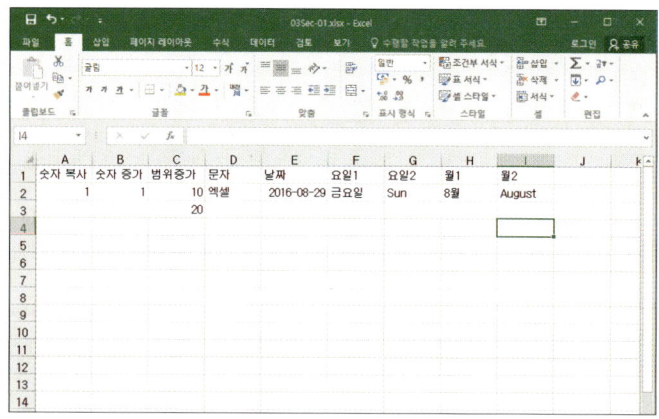

01 일정한 규칙이 있는 데이터를 채우기 핸들을 이용하여 입력해 봅시다.
그림과 같이 데이터를 입력합니다.

02 셀 A2를 클릭하고, 채우기 핸들을 A15까지 드래그합니다. 그러면 셀 A2와 같은 숫자가 셀 A15까지 자동으로 채워집니다.

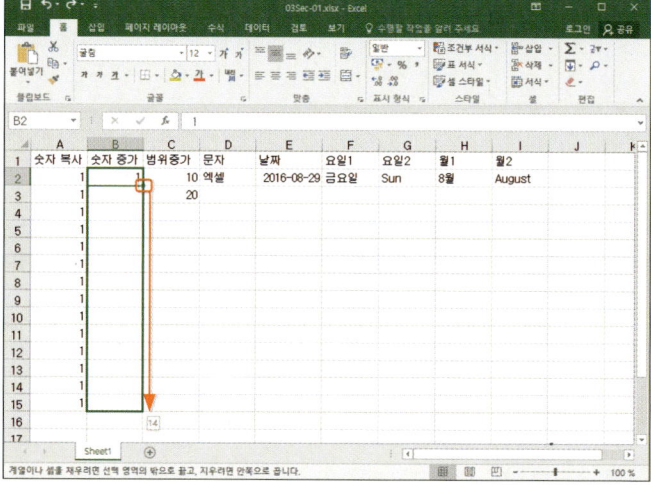

03 셀 B2를 클릭하고, [Ctrl] 키를 누른 채 채우기 핸들을 셀 B15까지 드래그합니다. 셀 B2의 숫자가 1씩 증가하면서 셀 B15까지 자동으로 채워집니다.

강의노트 ✏️

키보드의 오른쪽 [Ctrl] 키는 위 기능을 수행하지 못합니다. 반드시 왼쪽 [Ctrl] 키를 이용하세요.

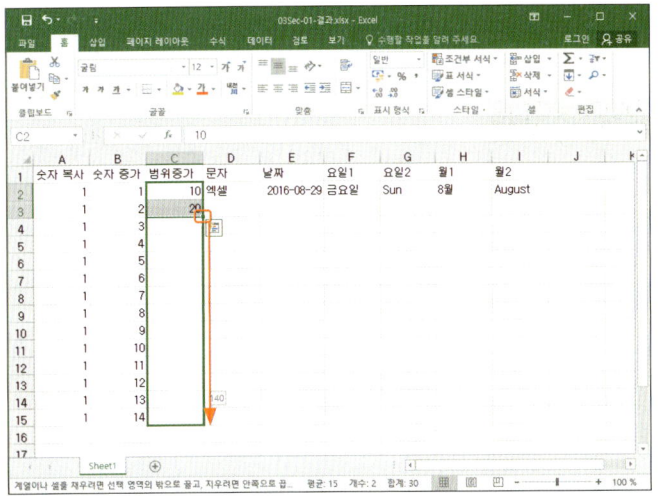

04 셀 [C2:C3]을 블록으로 지정하고, 블록의 마지막 셀인 셀 C3의 채우기 핸들을 셀 C15까지 드래그합니다.

강의노트

숫자 데이터의 블록으로 지정된 부분을 자동 채우기 하면 블록으로 지정된 숫자 값의 차이만큼 데이터가 채워집니다. 셀의 블록을 지정하는 방법은 'Secton05 워크시트 편집'의 '직접 해보기-셀 범위 지정하기'를 참조해 주세요.

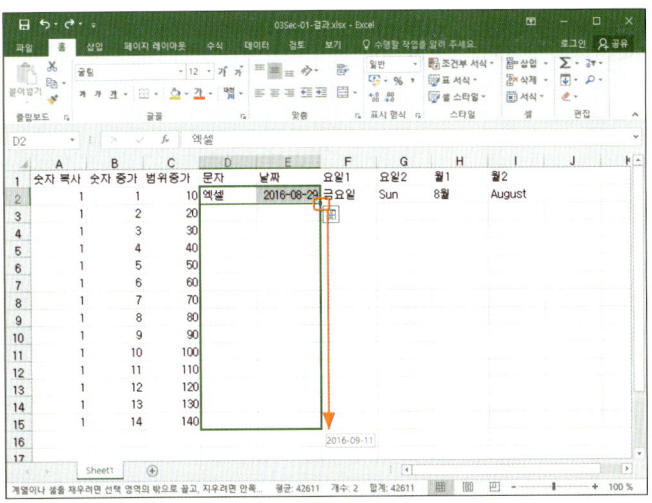

05 셀 [D2:E2]를 블록으로 지정하고, 블록의 마지막 셀인 셀 E2의 채우기 핸들을 셀 E15까지 드래그합니다. 자동 채우기를 여러 셀에 동시에 실행하면 각각의 데이터 형태에 알맞은 데이터로 채워집니다.

강의노트

문자는 처음 데이터와 같은 데이터가 복사됩니다. 날짜는 1씩 증가하는 값으로 데이터가 채워집니다.

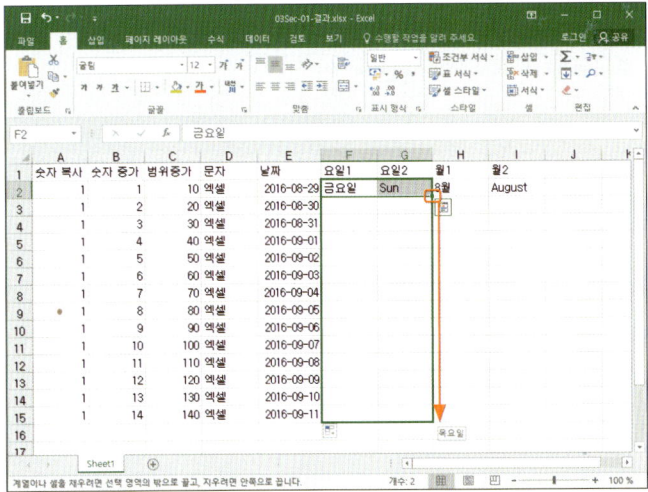

06 셀 [F2:G2]를 블록으로 지정하고, 셀 G2의 채우기 핸들을 셀 G15까지 드래그합니다. 요일의 처음 데이터가 한글이면 나머지는 한글로, 영문이면 나머지는 영문으로 채워집니다.

강의노트

요일의 영문 전체(예:Sunday)를 입력하면 나머지도 영문 전체로 채워집니다.

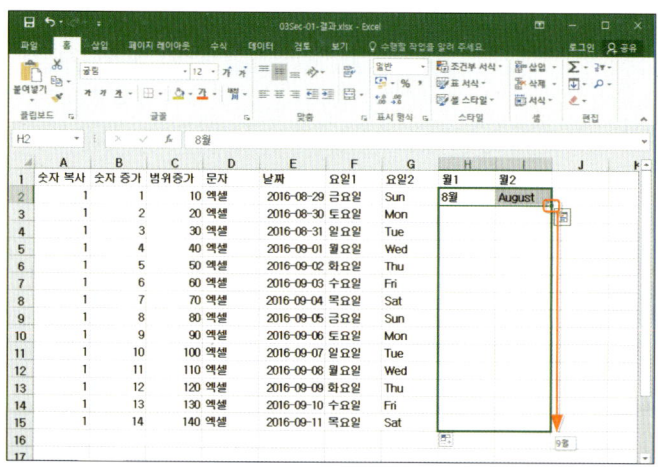

07 셀 [H2:I2]를 블록으로 지정하고, 셀 I2의 채우기 핸들을 셀 I15까지 드래그합니다. 월이 1월~12월까지 반복되어 입력됩니다.

강의노트

월의 영문을 약어(예:Aug)로 입력하면 나머지도 약어로 채워집니다. 약어는 3글자입니다. 셀의 블록 지정은 'Secton05 워크시트 편집'의 '직접 해보기-셀 범위 지정하기'를 참조해 주세요.

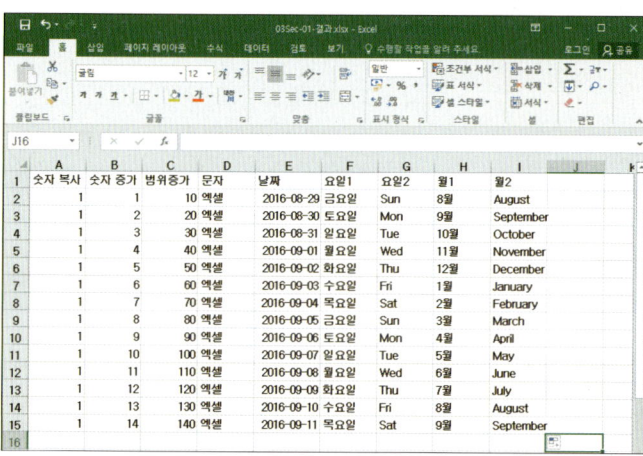

08 입력된 결과입니다.

직접 해보기 입력으로 사용자 지정 목록 만들기

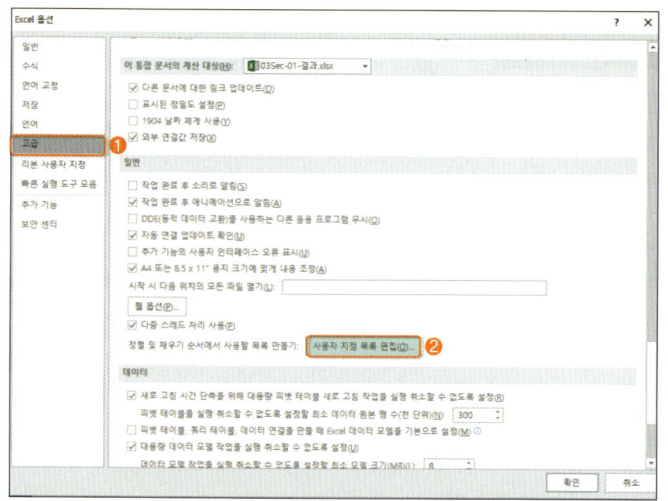

_ 준비파일 | 03Section-자료2.xlsx

01 자료 "서울, 대전, 대구, 부산, 광주"를 순서대로 사용자 지정 목록에 추가해 봅시다.

먼저, [파일] 탭 [옵션]을 클릭합니다. 이후 [Excel 옵션] 대화상자에서 [고급] 탭을 클릭하고, [일반] 항목의 [사용자 지정 목록 편집]을 클릭합니다.

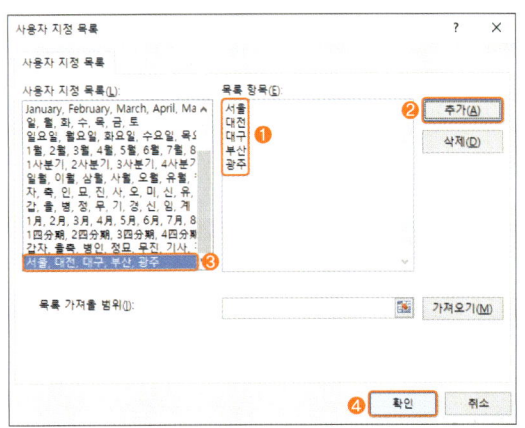

02 [사용자 지정 목록] 대화상자의 [목록 항목]에 추가하고자 하는 데이터를 "서울, 대전, 대구, 부산, 광주" 순서로 입력하고 [추가]를 클릭합니다. 왼쪽 [사용자 지정 목록]에 추가된 것을 확인하고 [확인]을 클릭합니다.

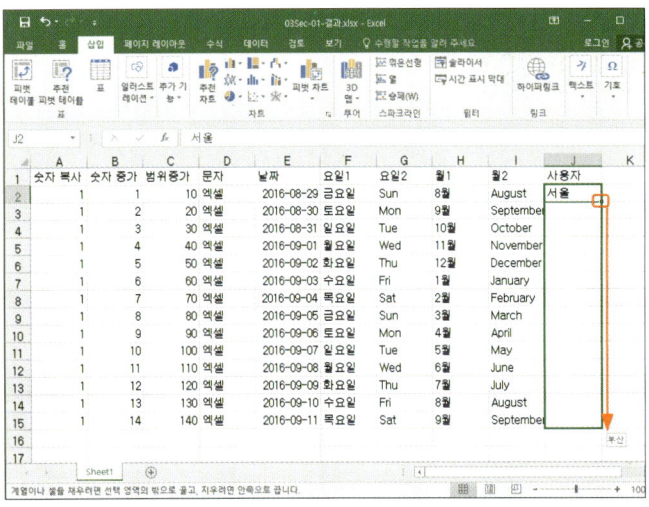

03 [Excel 옵션] 대화상자에서 [확인]을 클릭합니다. 워크시트로 셀 J1과 J2에 그림과 같이 입력합니다. 셀 J2의 채우기 핸들을 셀 I5까지 드래그하여 데이터가 "서울, 대전, 대구, 부산, 광주" 순서로 입력되는지 확인합니다.

강의노트 ✏️

데이터 시작 셀인 셀 J2에 서울이 아닌 "대전, 대구, 부산, 광주" 중의 하나를 입력하고 채우기를 하여도 데이터는 자동으로 채워집니다.
월 혹은 요일 등은 기본으로 사용자 지정 목록에 등록되어 있는 데이터입니다.

직접 해보기 가져오기로 사용자 지정 목록 만들기

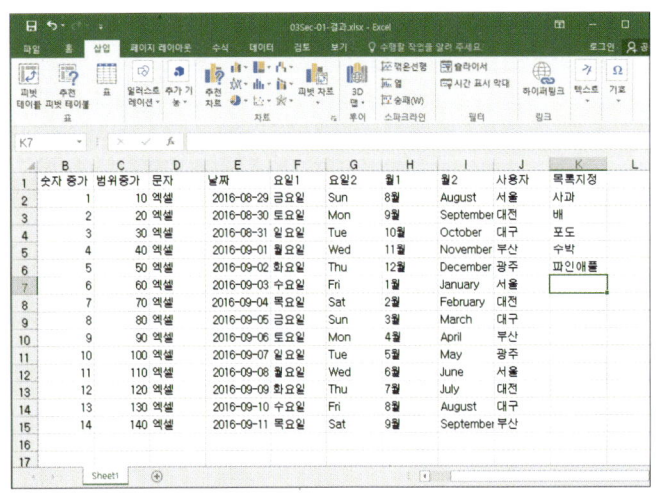

01 자료 "사과, 배, 포도, 수박, 파인애플"을 순서대로 사용자 지정 목록에 추가해 봅시다.
셀 [K1:K6]에 그림과 같이 데이터를 입력합니다. 이후 [파일] 탭 [옵션]을 클릭합니다. [Excel 옵션] 대화상자에서 [고급] 탭을 클릭하고, [일반] 항목의 [사용자 지정 목록 편집]을 클릭합니다.

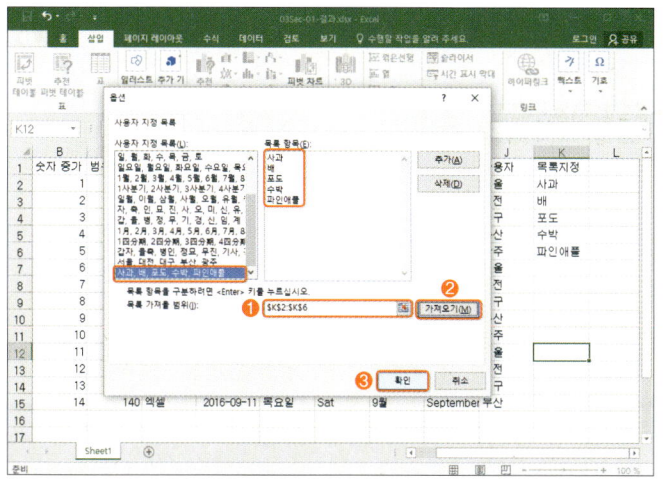

02 주소 입력창에 목록으로 지정할 범위 [$K$2:$K$6]을 지정하고 [가져오기]를 클릭합니다. 시트에 입력한 순서인 "사과, 배, 포도, 수박, 파인애플"로 사용자 지정 목록에 추가된 것을 확인할 수 있습니다.

강의노트 ✏️

시트에서 셀 [K2:K6]을 블록으로 지정하고 [사용자 지정 목록 편집]을 하면 주소 입력창에 자동으로 주소 [$K$2:$K$6]이 입력됩니다.

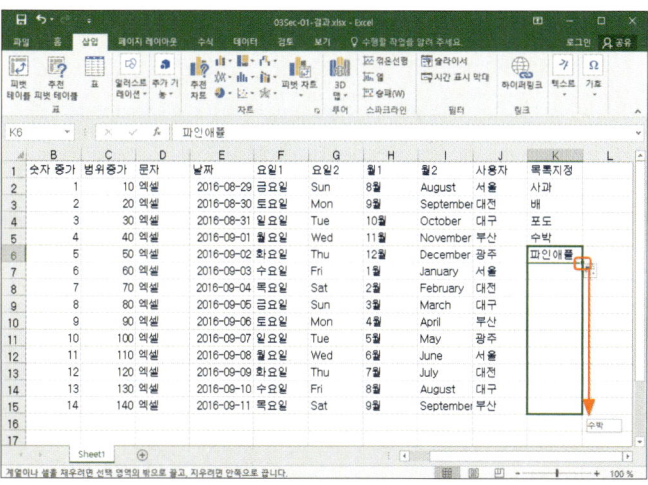

03 [Excel 옵션] 대화상자에서 다시 [확인]을 클릭하여 워크시트로 돌아옵니다.

셀 K6의 채우기 핸들을 셀 K15까지 드래그하여 데이터를 입력합니다.

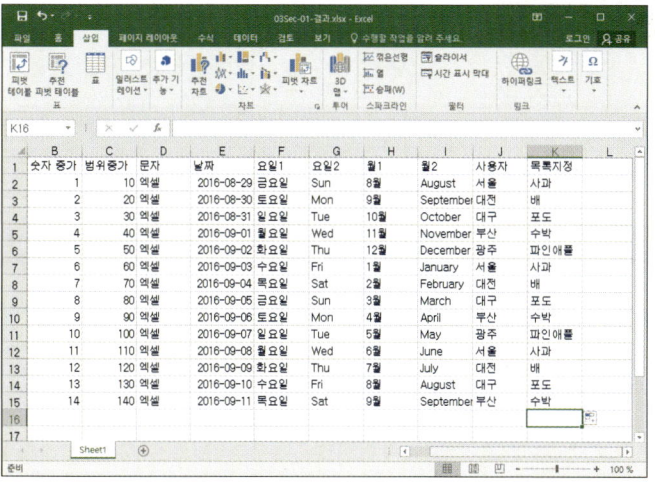

04 입력된 결과를 확인합니다.

직접 해보기 선형으로 연속 데이터 채우기

_ 준비파일 | 03Section-자료3.xlsx

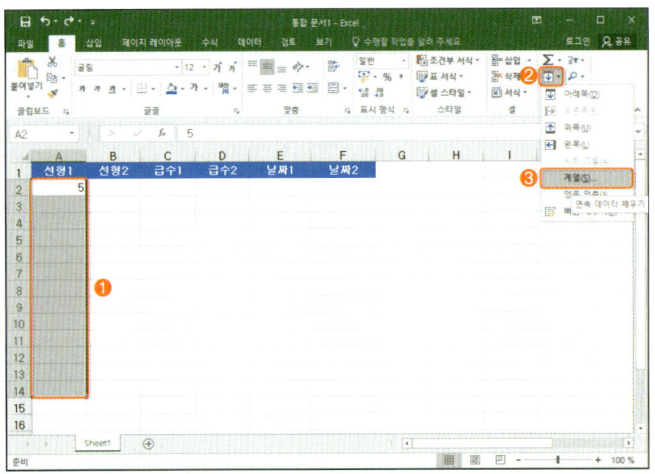

01 셀 A2에 5를 입력하고 셀 [A2:A14]를 블록으로 지정하고, [홈]탭 [편집] 그룹의 [채우기] 아이콘(⬇▾)을 클릭하고 [계열]을 선택합니다.

강의노트 ✏️
셀의 블록을 지정하는 방법은 'Secton05 워크시트 편집'의 '직접 해보기-셀 범위 지정하기'를 참조해 주세요.

02 [연속 데이터] 대화상자에서 [방향]은 "열", [유형]은 "선형", [단계 값]에 "5"를 입력하고 [확인]을 클릭합니다.

강의노트 ✏️
[방향]은 블록으로 지정한 방향이 열 방향이므로 [열]이 자동 선택되어 있습니다.

03 블록으로 지정한 영역 셀 [A2:A14]에 시작 값 5에서 5씩 증가한 값이 채워집니다. 셀 B2에 5를 입력하고, [홈]탭 [편집] 그룹의 [채우기] 아이콘(⬇▾)을 클릭하고 [계열]을 선택합니다.

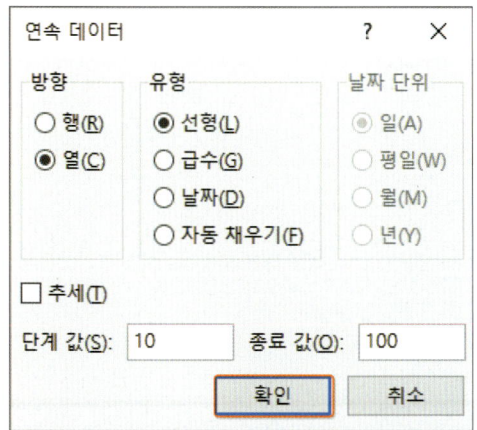

04 [연속 데이터] 대화상자에서 [방향]은 "열", [유형]은 "선형", [단계 값]에 "10", [종료 값]에 "100"을 입력하고 [확인]을 클릭합니다.

강의노트
[방향]은 블록으로 지정하지 않았을 경우 [행]이 자동 선택되어 있습니다.

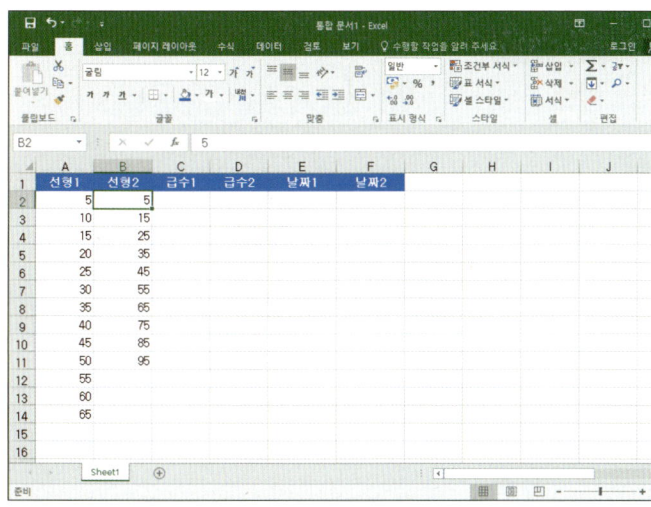

05 셀 B2의 5를 시작 값으로 하여 10씩 증가하면서 100 이하인 값을 표시합니다.

직접 해보기 급수로 연속 데이터 채우기

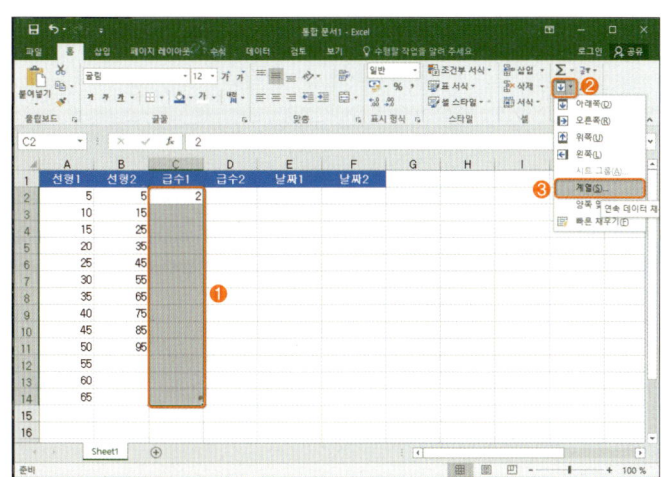

01 셀 C2에 2를 입력하고 셀 [C2:C14]를 블록으로 지정합니다. [홈] 탭 [편집] 그룹의 [채우기] 아이콘(⬇)을 클릭하고 [계열]을 선택합니다.

강의노트
셀의 블록은 'Secton05 워크시트 편집'의 '직접 해보기-셀 범위 지정하기'를 참조해 주세요.

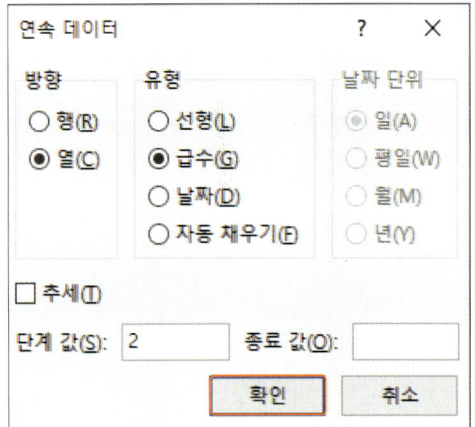

02 [연속 데이터] 대화상자에서 [방향]은 "열", [유형]은 "급수", [단계 값]에 "2"를 입력하고 [확인]을 클릭합니다.

03 블록으로 지정한 영역 셀 [C2:C14]에 시작 값 2에서 2의 배수로 증가한 값이 채워집니다. 셀 D2에 2를 입력하고. [홈] 탭 [편집] 그룹의 [채우기] 아이콘( )을 클릭하고 [계열]을 선택합니다.

04 [연속 데이터] 대화상자에서 [방향]은 "열", [유형]은 "급수", [단계 값]에 "2", [종료 값]에 "1000"을 입력하고 [확인]을 클릭합니다.

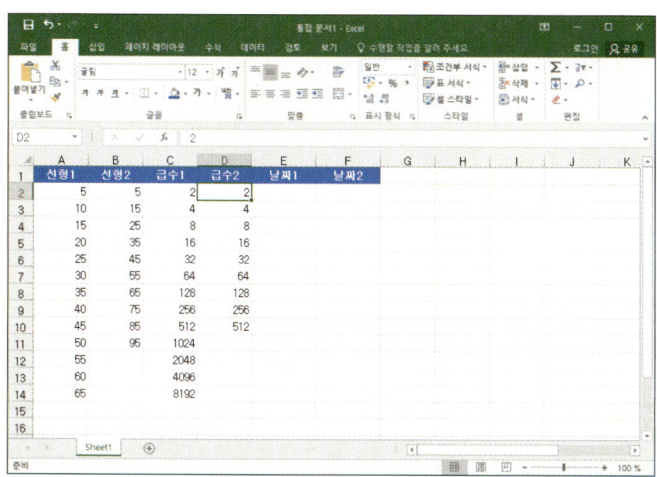

05 셀 D2의 2를 시작 값으로 하여 2의 배수로 증가하면서 1000 이하인 값까지 표시합니다.

직접 해보기 날짜 연속 데이터 채우기

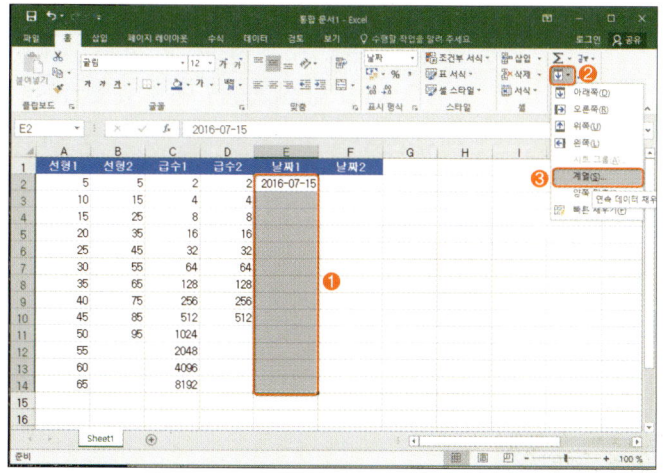

01 셀 E2에 "2016-7-15"를 입력하고 셀 [E2:E14]를 블록으로 지정합니다. [홈] 탭 [편집] 그룹의 [채우기] 아이콘(⬇)을 클릭하고 [계열]을 선택합니다.

강의노트 ✏️
셀의 블록 지정은 'Secton05 워크시트 편집'의 '직접 해보기-셀 범위 지정하기'를 참조해 주세요.

02 [연속 데이터] 대화상자에서 [방향]은 "열", [유형]은 "날짜", [날짜 단위]는 "일"을 선택하고, [단계 값]에 "5"를 입력하고 [확인]을 클릭합니다.

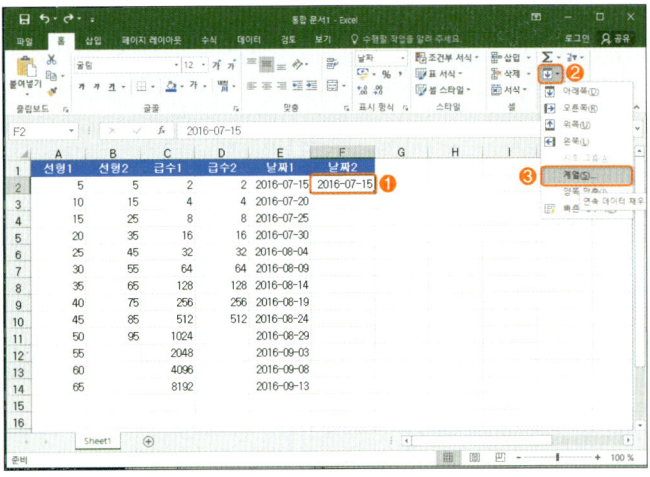

03 블록으로 지정한 영역 셀 [E2:E14]에 시작 값 2016년 7월 15일을 기준으로 5씩 증가한 날짜가 채워집니다. 다시 셀 F2에 "2016-7-15"를 입력하고, [홈] 탭 [편집] 그룹의 [채우기] 아이콘(⬇)을 클릭하고 [계열]을 선택합니다.

강의노트 ✏️

셀의 블록 지정은 'Secton05 워크시트 편집'의 '직접 해보기-셀 범위 지정하기'를 참조해 주세요.

04 [연속 데이터] 대화상자에서 [방향]은 "열", [유형]은 "날짜", [날짜 단위]에 "월"을 선택하고 [단계 값]에 "1", [종료 값]에 "2017-1-1"을 입력하고 [확인]을 클릭합니다.

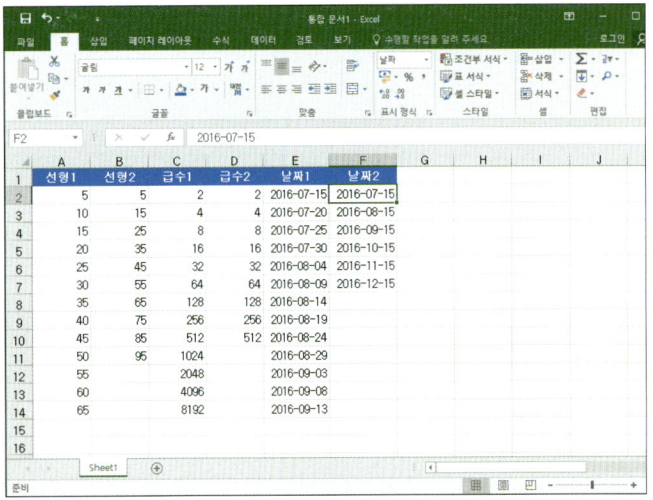

05 셀 F2의 2016년 7월 15일을 기준으로 1달씩 증가하면서 2017년 1월 1일 이전의 데이터로 채워집니다.

강의노트 ✏️

날짜를 "2016-7-15"로 입력하면 화면에는 "2016-07-15"와 같이 월과 일은 두 자리 숫자로 표시됩니다.
특정한 서식을 지정하면 날짜를 "2016-7-15"와 같이 필요 없는 0을 제외하고 표시할 수 있습니다.

직접 해보기 | 빠른 채우기로 입력하기

준비파일 | 03Section-자료4.xlsx

01 입력되어 있는 주소를 빠른 채우기를 이용하여 시, 구, 동(길)로 분리해 봅시다.

셀 B2에 셀 A2 데이터의 일부인 "대전시"를 입력합니다. 셀 B3에서 Ctrl + E 를 누릅니다.

강의노트 ✏️

셀 B2의 패턴을 분석하여 셀 [B3:B6]에는 셀 [A3:A6]의 시·도 값이 표시됩니다.

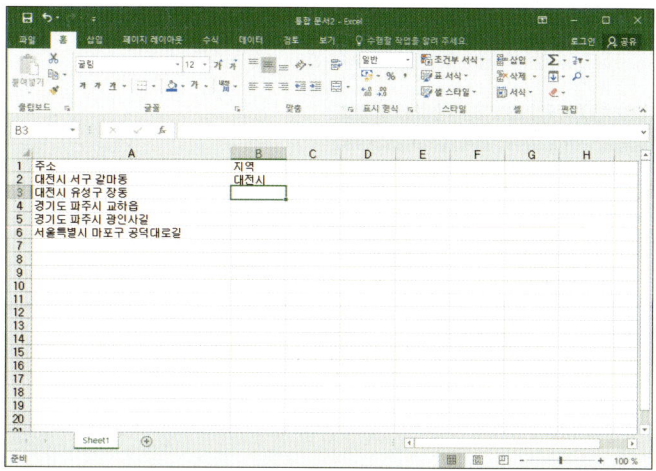

02 셀 C2에 셀 A2 데이터의 일부인 "서구"를 입력하고, [홈] 탭 [편집] 그룹의 [채우기] 아이콘(▼)을 클릭하고 [빠른 채우기]를 선택합니다.

03 셀 C2의 패턴을 분석하여 셀 [C3:C6]에는 셀 [A3:A6]의 두 번째 항목의 값이 표시됩니다.

강의노트 ✏️

셀의 블록을 지정하는 방법은 'Secton05 워크시트 편집'의 '직접 해보기-셀 범위 지정하기'를 참조해 주세요.

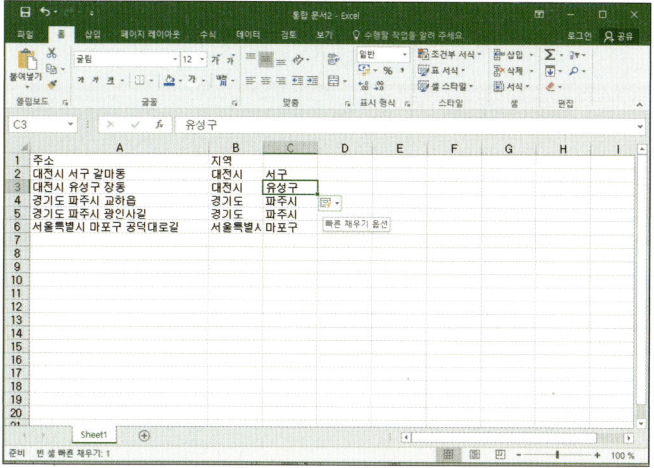

실전문제

01. 새 통합 문서에 다음과 같이 데이터를 입력하고, 파일 이름 "실전문제-03.xlsx"로 저장하시오.

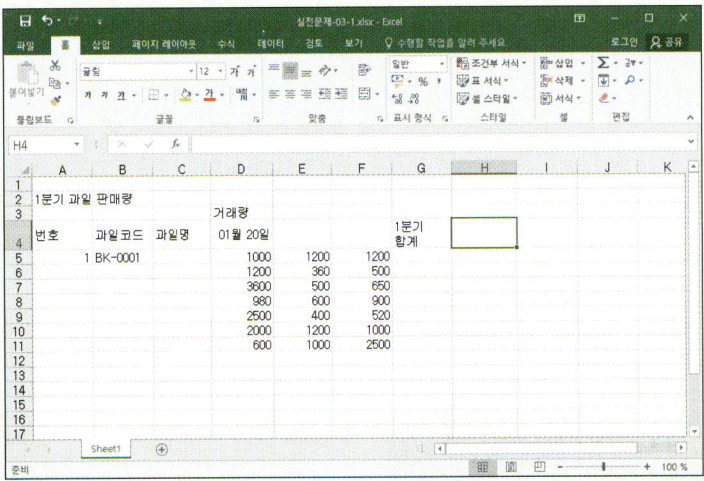

완성파일 | 실전문제 03-1-결과.xlsx

02. [사용자 지정 목록]에 "복숭아, 바나나, 메론, 수박, 오렌지, 포도, 자두" 순서로 목록을 추가하시오.

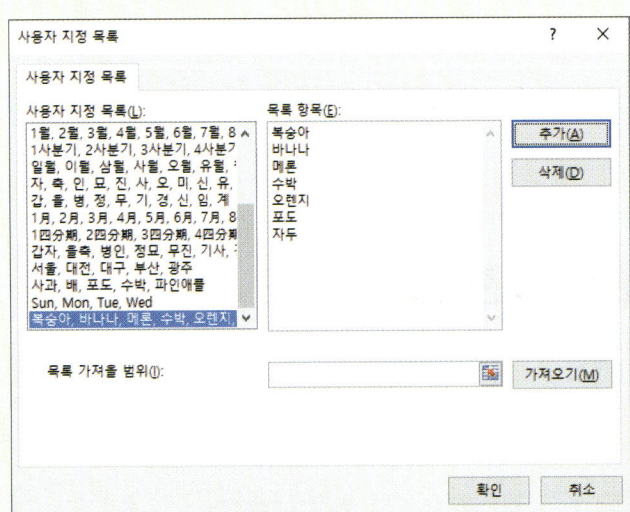

완성파일 | 실전문제 03-2-결과.xlsx

 **실전문제**

03. 채우기 핸들을 이용하여 "번호, 과일코드, 과일명" 항목의 데이터를 채우고, 거래량을 아래와 같이 입력하시오.

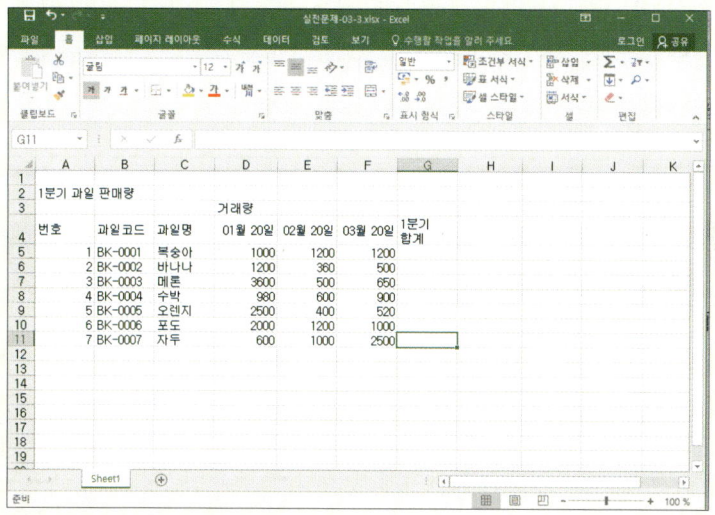

완성파일 | 실전문제 03-3-결과.xlsx

Hint 채우기 핸들 드래그와 Ctrl + 채우기 핸들 드래그 구분

04. "1분기 합계"를 [빠른 분석( )] 도구를 이용하여 계산하시오.

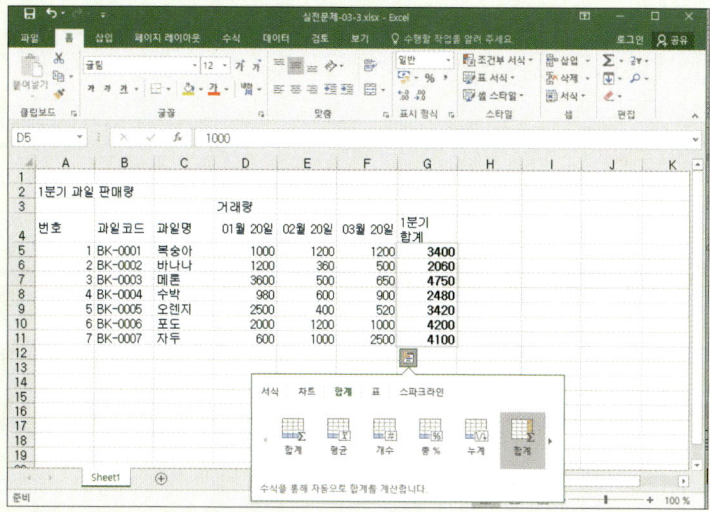

완성파일 | 실전문제 03-4-결과.xlsx

Part1. **04** Section

시트 다루기

엑셀에서는 대부분 하나의 시트에 하나의 단일 작업을 입력하여 처리하고, 여러 개의 시트가 하나의 통합 문서로 저장됩니다. 시트 이름 바꾸기, 시트 삽입과 삭제, 이동과 복사, 워크시트 보호 등 세부적인 시트를 다루는 방법을 알아봅시다.

Zoom In

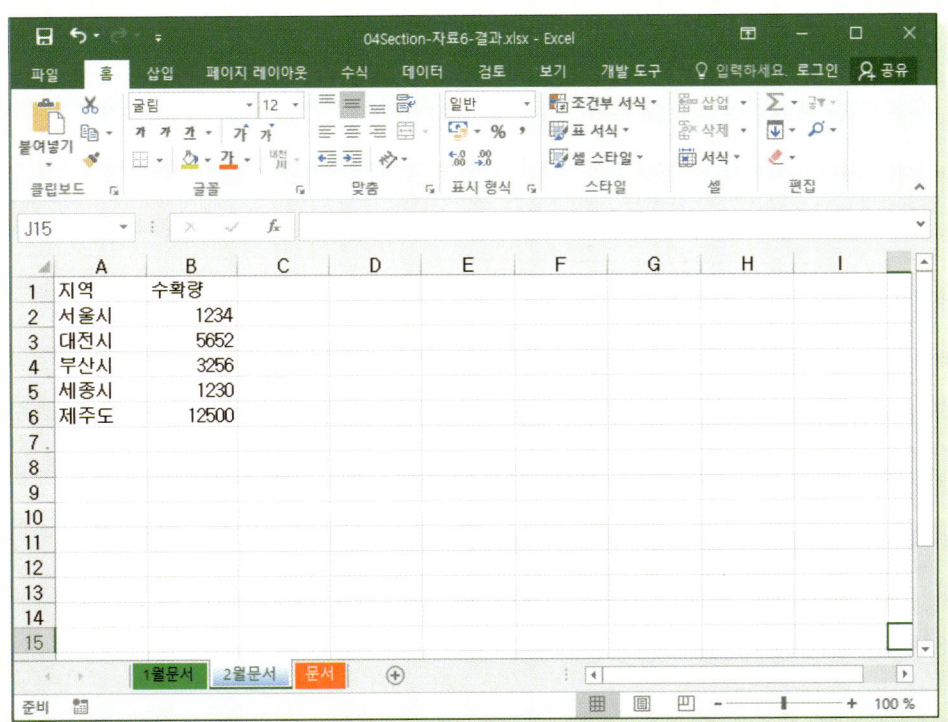

Keypoint

_ 시트 이름 바꾸기
_ 시트 삽입하고 삭제하기
_ 워크 시트의 이동과 복사
_ 시트 탭 컬러 변경하기
_ 시트 보호하고 해제하기

Knowhow

_ 시트의 이름은 숫자, 기호, 공백의 조합으로 지정할 수 있으나 기호 중 '/, ?, :, *, [,]'는 이름에 포함할 수 없다.
_ 엑셀 통합 문서는 1개를 포함하고 있으며 2개 이상은 [Excel 옵션]의 [일반] 탭에서 지정한다.
_ 시트의 구분은 이름과 색깔을 바꿔서 할 수 있다.
_ 시트는 암호를 설정하여 보호할 수 있으며 보호를 해제할 수도 있다.

직접 해보기 시트 이름 바꾸기

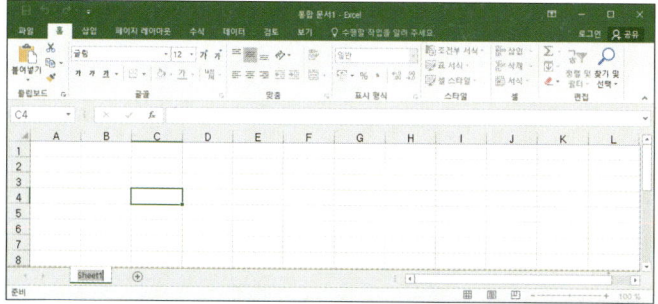

01 "Sheet1"의 시트 이름을 "문서"로 변경하기 위해 시트 이름 "Sheet1"을 더블클릭합니다.

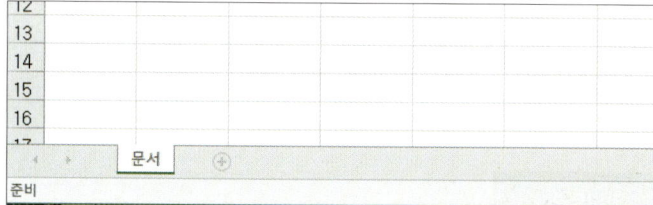

02 다른 방법으로 시트 탭 팝업메뉴에서 [이름 바꾸기]를 클릭하여 변경할 수도 있습니다.

강의노트
[홈] 탭 [셀] 그룹의 [서식] - [이름 바꾸기]를 클릭하여 워크시트 이름을 바꿀 수 있습니다.

03 시트 탭에 "문서"를 입력하고 Enter 를 누르면 시트 이름이 변경됩니다.

강의노트
시트 이름이 변경되면 시트 이름을 참조하여 입력되어 있는 수식이 있을 경우, 변경 전 시트 이름은 변경 후의 시트 이름으로 자동 변경됩니다.

직접 해보기 시트 삽입하고 삭제하기

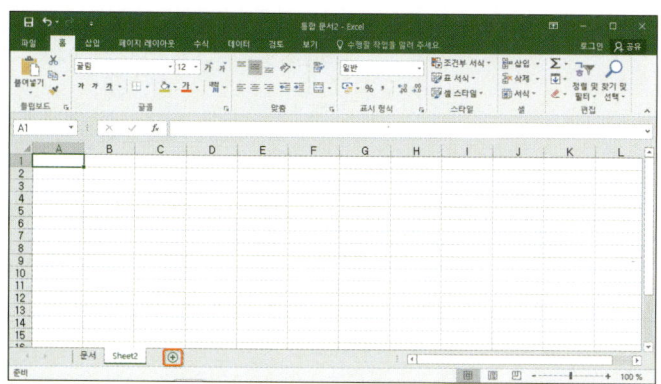

01 여러 가지 방법으로 시트를 삽입할 수 있습니다.
먼저, 시트 탭 옆의 새 시트 아이콘(⊕)을 클릭합니다. [문서] 시트 뒤에 새 시트가 추가됩니다.

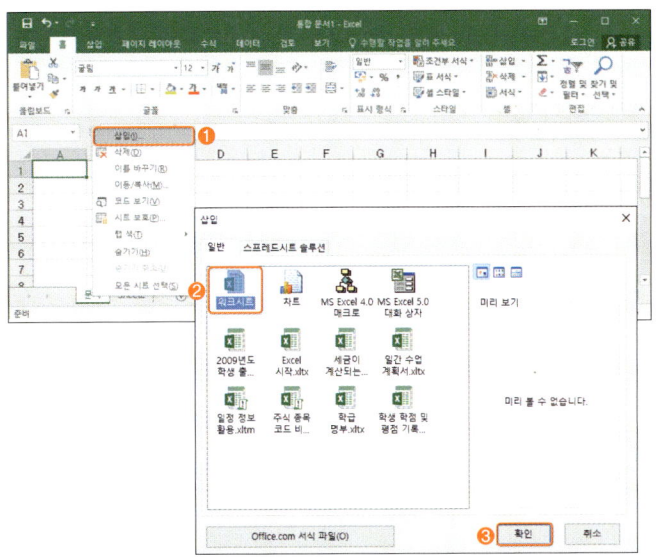

02 [문서] 시트 탭 팝업메뉴에서 [삽입]을 클릭하고 [삽입] 대화상자에서 [워크시트]를 클릭한 다음, [확인]을 클릭합니다. 새 시트가 [문서] 시트 앞에 추가됩니다.

강의노트

시트를 추가하면 시트 이름은 "Sheet2" 형태로 "Sheet" 뒤에 숫자가 일련번호로 표시됩니다.

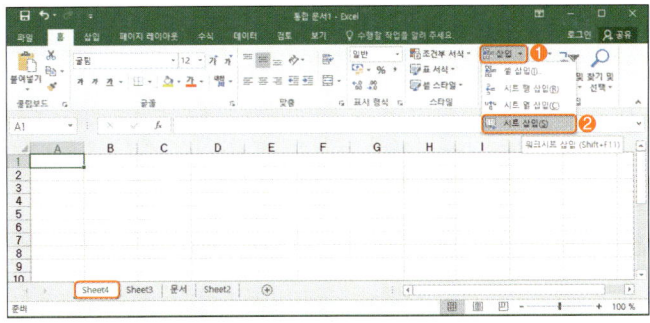

03 [홈] 탭 [셀] 그룹의 [삽입]의 [시트 삽입]을 클릭하면 현재 시트의 앞에 새 시트가 추가됩니다.

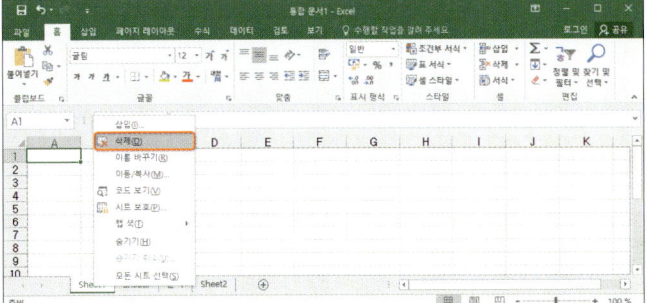

04 삭제하고자 하는 시트 탭 팝업메뉴에서 [삭제]를 클릭합니다.

강의노트

시트 삽입과 삭제는 되돌리기([Ctrl]+[Z])를 사용할 수 없습니다. 시트를 삭제할 때 시트에 데이터가 존재하는 경우 데이터를 복구할 수 없습니다. 그러므로 시트를 삭제할 때 주의하여야 합니다.

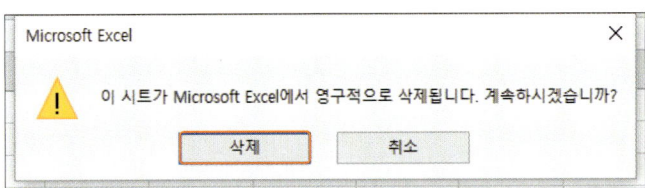

05 삭제하려는 시트에 데이터가 있으면 삭제를 확인하는 확인창이 표시됩니다. [삭제]를 클릭하면 워크시트가 삭제됩니다.

직접 해보기 워크시트 이동과 복사하기

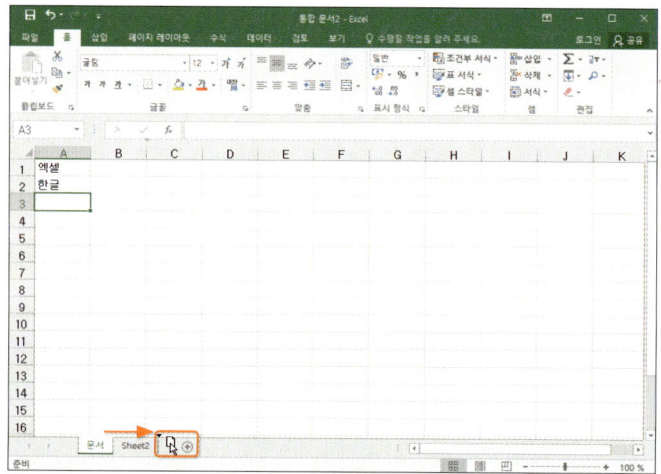

01 [문서] 시트를 만들고, 내용을 입력합니다. 새 시트 아이콘(⊕)을 클릭하여 새 시트를 추가하면 [Sheet2] 이름의 새로운 시트가 추가됩니다. [문서] 시트를 [Sheet2] 시트 뒤로 드래그하면 [문서] 시트가 이동합니다.

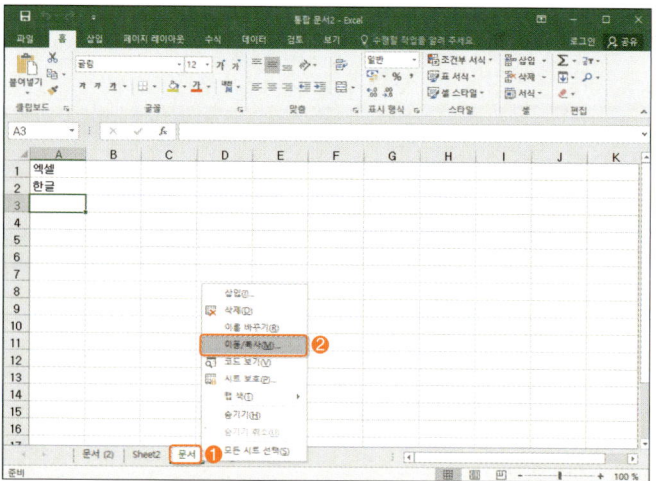

02 뒤로 이동된 [문서] 시트를 Ctrl 키를 누른 채 드래그하여 [Sheet2] 시트 앞으로 이동합니다. Ctrl 키를 누른 채 드래그하면 복사의 의미로 마우스 포인트에 + 기호가 나타납니다. [문서(2)]라는 이름으로 [문서] 시트가 복사되어 새로운 시트가 생성됩니다.

강의노트 ✏️

하나의 통합 문서에 같은 이름의 시트가 중복 사용될 수 없으므로 복사된 시트는 원본 시트 이름 뒤에 자동으로 일련번호가 붙어서 생성됩니다.

03 [이동/복사] 대화상자를 이용하여 시트를 이동하거나 복사할 수 있습니다.
이동 혹은 복사하고자 하는 [문서] 시트 탭의 팝업메뉴에서 [이동/복사]를 선택합니다.

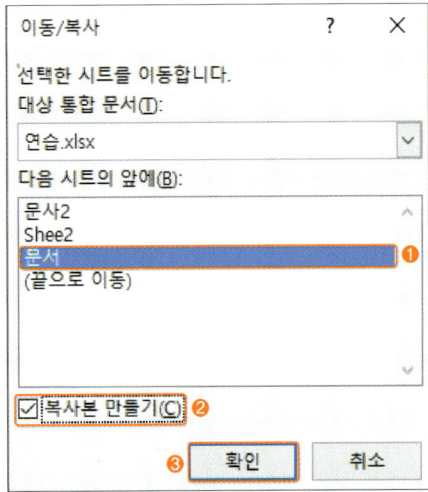

04 [이동/복사] 대화상자의 [다음 시트의 앞에] 항목에서 [문서] 시트를 이동 혹은 복사하고자 하는 시트를 선택합니다. [복사본 만들기]를 선택하고, [확인]을 클릭합니다. [문서]를 선택하면 [문서] 시트 앞에 [문서] 시트가 복사되어 [문서(3)] 시트가 생성됩니다.

강의노트

[대상 통합 문서]는 현재 사용 중인 통합 문서입니다. 다른 통합 문서로 복사 혹은 이동할 수 있습니다.
[복사본 만들기]를 선택하지 않으면 "시트 이동"이 됩니다.

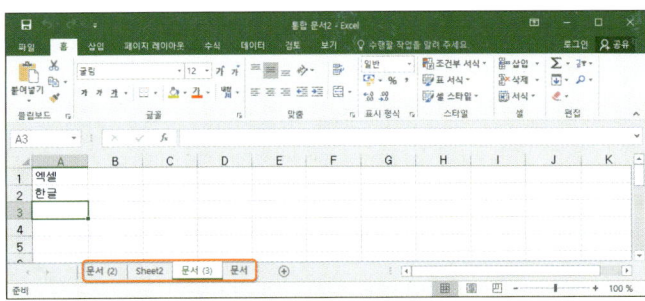

05 [문서(3)] 시트가 생성되었습니다.

직접 해보기 | 시트 탭 색 바꾸기

_준비파일 | 04Section-자료4.xlsx

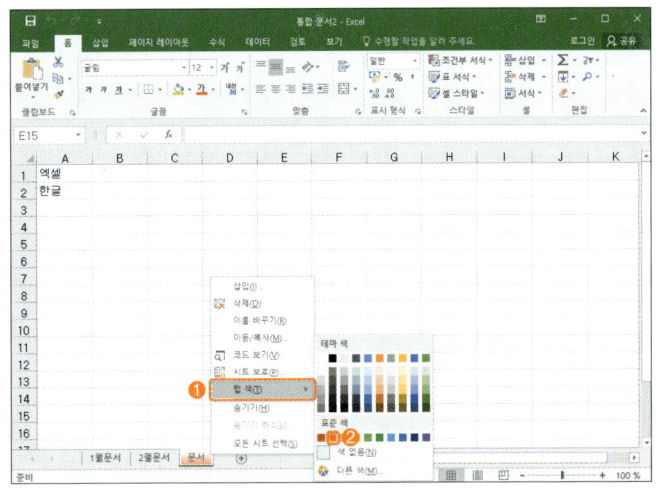

01 시트 탭 색을 "빨강, 녹색, 파랑"으로 각각 변경해 봅시다.
[문서] 시트 탭의 팝업 메뉴에서 [탭 색]을 클릭하면 색상표가 나타납니다. [테마 색] 대화상자에서 "빨강"색을 클릭합니다. [문서] 시트 탭 색이 변경되었습니다.

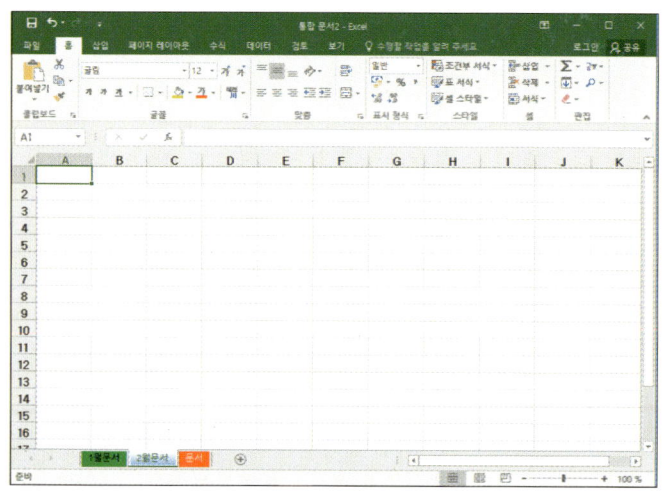

02 [1월문서] 시트의 탭 색은 "녹색", [2월문서] 시트의 탭 색은 "파랑"으로 변경합니다.

강의노트
현재 사용 중인 시트의 시트 탭 색은 그라데이션으로 표시됩니다.

직접 해보기 그룹 워크시트 사용하기

_ 준비파일 : 04Section-자료5.xlsx

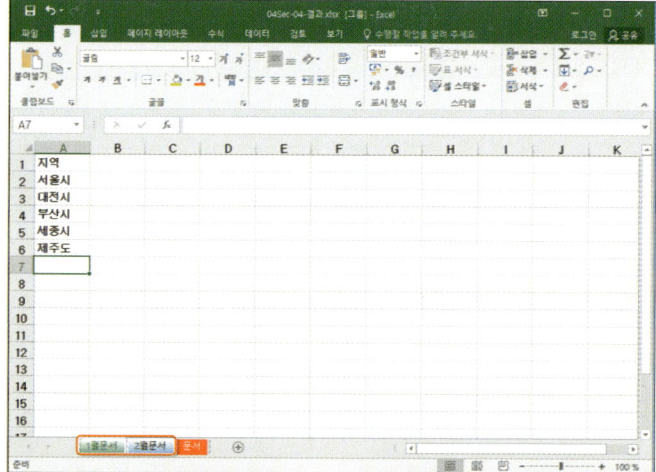

01 시트 [1월문서]와 [2월문서]에 같은 내용을 입력해 봅시다. [1월문서]를 클릭하고 Ctrl 키를 누른 채 워크시트 [2월문서]의 탭을 클릭합니다. 셀 A1:A6에 데이터를 입력합니다.

강의노트
그룹화된 모든 시트 탭 색이 흐리게 되거나, 투명한 상태의 선택 상태로 됩니다.

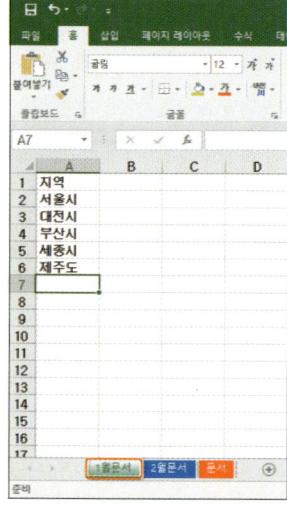
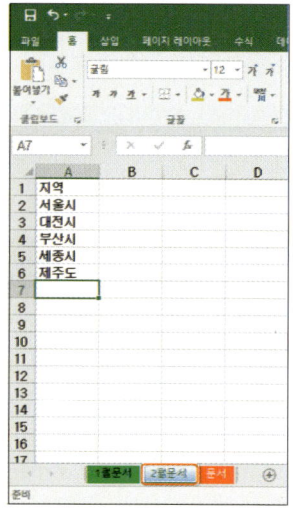

02 Ctrl 키를 누르고 [2월문서]의 시트의 탭을 클릭하면 [2월문서]가 그룹에서 해제됩니다. [1월문서]와 [2월문서]에 동일한 내용이 입력되었는지 확인합니다.

강의노트
Ctrl 키를 누르고 다른 시트 탭을 클릭하면 시트 그룹이 되거나 그룹을 해제합니다.

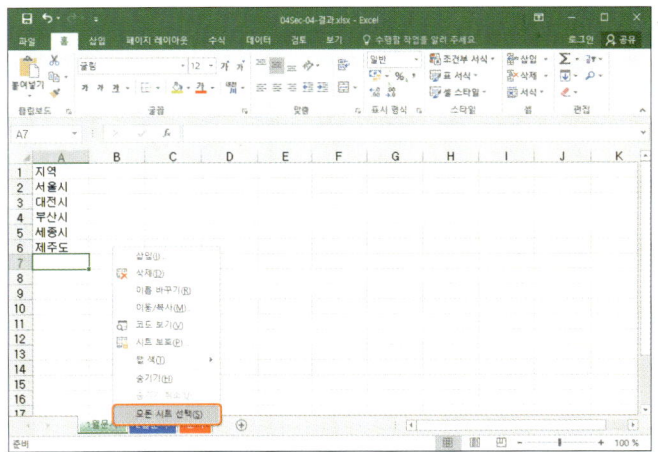

03 통합 문서의 모든 워크시트를 그룹화 할 수 있습니다. 임의의 워크시트 탭에서 팝업메뉴의 [모든 시트 선택]을 클릭합니다.

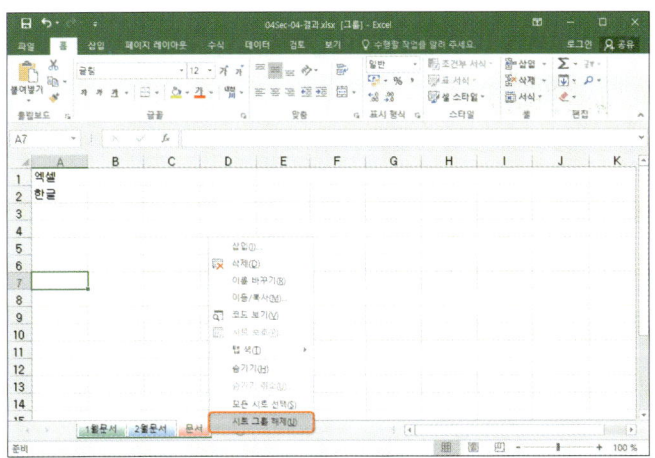

04 변경 사항을 완료한 후 전체 그룹을 해제할 수 있습니다. 임의의 워크시트 탭에서 팝업메뉴의 [시트 그룹 해제]를 클릭합니다.

강의노트

모든 워크시트를 해제 하려면 사용 중이 아닌 다른 워크시트 탭을 클릭하면 해제할 수 있습니다.

보충수업

- **시트 숨기기**
  통합 문서의 워크시트를 숨겨 화면에 표시되지 않도록 할 수 있습니다.

- **시트 숨기기 취소**
  숨겨진 시트를 [숨기기 취소] 하여 다시 사용할 수 있습니다.

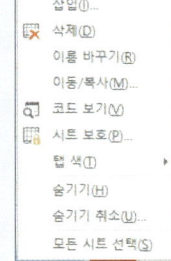
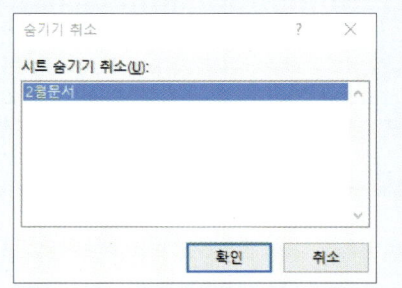

직접 해보기 시트 보호하기

준비파일 | 04Section-자료6.xlsx

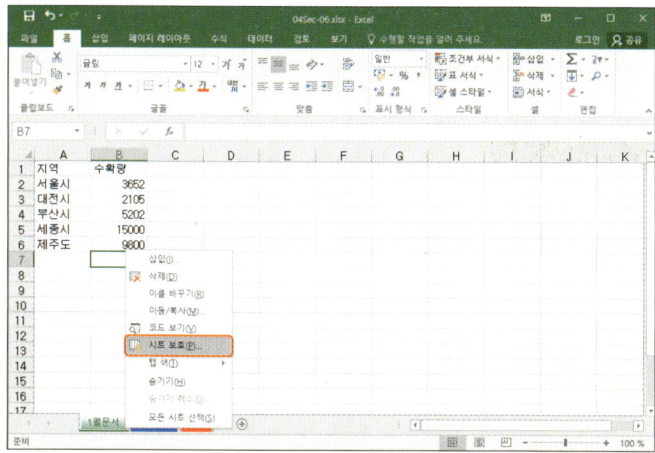

01 [1월문서] 시트를 암호 "1234"로 시트 보호하여 봅시다.

[1월문서] 시트 셀B1:B6에 데이터를 입력합니다. 그리고 [1월문서] 시트 탭의 팝업메뉴에서 [시트 보호]를 클릭합니다.

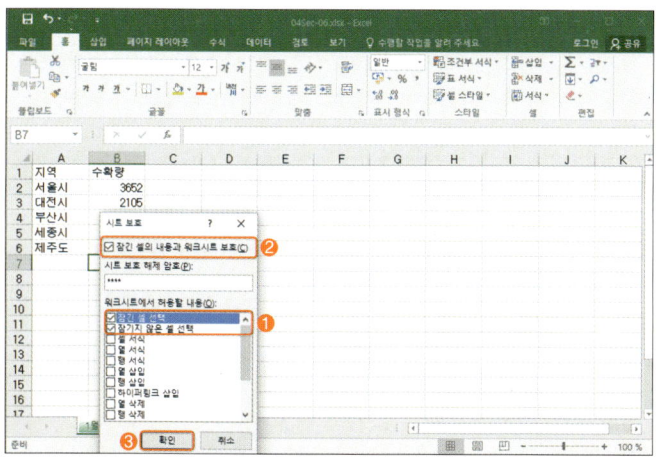

02 [시트 보호] 대화상자에서 "잠긴 셀 선택"과 "잠기지 않은 셀 선택" 항목만 체크되어 있는 상태에서 [시트 보호 해제 암호]에 "1234"를 입력하고 [확인]을 클릭합니다.

강의노트 ✏️

"잠긴 셀의 내용과 워크시트 보호" 항목이 체크되어 있어야 워크시트가 보호됩니다.

03 [암호 확인] 대화상자에서 이전에 입력한 암호를 "1234"를 다시 한 번 입력하고 [확인]을 클릭합니다.

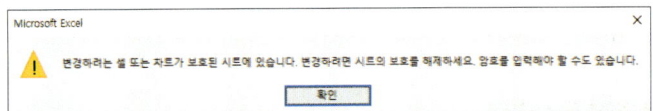

04 시트 보호가 완료되었습니다. 시트를 보호한 후 시트의 내용을 변경할 경우 경고메시지가 표시됩니다.

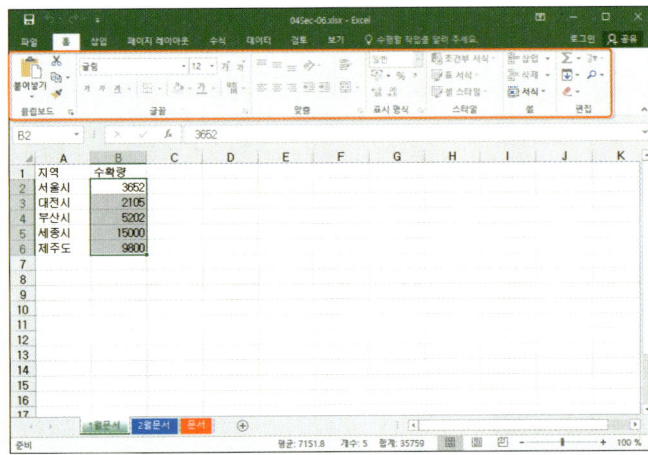

05 "수확량" 데이터의 서식을 변경하고자 블록을 지정하였으나 글꼴, 셀 서식 등을 수정할 수 없도록 리본 메뉴가 비활성화 상태입니다.

 보충수업

[시트 보호] 대화상자에서 "셀 서식" 항목을 추가로 체크하고 시트 보호를 진행하면 셀 내용은 수정 할 수 없으나 셀 서식은 수정할 수 있습니다.

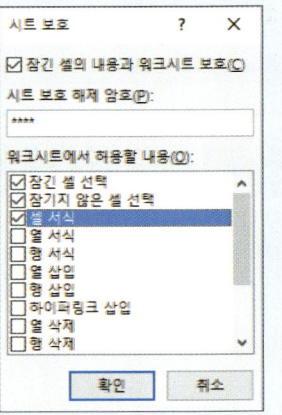

직접 해보기 | 시트 보호 해제하기

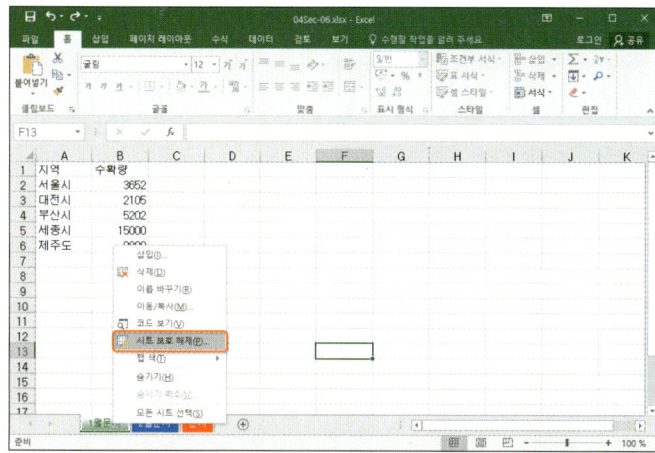

01 [1월문서] 시트를 보호 해제하여 봅시다.
[1월문서] 시트 탭의 팝업메뉴에서 [시트 보호 해제]를 클릭합니다.

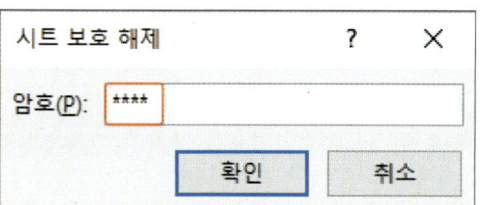

02 [시트 보호 해제] 대화상자에 [시트 보호할 때 입력했던 암호 "1234"를 입력하고 [확인]을 클릭합니다.

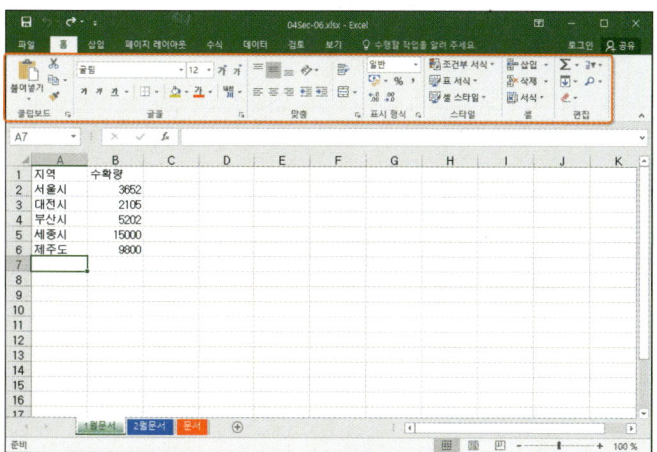

03 시트 보호가 정상적으로 해제되면 비활성화되어 있던 리본 메뉴가 활성화됩니다.

실전문제

01. 새 통합 문서에 다음과 같이 데이터를 입력하고, 시트 이름을 "시트보호"로 바꾸고, 파일 이름 "실전문제-04.xlsx"로 저장하시오.

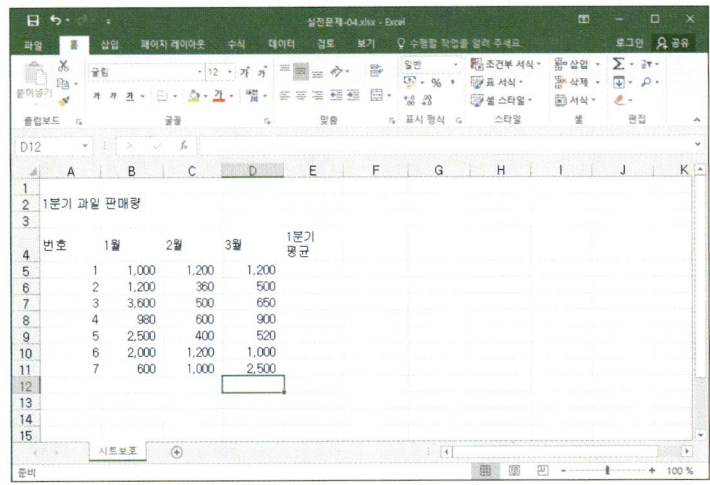

• **완성파일** : 실전문제 04-1-결과.xlsx

02. "시트보호" 시트를 2번 복사하고 복사한 시트를 각각 "자료1", "자료2"로 시트 이름을 변경하시오.

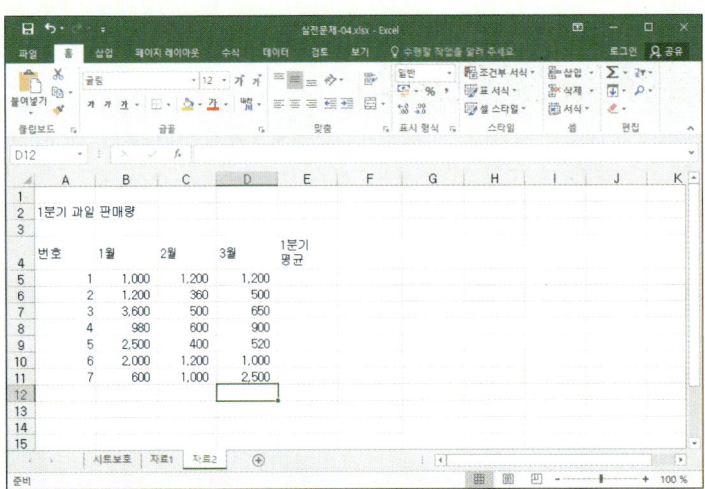

• **완성파일** : 실전문제 04-2-결과.xlsx

 **실전문제**

03. "시트보호" 워크시트를 다른 사람이 수정할 수 없도록 암호 "3698"로 보호 설정하고, 시트 탭 색을 "빨강"으로 변경하시오.

완성파일 | 실전문제 04-3-결과.xlsx

04. "자료1", "자료2" 시트를 그룹으로 지정하고 셀 E5에 "=(B5+C5+D5)/3"을 입력한 후, 셀 E5의 채우기 핸들을 이용하여 셀 E11까지 채우시오.

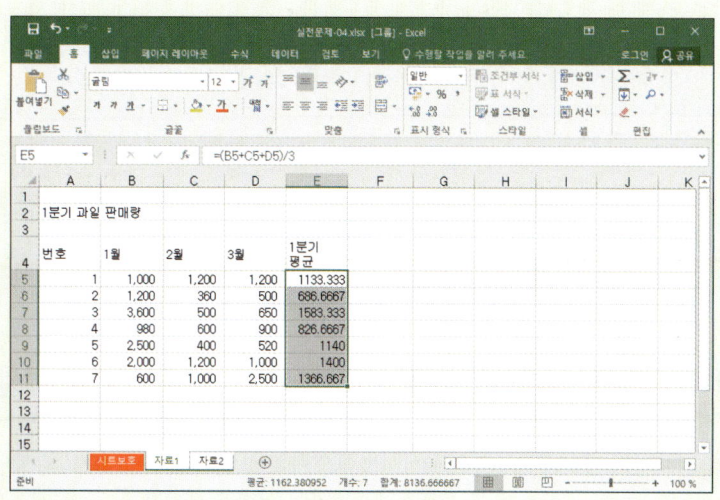

완성파일 | 실전문제 04-4-결과.xlsx

Hint 시트 그룹은 Ctrl +클릭 혹은 Shift +클릭 사용
 "자료1"과 "자료2" 시트의 "1분기 평균" 항목을 각각 확인합니다.

Part1. **05** Section

워크시트 편집

워크시트에 데이터를 입력하여 원하는 결과를 얻기 위해서는 다양한 방법으로 편집과정을 수행하여야 합니다. 셀 범위 선택, 데이터의 복사, 셀의 삽입과 삭제, 행과 열의 높이와 너비 등 편집을 원활하게 수행하기 위하여 워크시트를 다루는 방법을 알아봅니다.

Zoom In

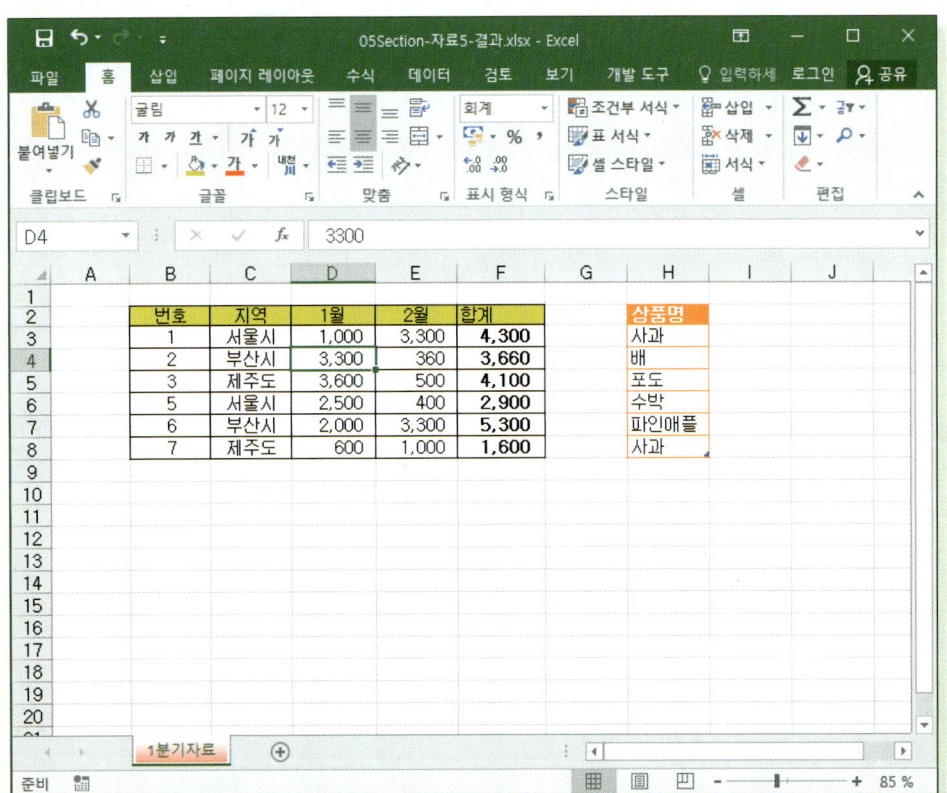

Keypoint

_ 셀과 행/열, 시트 전체의 범위 설정
_ 데이터의 이동과 복사
_ 서식, 그림 붙여넣기 또는 연산하여 붙여넣기
_ 셀과 행/열 삽입과 삭제, 찾기와 바꾸기, 행과 열의 너비 변경

Knowhow

_ 셀은 드래그하여 연속적으로 지정하고 Ctrl 키를 이용하면 떨어져 있는 셀의 범위를 지정할 수 있다.
_ 복사해둔 데이터는 서식으로 또는 그림으로 붙여넣고 행과 열을 바꿔서 붙여넣을 수 있다.
_ 찾기와 바꾸기를 사용하면 특정 데이터가 입력된 셀을 빠르게 찾고 바꿀 수 있다.

직접 해보기 | 셀 범위 지정하기

_ 준비파일 | 05Section-자료1.xlsx

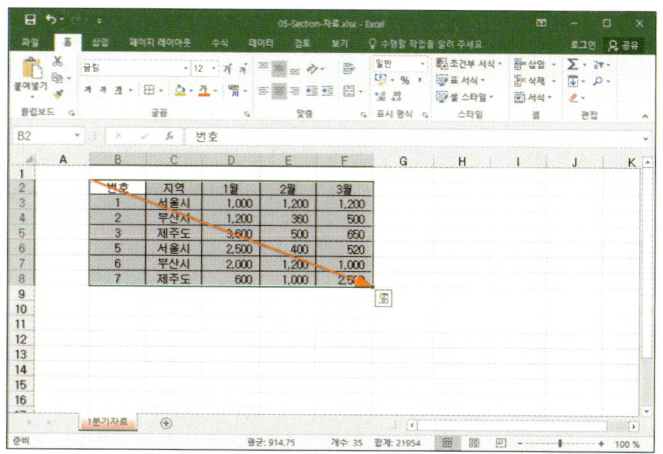

01 일정한 범위 셀 [B2:F8]을 블록으로 지정해 봅시다.

마우스로 셀 B2에서 셀 F8까지 드래그합니다.

강의노트

- 셀 B2를 클릭하고, [Shift] 키를 누른 채 셀 F8을 클릭합니다.
- 셀 B2를 클릭하고, [Shift] 키를 누른 상태에서 방향키를 이용하여 셀 포인터를 셀 F8까지 이동합니다.

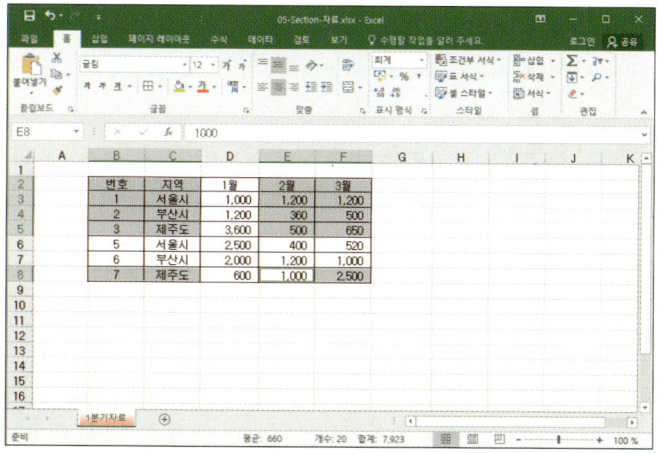

02 떨어져 있는 데이터 범위를 블록으로 지정해 봅시다.

셀 [B2:C5]를 드래그하여 범위를 지정하고, [Ctrl] 키를 누른 채 셀 [E2:F5]을 드래그, 셀 [B8:C8]을 드래그, 셀 [E8:F8]을 계속해서 드래그합니다.

강의노트

[Ctrl] 키를 계속해서 누르고 있어야 합니다.
[Ctrl] 키를 누르지 않으면 새로운 영역으로 지정됩니다.

직접 해보기 | 행/열, 시트전체 범위 지정하기

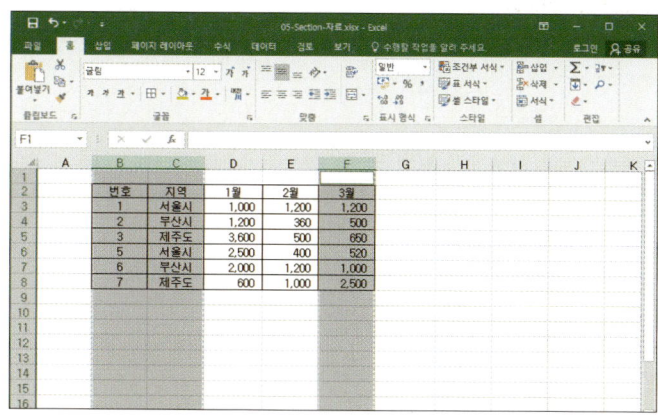

01 열을 블록으로 지정해 봅시다.

열 머리글 [B:C]를 드래그 하고 [Ctrl] 키를 누른 채 열 머리글 [F]를 클릭합니다.

강의노트

열 머리글을 클릭하고, [Shift] 키를 누른 채 오른쪽/왼쪽 방향키(→, ←)를 이용하면 연속된 열을 블록으로 지정할 수 있습니다.

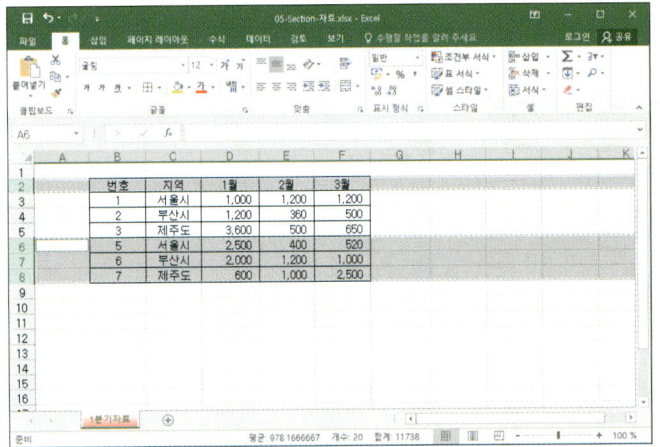

02 이번에는 행을 블록으로 지정해 봅시다.
행 머리글 [2]를 클릭하고, Ctrl 키를 누르고 행 머리글 [6:8]을 드래그합니다.

강의노트

- 행 머리글을 클릭하고, Shift 키를 누르고 위/아래 방향키(↑, ↓)를 이용하면 연속된 행을 블록으로 지정할 수 있습니다.
- Shift 키를 계속 누르고 있어야 합니다. Shift 키를 누르지 않으면 지정되었던 블록이 해제됩니다.

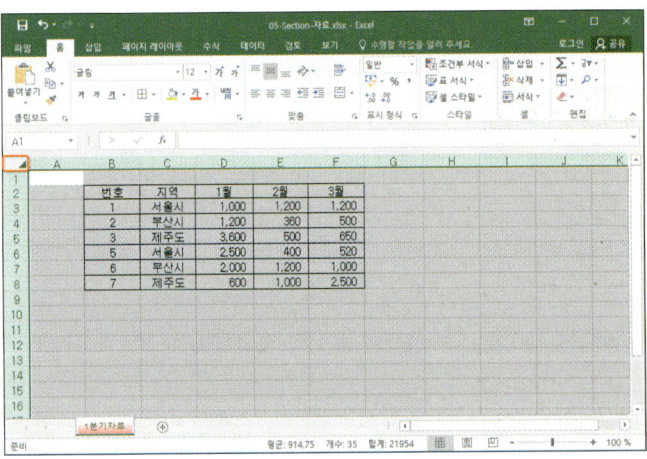

03 마지막으로 시트 전체를 블록으로 지정해 봅시다.
열 머리글 [A]의 왼쪽 [모두 선택]을 클릭합니다.

강의노트

- 데이터 입력이 없는 빈 셀 [H2]에서 Ctrl + A 를 누릅니다.
- 데이터가 있는 셀 [C3]에서 Ctrl + A 를 두 번 누릅니다.

직접 해보기 | 데이터 이동하기

준비파일 | 05Section-자료2.xlsx

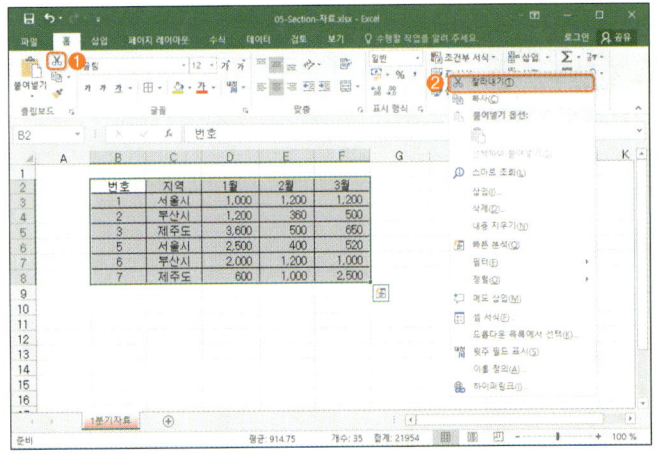

01 이동 영역 셀 [B2:F8]을 블록으로 지정하고 단축키 Ctrl + X 를 누릅니다.

강의노트

- [홈] 탭 [클립보드] 그룹의 잘라내기 아이콘(✂)을 클릭합니다.
- 마우스 오른쪽 버튼을 클릭하고 팝업메뉴의 [잘라내기]를 클릭합니다.

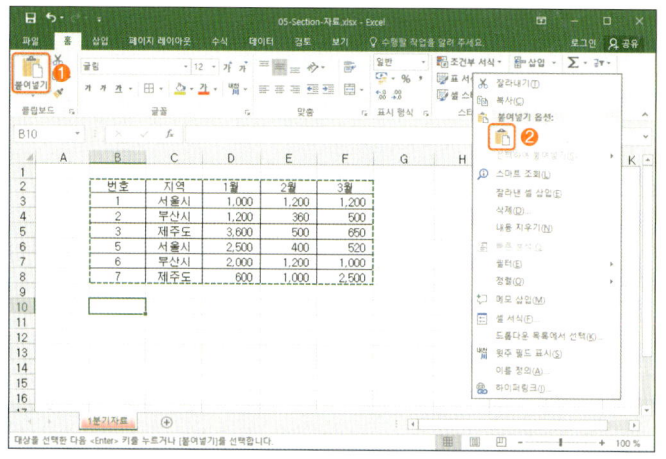

02 이동할 위치 셀 [B10]을 클릭하고 단축키 Ctrl + V를 누릅니다.

강의노트
- [홈] 탭 [클립보드] 그룹의 붙여넣기 아이콘(📋)을 클릭합니다.
- 팝업메뉴의 붙여넣기 아이콘(📋)를 클릭합니다.
- 잘라내기나 복사 명령을 실행하면 클립보드에 저장된 영역이 점선으로 반짝이며 표시됩니다.

직접 해보기 | 데이터 복사하기

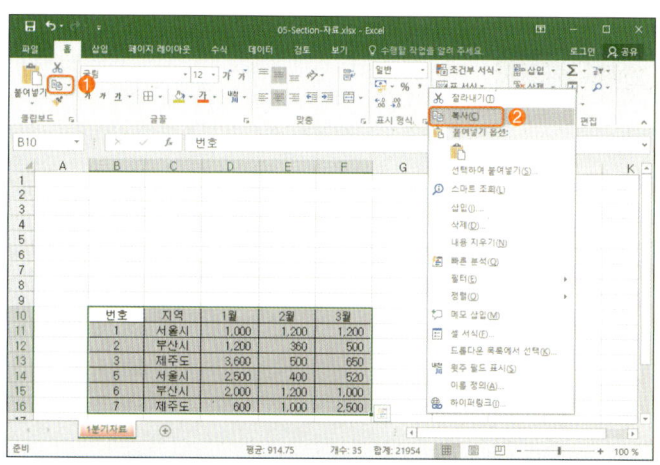

01 복사할 영역 셀 [B10:F16]을 블록으로 지정하고 단축키 Ctrl + C 누릅니다.

강의노트
- [홈] 탭 [클립보드] 그룹의 복사 아이콘(📋)을 클릭합니다.
- 팝업메뉴의 [복사]를 클릭합니다.

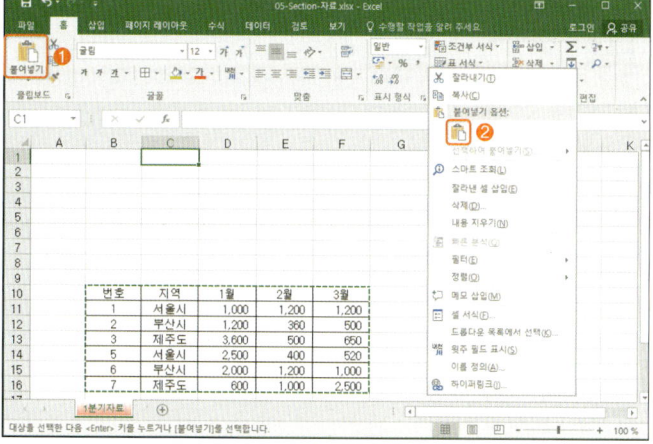

02 붙여넣기 시작 위치 셀 [C1]을 클릭하고 단축키 Ctrl + V를 누릅니다.

강의노트
- [홈] 탭 [클립보드] 그룹의 붙여넣기 아이콘(📋)을 클릭합니다.
- 팝업메뉴의 붙여넣기 아이콘(📋)를 클릭합니다.

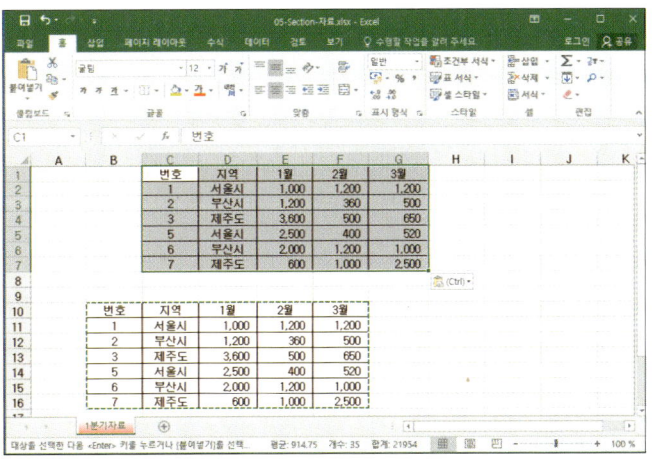

03 셀 [B10:F16]이 셀 C1에 복사된 결과입니다.

강의노트
클립보드 영역인 반짝이는 표시는 새로운 영역을 복사/잘라내기로 지정하거나 ESC 키를 누르면 해제됩니다.

직접 해보기 값과 서식 붙여넣기

_ 준비파일 | 05Section-자료3.xlsx

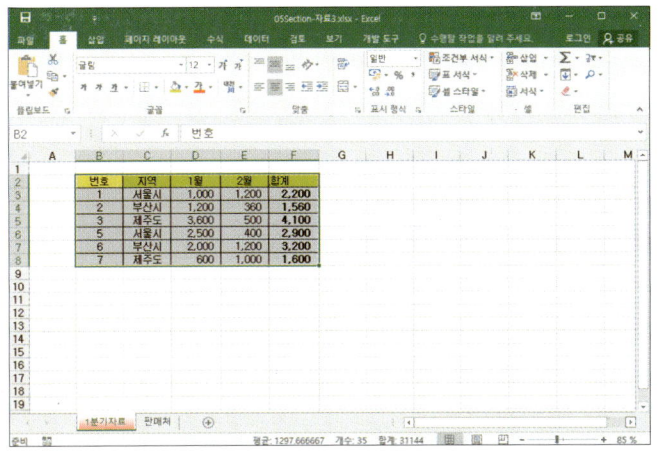

01 시트 [1분기자료]에서 자료의 "값"과 "서식"만 복사해 봅시다. 복사할 영역 셀 [B2:F8]을 블록으로 지정하고 [홈] 탭 [클립보드] 그룹의 복사 아이콘( )을 클릭하거나, 단축키 Ctrl + C 를 누릅니다.

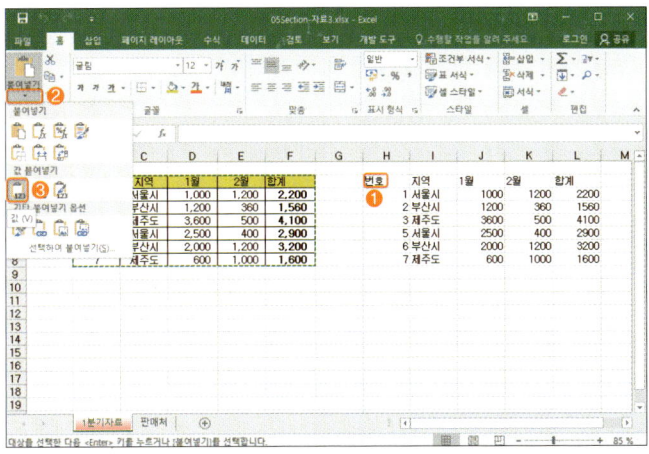

02 복사할 위치 셀 [H2]를 클릭하고 [홈] 탭의 [클립보드] 그룹의 붙여넣기 명령어의 화살표(붙여넣기)를 클릭하고 [값] 아이콘( )을 클릭합니다. 값만 복사되어 셀 [J3:L8]의 데이터에 쉼표가 표시되지 않습니다.

강의노트
붙여넣기의 값, 서식 등 구분 아이콘을 클릭하기 전에 실행 결과를 미리 보여줍니다.

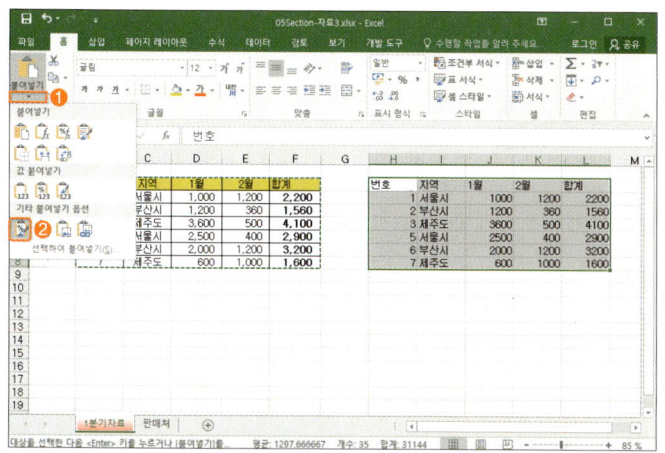

03 다시 한 번, 영역이 지정되어 있는 상대 그대로 [홈] 탭의 [클립보드] 그룹의 붙여넣기 명령어의 화살표(붙여넣기)를 클릭하고 [서식] 아이콘( )을 클릭합니다. 값이 복사된 위에 서식이 복사되어 셀 [J3:L8]의 데이터에 쉼표가 표시되고, 색 채우기가 원본과 똑같이 표시됩니다.

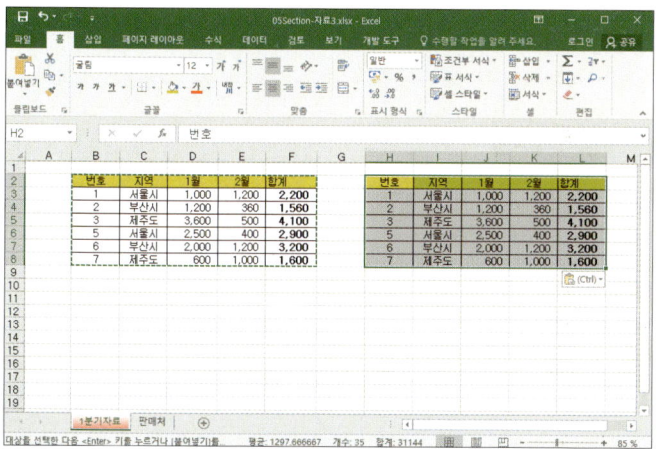

04 복사한 결과입니다.

강의노트

값과 서식만 복사하였기에 셀 L3에는 셀 F3의 수식 "=SUM(D3:E3)"이 아닌 값이 나타납니다.

보충수업

- [붙여넣기]를 할 위치에 데이터가 있을 경우 대상 위치의 데이터는 지워지고 새로 [붙여넣기]하는 원본 데이터로 바꾸어 채워집니다.
- 붙여넣기 옵션의 각 명령 아이콘의 실행 내용입니다.

붙여넣기			
붙여넣기	수식	수식 및 숫자 서식	원본 서식 유지
테두리 없음	원본 열 너비 유지	바꾸기	
값 붙여넣기			
값	값 및 숫자 서식	값 및 원본 서식	
기타 붙여넣기 옵션			
서식	연결하여 붙여 넣기	그림	연결된 그림
선택하여 붙여넣기			

직접 해보기 | 행/열 바꾸기로 붙여넣기

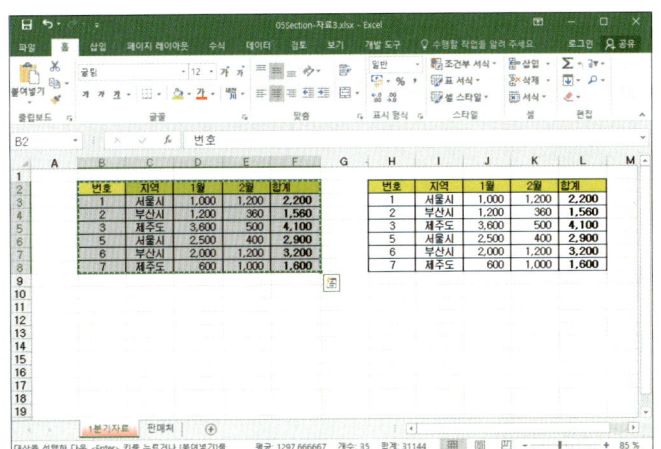

01 시트 [1분기자료]에서 자료를 행과 열을 전환하여 복사해 봅시다. 복사할 영역 셀 [B2:F8]을 블록으로 지정하고 [홈] 탭의 [클립보드] 그룹의 복사 아이콘( )을 클릭하거나 단축키 Ctrl + C 를 누릅니다.

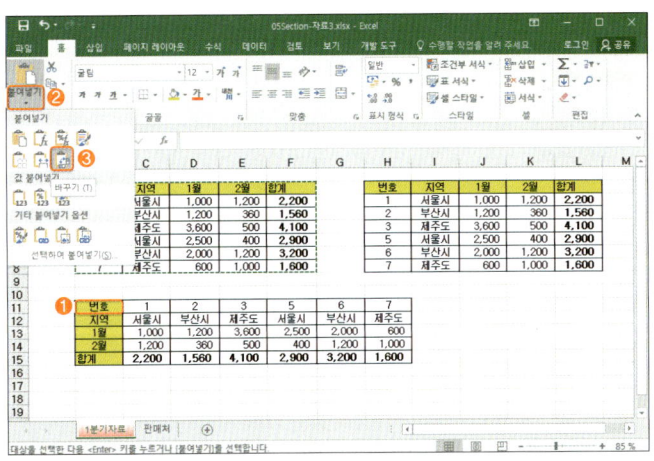

02 복사할 위치 셀 [B11]을 클릭하고 [홈] 탭 [클립보드] 그룹의 붙여넣기 명령어의 화살표(붙여넣기)를 클릭하고 [바꾸기] 아이콘( )을 클릭합니다. 그러면 행과 열이 바뀌어서 붙여넣기가 됩니다.

 보충수업 데이터 행/열 바꾸기

데이터에 수식이 들어 있는 경우 새 위치에 맞게 자동으로 수식이 업데이트 됩니다. 데이터를 회전하기 전에 상대참조, 절대 참조 및 혼합 참조 간에 수식이 전환됩니다.

[바꾸기]를 이용하여 데이터를 회전한 후 원래의 데이터를 삭제하여도 바꾸기를 이용하여 복사된 데이터에는 영향을 주지 않습니다.

직접 해보기 그림으로 붙여넣기

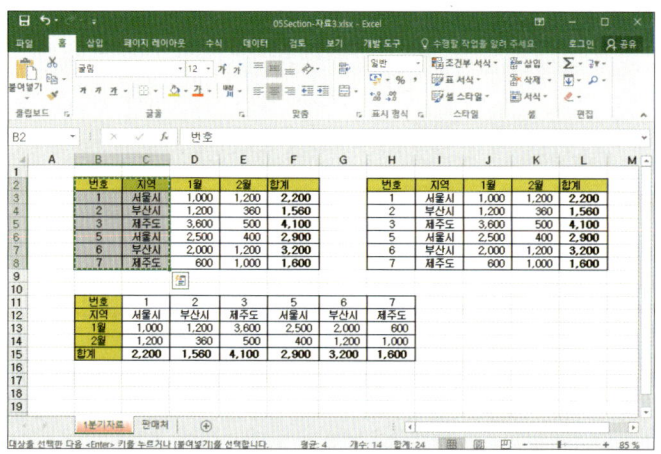

01 시트 [1분기자료]에서 자료를 그림으로 복사해 봅시다.
복사할 영역 셀 [B2:C8]을 블록으로 지정하고 [홈] 탭 [클립보드] 그룹의 복사 아이콘( )을 클릭하거나 단축키 Ctrl + C 누릅니다.

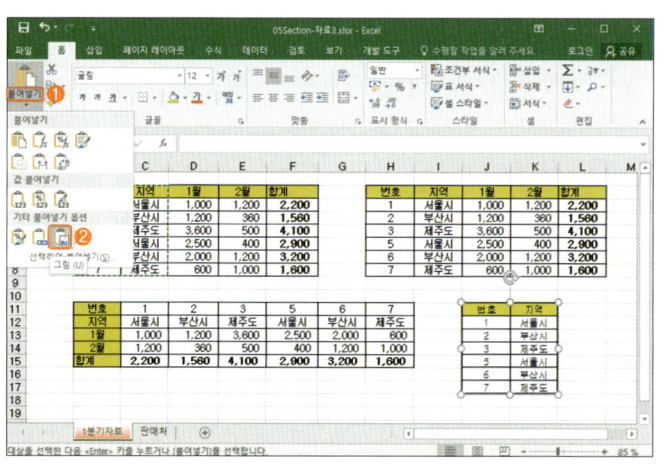

02 복사할 위치 임의의 셀을 클릭하고 [홈] 탭 [클립보드] 그룹의 붙여넣기 명령어의 화살표(붙여넣기)를 클릭하고 [그림] 아이콘( )을 클릭합니다. 그러면 블록 영역이 그림으로 변환되어 표시됩니다.

보충수업

셀이 [그림]으로 복사된 부분은 이미지이기 때문에 확대, 축소, 회전 등이 가능하나 내부의 숫자, 문자 등을 변경할 수는 없습니다. 숫자 혹은 문자를 변경하고자 할 경우 원본을 수정한 후 다시 그림으로 [붙여넣기] 하여야 합니다.

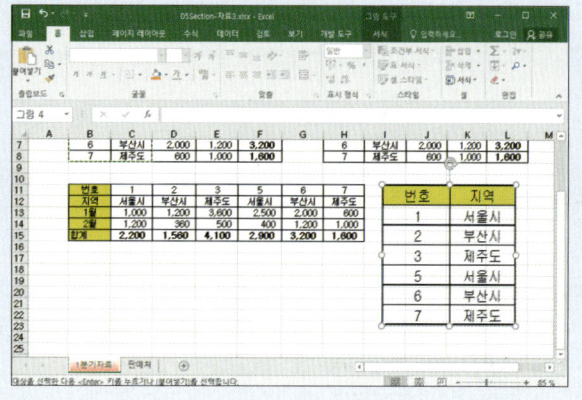

직접 해보기 연산하여 붙여 넣기

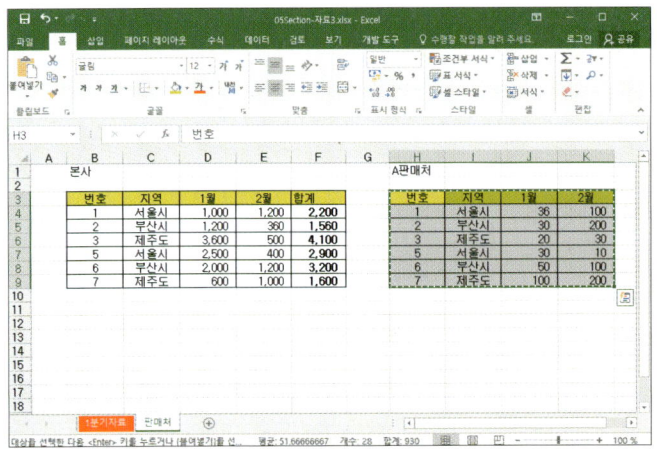

01 시트 [판매처]에서 "A판매처"의 자료를 "본사" 자료와 "더하기"하여 표시해 봅시다.
"A 판매처 시트"의 복사할 영역 셀 [H3:K9]를 블록으로 지정하고 [홈] 탭 [클립보드] 그룹의 복사 아이콘( )을 클릭하거나 단축키 Ctrl + C 누릅니다.

강의노트
복사하여 [붙여넣기]를 할 때 원본 데이터와 대상 데이터 값을 더하기를 하여 대상 데이터 위치에 결과를 표시합니다.

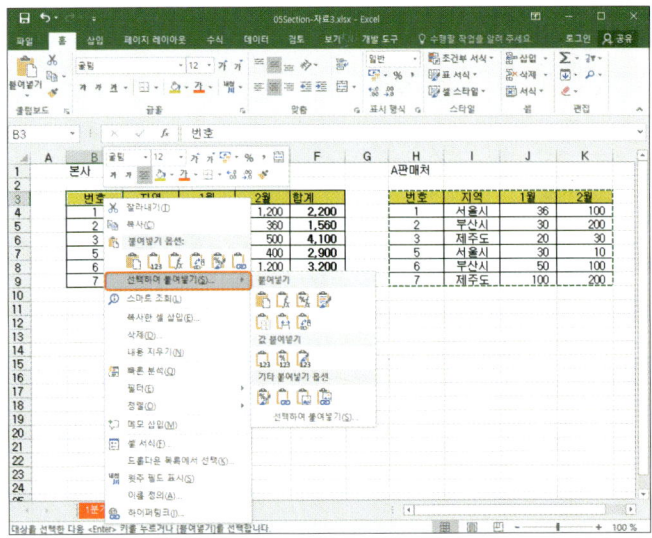

02 복사 위치인 셀 B3을 클릭하고, 마우스 오른쪽 단추를 클릭합니다. 팝업 메뉴에서 [선택하여 붙여넣기]를 클릭합니다.

강의노트
[홈] 탭 [클립보드] 그룹에서 [붙여넣기]의 [선택하여 붙여넣기]를 클릭하여도 됩니다.

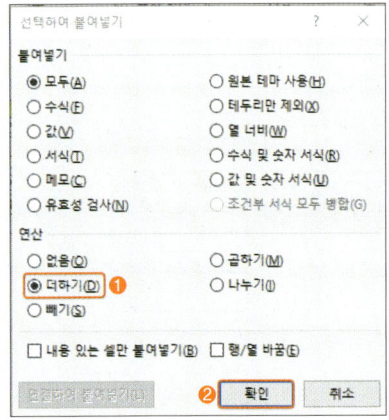

03 [선택하여 붙여넣기] 대화상자에서 연산의 [더하기]를 선택하고, [확인]을 클릭합니다.

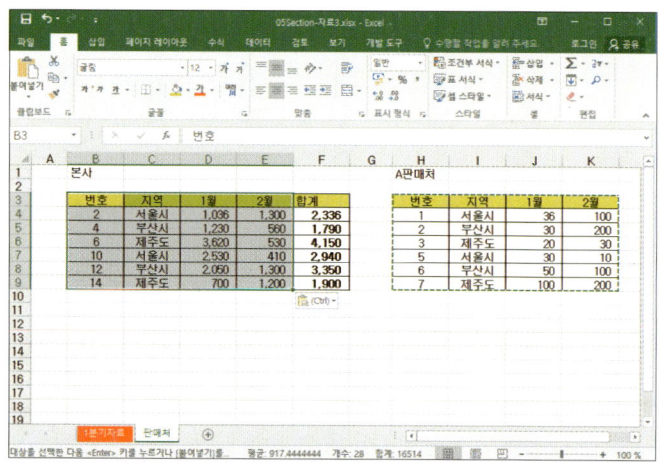

04 셀 [B4:B9, D2:E9]의 값이 셀 [H4:H9, J2:K9]와 더하기 표시된 것을 확인합니다. 셀 [B3:E3, C4:C9]는 문자이기 때문에 변경 없이 그대로 표시됩니다.

직접 해보기 | 복사한 셀 삽입

_ 준비파일 | 05Section-자료3.xlsx

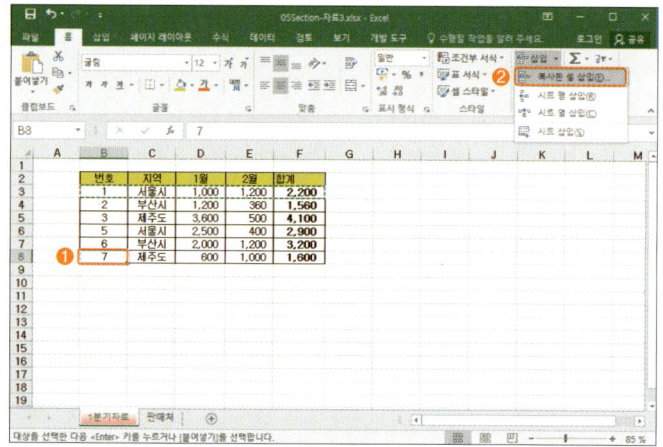

01 시트 [1분기자료]에서 셀의 일부를 복사하여 특정 위치에 삽입해 봅시다.
복사할 영역 셀 [B3:F3]을 블록으로 지정하고 [홈] 탭 [클립보드] 그룹의 복사 아이콘( )을 클릭하거나 단축키 Ctrl + C 누릅니다. 그 다음, 복사할 위치 셀 B8을 클릭하고, [홈] 탭 [셀] 그룹의 [삽입]의 [복사한 셀 삽입]을 클릭합니다.

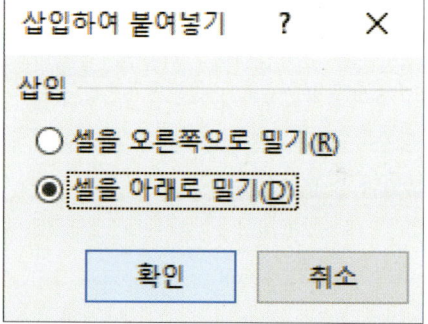

02 기존의 데이터를 밀 방향을 선택하는 [삽입하여 붙여넣기] 대화상자가 나타납니다. [셀을 아래로 밀기]를 선택하고 [확인]을 클릭합니다.

강의노트
[복사]/[잘라내기]를 하여 [삽입하여 붙여넣기]를 할 때 대상 데이터가 지워지지 않고, 셀을 오른쪽 혹은 아래쪽으로 밀면서 복사 혹은 삽입합니다.

보충수업 | 셀 참조 표기 방법

연속된 영역을 지정하는 경우 (콜론)을 사용합니다. 예를 들면 셀 A1부터 셀 B9까지는 "A1:B9"로 표기합니다.
불연속 영역을 지정하는 경우 (쉼표)를 사용합니다. 예를 들면 셀 A1부터 셀 B9까지, 셀 C3, 셀 D1부터 셀 D9까지는 "A1:B9, C3, D1:D9"로 표기합니다.

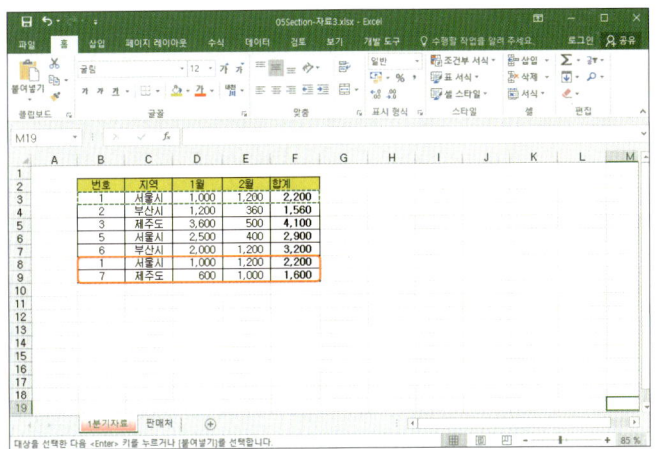

03 원래 행 8에 있던 "제주도" 관련 데이터가 아래로 밀리고, "서울시" 데이터가 삽입된 것을 확인할 수 있습니다.

강의노트
[잘라내기]한 후 셀 삽입을 하면 데이터 범위에 따라 [삽입하여 붙여넣기] 대화상자가 나타나지 않는 경우도 있습니다.

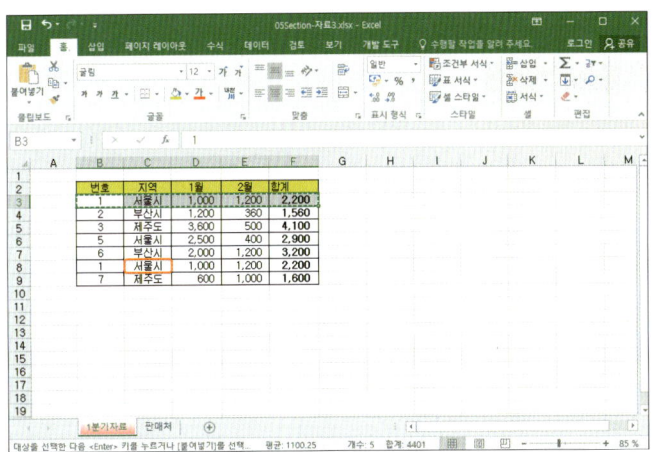

04 팝업 메뉴를 이용하여 [셀을 오른쪽으로 밀기]를 적용하여 봅시다. 복사할 영역 셀 [B3:F3]을 블록으로 지정하고 [홈] 탭 [클립보드] 그룹의 복사 아이콘( )을 클릭하거나 단축키 Ctrl + C 누릅니다. 그 다음 복사할 위치 셀 C8을 클릭하고, 마우스 오른쪽 버튼을 누르면 팝업메뉴가 나타납니다.

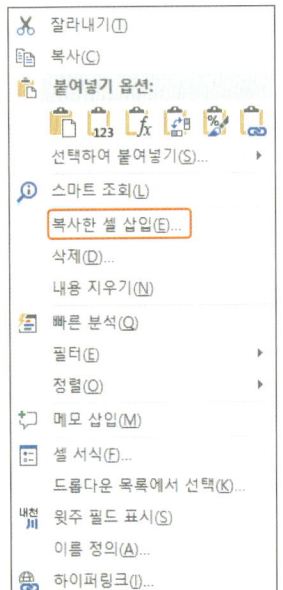
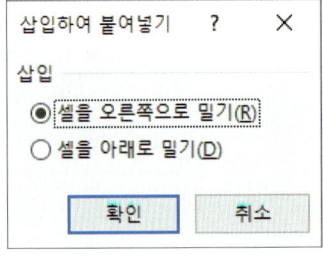

05 팝업메뉴에서 [복사한 셀 삽입]을 클릭합니다. 그 다음 [삽입하여 붙여넣기] 대화상자에서 [셀을 오른쪽으로 밀기]를 선택하고 [확인]을 클릭합니다.

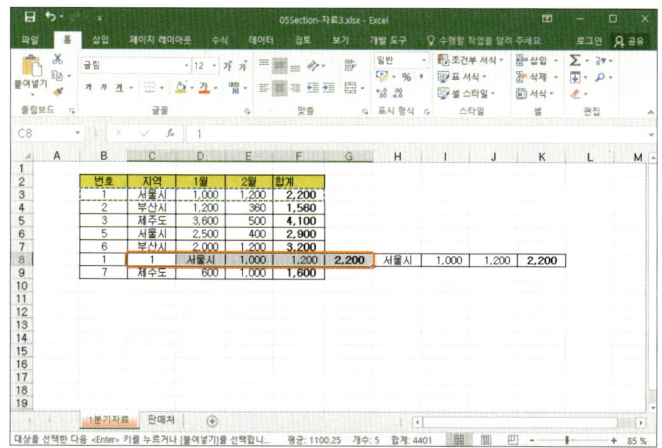

06 셀 [C8:F8]이 오른쪽으로 밀리면서 데이터가 삽입되었습니다.

직접 해보기 | 빈셀 삽입하기

준비파일 | 05Section-자료4.xlsx

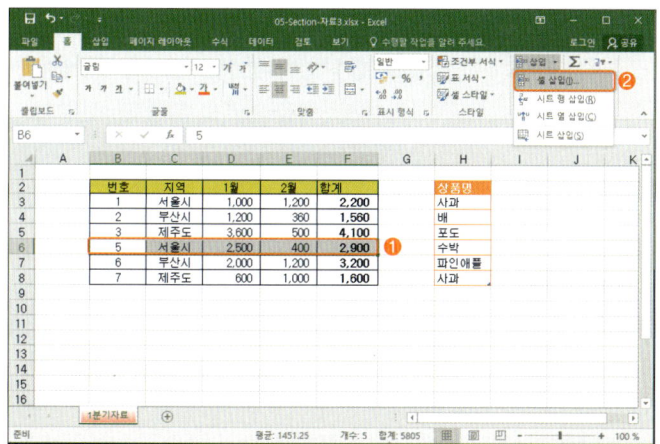

01 번호 "4"를 입력할 행을 삽입해 봅시다.

4번이 추가될 위치인 셀 [B6:F6]을 블록으로 지정하고 [홈] 탭 [셀] 그룹의 [삽입]의 [셀 삽입]을 클릭합니다.

02 [삽입] 대화상자에서 [셀을 아래로 밀기]를 선택하고 [확인]을 클릭합니다.

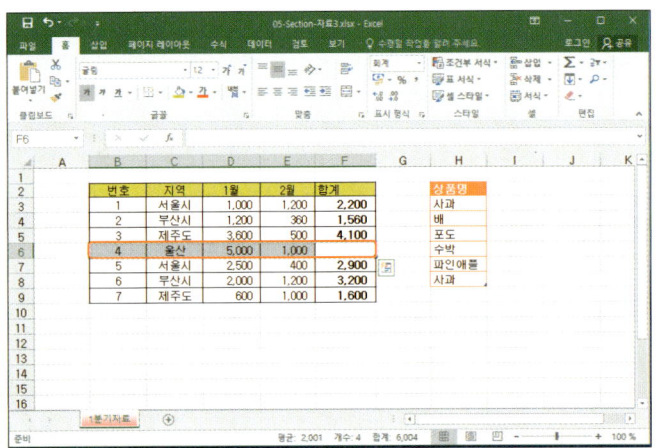

03 행 6에 있던 "5 서울시" 관련 데이터가 아래로 밀리고, 셀 [B6:F6]에 새로운 빈 셀이 삽입되었습니다. 새로운 데이터 "4, 울산, 5000, 1000"을 입력합니다.

강의노트

"5000, 1000"을 입력할 때 자동으로 쉼표가 표시되는데, 이것은 셀 삽입을 하면 기본적으로 위쪽과 같은 서식이 적용되기 때문입니다.

04 셀 삽입의 다양한 방법이 있습니다. 셀 [B3:C6]을 블록으로 지정하고, [홈]탭 [셀]그룹의 [삽입]의 [셀 삽입]을 클릭합니다. 그 다음 [삽입] 대화상자에서 [셀을 아래로 밀기]를 선택하고 [확인]을 클릭합니다.

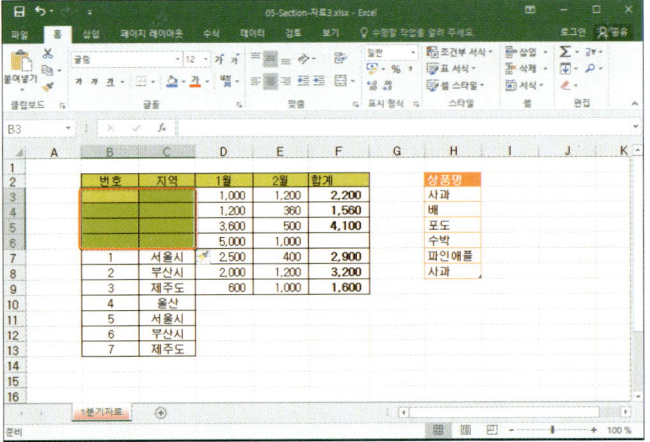

05 셀 [B3:C6]의 내용이 아래로 밀리고, 빈 셀이 추가되었습니다.

강의노트

삽입되는 셀은 위쪽 셀의 서식이 적용되기 때문에 노란색으로 채우기가 됩니다.

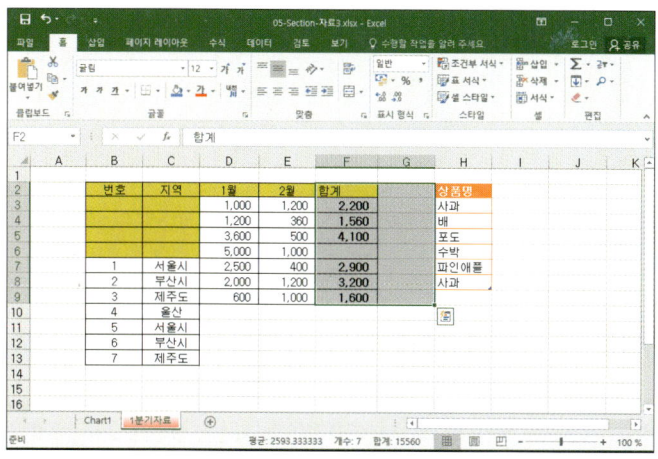

06 [팝업메뉴]의 셀 삽입을 활용하여 봅시다. 셀 [F2:G9]를 블록으로 지정하고, 마우스 오른쪽 단추를 누릅니다.

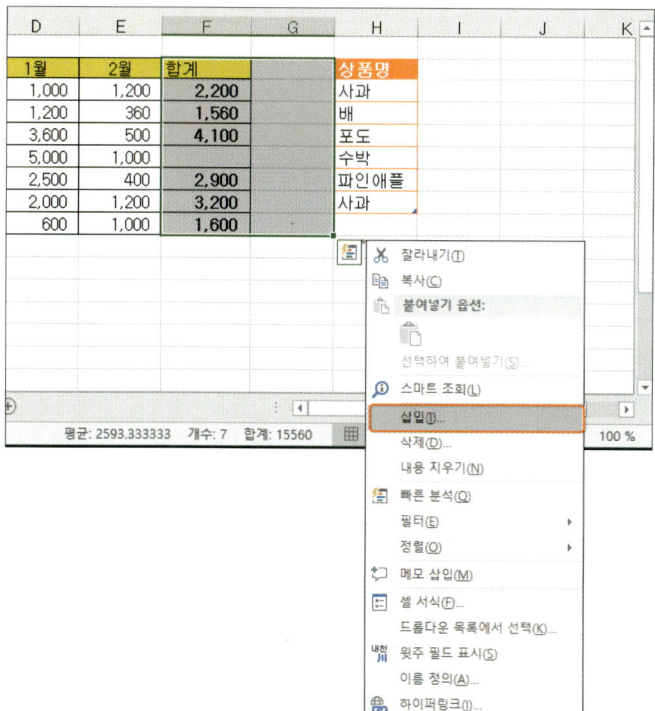

07 팝업메뉴에서 [삽입]을 클릭합니다.

08 [삽입] 대화상자에서 [셀을 오른쪽으로 밀기]를 선택하고 [확인]을 클릭합니다.

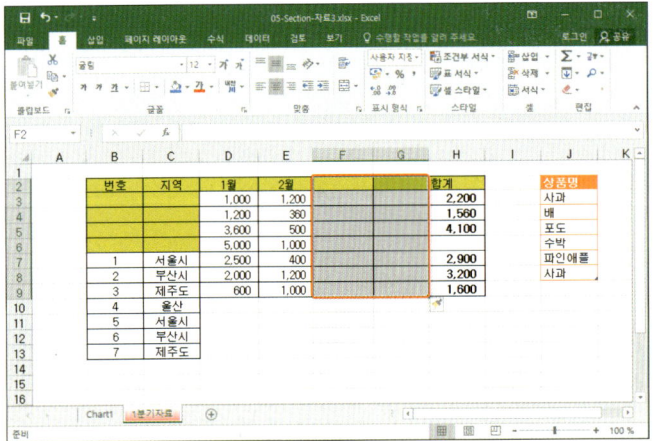

09 블록으로 지정된 셀 [F2:G9]의 데이터들이 오른쪽으로 밀리고 셀 [F2:G9]에 빈 셀이 삽입됩니다.

직접 해보기 | 셀 삭제하기

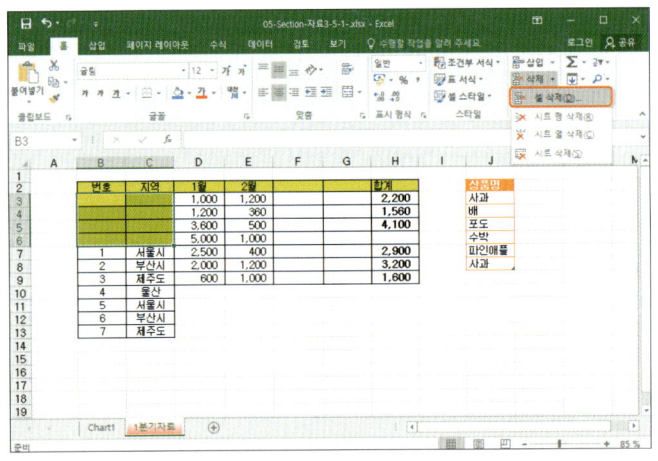

01 셀 [B3:C6]을 블록으로 지정하고 [홈] 탭 [셀] 그룹의 [삭제]의 [셀 삭제]를 클릭합니다.

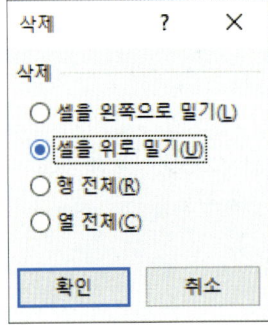

02 [삭제] 대화상자에서 [셀을 위로 밀기]를 선택하고 [확인]을 클릭합니다.

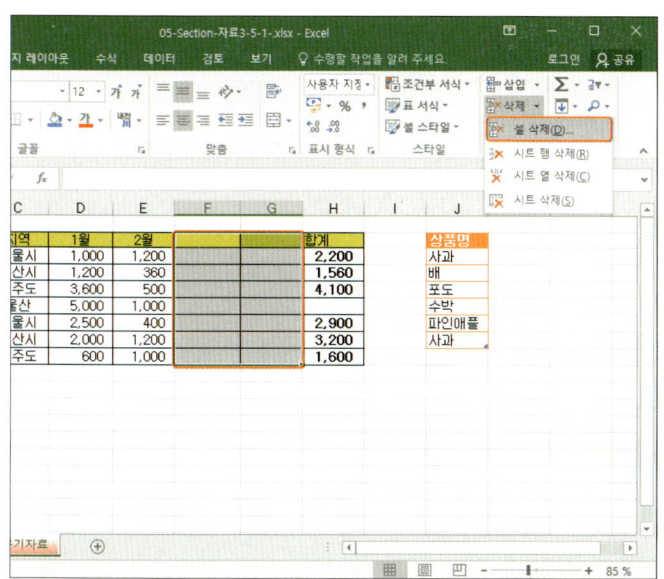

03 셀 [F2:G9]를 블록으로 지정하고 [홈] 탭 [셀] 그룹의 [삭제]의 [셀 삭제]를 클릭합니다.

강의노트 🖉
마우스를 이용한 셀 삽입 및 삭제
셀 범위를 선택하고 Shift +채우기 핸들을 아래쪽/오른쪽으로 드래그하면 드래그 한만큼 셀이 삽입되고, 위쪽/왼쪽으로 드래그하면 드래그 한만큼 셀이 삭제됩니다.

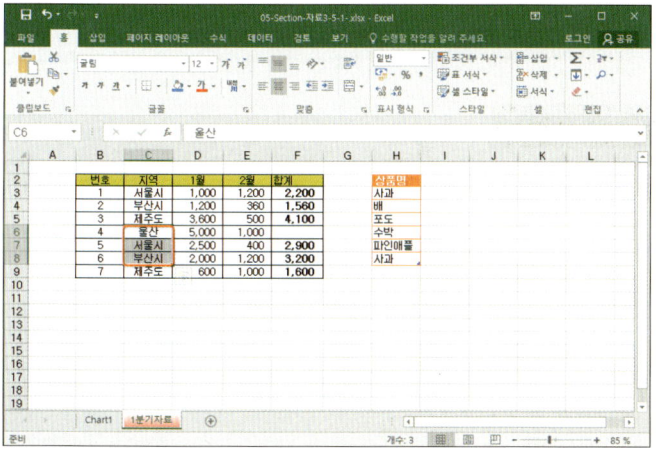

04 [팝업메뉴]의 셀 삭제를 활용하여 봅시다.
셀 [C6:C8]을 블록으로 지정하고, 마우스 오른쪽 단추를 누릅니다.

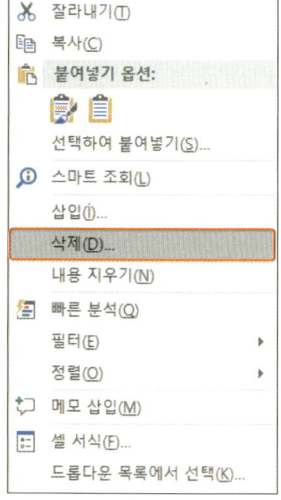
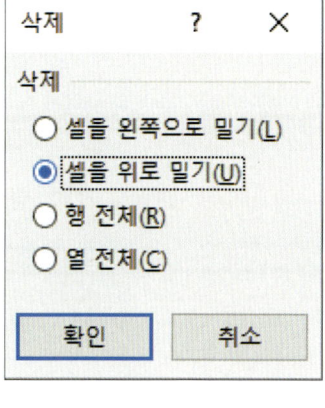

05 팝업메뉴에서 [삭제]를 클릭합니다. 그 다음 [삽입] 대화상자에서 [셀을 위로 밀기]를 선택하고 [확인]을 클릭합니다.

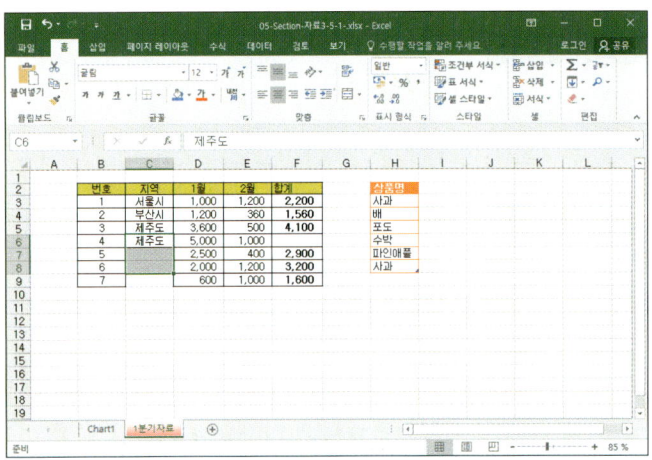

06 셀 [C6:C8]의 내용이 삭제되고 셀 C9의 내용이 위쪽으로 밀려 C6의 내용이 되었습니다.

직접 해보기 셀 내용 지우기

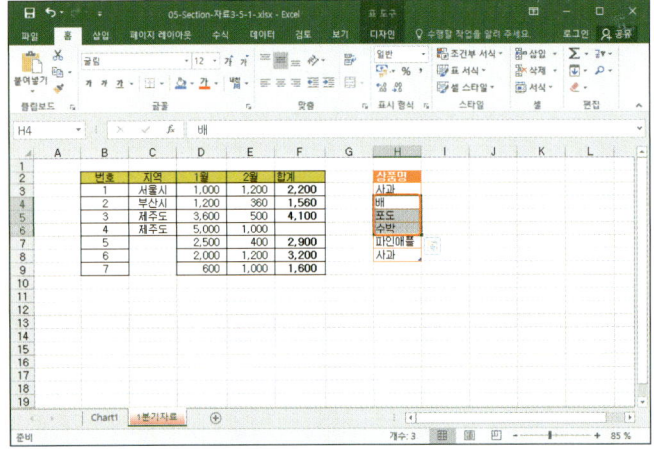

01 영역 [H4:H6]을 블록으로 지정하고, 마우스 오른쪽 단추를 누릅니다.

02 팝업메뉴에서 [내용 지우기]를 클릭합니다.

강의노트
블록으로 지정하고 키보드의 Delete 키를 눌러도 내용 지우기가 실행됩니다.

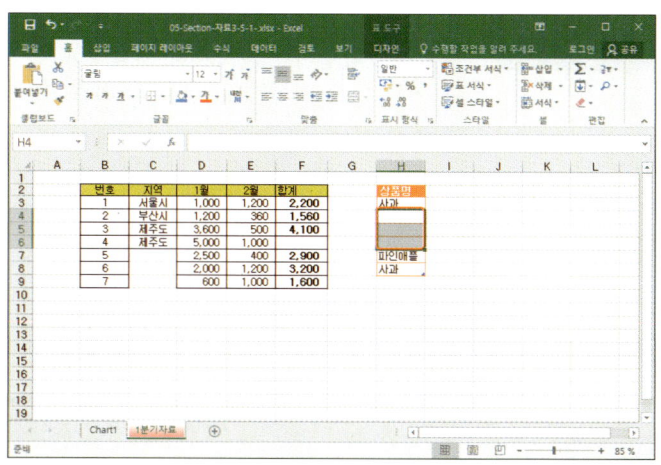

03 셀 [H4:H6]의 내용이 삭제되고 빈 셀로 변합니다.

직접 해보기 | 행과 열 삽입과 삭제하기

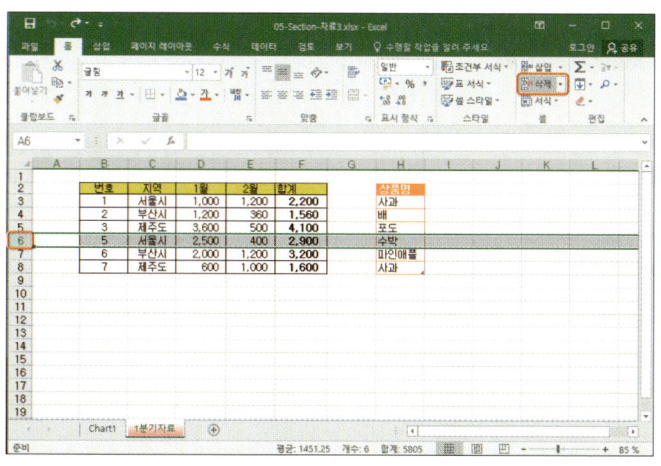

01 행과 열을 삭제하는 다양한 방법을 살펴봅시다.
먼저, 행 번호 6을 삭제합니다. 행 머리글 6을 클릭하고 [홈] 탭 [셀] 그룹의 [삭제]를 클릭합니다.

강의노트
[홈] 탭 [셀] 그룹 [삭제]의 [시트 행 삭제]를 클릭하여도 됩니다.

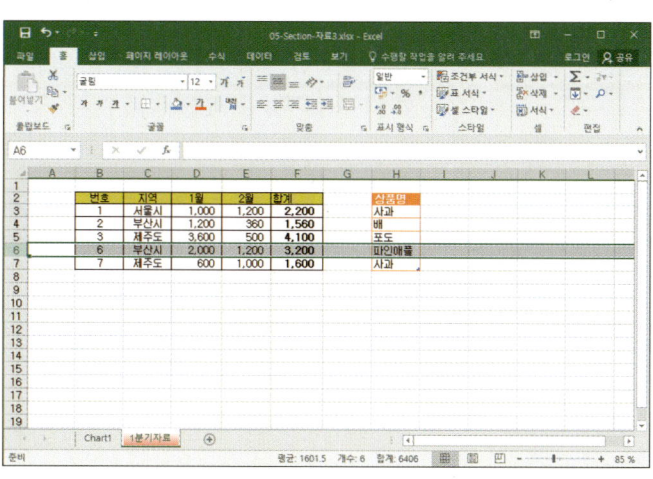

02 행 번호 6이 삭제되고 자동으로 행 번호 7번이 위쪽으로 밀려 올라가게 됩니다.

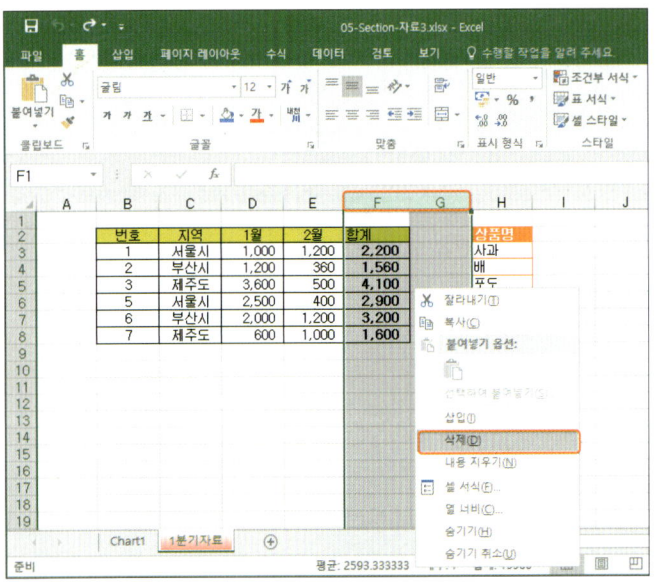

03 팝업메뉴를 사용하여 삭제하여 봅시다. 삭제할 열 머리글 [F:G]를 블록으로 지정하고 마우스 오른쪽 단추를 눌러 팝업 메뉴가 나타나면 [삭제]를 클릭합니다.

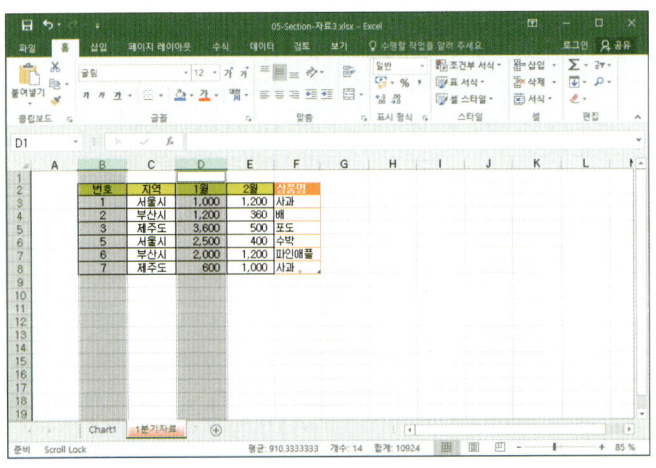

04 열 [F:G]가 삭제되고 열 G가 새로운 열 F가 됩니다. 열 B를 클릭하고 Ctrl 키를 누르고 열 D를 클릭하여 블록을 지정하고, 팝업메뉴에서 [삭제]를 클릭합니다.

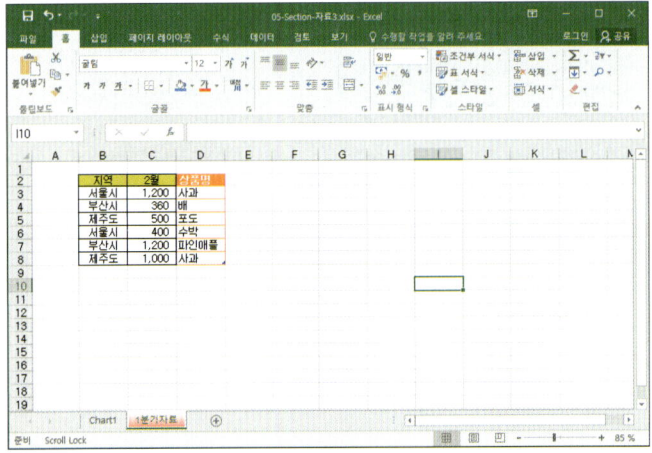

05 연속된 열이 아니더라도 열 삭제를 실행할 수 있습니다.

직접 해보기 찾기

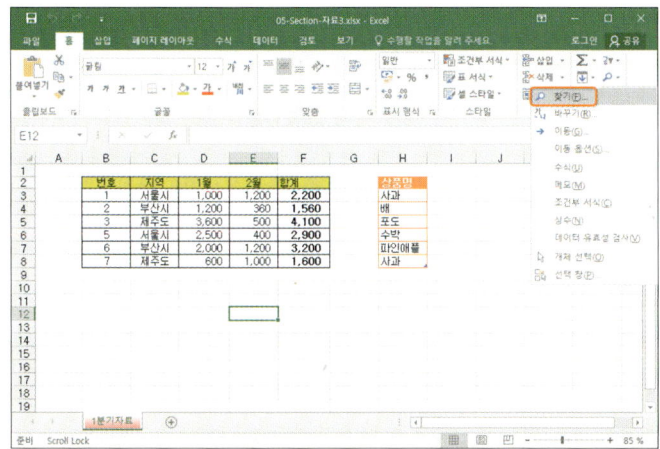

준비파일 | 05Section-자료5.xlsx

01 자료에서 1,200과 "시"로 끝나는 자료를 찾아 봅시다.
임의의 셀에서 [홈] 탭 [편집] 그룹에서 [찾기 및 선택]( )의 [찾기]를 클릭하거나 단축키 Ctrl + F 를 입력합니다.

02 [찾기 및 바꾸기] 대화상자의 [찾기] 탭에서 [찾을 내용]에 "1200"을 입력하고 [다음 찾기]를 클릭합니다. 커서는 데이터 중에서 가장 먼저 나타난 "1200"의 셀 E3으로 이동합니다. 계속 [다음 찾기]를 클릭하면 다음 "1200"을 찾아 셀 포인터가 이동합니다.

강의노트
- 찾을 내용이 숫자일 경우 "1,200"처럼 쉼표는 사용하지 않습니다.
- 일정한 영역을 지정한 후 찾기 명령을 실행하면 영역 내에서만 내용을 찾게 됩니다.

03 [찾기 및 바꾸기] 대화상자의 [모두 찾기]를 클릭하면 문서내의 모든 데이터 "1200"의 시트 명, 셀 주소 등 상세 정보를 모두 보여줍니다. 목록 중에서 하나를 클릭하면 셀 포인터는 클릭한 값의 셀 주소로 이동합니다.

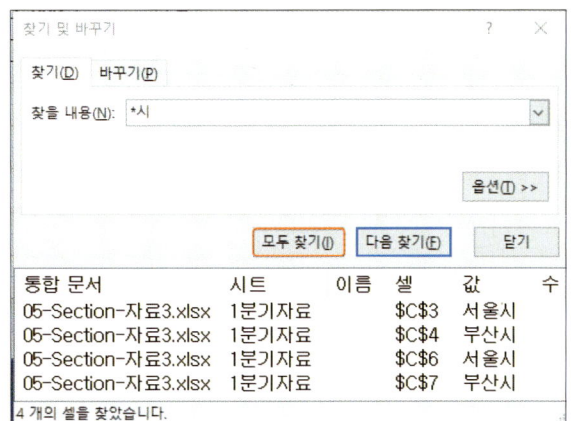

04 [찾기 및 바꾸기]대화상자의 [찾을 내용]에 "*시"를 입력하고 [모두 찾기]를 클릭합니다. 문서내의 데이터에서 "시"로 끝나는 모든 데이터를 정보를 보여줍니다.

강의노트

- *(별표) : 모든 문자열을 대신하는 문자입니다. 예를 들어 "대*시"는 "대전시", "대전광역시", "대구시", "대구광역시"등입니다.
- ?(물음표) : 임의의 한 문자를 대신합니다. 예를 들어 "대?시"는 "대전시", "대천시", "대구시" 등입니다.

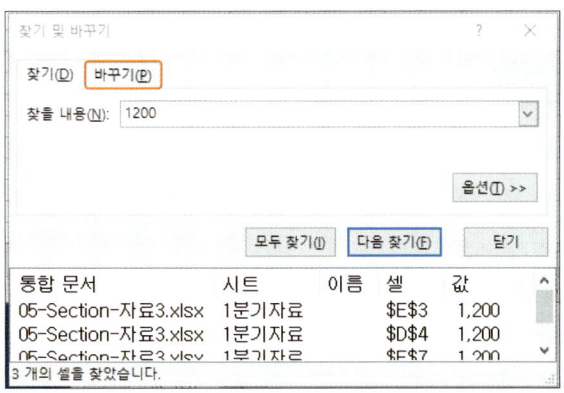

05 찾을 내용을 입력한 후 [찾기 및 바꾸기] 대화상자의 [바꾸기] 탭을 클릭하면 찾아 바꾸기 명령 상태로 대화상자가 바뀌게 됩니다.

직접 해보기 | 찾아 바꾸기

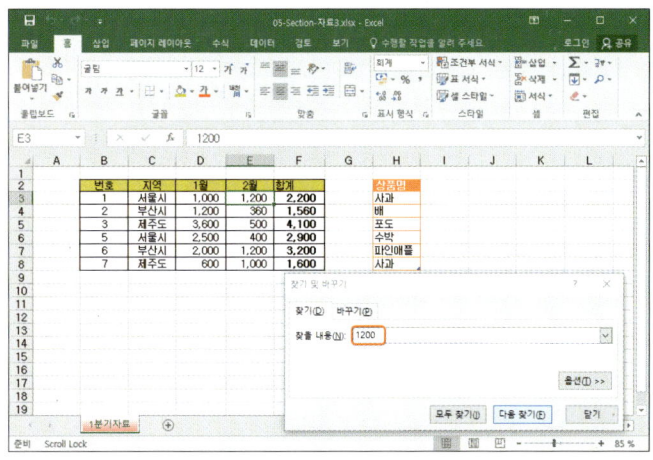

01 "1200"을 모두 "3300"으로 수정해 봅시다.
임의의 셀에서 Ctrl + F 를 클릭하여 [찾을 내용]에 "1200"을 입력합니다.

강의노트

[바꾸기] 탭을 먼저 클릭하고 [찾을 내용]에 "1200"을 입력해도 됩니다.

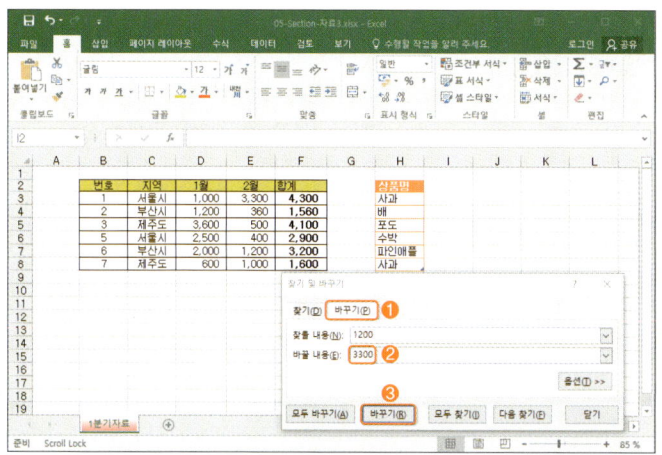

02 [다음 찾기]를 클릭하여 셀 포인터가 "1200" 위치로 이동하면 다시 [바꾸기] 탭을 클릭합니다. [바꿀 내용]에 "3300"을 입력하고 [바꾸기] 버튼을 클릭합니다. 셀 E3의 내용이 "3300"으로 변경되었고, 셀 포인터는 다음 "1200"을 찾아 자동으로 이동합니다.

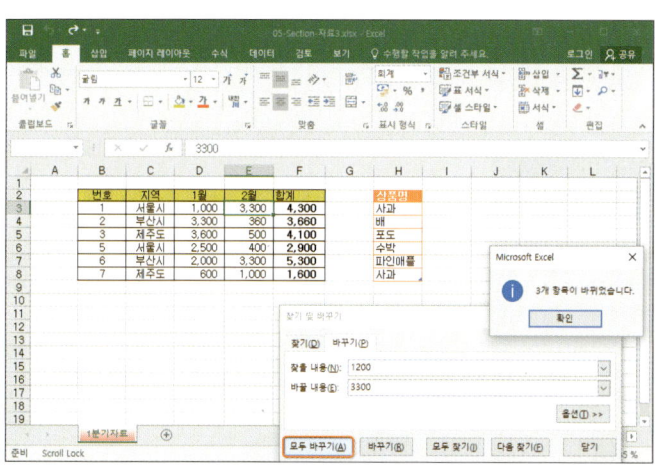

03 [모두 바꾸기]를 클릭하면 범위 내의 모든 데이터를 바꾸고, 바꾼 데이터의 개수를 표시합니다. [확인]을 클릭합니다.

직접 해보기 | 행 높이와 열 너비 변경하기

_ 준비파일 | 05Section-자료6.xlsx

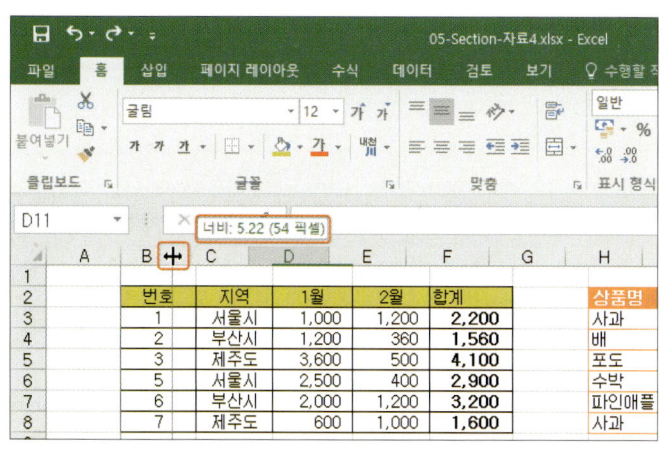

01 마우스를 드래그하여 열 너비 조절해 봅시다.
열 머리글 B와 C 사이의 셀 구분선을 마우스로 왼쪽으로 드래그합니다. 드래그 위쪽으로 열의 너비를 표시하는 숫자를 보여줍니다.

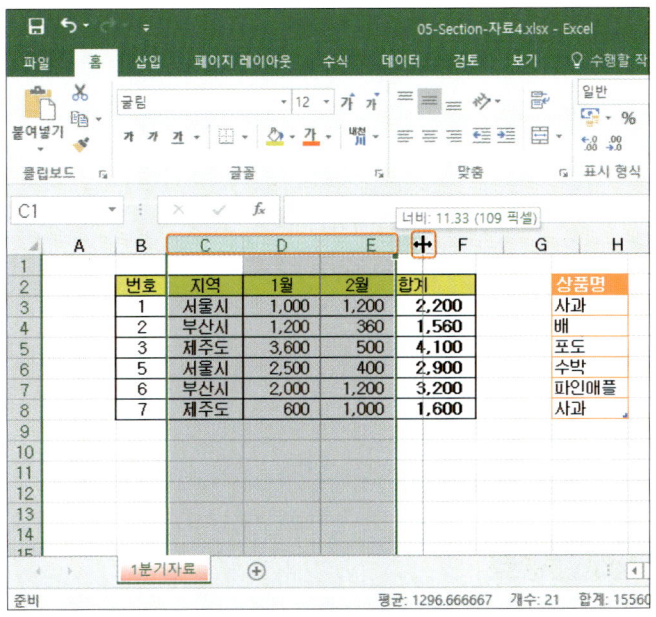

02 여러 개의 열 너비를 동시에 조절하여 봅시다.

열 머리글 [C:E]를 드래그하여 영역을 지정하고, 열 머리글 E와 F 사이의 셀 구분선을 마우스로 왼쪽/오른쪽으로 드래그합니다. 영역을 지정한 모든 열의 너비가 동일한 크기로 조절됩니다.

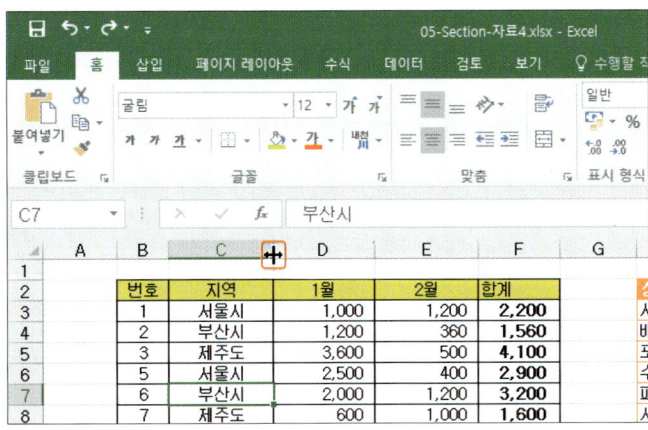

03 데이터 폭에 알맞게 열 너비 조절하여 봅시다.

열 머리글 C와 D 사이의 셀 구분선을 더블클릭합니다. C열의 데이터 중 가장 긴 데이터 길이에 맞게 너비가 조절됩니다.

보충수업 워크시트의 행과 열 너비

열 너비는 표준 글꼴을 기준으로 0~255자로 지정할 수 있습니다. 기본 열 너비는 8.43자입니다. 열 너비를 0으로 설정하면 열이 숨겨집니다. 행 높이는 0~409포인트로 지정할 수 있습니다. 기본 행 높이는 12.75포인트(약 0.4cm)이고, 행 높이를 0으로 설정하면 행이 숨겨집니다.

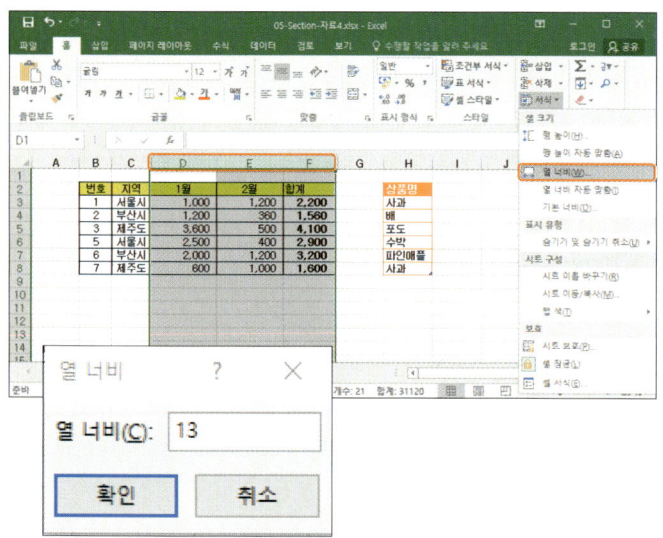

04 열 [D:F]의 열 너비를 일정한 값 "13"으로 조절하여 봅시다.

열 [D:F]를 블록으로 지정하고 [홈] 탭 [셀] 그룹에서 [열 너비]를 클릭합니다. [열 너비] 대화상자의 [열 너비]에 "13"을 입력하고 [확인]을 클릭합니다.

05 행 [3:8]의 높이를 "25"로 조절하여 봅시다.

행 [3:8]을 블록으로 지정하고 팝업메뉴의 [행 높이]를 클릭합니다. [행 높이] 대화상자의 [행 높이]에 "25"를 입력하고 [확인]을 클릭합니다.

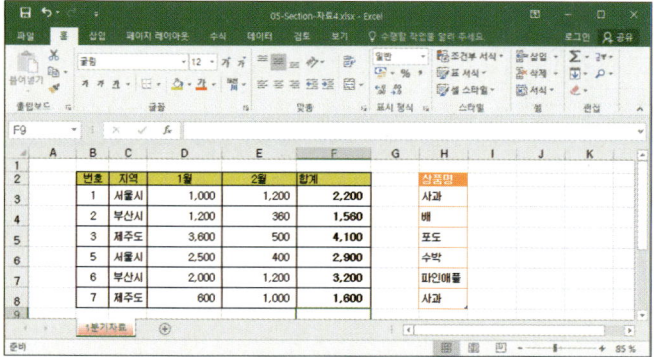

06 행 높이가 변경된 것을 확인합니다.

 **실전문제**

01. 파일 "실전문제-05.xlsx"을 열고, "자료" 시트를 만들고 "판매" 시트의 [A3:D11]을 복사하여 "자료" 시트의 셀 B2부터 원본의 열 너비를 유지하고 붙여넣기 하시오.

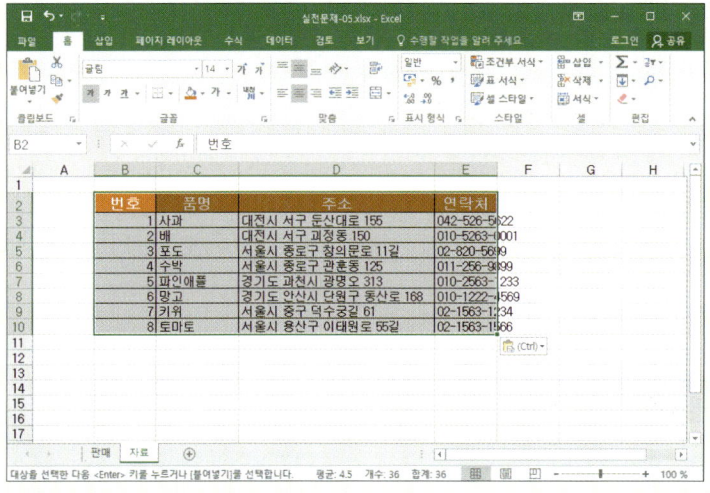

완성파일 | 실전문제 05-1-결과.xlsx

Hint [붙여넣기] 항목의 "원본 열 너비유지" 풍선 도움말 확인하기

02. 열 E의 너비를 전화번호의 길이에 적당하도록 조절하고, 행 [5:6]을 삽입하고 번호를 조정하고, 아래와 같이 내용을 입력하시오.

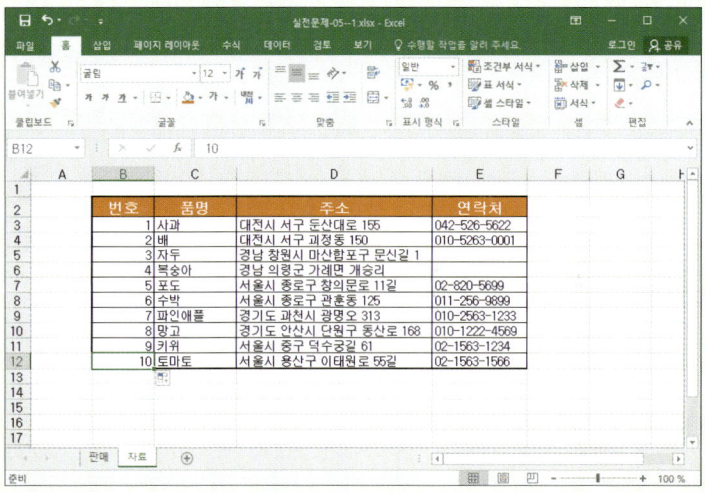

완성파일 | 실전문제 05-2-결과.xlsx

Hint 번호 조절은 채우기 핸들을 이용합니다.

실전문제

03. [찾기 및 바꾸기] 기능을 이용하여 "자료" 시트의 문자열 "서울시"를 "서울특별시"로, "대전시"를 "대전광역시"로 모두 변환하시오.

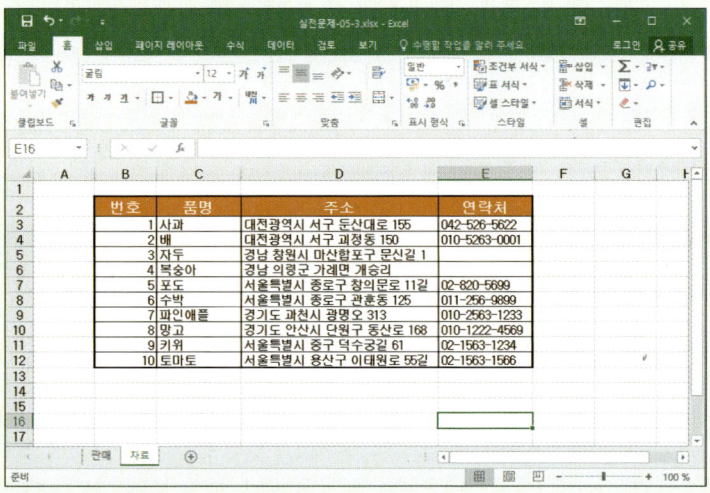

완성파일 | 실전문제 05-3-결과.xlsx

Hint [바꾸기]의 단축키는 Ctrl + H 입니다.

04. "자료" 시트에 열 E를 삽입하고 빠른 채우기 기능을 이용하여 아래와 같이 자료를 입력하고 열 너비를 적당히 조절하시오.

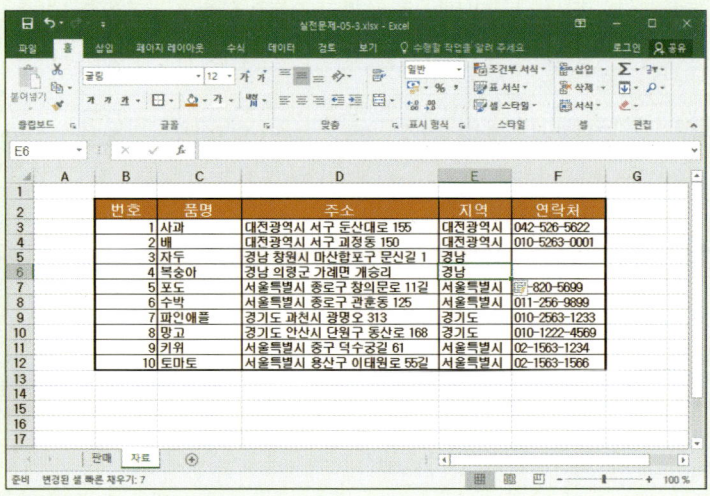

완성파일 | 실전문제 05-4-결과.xlsx

알찬 예제로 배우는
엑셀 2016

Part1. **06** Section

셀 서식

워크시트에 데이터를 입력한 후, 보기 좋은 형태의 문서로 만들기 위하여 글꼴의 종류, 크기, 색상과 셀의 테두리, 채우기 색, 셀 병합과 표시방법 등 다양한 형태의 서식을 지정할 수 있습니다. 엑셀에서 제공하는 여러 가지 서식 지정 방법에 대하여 알아봅시다.

Zoom In

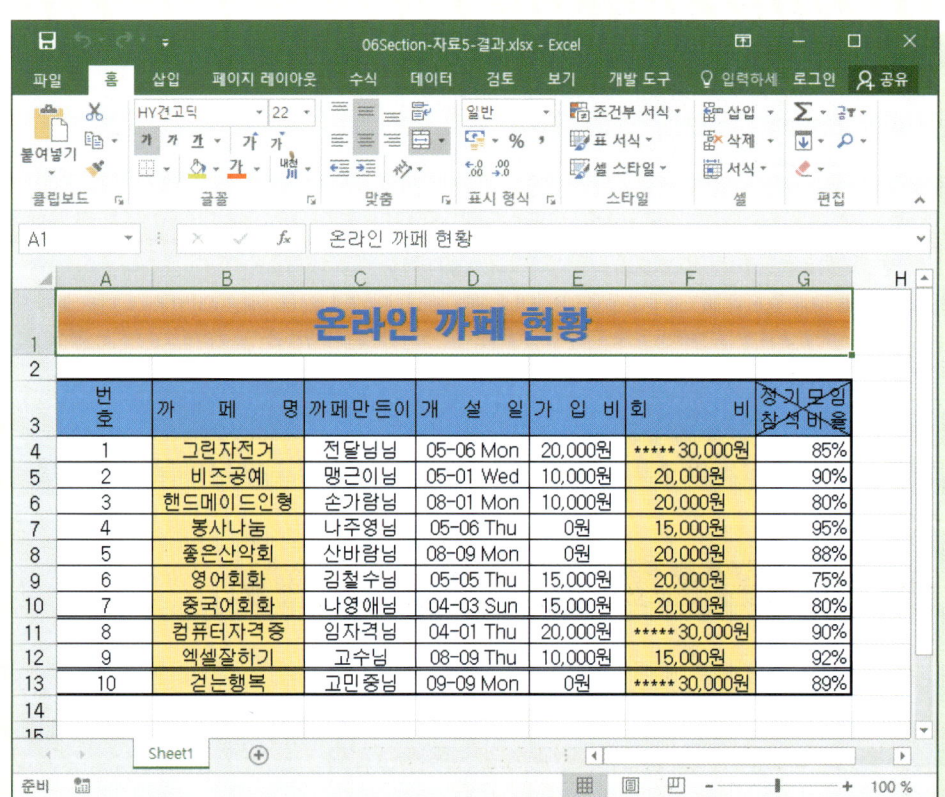

Keypoint

_ 글꼴과 셀의 데이터 위치 지정하기
_ 셀의 데이터 표시 형식 지정하기
_ 셀 테두리와 채우기 지정하기
_ 조건부 서식 지정하기
_ 표 스타일 지정하기

Knowhow

_ 리본 메뉴 [홈] 탭의 [글꼴] 그룹, [셀 서식] 대화상자, 미니도구 모음에서 글꼴, 위치, 표시 형식 등을 지정한다.
_ [홈] 탭의 [글꼴] 그룹에서 셀의 테두리와 배경색 등을 지정한다.
_ 엑셀에서 제공하는 서식 규칙만으로 데이터 관리가 부족할 때에는 조건부 서식 규칙에 서식을 추가하여 다양한 작업을 수행할 수 있다.
_ 데이터를 쉽게 사용할 수 있도록 워크시트에 표 서식을 구성할 수 있다.

직접 해보기 글꼴 지정하기

_준비파일 | 06Section-자료1.xlsx

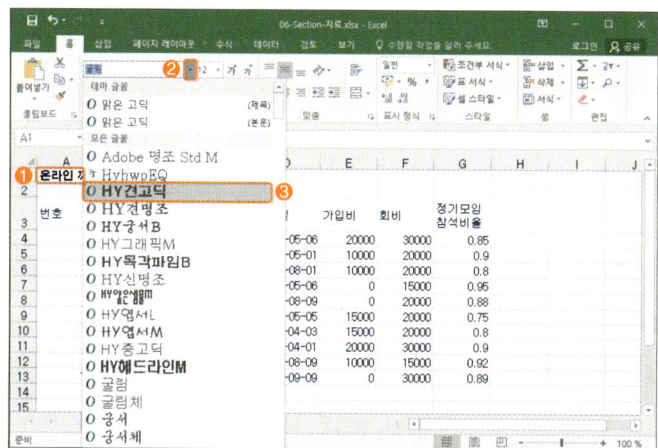

01 제목 "온라인 까페 현황"의 글꼴 및 색, 채우기 색 등을 변경해 봅시다. 셀 A1을 클릭하고 [홈] 탭의 [글꼴] 그룹에서 글꼴의 화살표를 클릭하고 "HY견고딕"을 클릭합니다.

강의노트
[셀 서식] 대화상자는 단축키 Ctrl + 1 을 누르거나 [홈] 탭의 [글꼴] 그룹에서 글꼴 설정 아이콘(□)을 클릭하면 됩니다.

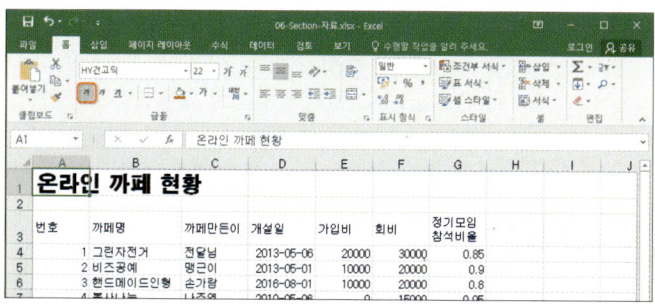

02 [홈] 탭의 [글꼴] 그룹에서 글자 크기의 화살표를 클릭하고 "22"를 클릭합니다.

03 [홈] 탭의 [글꼴] 그룹에서 "굵게"를 클릭합니다.

04 [홈] 탭의 [글꼴] 그룹에서 채우기 색의 화살표를 클릭하고, 주황색 계열 중 하나를 클릭합니다.

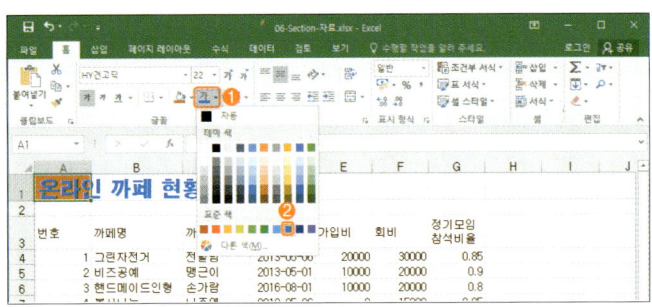

05 [홈] 탭의 [글꼴] 그룹에서 글꼴 색의 화살표를 클릭하고, 파란색을 클릭합니다.

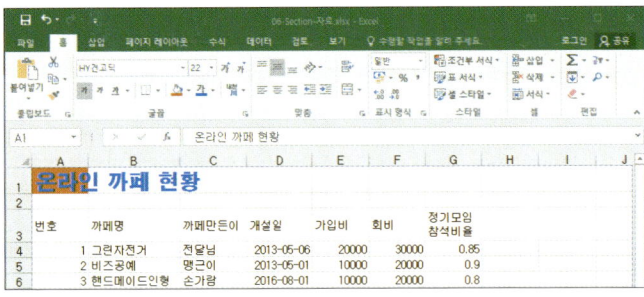

06 완성된 결과를 확인합니다.

강의노트
셀 A1은 셀 내용이 셀 너비보다 길기 때문에 그림처럼 보입니다.
(다음 장에서 수정해 봅시다.)

직접 해보기 | 맞춤 지정하기

_ 준비파일 : 06Section-자료2.xlsx

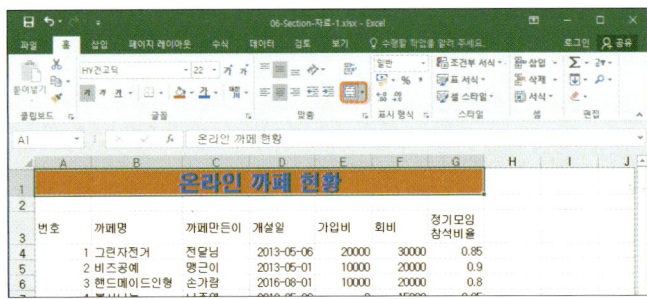

01 셀 [A1:G1]을 블록으로 지정하고 [홈] 탭의 [맞춤] 그룹에서 [병합하고 가운데 맞춤] 아이콘을 클릭합니다.

강의노트
[병합하고 가운데 맞춤]을 다시 클릭하면 병합이 해제되어 셀 분할이 됩니다.

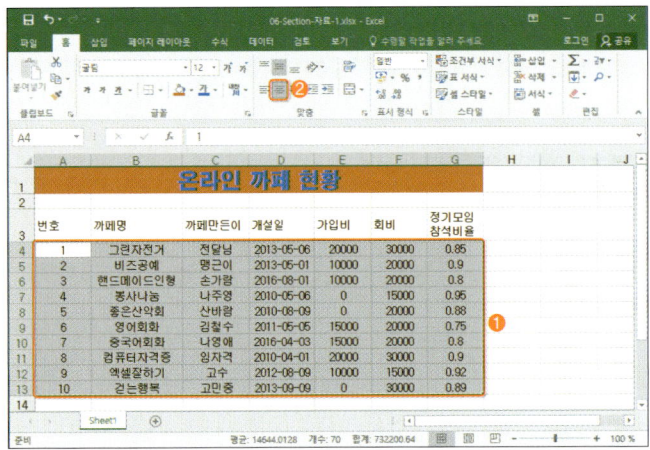

02 셀 [A4:G13]을 블록으로 지정하고 [홈] 탭의 [맞춤] 그룹에서 [가운데 맞춤]을 클릭합니다.

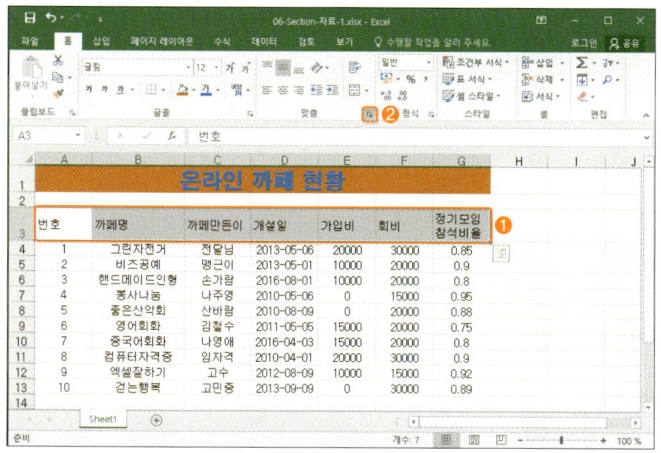

03 셀 [A3:G3]을 블록으로 지정하고 [홈] 탭의 [맞춤] 그룹에서 맞춤 설정 아이콘( )을 클릭하거나 Ctrl + 1 을 입력합니다.

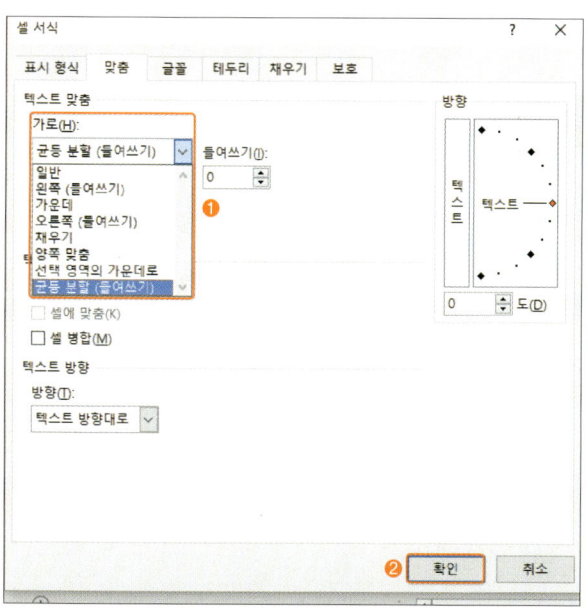

04 [셀 서식] 대화상자의 [맞춤] 탭의 텍스트 맞춤 [가로]에서 "균등 분할(들여쓰기)"를 클릭하고, [확인]을 클릭합니다.

강의노트

[방향] 항목의 빨간 점을 위/아래로 움직이면 셀 내용이 점의 방향에 따라 기울어진 내용으로 표시됩니다.

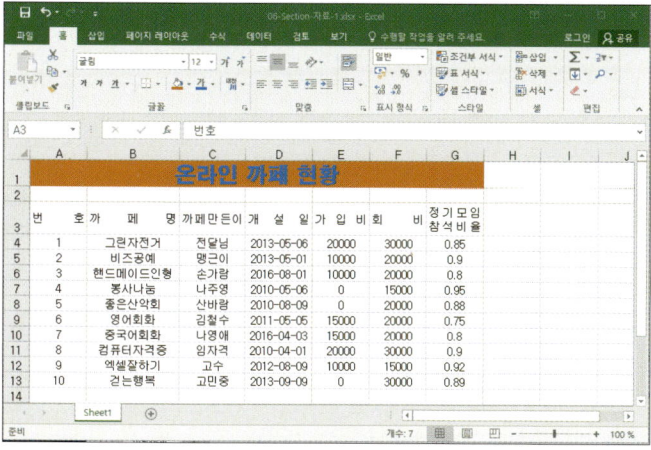

05 셀 [A3:G3]의 결과를 확인합니다.

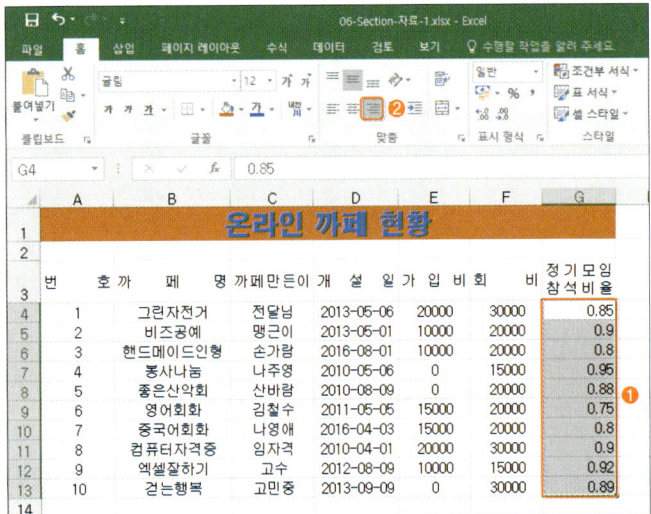

06 셀 [G4:G13]을 블록으로 지정하고 [홈] 탭의 [맞춤] 그룹에서 [오른쪽 맞춤] 아이콘을 클릭합니다.

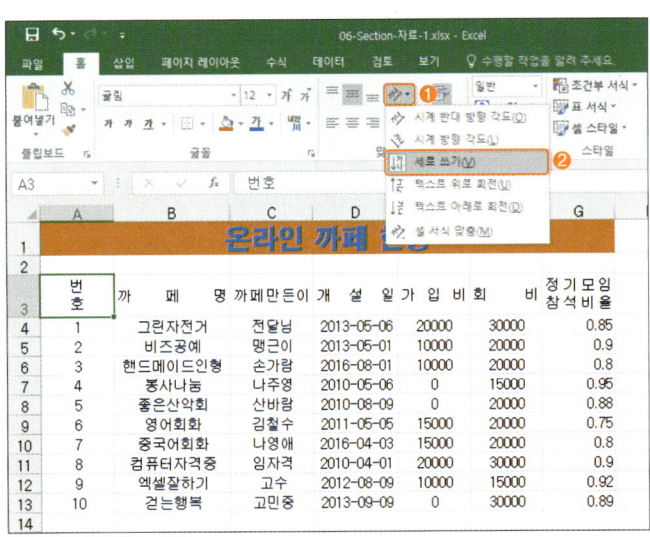

07 셀 A3을 클릭하고 [홈] 탭의 [맞춤] 그룹에서 [방향]의 [세로쓰기]를 클릭합니다.

직접 해보기 | 표시 형식 지정하기

준비파일 | 06Section-자료3.xlsx

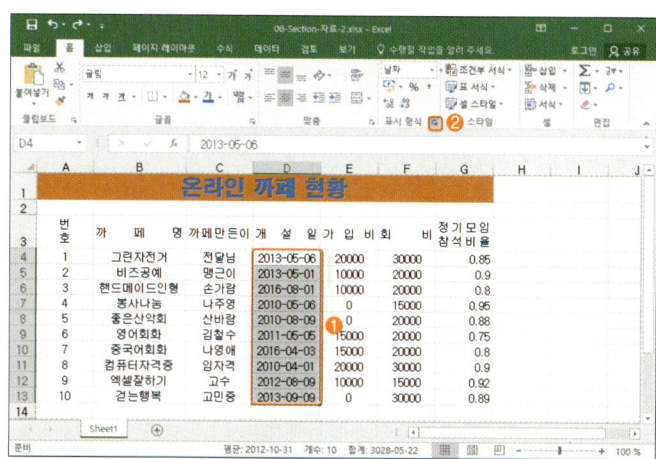

01 셀 [D4:D13]을 블록으로 지정하고 표시 형식 설정 아이콘(⤢)을 클릭하거나 Ctrl + 1 을 입력합니다.

02 [셀 서식] 대화상자의 [표시 형식] 탭에서 "날짜"를 클릭하고, [형식] 항목에서 "3월 14일"을 선택하고 [확인]을 클릭합니다. 셀 [D4:D13]의 날짜 형식을 확인합니다.

강의노트 ✎

[형식]은 날짜를 화면에 표시하는 형태를 지정합니다.

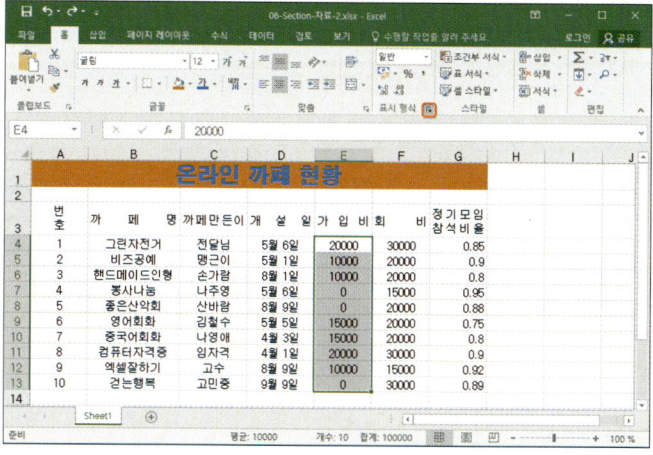

03 셀 [E4:E13]을 블록으로 지정하고 표시 형식 설정 아이콘(⤢)을 클릭하거나 Ctrl + 1 을 입력합니다.

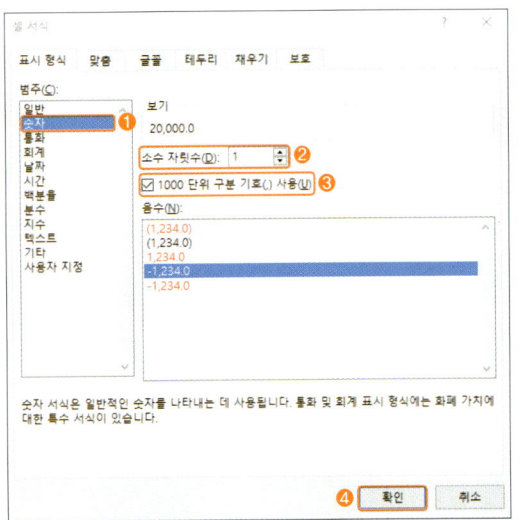

04 [표시 형식]의 [범주]에서 "숫자"를 클릭하고 "1000 단위 구분 기호(,) 사용"을 선택하고, [소수 자릿수]에 "1"을 입력하고, [확인]을 클릭합니다. 이후 셀 [E4:E13]의 숫자 형식을 확인합니다.

강의노트

[음수]는 데이터가 음수일 때 표시하는 형식을 지정합니다. 예를 들면 "-3"인 경우 형식에 따라 "-3, -3, 3, (3), (3)"으로 표시됩니다.

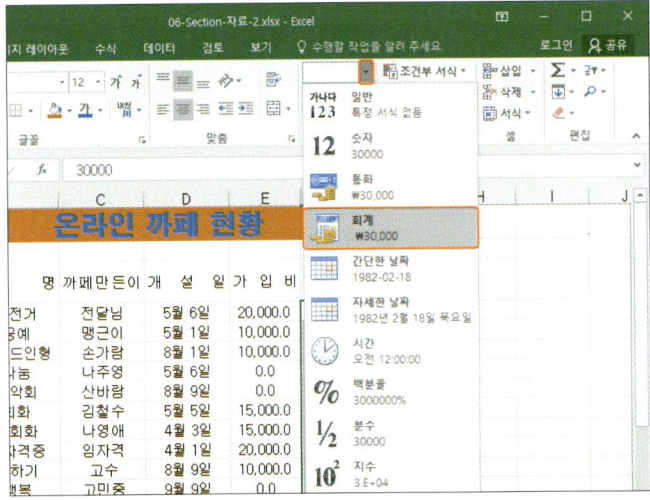

05 셀 [F4:F13]을 블록으로 지정하고 표시 형식 화살표를 클릭하고 [회계]를 클릭합니다. 그러면 셀 [F4:F13] 내용이 "####"으로 표시됩니다.

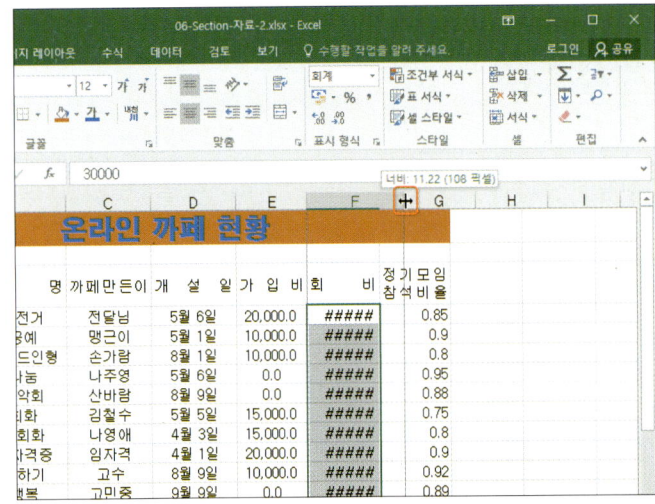

06 열 F와 열 G의 셀 구분선을 오른쪽으로 드래그하여 열 F의 폭을 넓혀줍니다.

강의노트

셀에 "####"으로 표시되는 것은 표시할 숫자보다 셀의 너비가 좁다는 뜻입니다. 셀의 너비를 넓혀주면 됩니다.

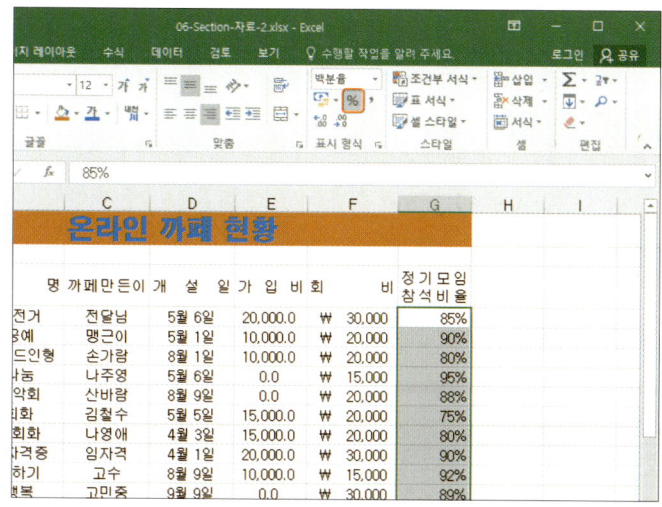

07 셀 [G4:G13]을 블록으로 지정하고 [홈] 탭의 [표시 형식] 그룹의 백분율 아이콘(%)을 클릭합니다.

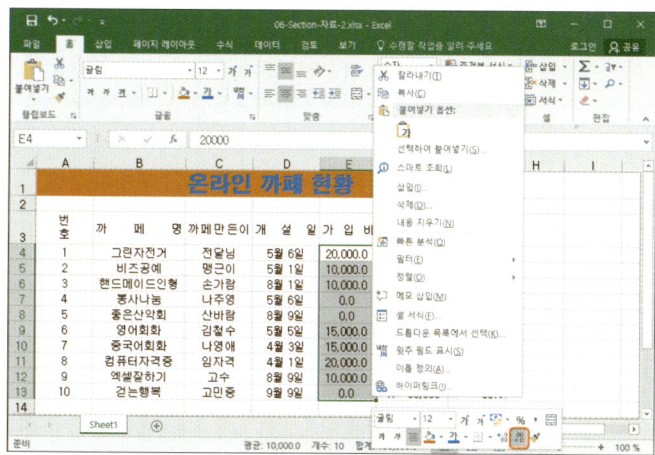

08 셀 [E4:E13]을 블록으로 지정하고, 마우스 오른쪽 단추를 클릭합니다. 미니도구모음의 [자릿수 줄임 아이콘]을 클릭하면 소수점 아래의 숫자가 사라집니다.

보충수업 결과 분석

- **D열** : [날짜]의 "3월 14일" 형식은 날짜에서 "년"을 표시에서 생략하고, 월과 일에서 필요 없는 0을 제외한 형식입니다.
- **E열** : 숫자 표시 형식은 [맞춤]의 원형을 유지합니다. 원형 데이터가 [가운데 정렬]이었기 때문에 숫자 값들이 [가운데 정렬] 되어 있습니다.
- **F열** : 숫자의 회계형식은 오른쪽 정렬만 됩니다. 원형 데이터가 가운데 정렬이더라도 오른쪽 정렬로 바뀌어 표시됩니다. 숫자 앞의 기호 "₩"는 생략하거나 다른 기호로 바꿀 수 있습니다.
  [회계] 형식일 때 "0"인 데이터는 "-"로 표시됩니다.
  [회계] 형식은 기호 "₩"가 셀 왼쪽에, 숫자는 오른쪽으로 맞춰집니다.
- **G열** : 백분율 데이터를 입력할 때 소수점 형식으로 입력하고 [백분율] 형식으로 바꾸어 줍니다. 백분율 형식으로 입력하고자 하면 "85%"와 같이 "%"기호를 입력하여 줍니다.

직접 해보기 사용자 지정 표시 형식 지정하기

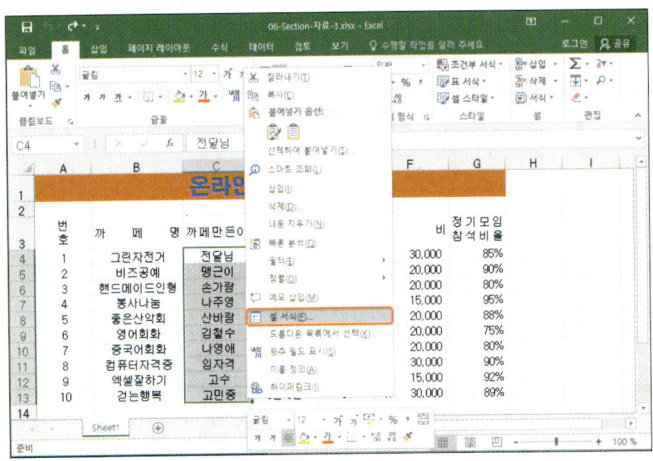

01 이름 뒤에 "님"을 붙여봅시다. 셀 [C4:C13]을 블록으로 지정하고 마우스 오른쪽 단추를 클릭하여 나타난 팝업메뉴의 [셀 서식]을 클릭합니다.

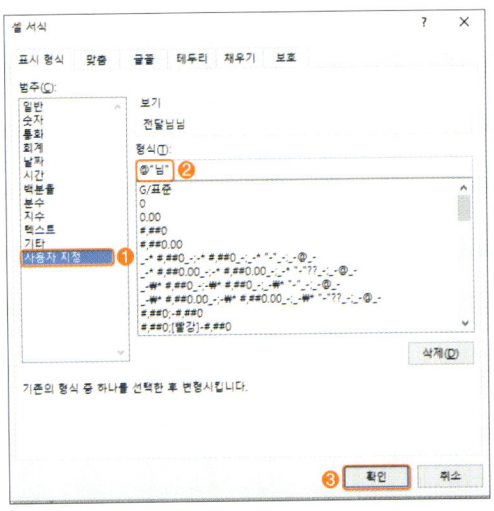

02 [표시 형식]의 [범주]에서 "사용자 지정"을 클릭하고 [형식]에 '@"님"'을 입력하고, [확인]을 클릭합니다. 이름 뒤에 "님"을 확인합니다.

강의노트

@는 표시 형식 지정에서 텍스트를 대신하는 문자입니다.

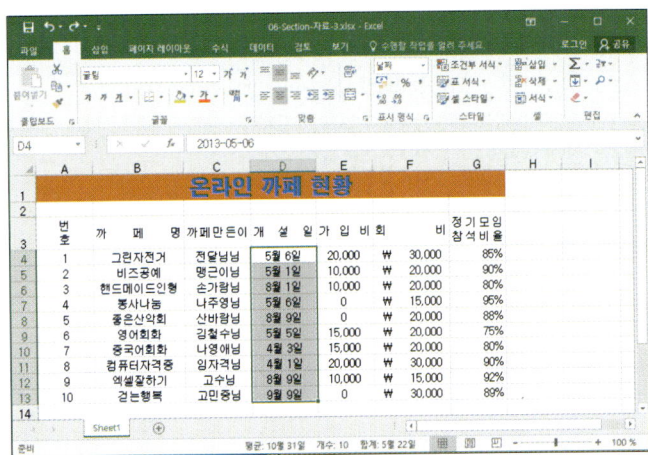

03 개설일에 요일을 붙여봅시다. 셀 [D4:D13]을 블록으로 지정하고 단축키 Ctrl + 1 을 누릅니다.

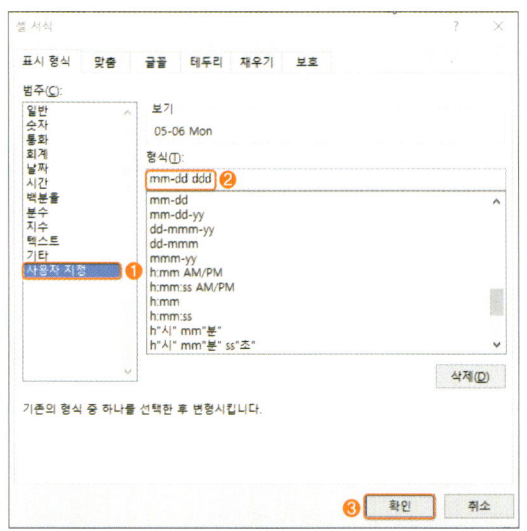

04 [표시 형식]의 [범주]에서 "사용자 지정"을 클릭하고 [형식]에 "mm-dd ddd"를 입력하고, [확인]을 클릭합니다.

강의노트
표시 형식 지정문자
- mm : 월을 두 자리로 표시합니다.
- dd : 일을 두 자리로 표시합니다.
- ddd : 요일을 영문으로 3자리까지 표시합니다.

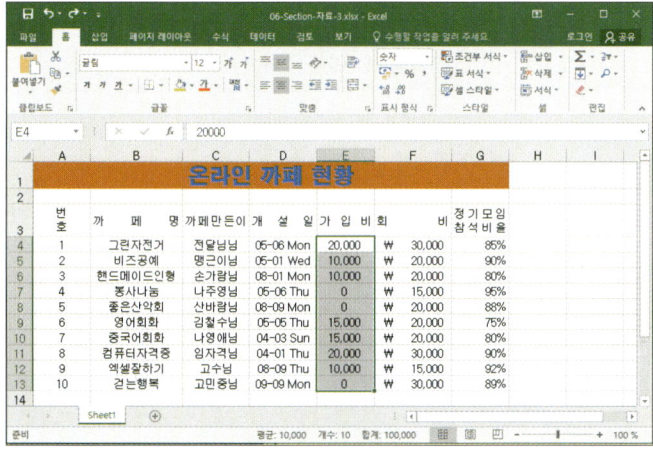

05 가입비에 "원"을 붙여봅시다. 셀 [E4:E13]을 블록으로 지정하고 단축키 Ctrl + 1 을 누릅니다.

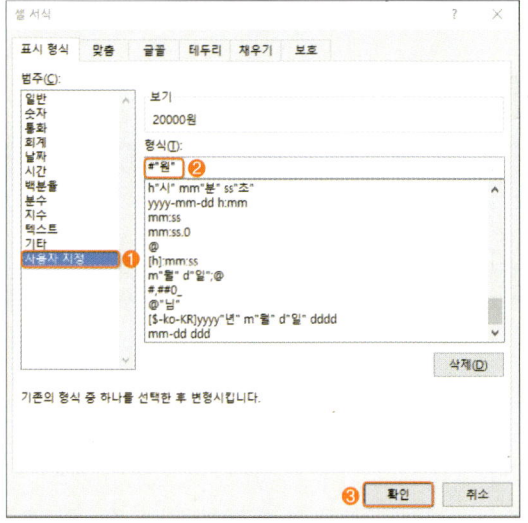

06 [표시 형식]의 [범주]에서 "사용자 지정"을 클릭하고 [형식]에 '#"원"'을 입력하고, [확인]을 클릭합니다.

강의노트
표시 형식 지정문자
: 숫자를 표시하는 문자로, #의 개수보다 숫자가 길면 숫자 길이만큼 표시합니다.
단, 의미가 없는 0인 경우 표시하지 않습니다.
(셀E7, E8 참조)

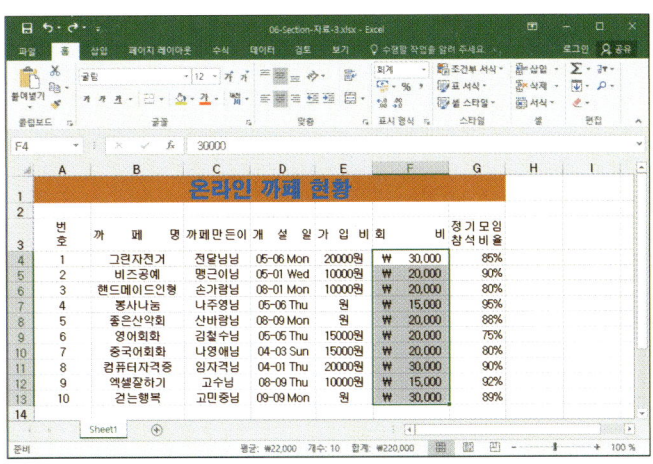

07 회비에 천 단위마다 쉼표를 붙이고 "원"을 붙여봅시다.

셀 [F4:F13]을 블록으로 지정하고 단축키 Ctrl + 1 을 누릅니다.

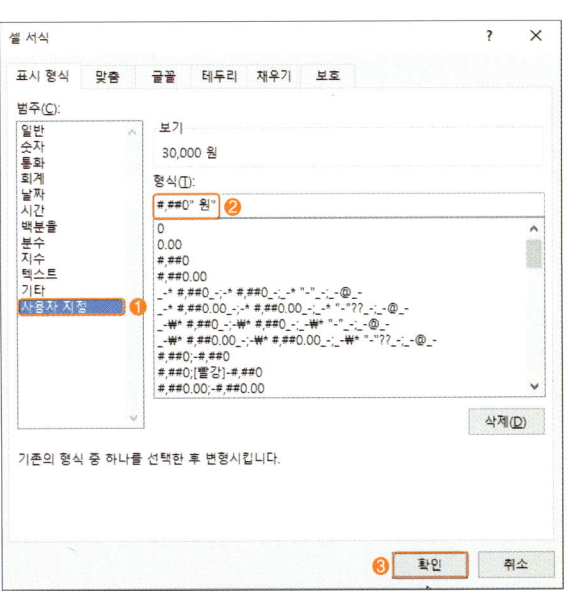

08 "사용자 지정"을 클릭하고 [형식]에 '#,##0" 원"'을 입력하고, [확인]을 클릭합니다.

강의노트 ✏️

표시 형식 지정문자
- 0 : 의미가 없는 0이더라도 0으로 표시합니다.
- #과 쉼표(,) : 천 단위마다 ,(쉼표)를 표시하기 위하여 #,###을 사용합니다.
- #,##0 : 값이 0일 때 0을 표시하기 위하여 #과 0을 복합 사용합니다.

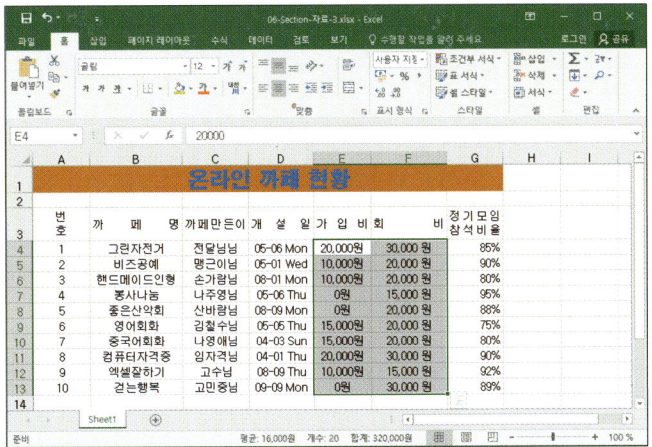

09 가입비와 회비가 25,000원 이상인 경우 숫자 앞을 모두 "*"로 표시해 봅시다.

셀 [E4:F13]을 블록으로 지정하고 단축키 Ctrl + 1 을 누릅니다.

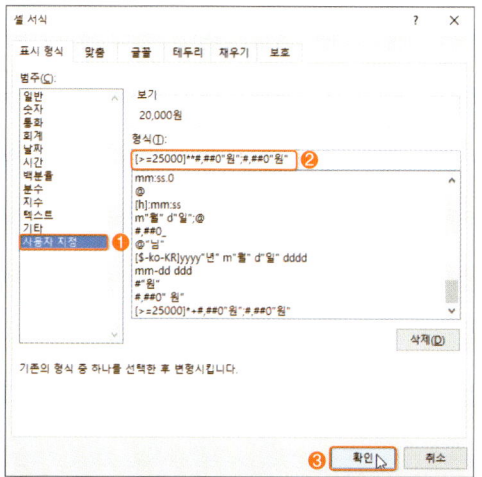

10 "사용자 지정"을 클릭하고 [형식]에 '[>=25000]* *#,##0"원";#,##0"원"'을 입력하고, [확인]을 클릭합니다.

강의노트

표시 형식 지정 수식
- [조건] 참일 때 형식; 거짓일 때 형식
- [>=25000] : 범위 내의 내용이 25000 이상인 경우

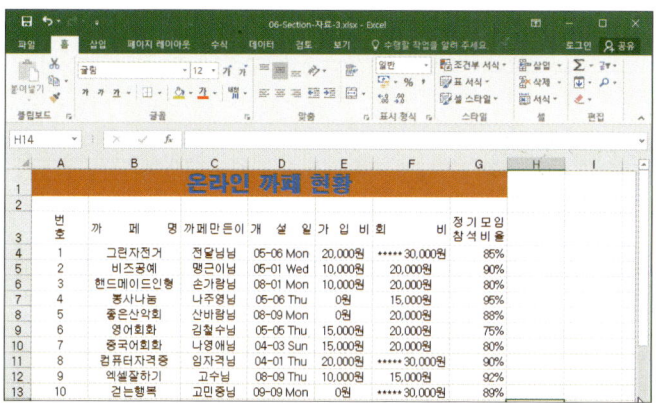

11 완성된 결과를 확인합니다.

강의노트

" * * " 형식이 지정된 셀은 자동 오른쪽 맞춤으로 변환됩니다.

보충수업 표시 형식 사용자 정의에서 사용하는 형식 지정 문자

문자	내용
0	서식 0위치에 숫자가 있으면 숫자를 표시, 숫자가 없을 경우 0을 표시 (예 : 서식이 000일 때 숫자 12는 012로, 0은 000으로 표시)
#	서식 #위치에 숫자가 있으면 숫자를 표시, 숫자가 없을 경우 공백을 표시 (예 : 서식이 ###일 때 숫자 12는 12로, 0은 공백으로 표시)
,	쉼표를 삽입하고나 천의 배수 형태로 숫자를 표시 (예 : 서식이 #,##0일 때 숫자 1234는 1,234로, 20000은 20,000으로 표시)
.	소수점의 위치를 표시
₩	통화 기호로 숫자 앞에 표시할 수 있음
y, m, d, h, m, s	년, 월, 일, 시, 분, 초를 나타내는 기호. (예 : 2016년일 때 yyyy는 2016으로, yy는 16으로 표시)
@	셀에 입력된 텍스트를 표시 (예 : 내용이 엑셀일 때 @는 엑셀을, @@는 엑셀엑셀을 표시)
*	*(별표)다음의 문자를 셀 너비만큼 표시 (예 : *+는 +를 셀 너비만큼 표시, **은 *을 셀 너비만큼 표시)

직접 해보기 | 테두리 지정하기

_준비파일 | 06Section-자료4.xlsx

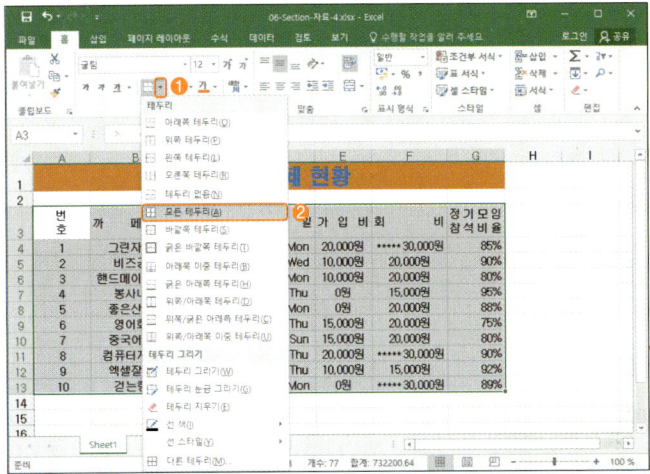

01 입력 데이터 전체에 테두리를 표시해 봅시다.

셀 [A3:G13]을 블록으로 지정하고 [홈] 탭의 [글꼴] 그룹의 테두리 화살표를 클릭하고 [모든 테두리]를 클릭합니다.

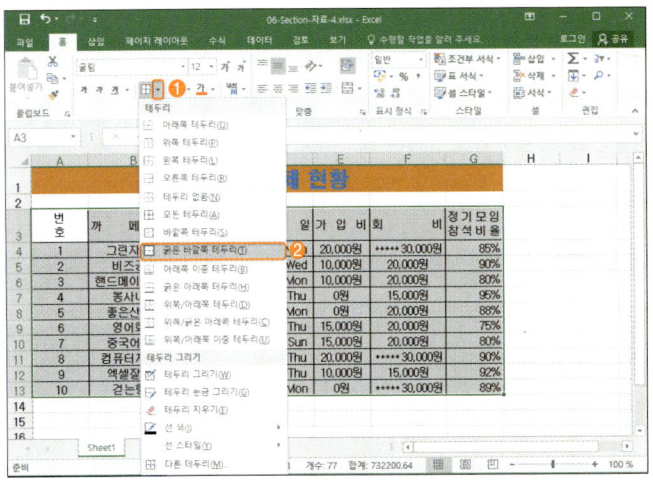

02 입력 데이터 전체 바깥쪽에 굵은 선으로 테두리를 표시해 봅시다.

블록을 그대로 유지한 채 [홈] 탭의 [글꼴] 그룹의 테두리 화살표를 클릭하고 [굵은 바깥쪽 테두리]를 클릭합니다.

강의노트 ✏️

[다른 테두리]를 클릭하면 [셀 서식] 대화상자의 [테두리] 탭이 표시됩니다.

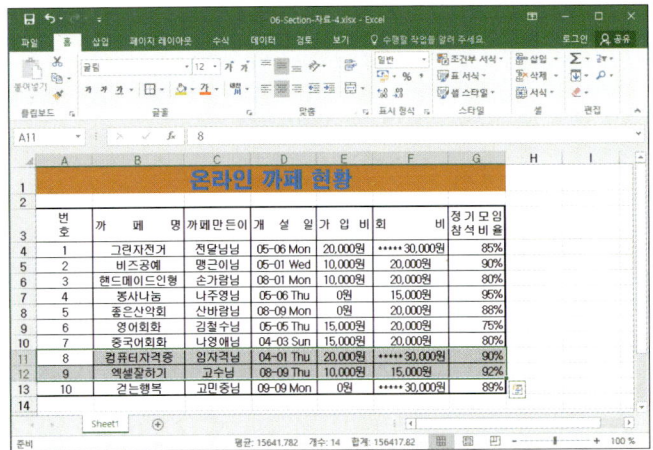

03 행11의 위쪽과 행12의 아래쪽에 이중선을 그려봅시다.

셀 [A11:G12]를 블록으로 지정하고 단축키 Ctrl + 1 을 누릅니다.

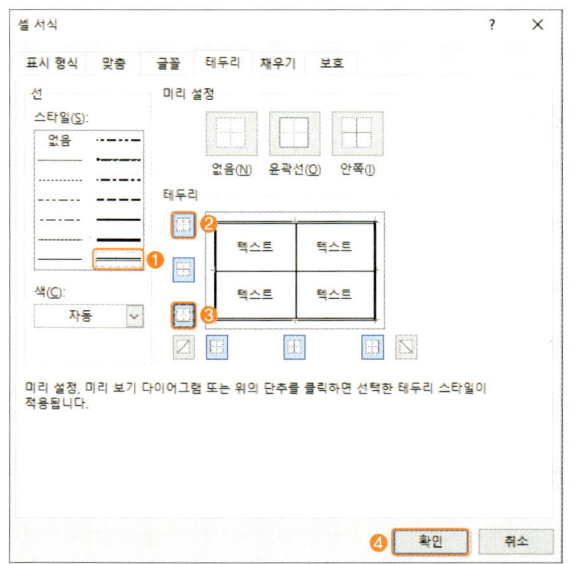

04 [셀 서식] 대화상자 [테두리] 탭의 [선] 항목에서 "이중선"을 클릭하고 "테두리 위쪽"과 "테두리 아래쪽"을 클릭하고, [확인]을 클릭합니다.

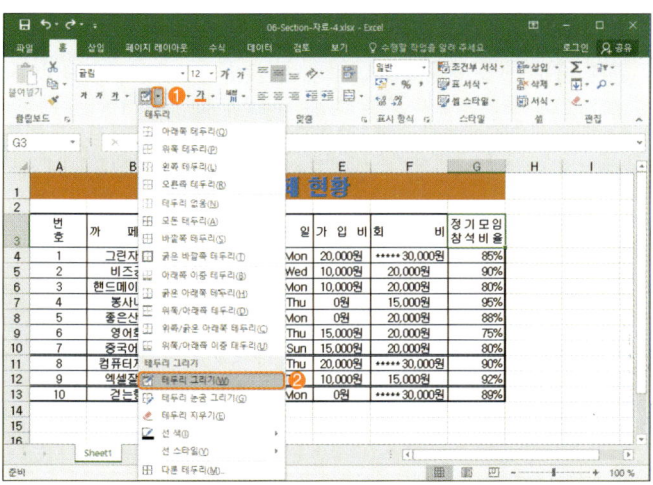

05 셀 G3에 양방향으로 대각선을 그려봅시다.

임의의 셀에서 [홈] 탭의 [글꼴] 그룹의 테두리 화살표를 클릭하고 [테두리 그리기]를 클릭합니다. 마우스 포인트가 연필 모양으로 표시됩니다.

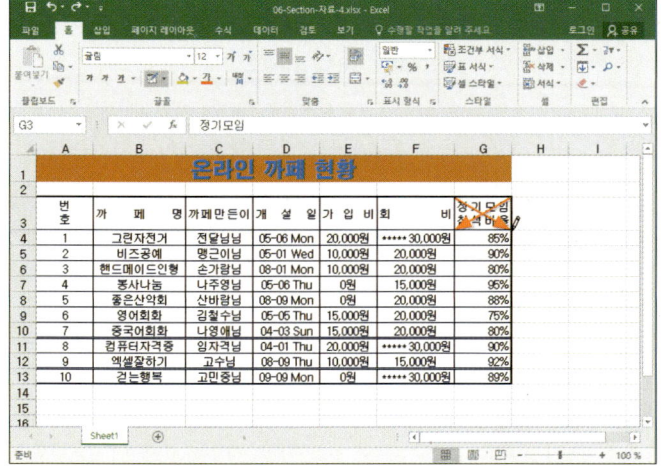

06 테두리 그리기 연필을 셀 G3의 왼쪽 위에서 오른쪽 아래로 드래그합니다. 다시 셀 G3의 오른쪽 위에서 왼쪽 아래로 드래그합니다. Esc 키를 눌러 테두리 그리기 연필을 해제하고 완성된 결과를 확인합니다.

직접 해보기 채우기 지정하기

_준비파일 | 06Section-자료5.xlsx

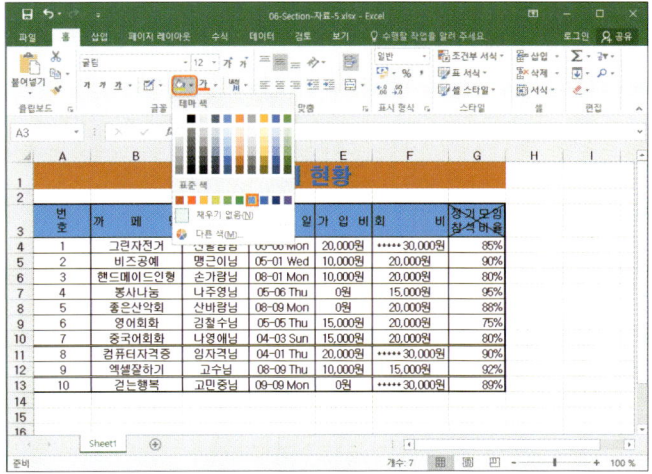

01 셀 [A3:G3]을 연한 파랑으로 채우기를 해봅시다.
셀 [A3:G3]을 블록으로 지정하고 [홈] 탭의 [글꼴] 그룹의 채우기 색 화살표를 클릭합니다. 그 다음, [테마 색]에서 연한 파랑을 클릭합니다. 클릭하는 즉시 색이 적용됩니다.

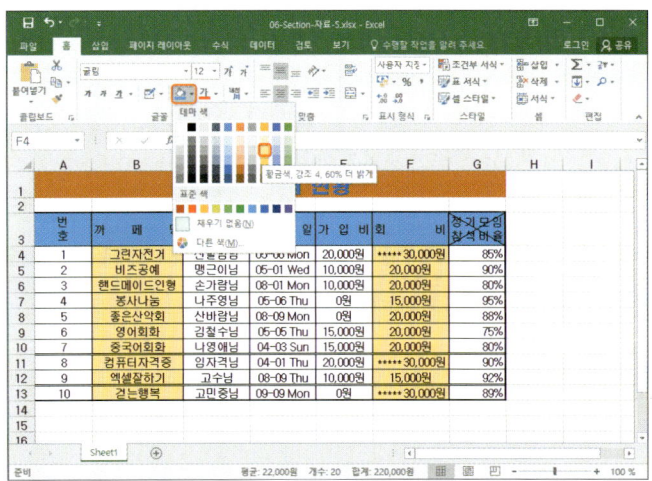

02 "까페명"과 "회비" 항목을 노란색 계열로 채우기를 해봅시다.
셀 [B4:B13, F4:F13]을 블록으로 지정하고 [홈] 탭의 [글꼴] 그룹의 채우기 색 화살표를 클릭합니다. 그 다음, [테마 색]에서 노란색 계열의 색을 선택하여 클릭합니다.

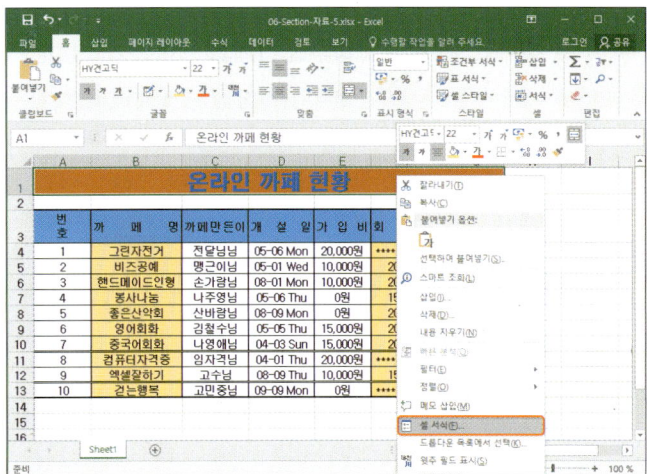

03 제목을 그라데이션으로 채우기를 해봅시다.
셀 A1을 클릭하고 팝업메뉴의 [셀 서식]을 클릭합니다.

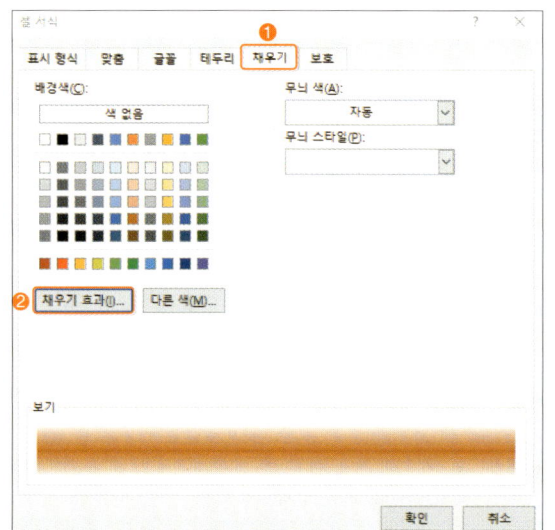

04 [셀 서식] 대화상자의 [채우기] 탭 [채우기 효과]를 클릭합니다.

강의노트

: 채우기 색의 화살표( )를 클릭하면 색상 표가 표시되고 채우기 색( )을 직접 클릭하면 현재 채우기 색으로 지정이 되어 있는(현재 노란색)색으로 채워집니다.

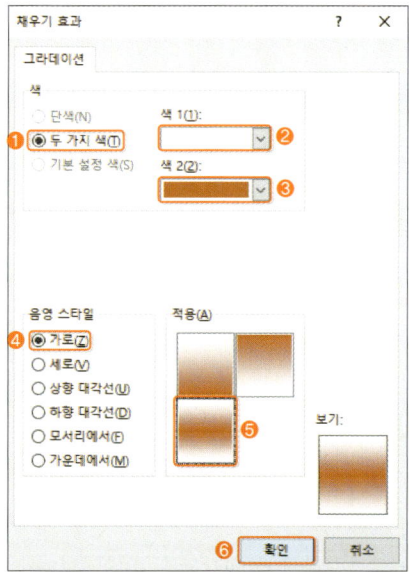

05 [채우기 효과] 대화상자의 [색]에서 "두 가지 색"을 선택하고, 색1은 흰색, 색2는 주황색을 지정합니다. [음영 스타일]에서 "가로"를 선택하고 적용에서 3번째를 선택합니다. [확인]을 클릭합니다. 다시 [셀 서식] 대화상자에서 [확인]을 클릭합니다.

강의노트

[셀 서식] 대화상자에서 채우기 효과가 적용된 내용을 [보기]에서 미리 볼 수 있습니다.

06 완성된 결과를 확인합니다.

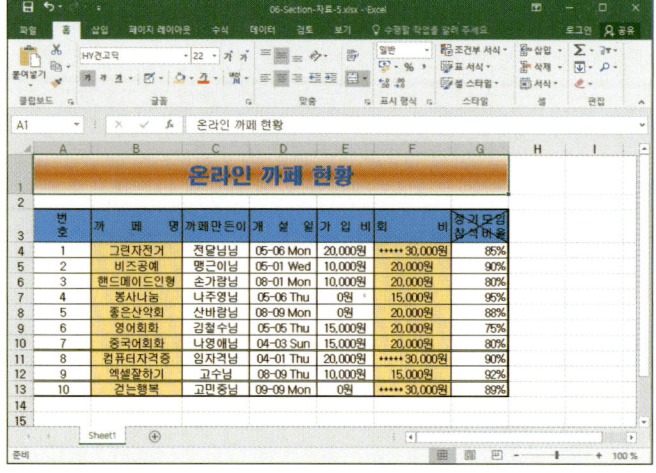

직접 해보기 셀 강조 규칙으로 조건부 서식 지정하기

_준비파일 | 06Section-자료6.xlsx

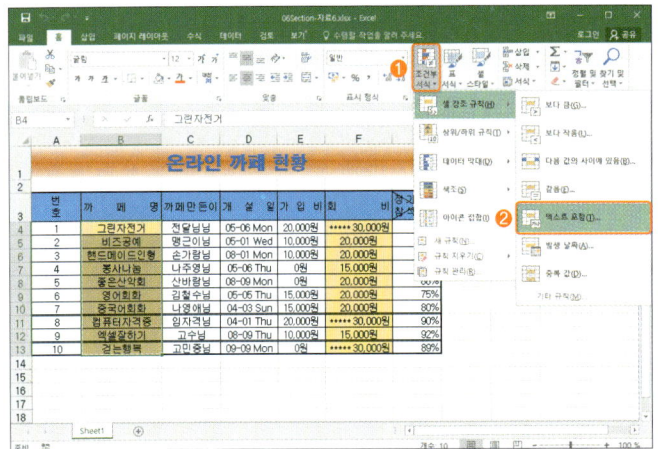

01 까페명에서 "회화" 단어가 있는 셀을 강조해 봅시다.

까페명 셀 [B4:B13]을 블록으로 지정하고, [홈] 탭의 [스타일] 그룹 [조건부 서식]을 클릭하고, [셀 강조 규칙]의 [텍스트 포함]을 클릭합니다.

02 [텍스트 포함] 대화상자의 [다음 텍스트를 포함하는 셀의 서식 지정]에 "회화"를 입력하고 [적용할 서식]에서 강조할 서식을 선택하고 [확인]을 클릭합니다.

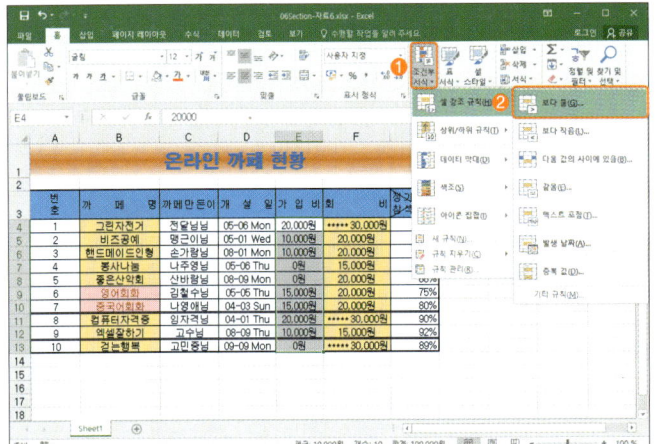

03 이번에는 가입비가 15,000원 보다 큰 값을 굵게 표시해 봅시다.

가입비 셀 [E4:E13]을 블록으로 지정하고, [홈] 탭의 [스타일] 그룹 [조건부 서식]을 클릭하고, [셀 강조 규칙]의 [보다 큼]을 클릭합니다.

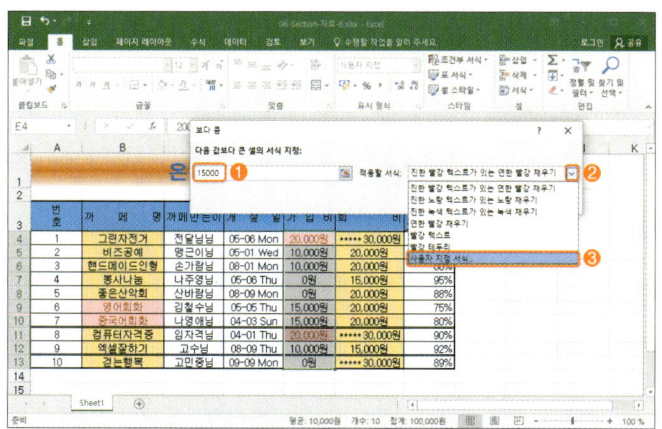

04 [보다 큼] 대화상자에서 [다음 값보다 큰 셀의 서식 지정]에 "15000"을 입력하고, [적용할 서식]의 "사용자 지정 서식"을 클릭합니다.

강의노트

값을 입력할 때 "15,000원"과 같이 "원"을 붙이지 않습니다. 숫자만 입력하는 것이 좋습니다.

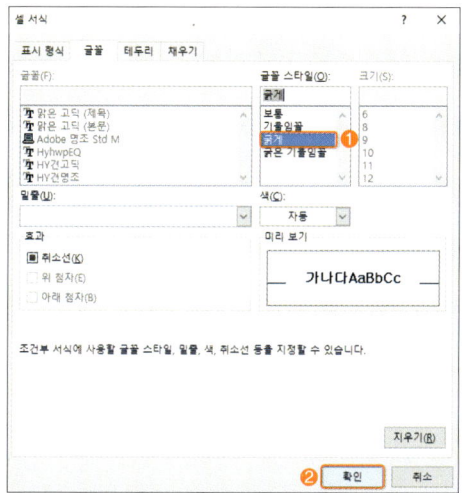

05 [셀 서식] 대화상자의 [글꼴] 탭에서 글꼴 스타일의 "굵게"를 선택하고 [확인]을 클릭합니다.

06 다시 [보다 큼] 대화상자에서 [확인]을 클릭합니다.

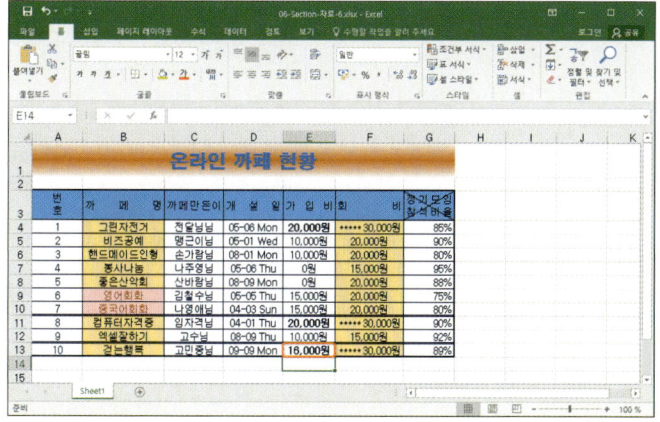

07 15,000원 보다 큰 셀 E4와 셀 E11이 굵게 표시됩니다. 셀 E13의 값을 16000으로 수정합니다. 수정한 값은 즉시 서식이 적용되어 굵게 표시됩니다.

직접 해보기 상위/하위 규칙으로 조건부 서식 지정하기

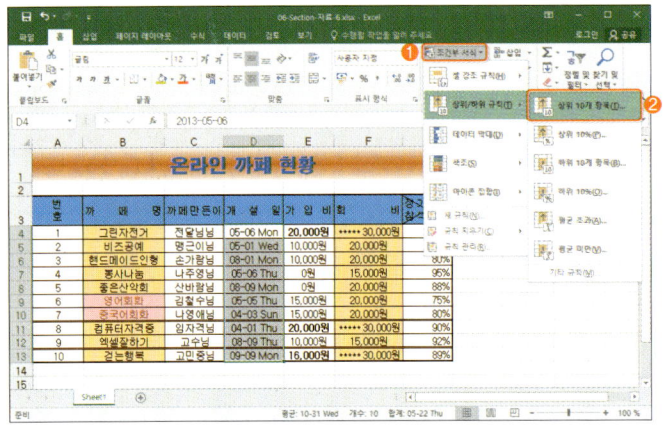

01 가장 최근에 개설된 까페의 개설일을 연한 빨강으로 채우기를 해봅시다.
개설일 셀 [D4:D13]을 블록으로 지정하고, [홈] 탭의 [스타일] 그룹 [조건부 서식]을 클릭하고, [상위/하위 규칙]의 [상위 10개 항목]을 클릭합니다.

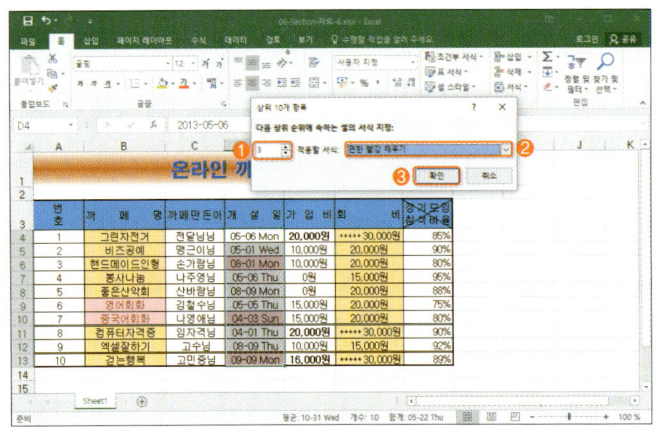

02 [상위 10개 항목] 대화상자의 [다음 상위 순위에 속하는 셀의 서식 지정] 항목에 "3"을 입력하고 [적용할 서식]에 "연한 빨강 채우기"를 선택하고 [확인]을 클릭합니다.

강의노트
미리 보여주는 서식을 확인합니다.

상위/하위 규칙의 세부항목

- [상위/하위 10개 항목] : 10개 항목이 고정이 아니라 사용자가 입력한 수만큼 서식을 지정합니다.
- [상위/하위 10%] : 10%가 고정이 아니고 사용자가 입력한 %만큼의 데이터에 서식을 지정합니다.
- [평균 초과/미만] ; 전체 데이터의 평균을 계산하여 평균의 초과/미만에 해당하는 데이터에 서식을 지정합니다.
- 이 외의 조건이 필요하면 [기타 규칙]에서 처리합니다.

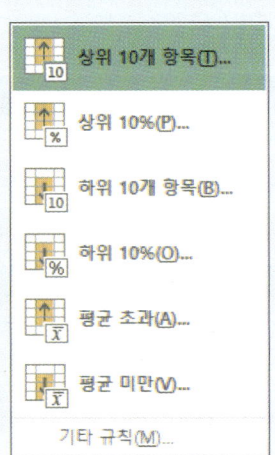

직접 해보기 데이터 막대로 조건부 서식 표시하기

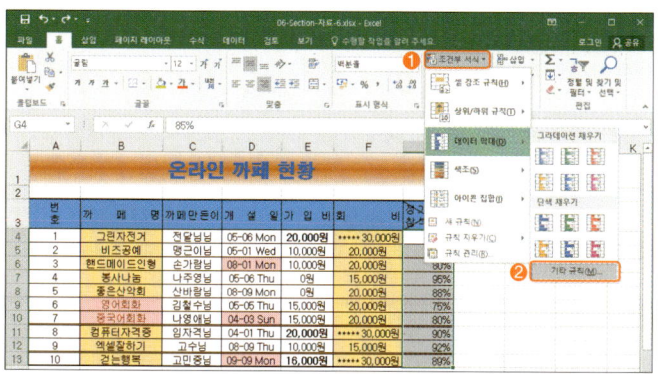

01 정기모임 참석비율의 최소값을 0으로, 최대값 100으로 하는 녹색 데이터 막대를 표시해 봅시다.
정기모임 참석비율 셀 [G4:G13]을 블록으로 지정하고, [홈] 탭의 [스타일] 그룹 [조건부 서식]을 클릭하고, [데이터 막대]의 [기타 규칙]을 클릭합니다.

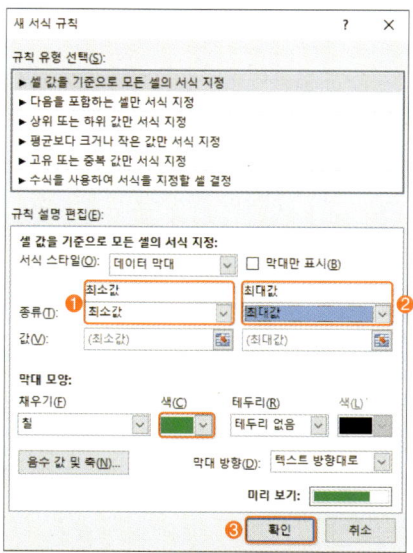

02 [새 서식 규칙] 대화상자의 [최소값] 종류는 "최소값", [최대값] 종류는 "최대값", [색]은 "녹색"을 선택하고 [확인]을 클릭한 후 결과를 확인합니다.

강의노트 ✏️
[규칙 유형 선택] 및 [서식 스타일] 등은 [데이터 막대]의 기본 값으로 설정되어 있습니다.

직접 해보기 아이콘으로 조건부 서식 표시하기

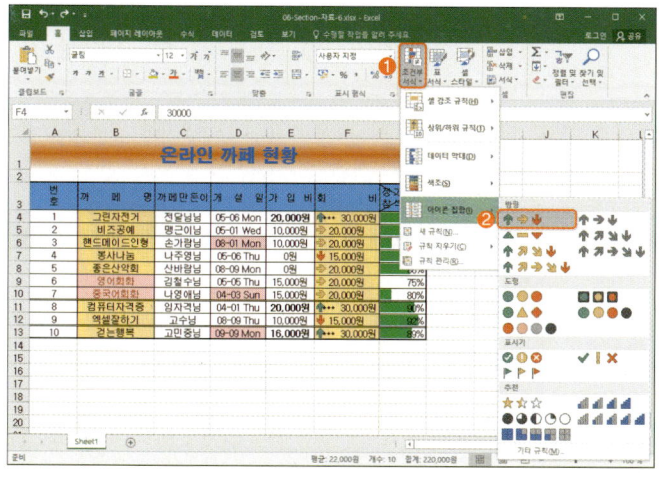

01 회비를 상, 중, 하로 구분하도록 화살표를 사용해 봅시다.
회비 셀 [F4:F13]을 블록으로 지정하고, [홈] 탭의 [스타일] 그룹 [조건부 서식]을 클릭하고, [아이콘 집합]의 [3방향 화살표]를 클릭합니다. 화살표가 즉시 반영되어 표시됩니다.

직접 해보기 수식으로 조건부 서식 지정하기

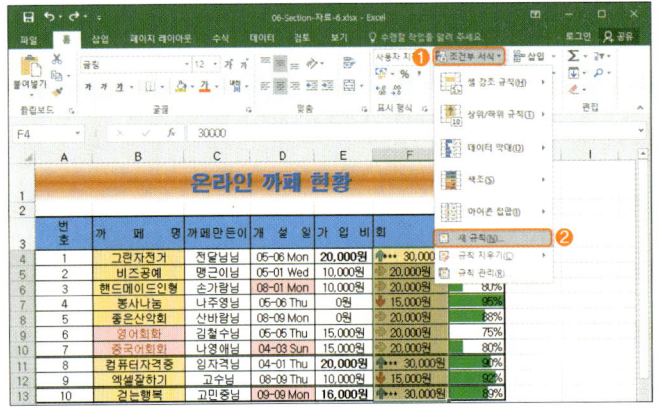

01 회비가 15000원 이하인 셀을 빨간색으로 채우기를 해봅시다. 회비 셀 [F4:F13]을 블록으로 지정하고, [홈] 탭의 [스타일] 그룹 [조건부 서식]을 클릭하고, [새 규칙]을 클릭합니다.

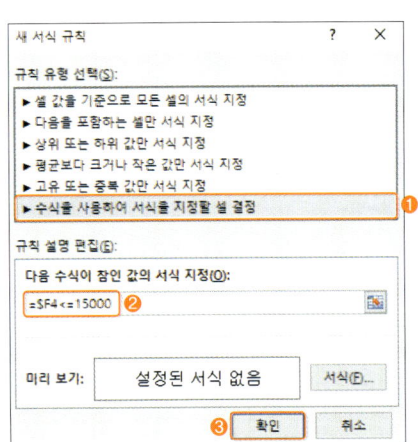

02 [새 서식 규칙] 대화상자에서 규칙 유형에서 "수식을 사용하여 서식을 지정할 셀 결정"을 클릭하고, [다음 수식이 참인 값의 서식 지정]에 수식 "$F4<=15000"을 입력하고, [서식]을 클릭합니다.

강의노트
F4는 회비의 첫 번째 셀입니다.
$F4는 회비 열만 조건으로 검색하기 위한 수식입니다.

 보충수업 아이콘 스타일 사용하기

- 아이콘의 스타일에 따라 3그룹, 4그룹, 5그룹 등으로 나누어 표시합니다. 3그룹일 경우 전체 데이터를 1/3(33.3%)씩 나누어 색상으로 그룹을 구분합니다.
- 구분 값의 범위를 변경하려면 [기타 규칙]을 클릭합니다.

- [셀 서식 규칙] 대화상자의 아이콘 스타일에서 그룹의 구분 종류를 "백분율, 숫자 등"으로 선택할 수 있고, 구분 범위도 임의로 입력하여 정할 수 있습니다.

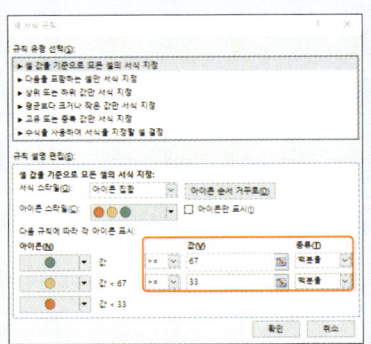

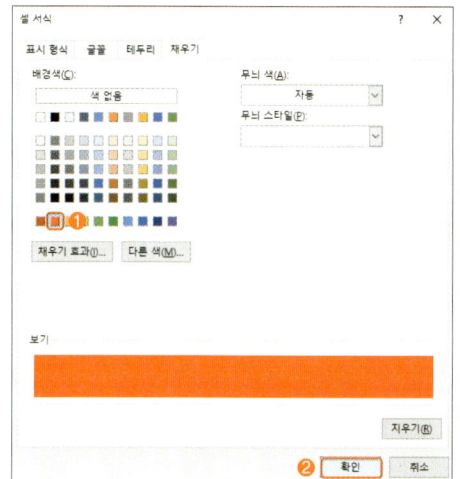

03 [셀 서식] 대화상자에서 "빨간색"을 선택하고 [확인]을 클릭합니다. 다시 [새 서식 규칙] 대화상자에서 [확인]을 클릭합니다. 셀 F7, 셀 F12가 빨간색이 반영된 것을 확인합니다.

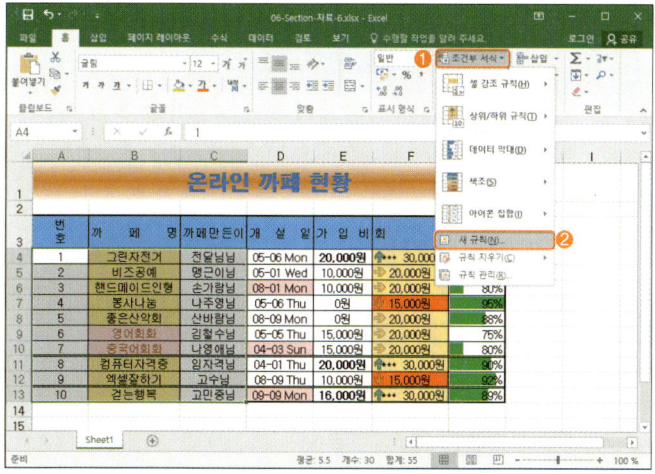

04 가입비가 0원인 항목의 "번호, 까페명, 까페만든이" 셀을 녹색으로 채우기를 해봅시다.
먼저, 가입비 셀 [A4:C13]을 블록으로 지정하고, [홈] 탭의 [스타일] 그룹 [조건부 서식]을 클릭하고, [새 규칙]을 클릭합니다.

강의노트 🖉
서식을 표시할 부분을 블록으로 지정합니다.

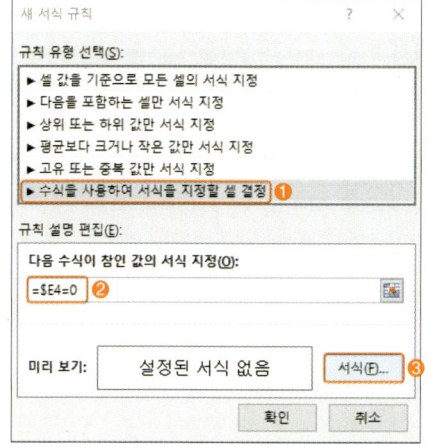

05 [새 서식 규칙] 대화상자에서 규칙 유형에서 "수식을 사용하여 서식을 지정할 셀 결정"을 클릭하고, [다음 수식이 참인 값의 서식 지정]에 수식 "$E4<=0"을 입력하고, [서식]을 클릭합니다.

강의노트 🖉
E4는 가입비의 첫 번째 셀입니다.
$E4는 가입비 열만 조건으로 검색하기 위한 수식입니다.

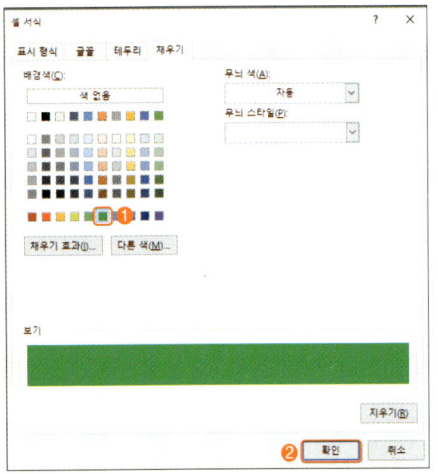

06 [셀 서식] 대화상자에서 "녹색"을 선택하고 [확인]을 클릭합니다. 다시 [새 서식 규칙] 대화상자에서 [확인]을 클릭합니다.

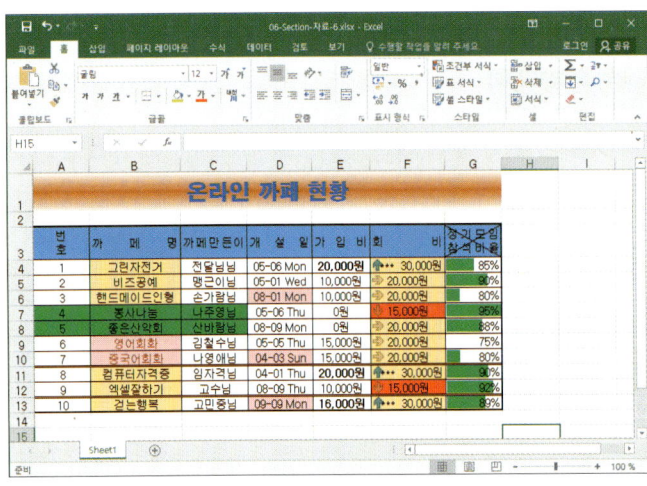

07 가입비가 0원인 항목의 셀 A7:C8에 녹색이 반영된 것을 확인합니다.

직접 해보기 조건부 서식 규칙 지우기

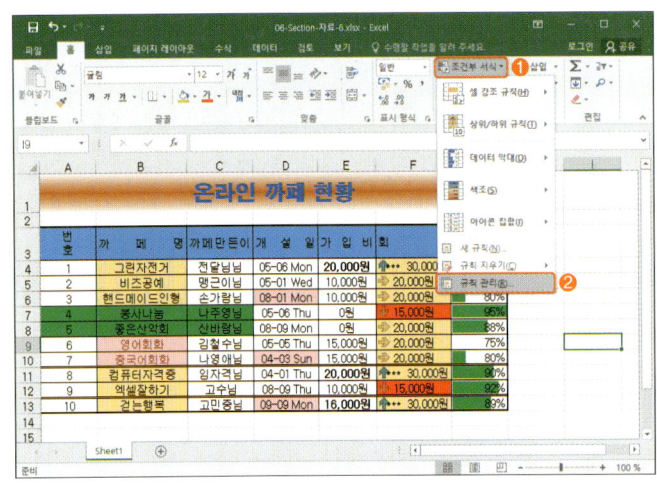

01 회비에 상, 중, 하로 표시된 화살표 서식을 제거해 봅시다.
임의의 셀에서 [홈] 탭의 [스타일] 그룹 [조건부 서식]을 클릭하고, [규칙 관리]를 클릭합니다.

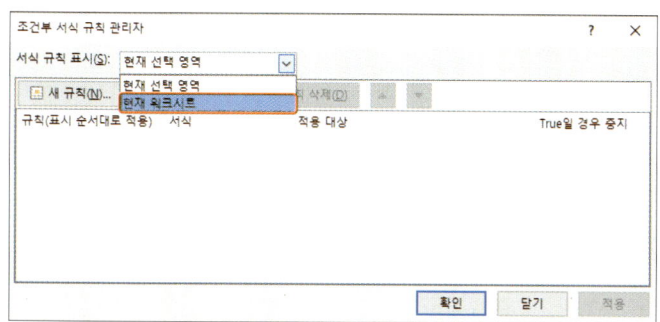

02 [조건부 서식 규칙 관리자] 대화상자의 [서식 규칙 표시] 영역에서 "현재 워크시트"를 선택합니다.

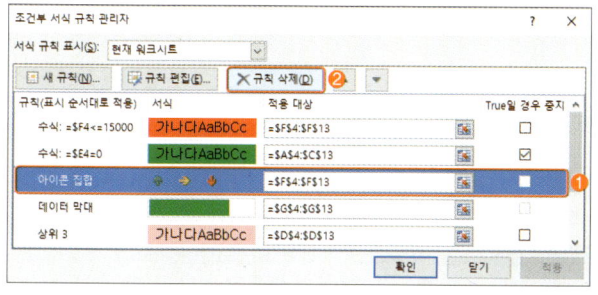

03 서식의 목록이 표시되면 "아이콘 집합"을 클릭하고, [규칙 삭제]를 클릭합니다.

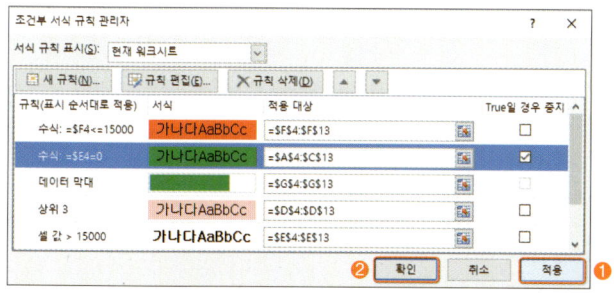

04 [적용]을 클릭합니다. 아이콘 집합 규칙이 삭제된 것을 확인하고, [확인]을 클릭하고 결과를 확인합니다.

강의노트 🖉
새로운 규칙이 적용되면 [취소] 단추는 [닫기] 단추로 바뀌어 표시됩니다.

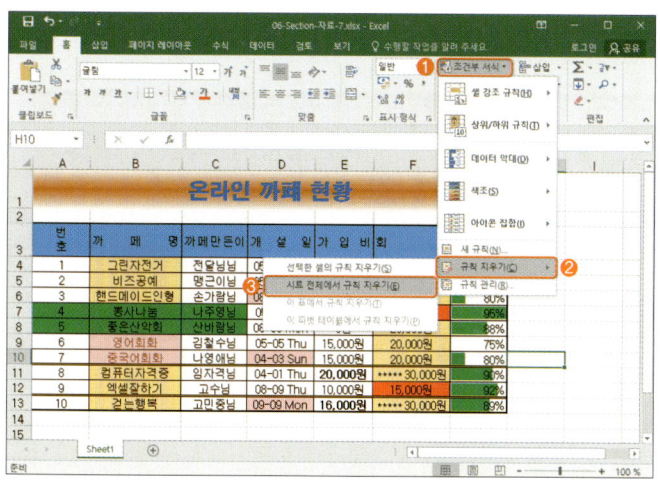

05 이번에는 시트의 모든 조건부 서식을 제거해 봅시다.
임의의 셀에서 [홈] 탭의 [스타일] 그룹에서 [조건부 서식]을 클릭하고, [규칙 지우기]의 [시트 전체에서 규칙 지우기]를 클릭합니다.

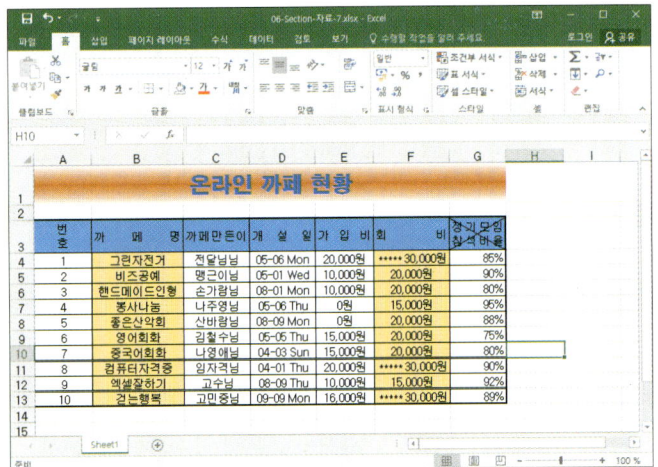

06 전체 시트에서 조건부 서식으로 지정된 모든 서식이 제거되었습니다. 남아 있는 서식은 글꼴, 테두리 등 조건부 서식 이외의 방법으로 지정된 서식입니다.

직접 해보기 | 셀 강조 규칙으로 표 서식 지정하기

_준비파일 | 06Section-자료7.xlsx

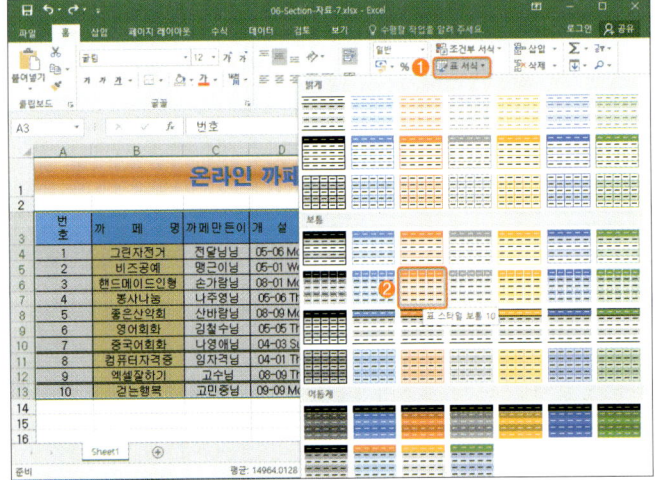

01 데이터에 "표 스타일 밝게 10"을 적용해 봅시다.
셀 [A3:G13]을 블록으로 지정하고, [홈] 탭의 [스타일] 그룹 [표 서식]을 클릭하고 "표 스타일 밝게 10"을 클릭합니다.

02 [표 서식] 대화상자에서 [머리글 포함]을 선택하고 [확인]을 클릭합니다.

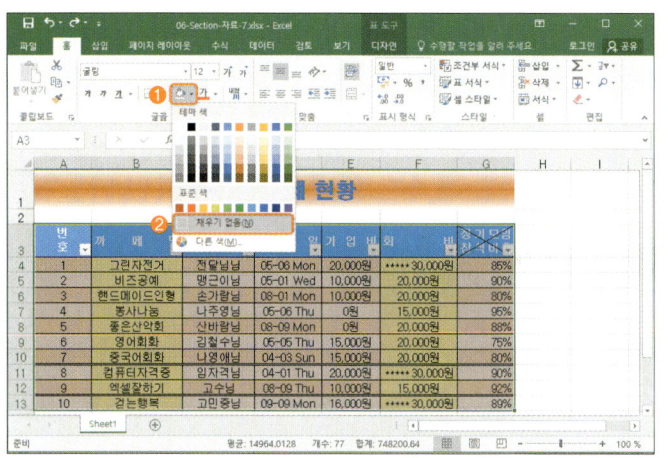

03 셀 [A3:G13]을 블록으로 지정하고, [홈] 탭의 [글꼴] 그룹 [채우기 색]을 클릭하고 [채우기 없음]을 클릭합니다.

강의노트 ✏️
표 서식을 지정하기 전에 셀의 색이 이미 다른 색으로 "채우기"가 되어 있으면 표 서식의 색은 적용되지 않습니다. (셀 [A3:G3], 열B, 열F)

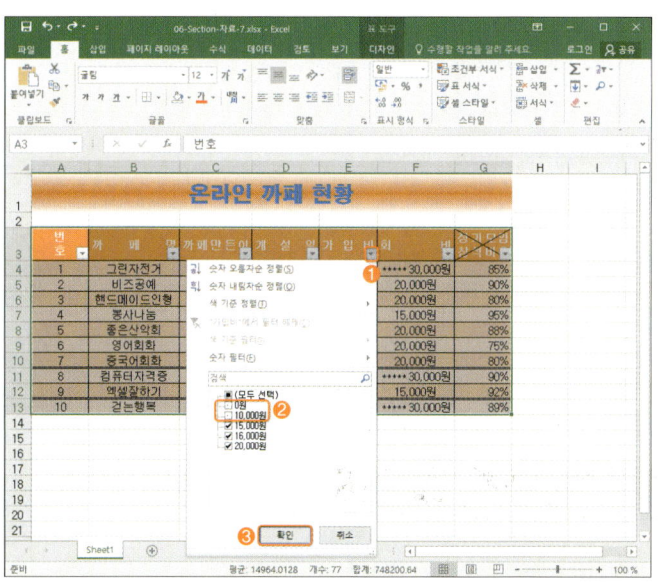

04 가입비가 15000원 미만인 데이터를 숨겨 봅시다.
가입비 머리글 셀 E3의 필터 단추(가입비)를 클릭하고 "0원, 10,000" 항목의 선택을 해제하고 [확인]을 클릭합니다.

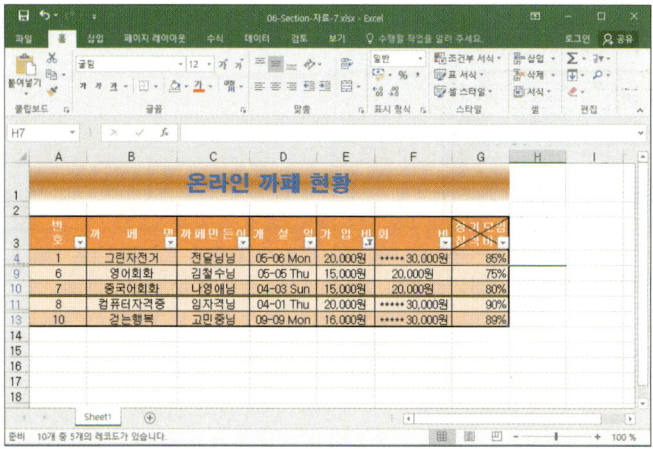

05 "0원, 10,000" 항목이 숨겨집니다.

강의노트 ✏️
[데이터] 탭의 [정렬 및 필터] 그룹 [필터]를 클릭하여 필터를 해제하면, 테두리와 색상 등은 유지되면서 필터단추가 제거되고, 숨겨졌던 데이터가 모두 표시됩니다.

실전문제

01. "실전문제-06.xlsx" 파일을 열고, 열 B:G의 열 너비는 10, 제목 "소극장현황"은 글꼴 굴림, 20pt로 하고 나머지는 다음 그림과 같이 서식을 적용하시오.

완성파일 | 실전문제 06-1-결과.xlsx

02. 주소지, 좌석수, 관람인원을 그림과 같은 표시 형식을 지정하고, 공연수는 사용자 정의 표시 형식을 이용하여 숫자 뒤에 "회"를 붙이시오. 관람율은 소수 둘째자리까지 백분율로 표시하시오.

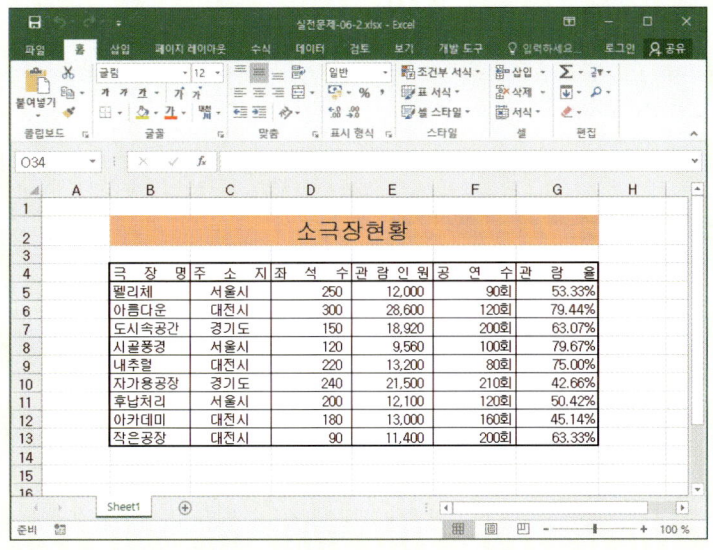

완성파일 | 실전문제 06-2-결과.xlsx

Hint [셀 서식]의 [맞춤] 탭과 [표시 형식] 탭의 [사용자 지정] 이용

실전문제

03. 조건부 서식을 이용하여 좌석수 200초과와 관람율 50% 미만인 셀 값을 굵게 표시하시오.

완성파일 | 실전문제 06-3-결과.xlsx

04. 조건부 서식의 수식을 이용하여 공연수가 200회 이상인 셀 전체를 노란색 계열의 색으로 채우기 하시오.

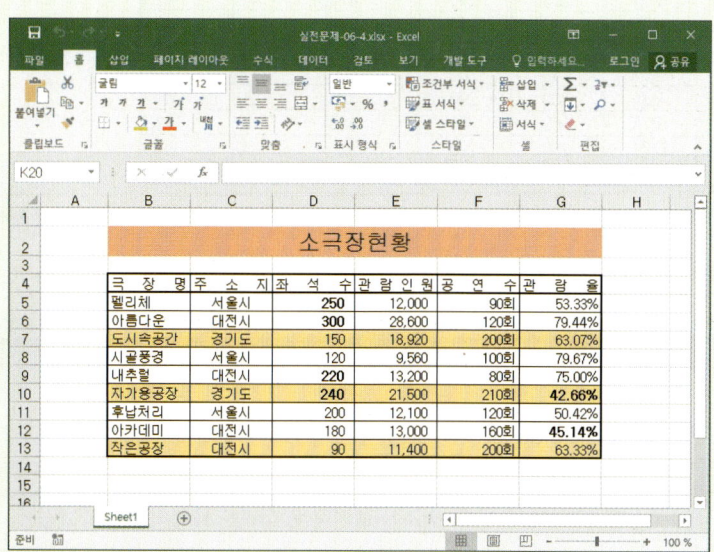

완성파일 | 실전문제 06-4-결과.xlsx

Hint 수식 = $F5 > = 200

Part1. **07** Section

수식

수식은 워크시트의 값에 계산을 실행하는 방정식입니다. 데이터 정보를 활용하고 분석하기 위하여 적당한 수식이 입력되어야 하고, 조건부 서식을 지정할 때 수식을 사용하기도 합니다. 수식에는 연산자, 셀 참조, 함수, 기호 등이 이용됩니다. 수식과 연산자의 종류와 활용법, 셀 참조 등에 대하여 알아봅시다.

Zoom In

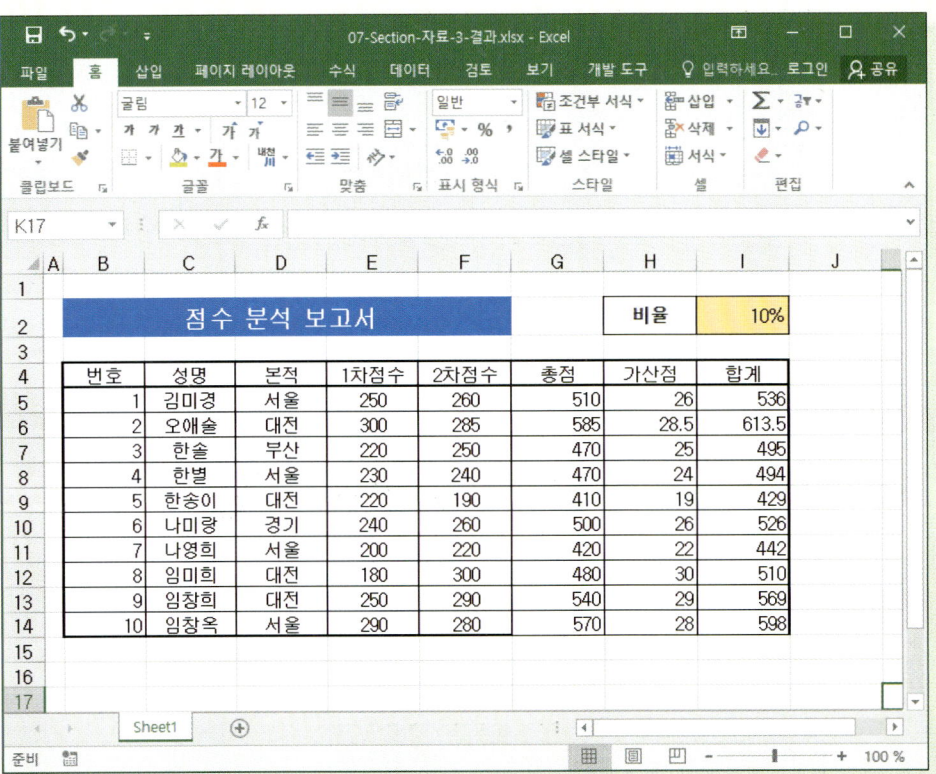

Keypoint

- 수식의 종류와 연산자의 종류를 알아보고 수식 사용하기
- 상대 참조와 절대 참조 연산하기
- 이름 정의와 연산하기

Knowhow

- 수식은 워크시트의 숫자나 문자 데이터에 계산을 수행한다.
- 참조는 셀 주소에 입력된 데이터를 수식 계산에 사용하는 것으로 상대 참조, 절대 참조, 혼합 참조가 있다.
- 셀 범위, 함수 또는 표에 특정한 이름을 사용할 수 있으며, 이름을 사용하면 수식을 보다 쉽게 관리할 수 있다.

1. 수식의 종류

수식구분과 예	내용
상수만 사용 =2*5+3	2와 5를 곱한 결과에 3을 더한 값 13을 계산합니다.
상수와 셀 주소 사용 =10*B2-3	10과 셀B2의 값을 곱한 결과에서 3을 뺍니다. 결과는 셀 B2의 값에 따라 바뀝니다.
함수 사용 =SUM(A1:A5) / 5	SUM 함수를 이용하여 셀A1에서 셀A5까지의 합을 5로 나누기하여 계산합니다. 결과는 셀A1에서 셀A5의 값에 따라 달라집니다.
함수 중복 =IF(SUM(A1:A5)>=70,"OK","DO")	IF함수와 SUM함수를 중복 사용한 수식입니다. SUM(A1:A5)이 70이상이면 "OK", 아니면 "DO"로 계산합니다.

2. 연산자의 종류

▶ **산술연산자** : 숫자에 대한 수학적 연산을 합니다.

연산자	의미		연산자	의미	
+	더하기	3+3	/(슬래시)	나누기	3/2
−	빼기	3−1	^(캐럿)	거듭제곱	3^2
*(별표)	곱하기	3*2	%(백분률 기호)	백분율	83%

▶ **비교연산자** : 두 개의 값을 비교하여 논리값(True, False)을 계산합니다.

비교연산자	의미와 예		연산자	의미와 예	
=	같음	A1=B1	>=	크거나 같음	A1>=B1
>	보다 큼	A1>10	<=	작거나 같음	A1<=10
<	보다 작음	A1<10	<>	같지 않음	A1<>B1

▶ **연결 연산자** : 두 개의문자열을 연결하여 하나의 문자열을 생성합니다.

연결연산자	의미	예
&	연결함	A1&"점"

▶ **참조 연산자** : 연산에 필요한 셀 범위를 결합합니다.

참조연산자	의미	예
:(콜론)	두 참조(셀 주소) 사이의 모든 셀을 참조하는 범위연산자	A1:A10
,(쉼표)	여러 참조(셀 범위)를 하나의 참조로 결합하는 논리합 연산자	A1:A3, B1:B10
(공백)	두 개의 참조에서 공통되는 셀 범위를 하나의 참조로 사용하는 논리곱 연산자	A1:B5 B1:B10

▶ 연산자 우선순위

연산자	설명
:(콜론), (하나의 공백), ,(쉼표)	참조 연산자
−	음수(예: −1)
%	백분율
^	거듭제곱
* 및 /	곱하기와 나누기
+ 및 −	더하기와 빼기
&	두 개의 텍스트 문자열 연결
=, 〈, 〉, 〈=, 〉=, 〈〉	비교 연산자

직접 해보기 수식 사용하기

_준비파일 | 07Section-자료1.xlsx

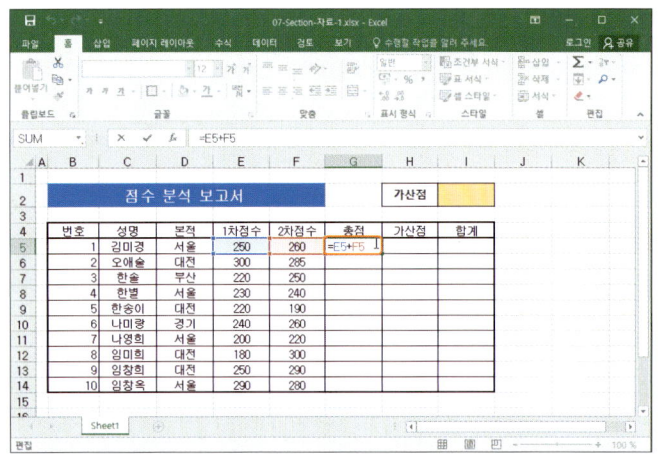

01 총점을 "1차점수+2차점수"로 계산해 봅시다.

셀 G5에 "=E5+F5"를 입력합니다.

강의노트 ✏️

셀을 클릭하여 수식 입력방법
"=" 입력 → 셀 E5 클릭 → "+" 입력 → 셀 F5 클릭
셀 참조를 직접 입력하지 않고 클릭으로 입력할 수 있습니다.

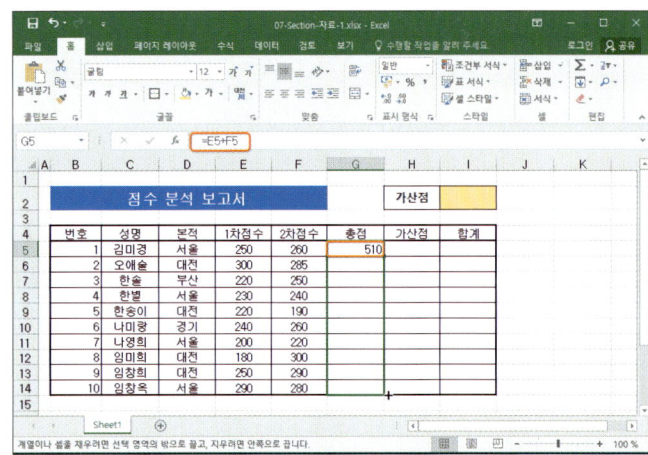

02 셀 G5에 "=E5+F5"의 결과인 510이 표시되고, [수식 입력줄]에는 입력된 수식 "=E5+F5"가 표시됩니다. 셀 G5의 채우기 핸들을 셀 G14까지 드래그하여 수식을 복사합니다.

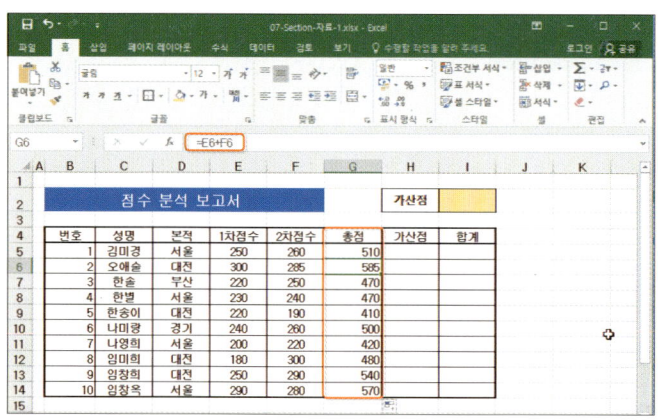

03 셀 G5에 입력한 수식 "=E5+F5"가 복사되어 채워지면서 각 셀마다 결과를 계산합니다.

강의노트

수식을 자동 채우기 핸들로 드래그하면 셀에 알맞게 수식을 복사합니다. 셀 G6을 클릭하면 [수식 입력줄]에 복사된 수식 "=E6+F6"이 표시됩니다.

직접 해보기 | 상대 참조와 절대 참조 연산하기

준비파일 | 07Section-자료2.xlsx

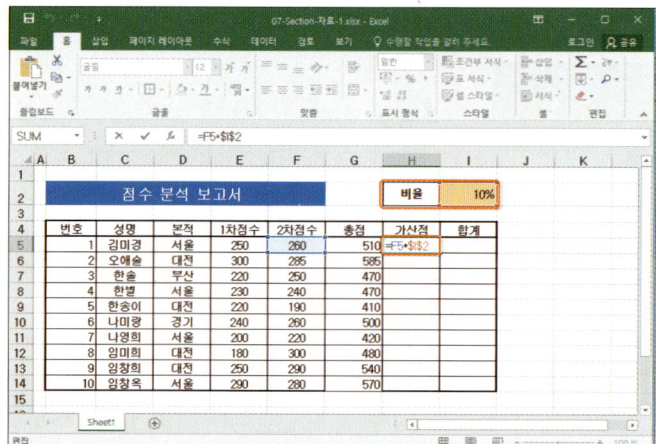

01 가산점은 "2차점수 * 비율(10%)"로 계산하고, 합계는 총점+가산점으로 계산합해 봅시다.

먼저 셀 H2를 비율로 수정하고, I2에 10%를 입력합니다. 셀 H5에 "=F5 * $I$2"를 입력하고 Enter 를 누릅니다.

강의노트

"=F5*I2"를 입력하고 I2를 블록으로 지정하고 [F4] 키를 누르면 I2(상대참조)가 $I$2(절대참조)로 바뀝니다.

보충수업

종류	의미
상대 참조	• 수식의 위치가 바뀌면 참조(셀 주소)도 바뀝니다. 수식의 행이나 열 사이에 복사를 하거나 이동을 하면 참조(셀 주소)도 자동으로 조정됩니다. • [A1], [B100]과 같이 [상대 열 상대 행]의 일반적 셀 표기법을 사용합니다.
절대 참조	• 항상 특정 위치의 셀을 가리킵니다. 수식이 들어 있는 셀의 위치가 바뀌더라도 절대 참조는 바뀌지 않고 그대로 유지됩니다. • [$A$1], [$B$10]과 같이 [절대 열 절대 행] 형식으로 행과 열 앞에 각각 기호 $를 사용합니다.
혼합 참조	• [절대 열과 상대 행], [상대 열과 절대 행] 형식으로 상대참조와 절대참조를 행과 열에 섞어서 사용합니다.

▶ 참조 형태 변환
수식에서 상대참조, 혼합참조, 절대참조의 참조형식 전환 시 F4키를 이용합니다.
F4키를 누를 때마다 상대참조→절대참조→혼합참조→혼합참조 순서로 순환 표시됩니다.
예) A3 → $A$3 → A$3 → $A3 → A3 → $A$3…

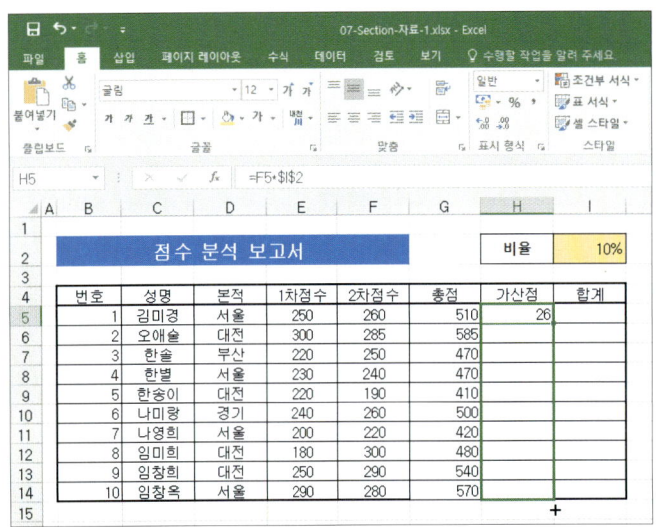

02 셀 H5의 채우기 핸들을 셀 H14까지 드래그하여 복사합니다.

강의노트

셀 H5의 수식은 "=F5+$I$2"이고 셀 H6의 수식은 "=F6+$I$2"로 바뀌어 있습니다. F5는 상대참조이므로 복사하면 F6으로 바뀌고, $I$2는 절대참조이므로 복사를 해도 변하지 않습니다.

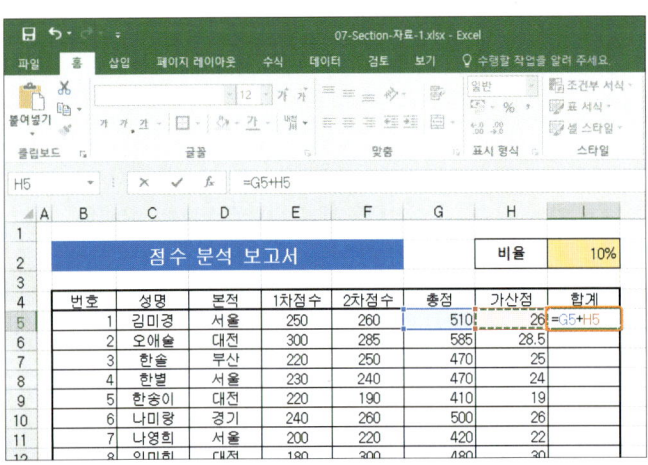

03 셀 I5에 "=G5+H5"를 입력하고 Enter 를 누릅니다.

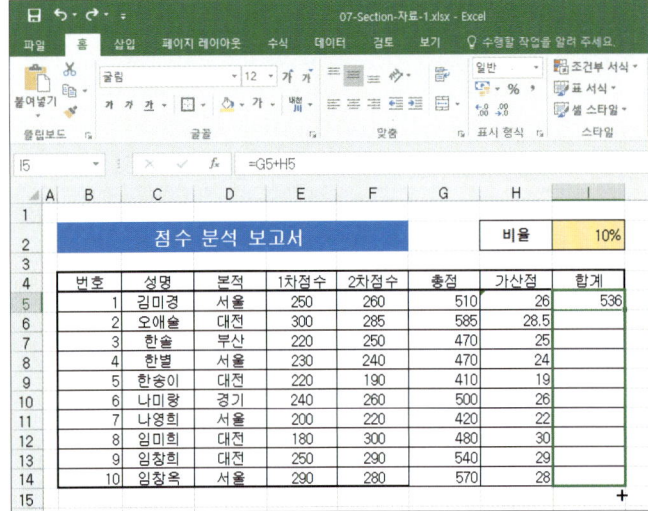

04 셀 I5의 채우기 핸들을 셀 I14까지 드래그하여 복사합니다.

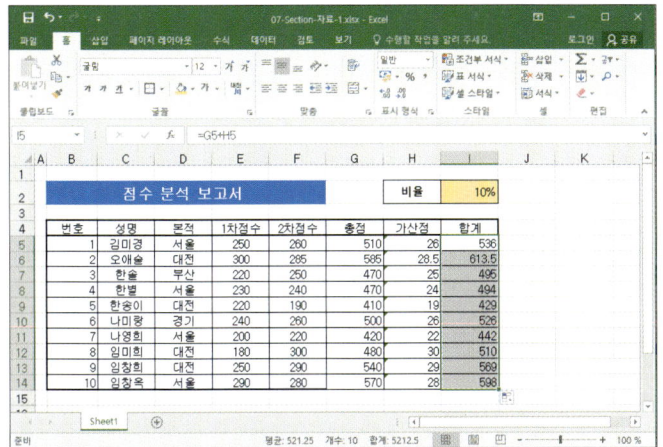

05 합계가 복사되어 표시됩니다.

강의노트

수식 결과가 실제로 오류일 수도 있으나 오류일 것 같은 수식을 감지하여 표시합니다. 이 경우 셀 왼쪽에 초록색 삼각형이 표시됩니다. 셀 옆의 오류 검사 단추를 클릭하여 바로가기 메뉴에서 오류 해결 방법을 찾거나 [오류 무시]를 클릭하면 초록색 삼각형이 제거됩니다. 초록색 삼각형이 표시되어 있어도 결과에는 영향을 주지 않습니다.

직접 해보기 이름 정의와 연산하기

준비파일 | 07Section-자료3.xlsx

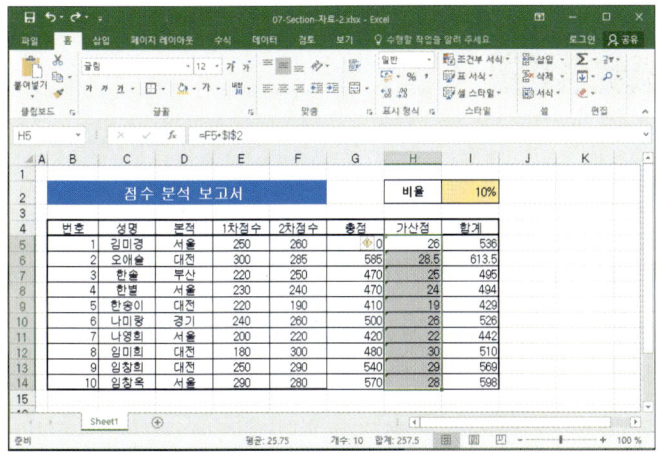

01 셀 I2를 "가산비율"로 이름을 정의하고 가산점을 다시 계산해 봅시다.
먼저, 셀 [H5:H14]를 블록으로 지정하고 Delete 키를 눌러서 삭제합니다.

강의노트

- 첫 번째 글자는 문자, 밑줄(_) 또는 백슬래시(\)
- 대문자 및 소문자 "C", "c", "R", "r"은 셀의 행이나 열을 선택하는 약칭을 사용할 수 없음
- 공백은 사용할 수 없으며 대문자와 소문자는 동일하게 취급

 보충수업 데이터 수식 보기 단축키 Ctrl + ~

워크시트에 수식을 입력하면 수식 결과가 화면에 나타납니다. Ctrl + ~ 을 누르면 서식이 지정되지 않은 기본 데이터와 수식을 보여줍니다. 다시 Ctrl + ~ 을 누르면 워크시트는 편집 상태로 돌아갑니다.

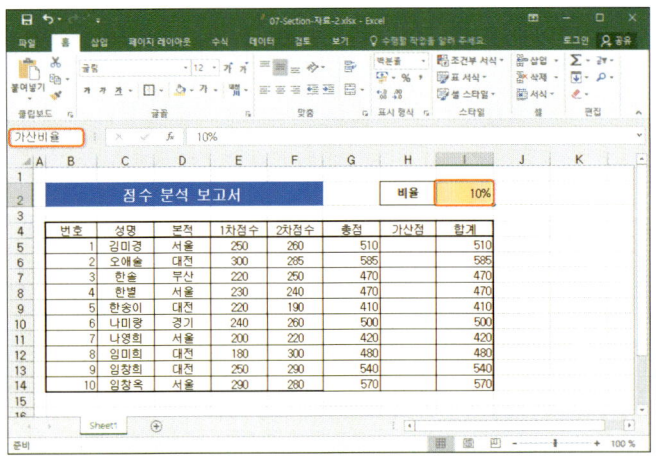

02 셀 I2를 클릭하고 [이름상자]에 "가산비율"을 입력하고 Enter 를 누릅니다.

강의노트

이름상자에 이름을 입력하고 Enter 를 반드시 눌러야 합니다.

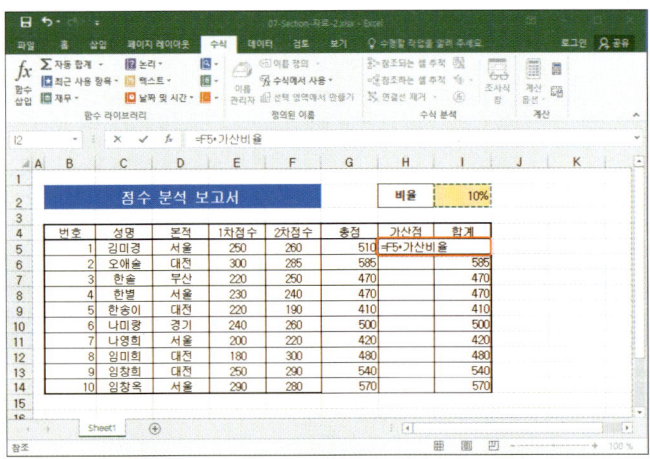

03 셀 H5에 "=F5*가산비율"을 입력하고 Enter 를 누릅니다.

강의노트

"=F5 *"를 입력하고 셀 I2를 클릭하면 셀 I2의 이름인 가산비율이 수식에 추가됩니다.

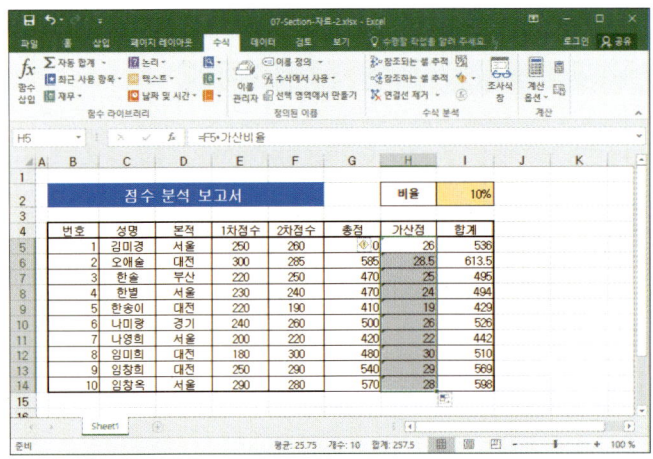

04 셀 H5의 채우기 핸들을 셀 H14까지 드래그 하여 복사합니다.

강의노트

이름을 정의하여 수식에 사용하면 절대참조로 바꾸지 않아도 됩니다.
즉, =F5 * $I$2와 같습니다.

보충수업 매크로 사용을 위한 보안센터 설정

리본 메뉴 [파일] 탭의 [옵션]을 클릭하여 [Excel 옵션] 대화상자가 나타나면 [보안 센터]를 클릭하고 [보안센터 설정] 단추를 클릭합니다.

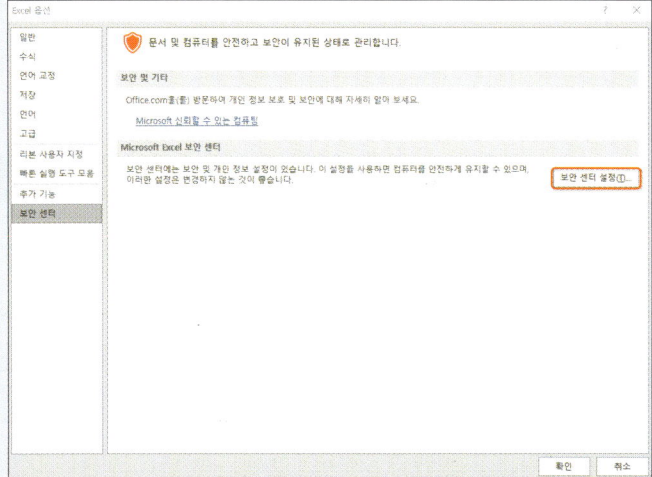

[보안센터] 대화상자에서 [매크로 설정]을 클릭하고 적당한 매크로 설정 방법을 선택합니다.

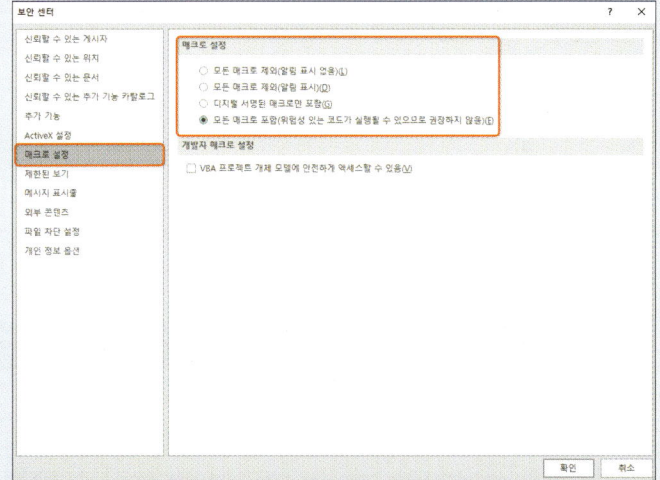

- 모든 매크로 제외(알림 표시 없음) : 매크로 및 매크로에 대한 보안 경고를 사용하지 않습니다.
- 모든 매크로 제외(알림 표시 있음) : 매크로가 사용되지 않지만 매크로가 있는 경우 보안 경고가 나타나고, 사용하도록 설정할 수 있습니다.
- 디지털 서명된 매크로만 포함 : 매크로가 사용되지 않지만 보안 경고가 나타납니다. 그러나 신뢰할 수 있는 게시자가 매크로를 서명한 경우 실행됩니다.
- 모든 매크로 포함(권장하지 않음. 위험성 있는 코드가 실행될 수 있으므로 권장하지 않음) : 모든 매크로가 실행됩니다.

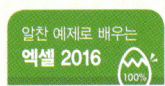

실전문제

01. "실전문제-07.xlsx" 파일을 열고, 총 매출액과 평균 매출액을 계산하고, ,(쉼표) 표시 형식을 적용하여 정수로 표시하시오.

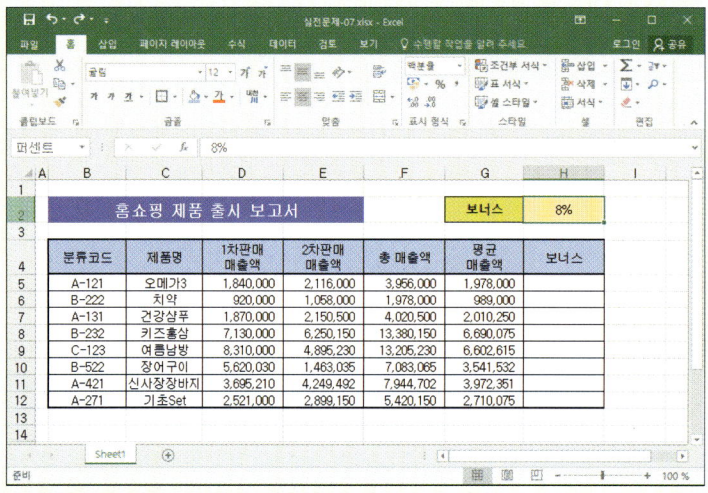

완성파일 | 실전문제 07-1-결과.xlsx

Hint 총매출액 = 1차판매 매출액 + 2차판매 매출액
평균 매출액 = (1차판매 매출액 + 2차판매 매출액) ÷ 2

02. 셀 H2를 "퍼센트"로 이름정의 하시오.

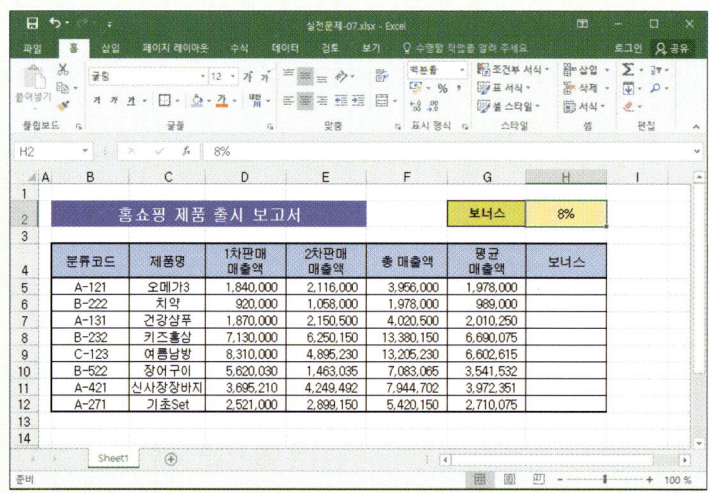

완성파일 | 실전문제 07-2-결과.xlsx

Hint 이름상자 이용

실전문제

03. 정의된 이름 "퍼센트"를 이용하여 보너스를 계산하고, (쉼표) 표시 형식을 적용하여 정수로 표시하시오.

[Excel 화면 이미지]

완성파일 | 실전문제 07-3-결과.xlsx

Hint 보너스 = 총 매출액 * 보너스의 백분율

04. 총 매출액, 평균 매출액, 보너스에 셀 서식을 이용하여, 천 단위를 생략하고 뒤에 "천원"을 붙이시오.
(예 : 316,480 → 316천원)

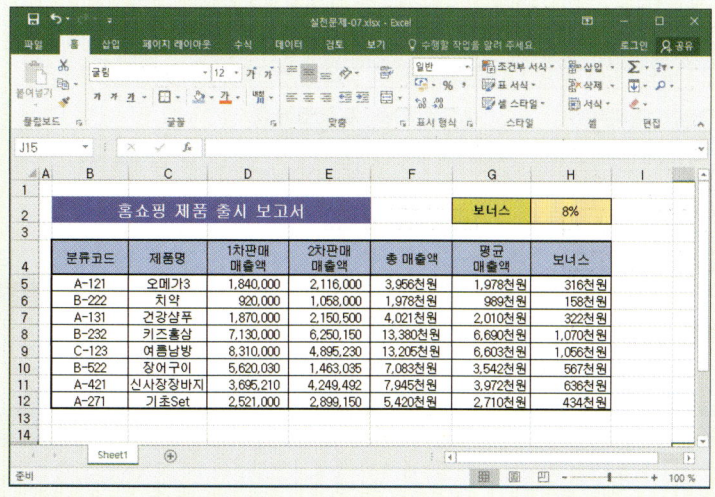

완성파일 | 실전문제 07-4-결과.xlsx

Hint 숫자를 표시하는 형식지정문자는 #과 0이고 ,(쉼표)는 천 단위를 표시합니다.
"#,###,"와 같이 ,(쉼표) 뒤에 # 혹은 0을 생략하면 자리수를 생략한 것입니다.

Part1. **08** Section

함수 사용

엑셀 함수는 미리 정의되어 있는 일정한 계산식입니다. 정의된 구조에 따라 인수라고 하는 입력 값에 따라 서로 다른 결과를 계산합니다. 함수는 "함수이름(인수들)"의 형태이며 인수는 함수의 종류에 따라 형태와 개수가 달라집니다. 인수가 여러 개일 경우 ,(쉼표)로 구분됩니다.

함수는 해당 기능별로 수학함수, 논리함수, 통계함수, 찾기 및 참조 영역 함수, 날짜 및 시간함수, 데이터베이스 함수, 텍스트 함수, 정보함수, 재무함수, 공학함수, 큐브함수 등으로 분류됩니다.

Zoom In

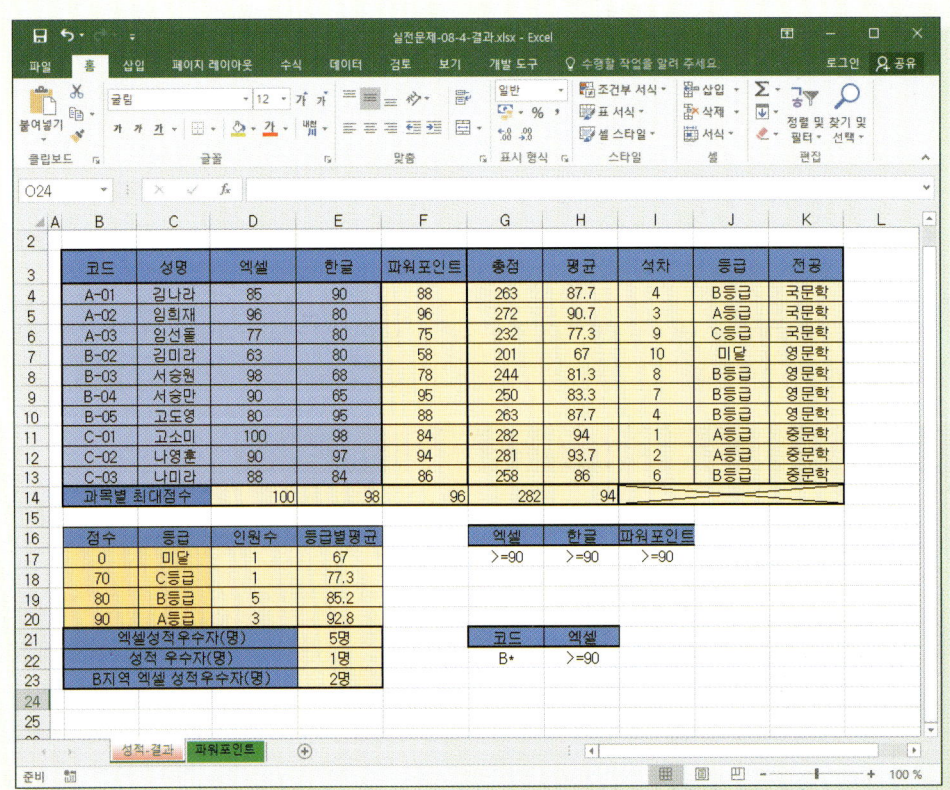

Keypoint

_ 수학 함수 사용하기
_ 통계 함수 사용하기
_ 논리 함수 사용하기
_ 찾기 및 참조 영역 함수 사용하기
_ 날짜/시간 함수 사용하기
_ 데이터베이스 함수 사용하기/텍스트 함수 사용하기

Knowhow

_ 합계나 나머지, 반올림 등은 수학 함수를 사용한다.
_ 통계 및 분석은 통계 함수를 사용한다.
_ 논리 함수는 참, 거짓 등의 다양한 조건을 검색한다.
_ 사용자가 지정한 값을 셀 범위에서 찾아 상대적 위치 등을 찾아준다.
_ 날짜 및 시간, 텍스트, 데이터베이스에 대한 함수의 사용법을 알아본다.

자주 사용하는 수학 함수

종류	설명
ABS(숫자)	숫자의 절대값을 구함
INT(숫자)	가장 가까운 정수로 내림함
MOD(피제수, 제수)	피제수÷제수의 나머지를 구함
POWER(숫자, 밑수)	숫자의 지정한 밑수만큼 거듭 제곱을 구함
ROUND(숫자, 자릿수)	숫자를 지정한 자릿수로 반올림
ROUNDUP(숫자, 자릿수)	숫자를 자릿수로 올림
ROUNDDOWN(숫자, 자릿수)	숫자를 지정한 자릿수로 내림
SUM(숫자1, [숫자2], …)	숫자들의 합을 구함
SUMIF(조건범위, 조건, [합 범위])	조건에 맞는 합 범위 셀의 합을 구함
SUMPRODUCT(범위1, [범위2], …)	범위의 서로 대응되는 값을 곱해서 그 합을 구함
TRUNC(숫자, 자릿수)	지정한 자릿수까지만 표시 (자릿수를 생략하면 소수점 이하 버림)

직접 해보기 SUM 함수 사용하기

준비파일 | 08Section-자료1.xlsx

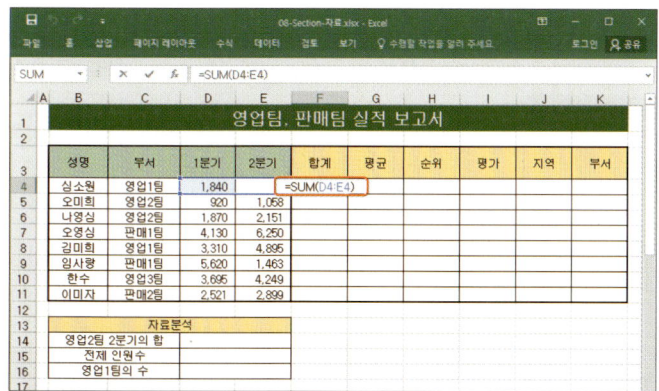

01 1분기와 2분기의 합계를 구해 봅시다.

먼저 셀 F4를 클릭합니다. "=SUM("를 입력하고 마우스로 D4에서 E4까지 드래그 하면 수식은 "=SUM(D4 :E4"로 드래그 영역이 수식에 입력됩니다. ")"를 입력하고 Enter 를 누릅니다.

강의노트
직접 수식 "=SUM(D4:E4)"를 입력해도 됩니다.

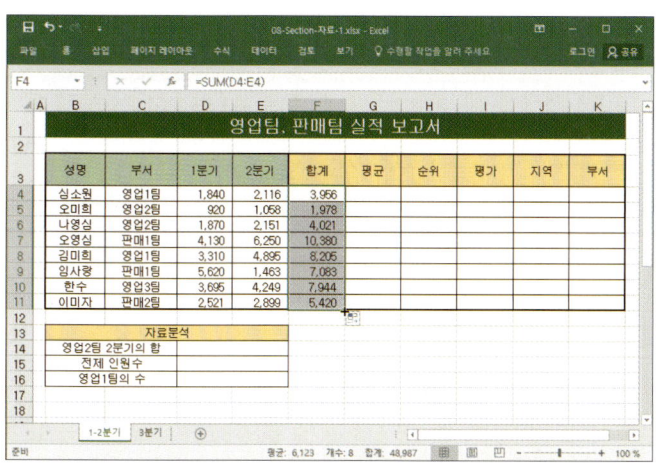

02 셀 F4의 채우기 핸들을 이용하여 셀F11까지 채우기합니다.

강의노트
=SUM(D4:D8) : 셀 구분을 :(콜론)으로 지정하면 D4부터 D8까지의 합을 계산합니다.
=SUM(D4,D8) : 셀 구분을 ,(쉼표)로 지정하면 D4와 D8의 합을 계산합니다.
=SUM(D4:E5 E4:E11) : 인수의 구분이 (공백)이면 D4:E5와 E4:E11의 공통 부분인 E4:E5의 합을 계산합니다.

직접 해보기 SUMIF 함수와 함수 마법사 사용하기

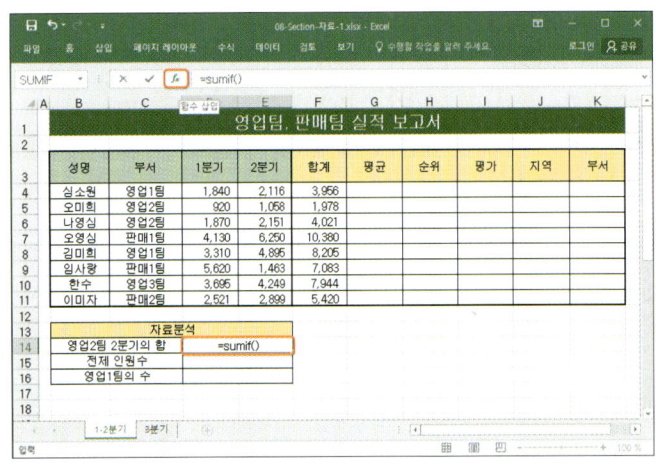

01 셀 D14에 2분기의 자료 중 영업2팀 자료의 합을 구해 봅시다.
셀 D14를 클릭하고 "=SUMIF(C4: C11,"영업2팀",E4:E11)"을 입력하고 Enter 를 눌러 결과를 확인합니다.

강의노트
형식은 아래와 같습니다.
SUMIF(부서범위, 조건, 2분기범위)
조건은 "영업2팀"

직접 해보기 함수 마법사 사용하기

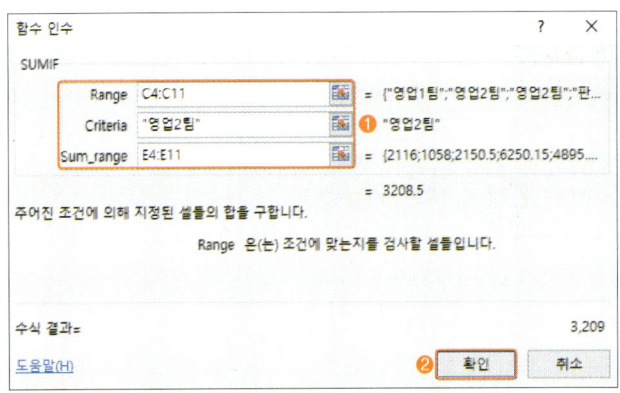

01 함수 마법사를 사용하여 셀 D14를 다시 계산하여 봅시다.
셀 D14에 "=SUMIF()"를 입력하고 함수 삽입 아이콘(fx)을 클릭합니다.

02 SUMIF [함수인수] 대화상자의 인수 Range에 부서 전체 범위 입력, Criteria에 조건인 "영업2팀" 입력, Sum_Range에 2분기의 전체 범위를 입력하고 [확인]을 클릭합니다.

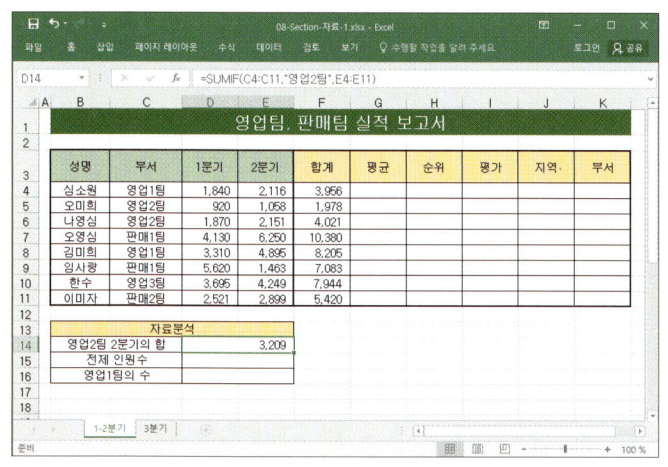

03 완성된 결과를 확인합니다.

강의노트 ✏️

함수 이름을 입력하지 않고 함수삽입 아이콘을 클릭하여 나타난 [함수 마법사] 대화상자에서 [범주 선택]을 적용하여 SUMIF 함수를 찾아 동일한 방법으로 함수값을 구할 수도 있습니다.

자주 사용하는 통계 함수

함수	용도
AVERAGE(숫자1, [숫자2], …)	숫자들의 평균을 구함
COUNT(값1, [값2], …)	값 목록에서 숫자의 수를 계산함
COUNTA(값1, [값2], …)	값 목록에서 공백을 제외한 셀의 개수를 구함
COUNTIF(범위, 조건)	범위 내에서 조건에 맞는 셀의 개수를 구함
STDEV(숫자1,[숫자2],….])	숫자들의 표준편차를 구함
LARGE(범위, k)	범위 중 k 번째로 큰 값을 구함
MAX(숫자1,[숫자2],….])	숫자들의 최대값을 구함
MIN(숫자1,[숫자2],….])	숫자들의 최소값을 구함
RANK.EQ(숫자,범위,[옵션])	범위 중 숫자의 순위를 구함 (옵션 0:내림차순, 1:오름차순) (※ Excel 2010 이전 버전의 RANK 함수와 동일함)
SMALL(범위, k)	범위 중 k 번째로 작은 값을 구함

직접 해보기 AVERAGE와 ROUND 함수 사용하기

준비파일 | 08Section-자료2.xlsx

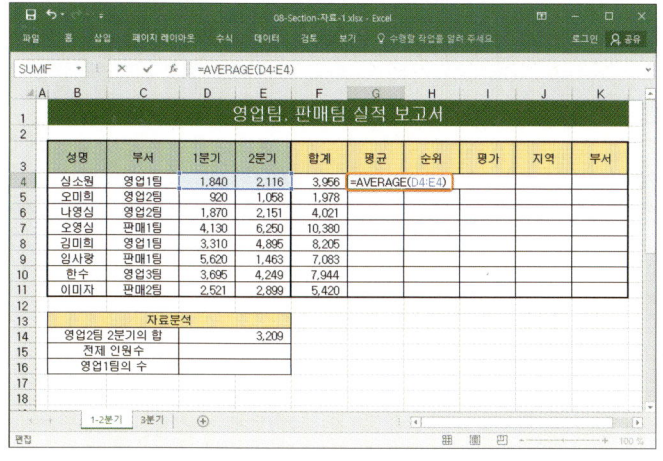

01 1분기와 2분기의 평균을 정수로 계산해 봅시다.

평균을 먼저 계산하고, 결과를 반올림하는 순서로 계산하여 봅시다. 셀 G4를 클릭하고 "=AVERAGE("를 입력, 마우스로 D4에서 E4까지 드래그하면 수식은 "=AVERAGE(D4:E4"로 드래그 영역이 수식에 입력됩니다. ")"를 입력하고 Enter 를 누르면 평균이 계산됩니다.

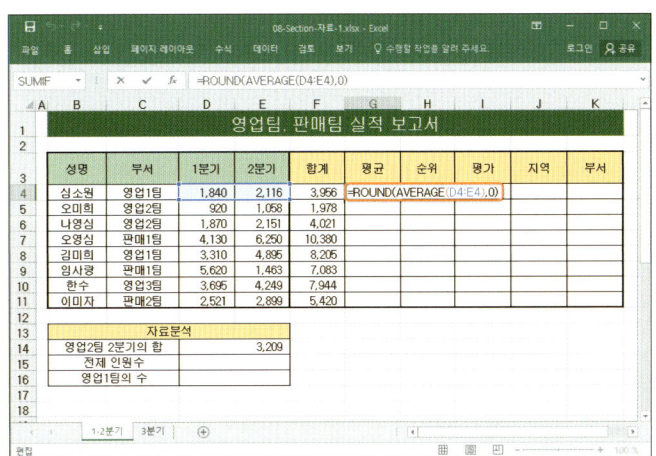

02 셀 G4를 클릭하고 수식 "=AVERAGE (D4:E4)"를 "=ROUND(AVERAGE(D4:E4),0)"로 수정하고 Enter를 칩니다.

강의노트 🖉

ROUND(수치값,0) 형식입니다. 0은 정수로 나타내기 위한 자릿수입니다.

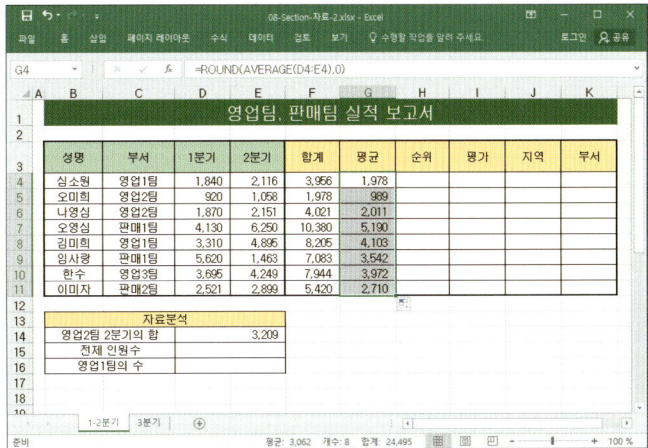

03 셀 G4의 채우기 핸들을 이용하여 셀 G11까지 채우기를 합니다.

직접 해보기 RANK.EQ 함수와 & 연산자 사용하기

_준비파일 | 06section-자료2-1.xlsx

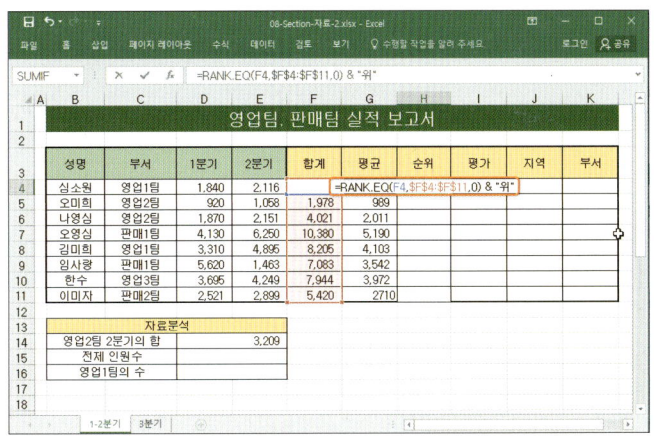

01 합계를 기준으로 내림차순 순위를 계산하고, 결과에 "위"를 붙여 봅시다.
셀 H4를 클릭하고 '=RANK.EQ(F4, $F$4:$F$11,0) & "위"'를 입력하고 Enter를 칩니다.

강의노트 🖉

RANK.EQ(값, 값전체범위,0) 형식입니다. 3번째 인수 0은 내림차순입니다.

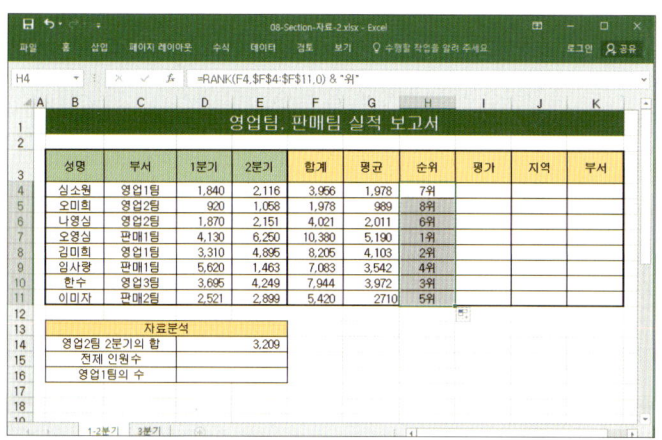

02 셀 H4의 채우기 핸들을 이용하여 셀 H11까지 채우기합니다.

강의노트

값 전체 [F4:F11] 범위는 절대참조 [$F$4:$F$11] 형식을 사용합니다.

직접 해보기   RANK.EQ 함수 마법사 사용하기

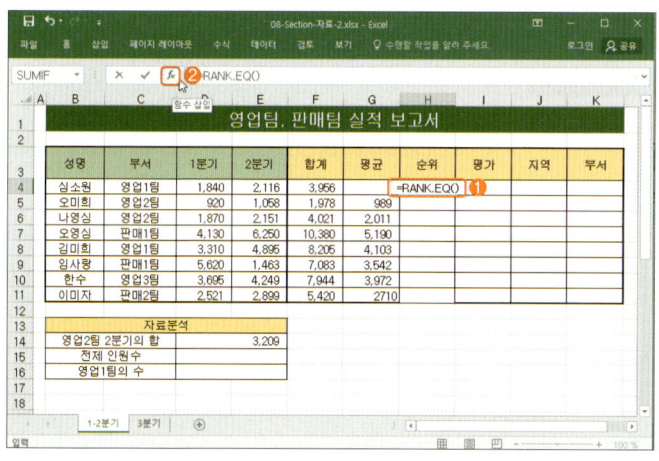

01 셀 H4에 "=RANK.EQ()"를 입력하고 함수삽입 아이콘(fx)을 클릭합니다.

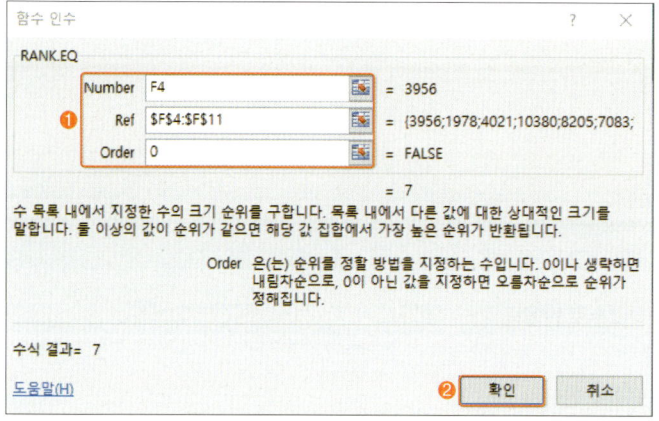

02 [함수 인수] 대화상자의 인수 Number에 F4, Ref에 [F4:F11]을 드래그하고 F4 키를 눌러서 절대참조로 바꿉니다. 인수 Order에 0을 각각 입력하고 [확인]을 클릭합니다.

강의노트

인수
Number : 순위 계산 값
Ref : 값 전체 범위
Order : 0(내림차순), 1(오름차순)

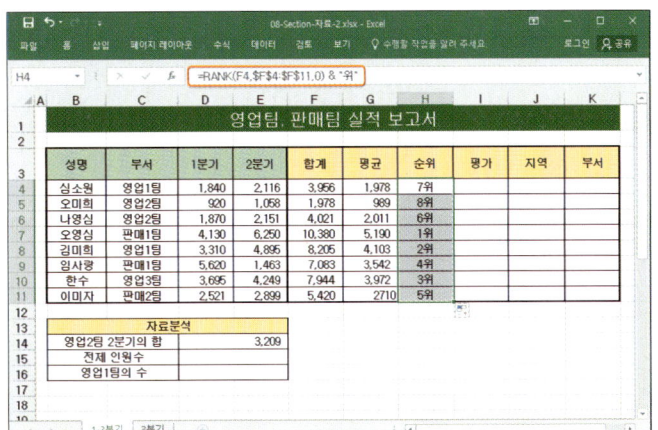

03 셀 G4에 수식 "=RANK.EQ (F4,$F$4:$F$11,0)"이 입력됩니다. 셀 H4를 더블 클릭하여 편집 상태로 바꾸고, 수식 뒤에 '&"위"'를 입력하고 Enter 를 눌러 셀 H4의 채우기 핸들을 이용하여 셀 H11까지 채우기하여 결과를 확인합니다.

직접 해보기 | COUNTA 함수 함수 마법사 사용하기

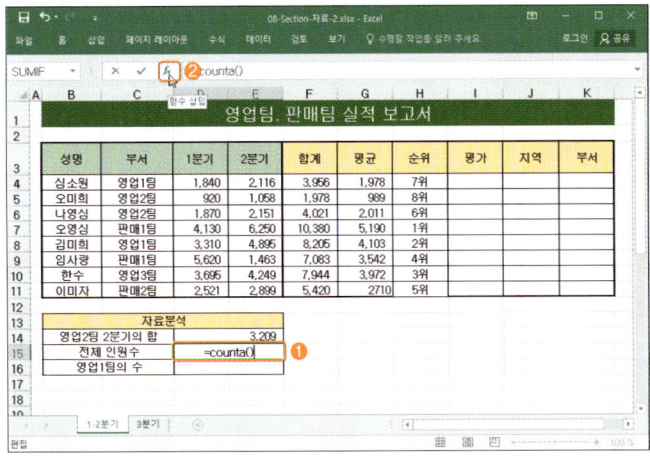

01 셀 D15에 성명을 기준으로 전체 인원수를 계산해 봅시다.
셀 D15에 "=COUNTA()"를 입력하고 함수삽입 아이콘(f_x)을 클릭합니다.

 보충수업 ROUND(숫자, 자릿수) 함수

- 자릿수가 양수이면 숫자를 지정한 소수점의 아래 자릿수로 반올림
- 자릿수가 0이면 숫자를 가장 가까운 정수로 반올림
- 자릿수가 음수이면 숫자를 지정한 소수점의 위 자릿수로 반올림

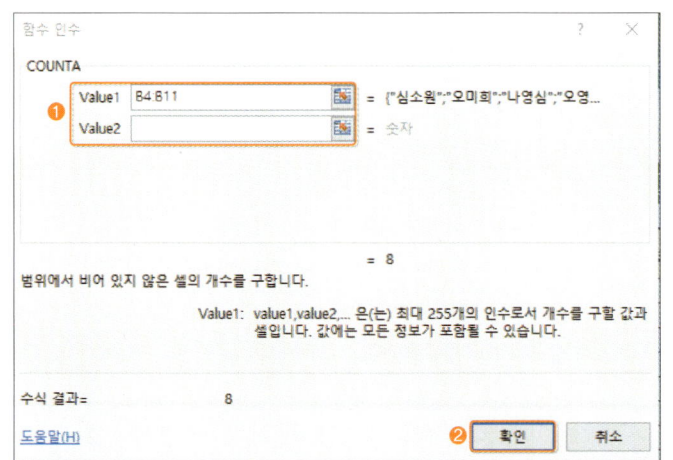

02 [함수 인수] 대화상자에서 [Value1]에 성명 전체 범위인 [B4:B11]을 입력하고, [확인]을 클릭하면 전체 인원수 8이 계산됩니다.

직접 해보기 COUNTIF 함수 함수 마법사 사용하기

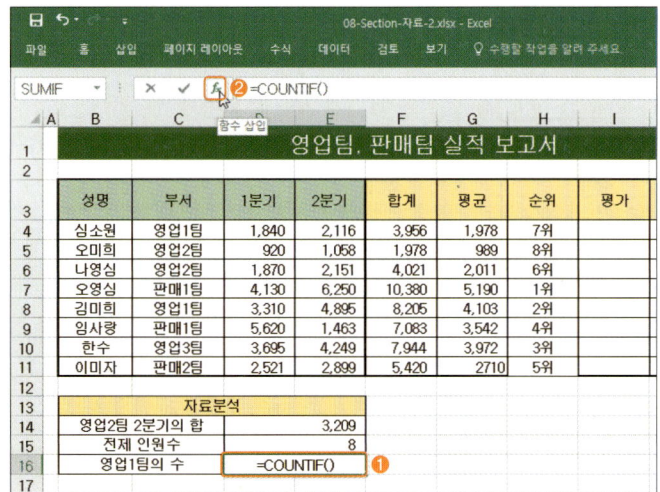

01 셀 D16에 영업1팀의 수를 계산해 봅시다.
셀 D16에 "=COUNTIF()"를 입력하고 함수삽입 아이콘(fx)을 클릭합니다.

강의노트 ✎
COUNTIF(범위, 찾을값) 형식을 사용합니다.

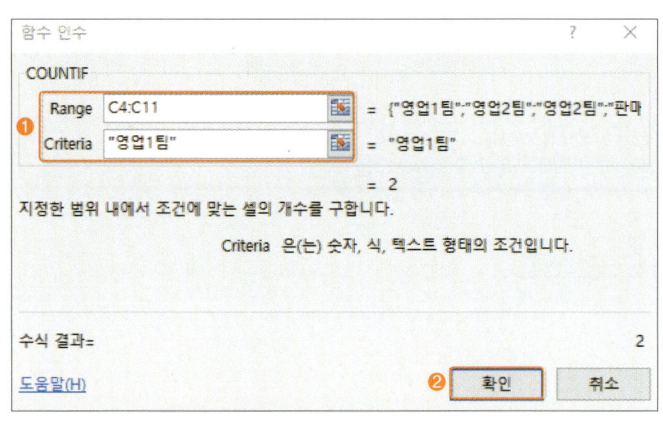

02 [함수 인수] 대화상자에서 [Range]에 부서의 전체 범위 [C4:C11]을, Criteria에 "영업1팀"을 입력하고 [확인]을 클릭하면 영업 1팀의 수 2가 계산됩니다.

강의노트 ✎
Criteria에 "영업1팀"이 입력되어 있는 셀 "C4"를 입력해도 됩니다.

자주 사용하는 논리 함수

종류	설명
IF(논리식, [참일 때 식],[거짓일 때 식])	논리식을 검사하여 참일 때와 거짓일 때의 식을 실행합니다.
NOT(논리 식)	논리식의 결과를 반대로 표시합니다.
AND(논리식1, 논리식2, …)	논리식이 모두 참이면 TRUE, 아니면 FALSE
OR(논리식1, 논리식2, …)	논리식이 하나라도 참이면 TRUE, 아니면 FALSE
FALSE()	논리 값 FALSE를 반환합니다.
TRUE()	논리 값 TRUE를 반환합니다.

직접 해보기 | IF 함수 함수 마법사로 사용하기

_준비파일 | 08Section-자료3.xlsx

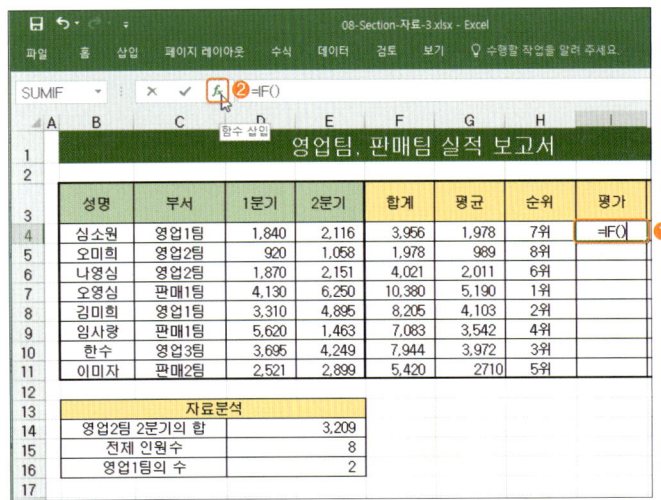

01 평가에 1분기와 2분기 값을 비교하여, 1분기보다 2분기 값이 크면 "상승", 아니면 "하락"을 표시해 봅시다. 셀 I4를 클릭하고 "=IF()"를 입력, 함수삽입 아이콘(fx)을 클릭합니다.

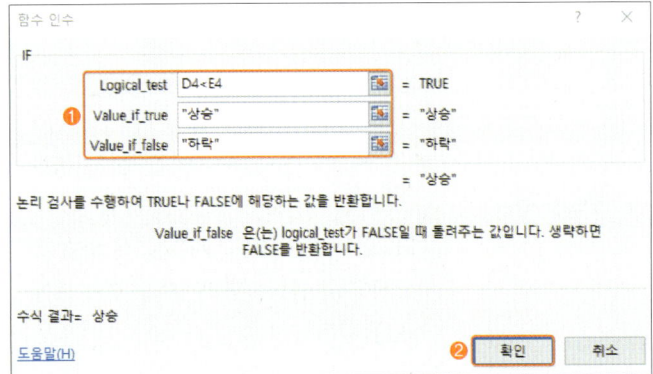

02 [함수 인수] 대화상자에서 [Logical_test]에 조건식 D4<E4, [Value_if_true]에 참인 값 "상승", [Value_if_false]에 거짓인 값 "하락"을 입력하고 [확인]을 클릭합니다.

강의노트 ✏️

IF(조건식, 참인 값, 거짓인 값) 형식입니다.

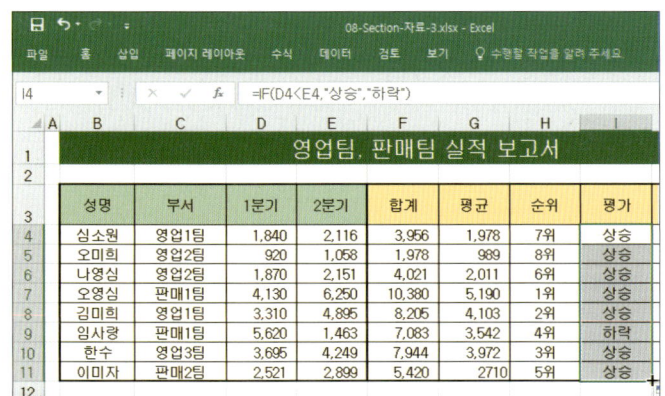

03 셀 I4의 채우기 핸들을 이용하여 셀 I11까지 채우기합니다.

자주 사용하는 찾기 및 참조 영역 함수

함수	용도
CHOOSE(번호, 내용1, [내용2], …)	내용 목록에서 번호에 해당하는 값을 찾음
HLOOKUP(값, 범위, 행번호, lookup옵션)	범위의 첫 행에서 값을 찾아, 지정한 행과 동일한 열의 데이터 반환 lookup옵션 : 0[일치하는 값], 1[근사치]
INDEX(범위, 행번호, [열번호])	범위에서 행 번호와 열 번호가 교차하는 값을 반환
MATCH(찾을값, 찾을범위, [match_타입])	범위에서 값을 찾아 해당 값의 상대위치를 표시 match_타입 : 0[일치하는 값], 1[근사치]
OFFSET(범위, 행 수, 열 수, [높이], [너비])	지정한 행 수와 열 수 만큼 떨어진 곳의 높이와 너비의 참조 영역을 표시
VLOOKUP(찾을값, 표범위, 열 번호, lookup옵션)	범위의 첫 열에서 값을 찾아, 지정한 열의 값과 동일한 행의 데이터 반환 lookup옵션 : 0[일치하는 값], 1[근사치]

직접 해보기 | VLOOKUP 함수 함수 마법사 사용하기

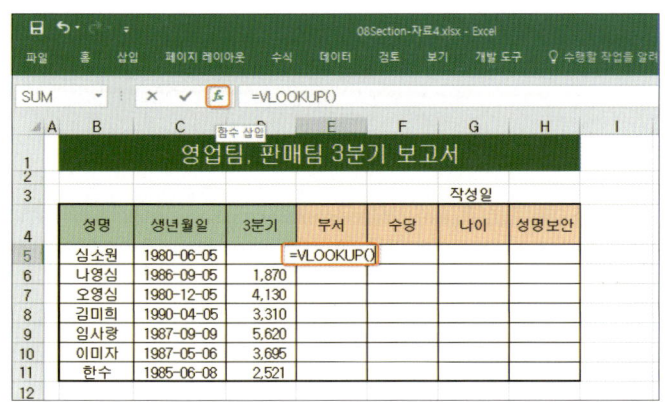

_ 준비파일 | 08Section-자료4.xlsx

01 [3분기] 시트의 셀 E5:E11에 [1-2분기] 시트에서 "성명"이 같은 사람의 "부서"를 가져와서 표시해 봅시다.
[3분기] 시트의 셀 E5에 "=VLOOKUP( )"를 입력하고 함수삽입 아이콘(fx)을 클릭합니다.

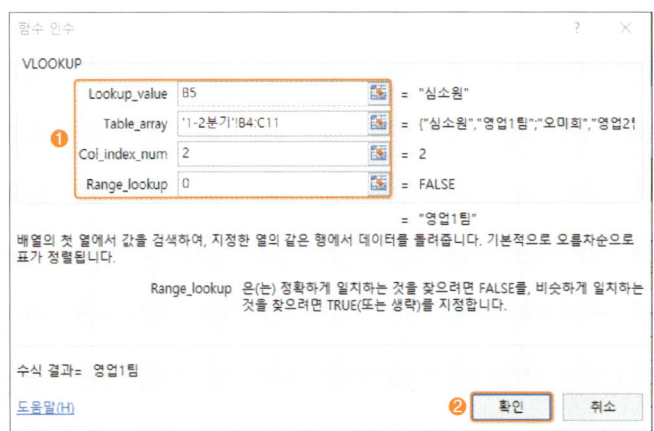

02 [함수 인수] 대화상자의 [Lookup_value]에 성명의 첫 번째 셀 [B5], [Table_array]에 원본자료가 있는 범위 "'1-2분기'!$B$4:$C$11", [Col_index_num]에 2, [Range_lookup]에 0을 입력하고, [확인]을 클릭합니다.

강의노트

"'1-2분기'!" : 수식에 시트이름을 사용할 때 '시트이름'!(느낌표)의 형태로 사용합니다.

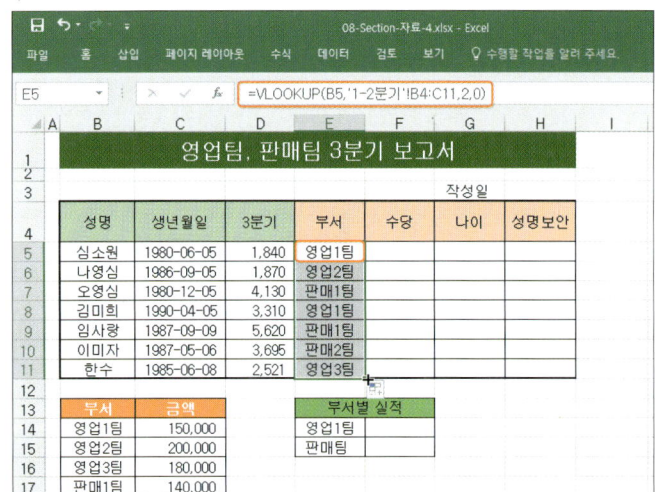

03 심소원의 부서 "영업1팀"이 셀 E5에 표시됩니다. 수식 입력 줄에는 수식이 완성되어 표시됩니다.
셀 E5의 채우기 핸들을 이용하여 셀E11까지 채우기를 합니다.

강의노트

[1-2분기] 시트의 성명과 [3분기] 시트의 성명의 순서가 다르게 배치되어 있어도 같은 이름의 자료를 찾아서 표시합니다.

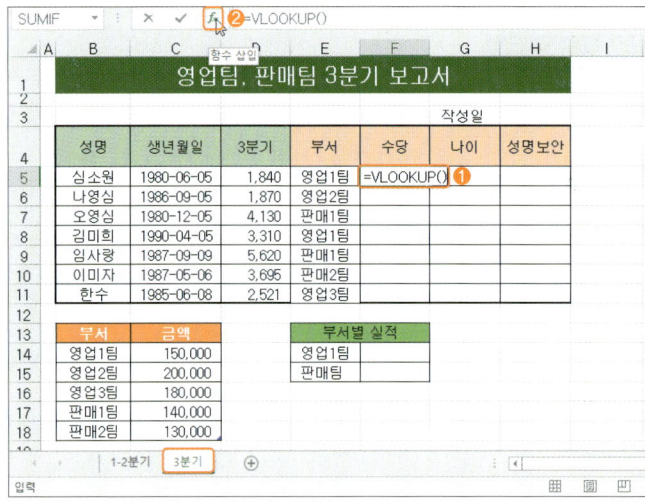

04 이번에는 [3분기] 시트의 셀 F5에 셀 [B13:C18]의 자료를 이용하여 부서별 수당을 표시해 봅시다.
셀 F5에 "=VLOOKUP()"를 입력하고 함수삽입 아이콘(fx)을 클릭합니다.

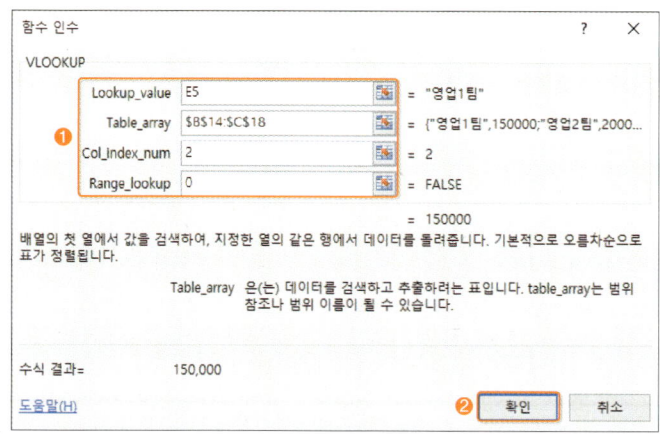

05 [함수 인수] 대화상자에서 [Lookup_value]에 부서의 첫 번째 셀 [E5], [Table_array]에 원본자료가 있는 범위 "$B$14:$C$18", [Col_index_num]에 2, [Range_lookup]에 0을 입력하고, [확인]을 클릭합니다.

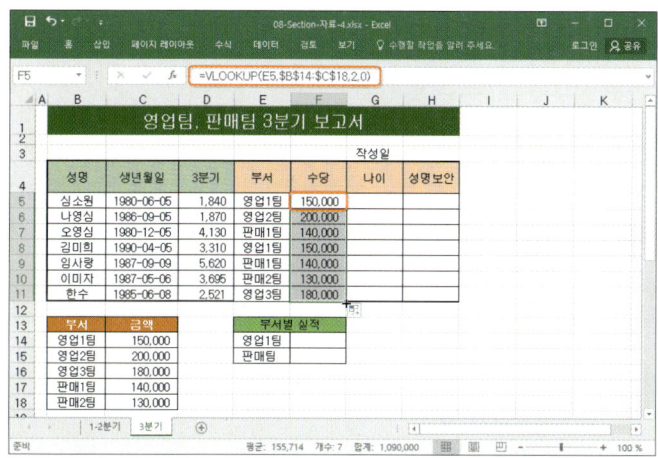

06 영업1팀의 수당이 셀 F5에 표시됩니다. 수식 입력 줄에는 수식이 완성되어 표시됩니다. 셀 F5의 채우기 핸들을 이용하여 셀 F11까지 채우기를 합니다.

 보충수업 HLOOKUP 함수

아래 자료와 같이, 찾아야 하는 데이터의 형태가 [B13:G14]와 같이 행 방향으로 되어 있을 경우 함수 HLOOKUP()을 사용합니다. 셀[F5]의 식은 =HLOOKUP(E5,$C$13:$G$14,2,0)이 됩니다.

찾을 데이터가 입력되어 있는 행/열 방향에 따라 함수 HLOOKUP()/ VLOOKUP()이 됩니다.

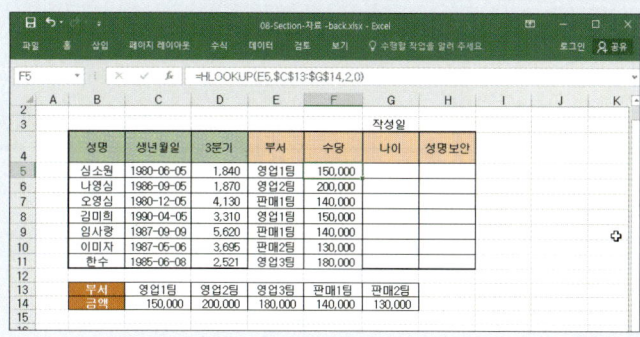

자주 사용하는 날짜 및 시간 함수

함수	용도
YEAR(날짜)	날짜에서 연도를 추출
MONTH(날짜)	날짜에서 월을 추출
DAY(날짜)	날짜에서 일을 추출
HOUR(시간)	시간에서 시를 추출
MINUTE(시간)	시간에서 분을 추출
SECOND(시간)	시간에서 초를 추출
DATE(년, 월, 일)	년, 월, 일을 이용하여 날짜 표시
TIME(시, 분, 초)	시, 분, 초에 해당하는 시간 표시
NOW()	오늘 날짜와 시간을 표시
TODAY()	오늘 날짜를 표시
WEEKDAY(날짜,[return_type])	날짜에 해당하는 요일을 숫자로 표시

▶ WEEKDAY 함수의 return_type

유형	월요일	화요일	수요일	목요일	금요일	토요일	일요일
1	2	3	4	5	6	7	1
2	1	2	3	4	5	6	7
3	0	1	2	3	4	5	6

직접 해보기 TODAY 함수 사용하기

_ 준비파일 | 08Section-자료5.xlsx

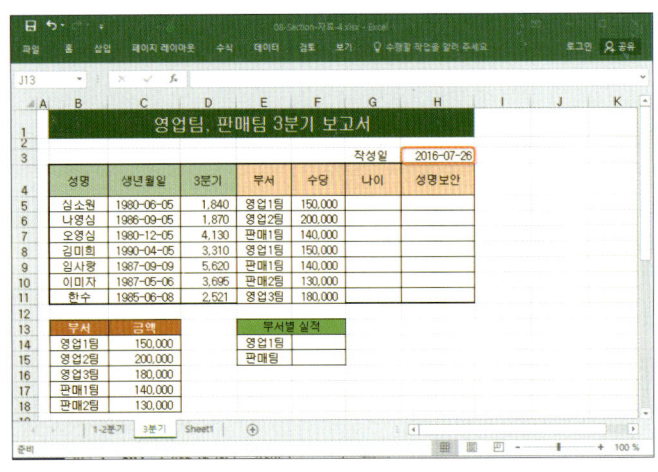

01 [3분기] 시트의 셀 H3에 오늘 날짜를 표시해 봅시다.

셀 H3에 "= TODAY()" 입력하고 Enter 를 누릅니다. 셀 H3에 오늘 날짜가 표시됩니다.

직접 해보기 YEAR 함수 사용하기

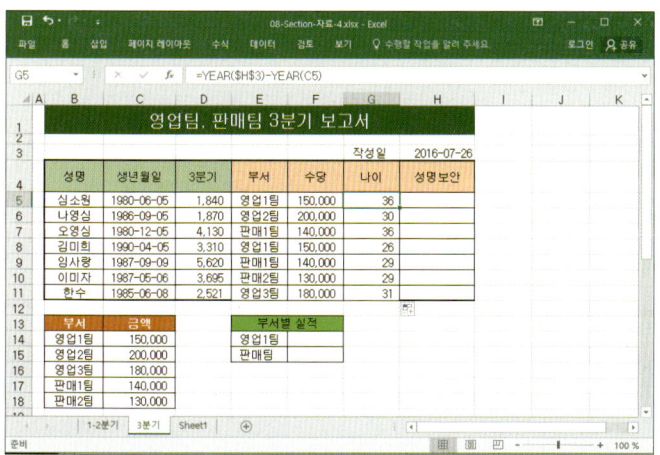

01 [3분기] 시트의 셀 G5에 다음 수식으로 나이를 계산해 봅시다.
수식: 작성일의 년도 – 생년월일의 년도 입니다.
먼저, 셀 G5에 "=YEAR($H$3)-YEAR(C5)"를 입력하고 Enter 를 누르면 셀 G5에 나이가 표시됩니다.

강의노트

- 작성 일에 따라 나이가 다르게 계산될 수 있 습니다.
- 수식결과 결과가 "#####"으로 표시될 수 있 습니다. 셀 서식에서 [표시 형식]을 "숫자"로 바꾸어 줍니다.

자주 사용하는 데이터베이스 함수

함수	용도
DSUM(범위, 필드, 조건범위)	조건 범위의 조건에 맞는 필드의 합
DAVERAGE(범위, 필드, 조건범위)	조건 범위의 조건에 맞는 필드의 평균
DCOUNT(범위, 필드, 조건범위)	조건 범위의 조건에 맞는 필드의 숫자 개수
DCOUNTA(범위, 필드, 조건범위)	조건 범위의 조건에 맞는 필드의 셀 수(공백제외)
DMAX(범위, 필드, 조건범위)	조건 범위의 조건에 맞는 필드의 최대값
DMIN(범위, 필드, 조건범위)	조건 범위의 조건에 맞는 필드의 최소값
DGET(범위, 필드, 조건범위)	조건 범위의 조건에 맞는 필드 내의 값 추출
DPRODUCT(범위, 필드, 조건범위)	조건 범위의 조건과 일치하는 값들의 곱

 보충수업 조건 입력 할 때 주의할 점

조건은 반드시 필드명 아래 셀에 있어야 합니다.
만일 조건이 항목이름과 떨어져 있을 경우 조건을 다른 셀에 따로 작성하여야 합니다.

직접 해보기 DSUM 함수 사용하기 I

_준비파일 | 08Section-자료6.xlsx

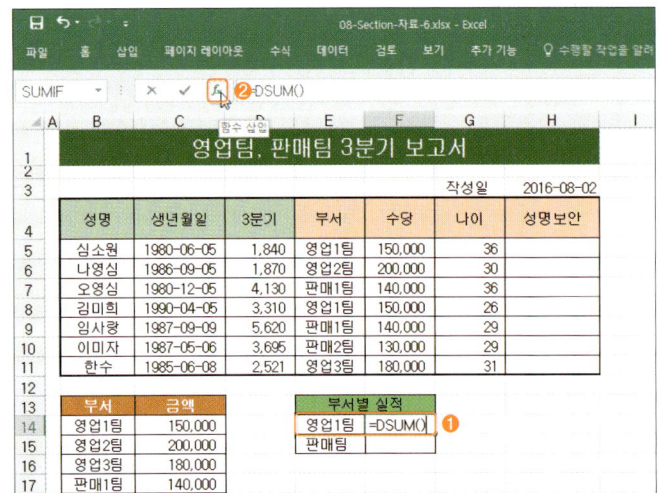

01 [3분기] 시트의 셀 F14에 영업1팀의 3분기의 합을 표시해 봅시다. 셀 F14에 "=DSUM()" 입력하고 함수삽입 아이콘(fx)을 클릭합니다.

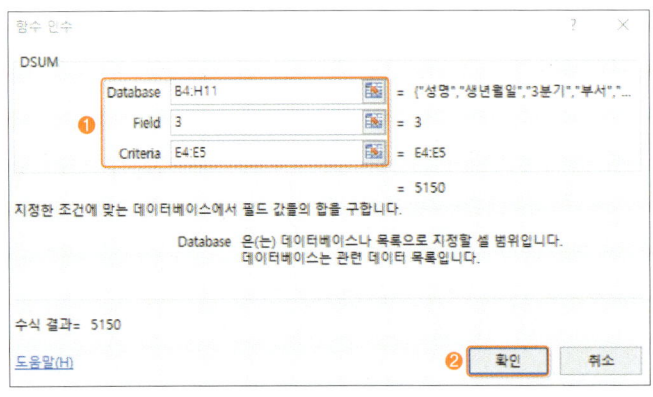

02 [함수 인수] 대화상자에서 [Database]에 원본 데이터 전체인 셀 [B4:H11]을 입력, [Field]에 합 필드 위치인 3, 부서가 영업1팀인 자료의 합이므로 [Criteria]에 셀 [E4:E5]를 입력하고, [확인]을 클릭합니다.

강의노트
합을 구하고자 하는 필드가 "3분기"이므로 [Field]에 D4를 입력해도 됩니다.

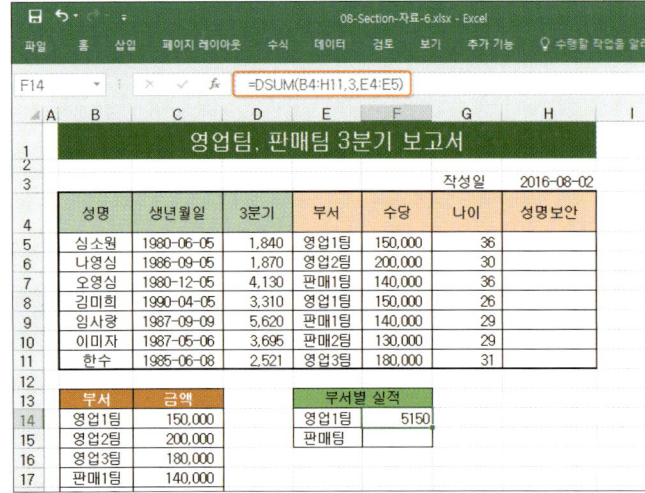

03 "영업1팀"의 합이 셀 F14에 표시됩니다. 수식 입력 줄에는 수식이 완성되어 표시됩니다.

직접 해보기 DSUM 함수 사용하기 II

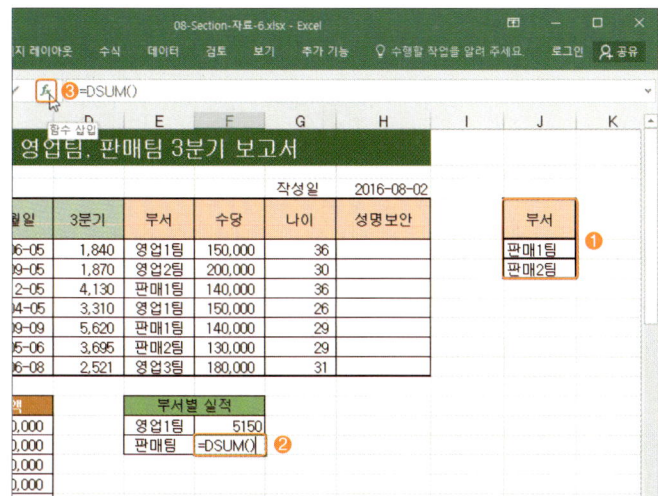

01 [3분기] 시트의 셀 F15에 판매팀의 3분기의 합을 표시해 봅시다. 먼저, 셀 J4에 "부서", 셀 J5에 "판매1팀", 셀 J6에 "판매2팀"을 입력합니다. 그 다음 셀 F15에 "=DSUM()"을 입력하고 함수삽입 아이콘(fx)을 클릭합니다.

강의노트 ✎
판매팀은 판매1팀과 판매2팀이 있고, 조건은 필드명 아래 셀에 있어야 하는데 현재 데이터는 조건을 만족하지 못합니다. 따라서 조건을 함수 시작 전에 미리 작성합니다.

02 [함수 인수] 대화상자에서 [Database]에 원본 데이터 전체인 셀 [B4:H11]을 입력, [Field]에 합을 구할 "3분기" 필드명 셀 주소 D4, [Criteria]에 미리 작성한 셀 [J4:J6]을 입력하고, [확인]을 클릭합니다.

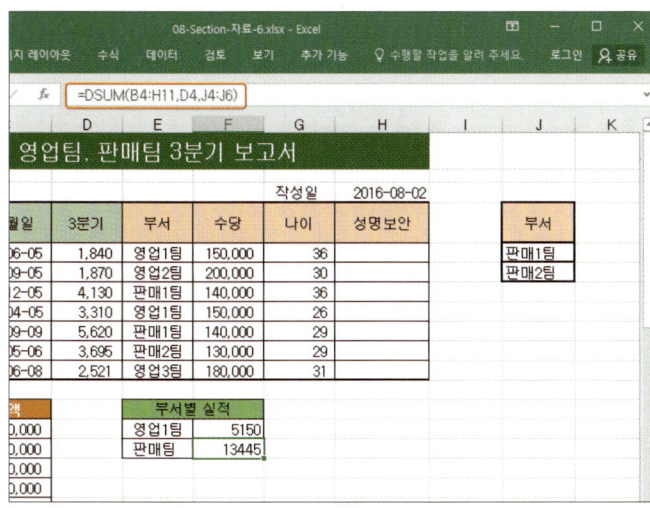

03 "판매1팀"과 "판매2팀"의 합이 셀 F15에 표시됩니다. 수식 입력 줄에는 수식이 완성되어 표시됩니다.

보충수업 조건 범위 지정의 유형

1. 부서가 "영업1팀"이거나, "영업2팀(OR조건임)

유형1. 서로 다른 필드, 다른 행에 입력

부서	부서
영업1팀	
	영업2팀

유형2. 같은 필드, 다른 행에 입력

부서
영업1팀
영업2팀

2. 나이가 35이상이거나 28미만(OR조건임)

유형1. 서로 다른 필드, 다른 행에 입력

나이	나이
>=35	
	<28

유형2. 같은 필드, 다른 행에 입력

나이
>=35
<28

3. 부서가 영업부 전체 : 와일드카드 '*'을 사용

부서
영업*

4. 영업부의 나이가 35이상(AND조건임)

부서	나이
영업*	>=35

5. 평균 나이 이상 : 조건식에 수식사용

조건이 "평균 이상"이므로 조건식은 ">=AVERAGE(나이범위)"의 형태가 됩니다.

나이
=">="&AVERAGE($G$5:$G$11)

나이
>=31

왼쪽과 같이 수식을 입력하면 오른쪽과 같이 수식 결과가 표시되고, 이 식이 조건이 됩니다.

자주 사용하는 텍스트 함수

함수	용도
LEFT(문자열, [자릿수])	문자열의 왼쪽에서 자릿수만큼 반환
RIGHT(문자열, [자릿수])	문자열의 오른쪽에서 자릿수만큼 반환
MID(문자열, 시작위치, 자릿수)	문자열의 시작위치부터 자릿수만큼 반환
REPLACE(현재문자열, 시작위치, 자릿수, 새문자열)	현재문자열의 시작위치부터 자릿수만큼을 새 문자열로 변환
VALUE(문자열)	문자열을 숫자로 변환
CONCATENATE(문자열1, 문자열2,....)	여러 문자열을 하나의 문자열로 합침
LEN(문자열)	문자열에서 문자의 개수를 구함
LOWER(문자열)	문자열의 대문자를 소문자로 변환
PROPER(문자열)	문자열 단어의 첫째 영문자는 대문자로, 나머지는 소문자로 변환

직접 해보기 REPLACE 함수 사용하기

_준비파일 | 08Section-자료7.xlsx

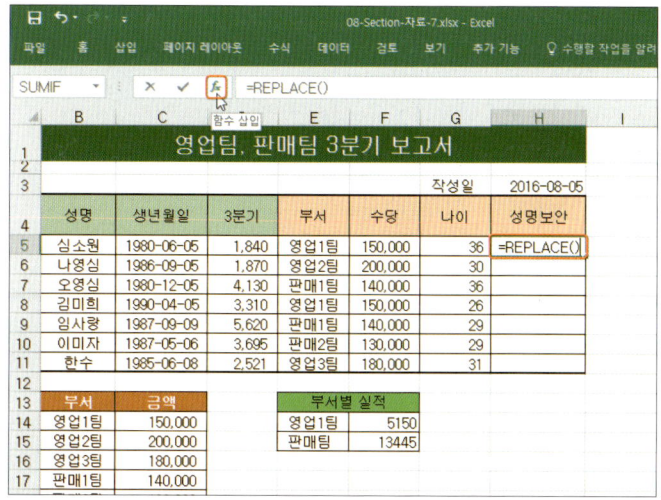

01 [3분기] 시트의 셀 H5에 성명의 3번째 글자를 "*"로 변환하여 표시해 봅시다.

셀 H5에 =REPLACE()" 입력하고 함수 삽입 아이콘(fx)을 클릭합니다.

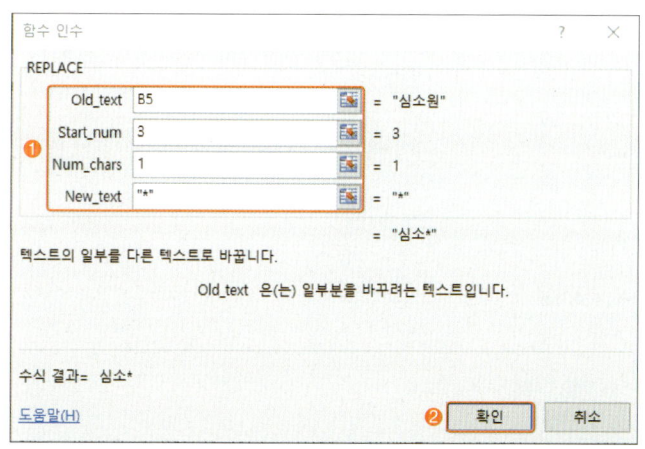

02 [함수 인수] 대화상자에서 [Old_text]에 이름 데이터 셀B5를 입력, [Start_num]에 3, [Num_chars]에 1, [New_char]에 "*"을 입력하고, [확인]을 클릭합니다.

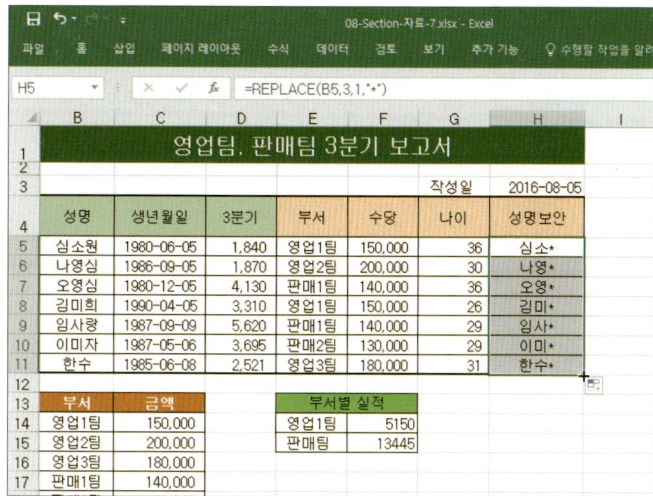

03 이름의 끝 글자가 "*"로 바뀌어서 셀 H14에 표시됩니다. 수식 입력 줄에 수식이 완성되어 표시됩니다. 셀 H5의 채우기 핸들을 이용하여 셀 H11까지 채우기를 합니다.

직접 해보기 CHOOSE, MID 함수 사용하기

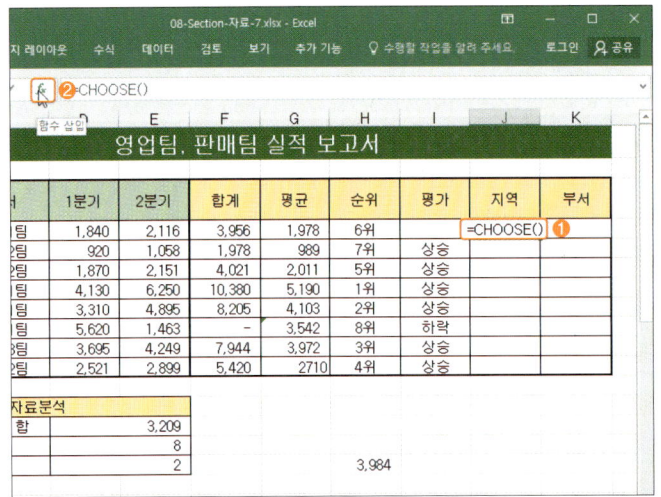

01 [1-2분기] 시트에서 C열 "부서"의 3번째 글자가 1이면 "서울", 2이면 "경기", 3이면 "부산"을 지역 셀 J4에 표시해 봅시다.
셀 J4에 "=CHOOSE ()" 입력하고 함수 삽입 아이콘(fx)을 클릭합니다.

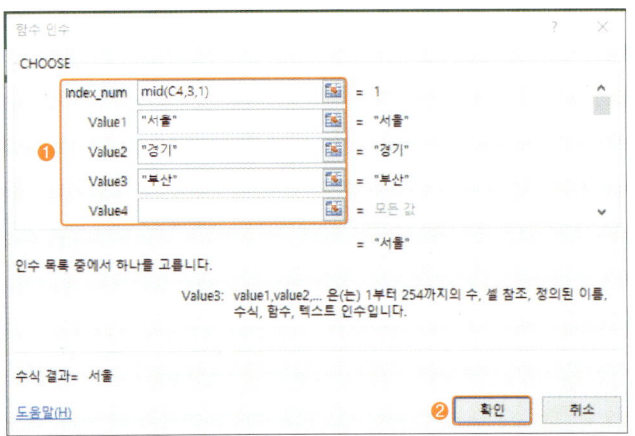

02 [함수 인수] 대화상자에서 [Index_num]에 MID(C4,3,1) 입력, Value1에 "서울", Value2에 "경기", Value3에 "부산" 입력하고 [확인]을 클릭합니다.

강의노트
MID(C4,3,1)은 셀C4의 3번째 글자부터 1글자를 반환합니다.

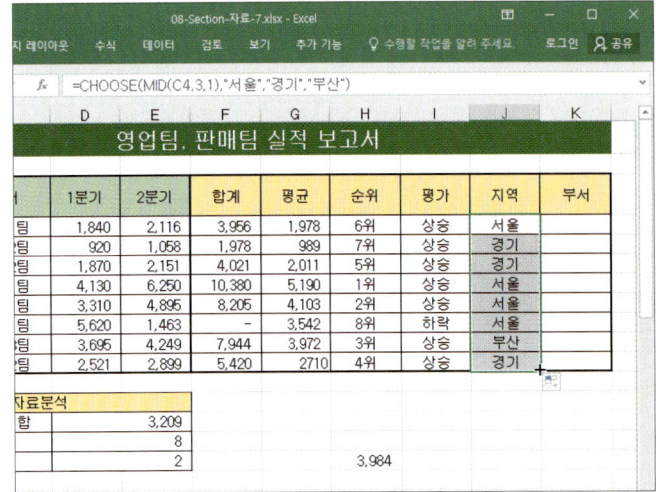

03 셀 J4에 "서울"이 표시되고, 수식 입력 줄에 수식이 완성되어 표시됩니다. 셀 J4의 채우기 핸들을 이용하여 셀 J11까지 채우기를 합니다.

직접 해보기 LEFT 함수 사용하기

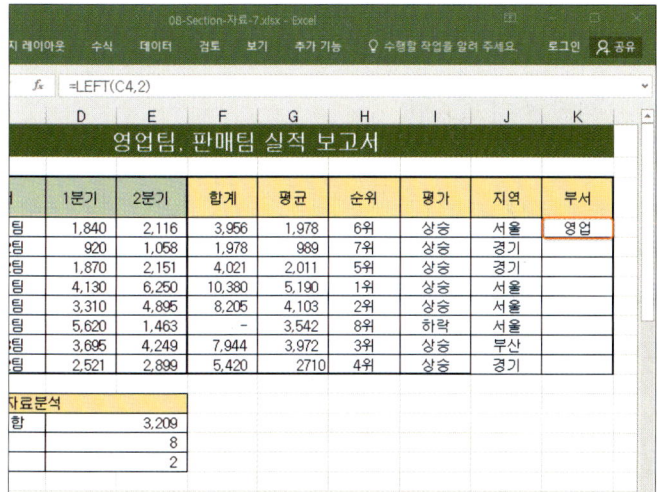

01 [1-2분기] 시트에서 C열 "부서"의 왼쪽 2글자를 추출하고, 뒤에 "부"를 붙여서 셀 K4에 부서명을 표시해 봅시다.
셀 C4의 왼쪽 2글자를 추출하기 위하여 셀 K4에 "=LEFT(C4,2)"를 입력하고 Enter 를 누릅니다.

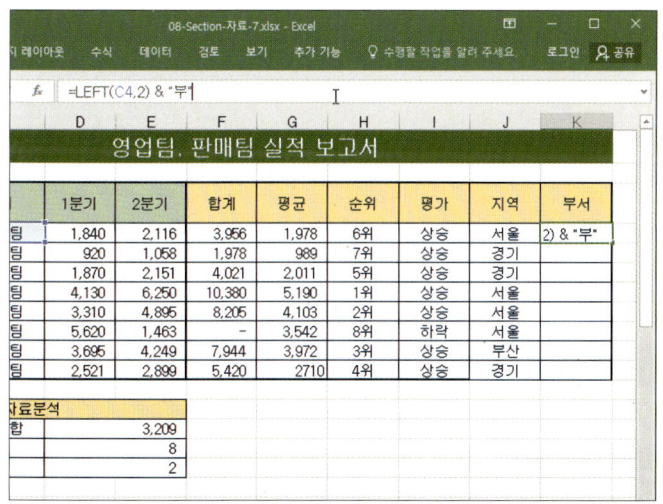

02 셀 K4의 수식 뒤에 '& "부"'를 입력하고 Enter 를 누릅니다.

강의노트 🖉
'=LEFT(C4,2) & "부"'를 한 번에 입력하여도 됩니다.

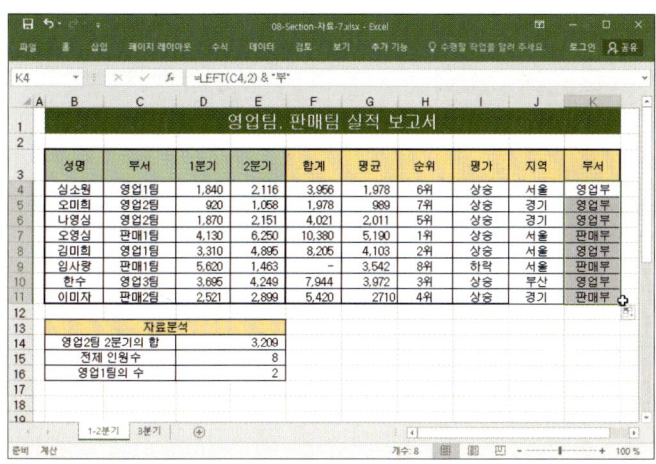

03 셀 K4의 채우기 핸들을 이용하여 셀 K11까지 채우기를 합니다.

 실전문제

01. "실전문제-08.xlsx" 파일을 열고, 파워포인트, 총점, 평균을 다음 지시사항으로 계산하시오.

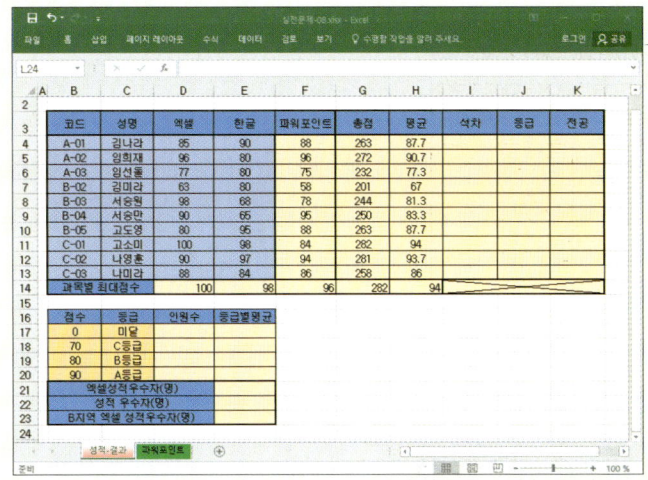

지시사항

- 파워포인트(셀F4:F13) : [파워포인트] 시트의 점수를 참조하여 성명이 같은 사람의 점수를 표시하시오.
- 총점(셀G4:G13) : 개인별 엑셀, 한글, 파워포인트 값의 합을 계산하시오.
- 평균(셀H4:H13) : 개인별 엑셀, 한글, 파워포인트 값의 평균을 반올림하여 소수 첫째자리까지 계산하시오.
- 과목별 최대점수(셀D14:H14) : 엑셀, 한글, 파워포인트, 총점, 평균 각각의 최대값을 계산하시오.

완성파일 | 실전문제 08-1-결과.xlsx

Hint 1. VLOOKUP( ) 함수사용, 성명이 서로 정확하게 일치하는 점수를 표시
2. SUM( ) 함수
3. ROUND( ), AVERAGE( ) 함수
4. MAX( ) 함수

02. 석차, 등급, 전공을 다음 지시사항에 의해 계산하시오.

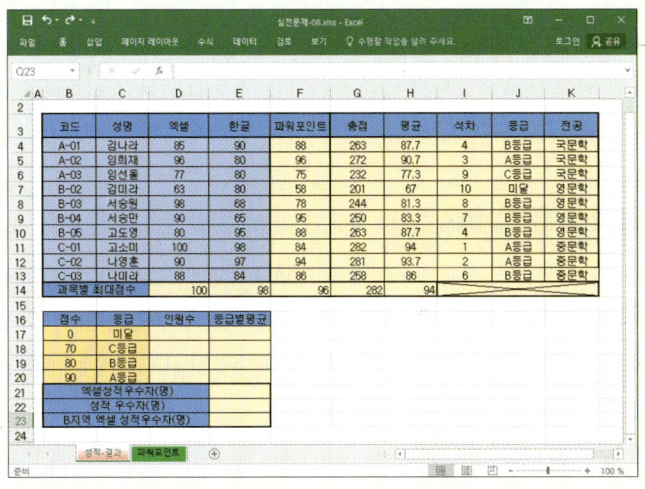

지시사항

- 석차(I4:I13) : 평균을 기준으로 순위를 계산하시오.
- 등급(J4:J13) : 평균을 기준으로 셀 B17:C20을 참조하여 점수에 알맞은 등급을 계산하시오.
- 전공(K4:K13) : 코드의 첫 글자가 "A"이면 "국문학", "B"이면 "영문학", "C"이면 "중문학"을 표시하시오.

완성파일 | 실전문제 08-2-결과.xlsx

Hint 1. RANK.EQ( ) 혹은 RANK( ) 함수사용, 내림차순 순위
2. VLOOKUP( ) 함수사용, 평균의 숫자보다 낮은 수중 가장 비슷하게 일치하는 값을 찾음
3. IF( ) 함수 중첩

실전문제

03. 등급별 인원수와 등급별 평균을 다음 지시사항으로 계산하시오.

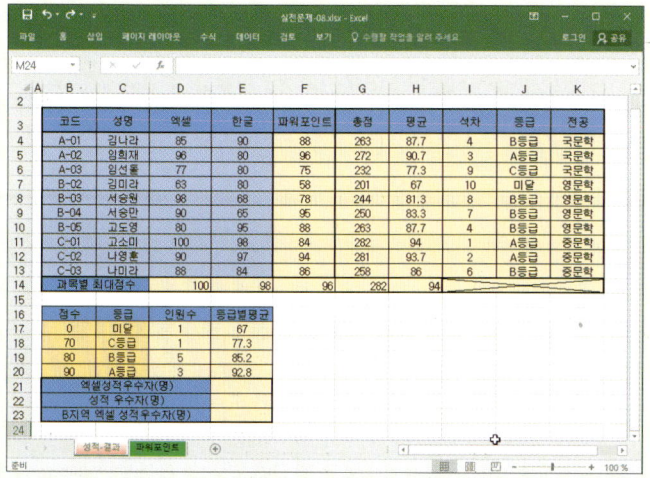

지시사항

- 인원수(셀D17:D20) : 등급(셀J4:J13)을 참조하여 해당 등급별 인원수를 계산하시오.
- 등급별 평균(셀E17:E20) : 등급(셀J4:J13)을 참조하여 해당 등급별 평균(셀H4:H13)의 평균을 계산하시오.

완성파일 | 실전문제 08-3-결과.xlsx

Hint 1. COUNTIF() 함수 사용, 조건은 셀 C17:C20 활용
2. SUMIF() / 인원수로 계산

04. 엑셀성적우수자(명), 성적 우수자(명), B지역 엑셀성적우수자(명)의 인원수를 지시사항에 의해 계산하시오.

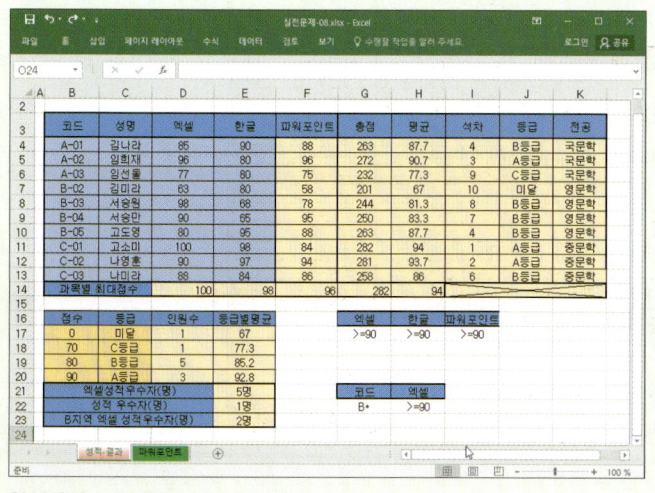

지시사항

- 엑셀성적우수자(명)(E21) : 엑셀(셀D4:D13) 점수 중 90점 이상인 인원수를 계산하고 결과에 "명"을 붙이시오.
- 성적 우수자(명) : 엑셀, 한글, 파워포인트 세 과목의 점수가 모두 90점 이상인 인원수를 계산하고 결과에 "명"을 붙이시오(단, 조건은 G16부터 작성하시오.).
- B지역 엑셀성적우수자(명) : 코드(셀B4:B13)가 B로 시작하고, 엑셀 점수가 90점 이상인 인원수를 계산하고 결과에 "명"을 붙이시오(단, 조건은 셀 G21부터 작성하시오.).

완성파일 | 실전문제 08-4-결과.xlsx

Hint 1. COUNTIF( ) 함수 사용, 조건은 ")=90"
2. DCOUNTA( ) 혹은 DCOUNT( ) 함수와 & 연산자 사용, 세 과목 모두 90점 이상이므로 AND 관계.
3. DCOUNTA( ) 혹은 DCOUNT( ) 함수와 & 연산자 사용, 코드와 성적 두 개의 조건은 AND 관계.

Part1. **09** Section

인쇄

워크시트에 입력한 데이터와 차트 등 작성된 문서를 프린터로 인쇄하는 방법에 대하여 알아봅니다. 프린터로 인쇄하기 전에 출력 문서의 완성도를 높이기 위하여 머리말/꼬리말을 지정하고, 페이지 번호 매기기, 용지 크기 설정하기, 인쇄 제목 설정 등을 지정합니다.

Zoom In

Keypoint

_ 인쇄 페이지 설정하기
_ 머리 글/바글 설정하기닥

Knowhow

_ 작업한 워크시트를 인쇄하기 전에 인쇄 형태를 설정할 수 있습니다.
_ 머리글과 바닥글을 설정하고 인쇄 제목을 지정하여 보기좋게 인쇄할 수 있습니다.

1. 인쇄 미리보기

워크시트를 인쇄하기 전에 미리 보기에서 인쇄 형태를 확인 할 수 있습니다. 미리 보기 창은 백스테이지 창에서 열리고, 프린터기와 페이지 설정, 레이아웃 등을 변경 할 수 있습니다.

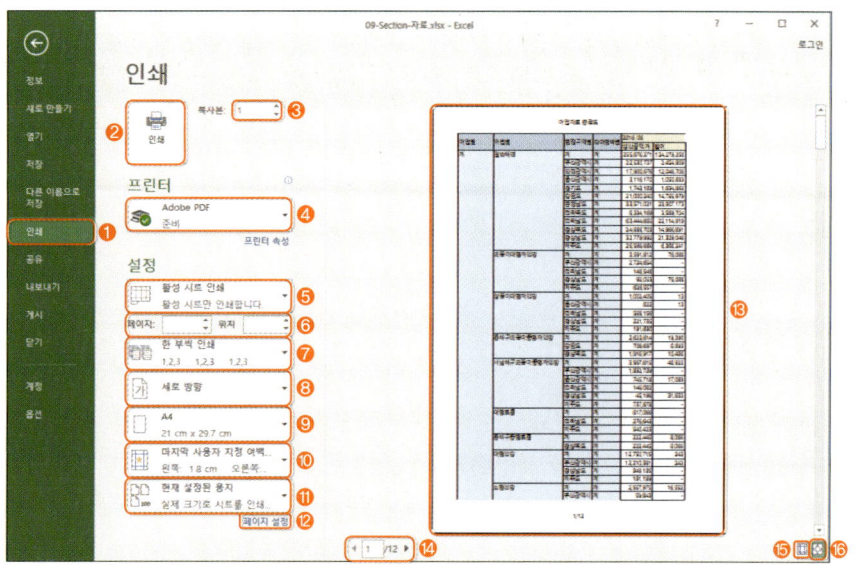

❶ [인쇄]를 클릭하면 인쇄 미리보기 창이 백스테이지 창에서 열립니다.
❷ 인쇄를 시작합니다.
❸ 인쇄 복사 매수를 입력합니다.
❹ 프린터기를 지정합니다.
❺ 인쇄범위를 활성 시트 인쇄/전체 통합 문서 인쇄/선택 영역 인쇄 중에서 선택합니다.
❻ 문서 중 일부만 인쇄하고자 할 때 페이지의 시작과 끝을 지정합니다.
❼ 여러 부를 인쇄할 때 "1,2,3 1,2,3"과 같이 인쇄할 것인지, "1,1 2,2"와 같이 인쇄할 것인지를 선택합니다.
❽ 인쇄 방향을 지정합니다.
❾ 인쇄 용지를 지정합니다.
❿ 인쇄 여백을 지정합니다.
⓫ 실제 크기로 인쇄인지, 인쇄 내용을 용지에 맞추어 줄이거나 늘릴 것 인지를 지정합니다.
⓬ [페이지 설정] 대화상자를 표시하여 위의 내용을 상세히 조절할 수 있습니다.
⓭ 인쇄 미리보기입니다.
⓮ 화살표를 클릭하여 다음 페이지나 이전 페이지를 미리 볼 수 있습니다.
⓯ [페이지 확대/축소] 단추는 화면을 100% 크기로 표시하거나 한 화면에 모두 표시합니다.
⓰ [여백표시] 버튼은 화면에 위/아래/오른쪽/왼쪽, 머리글/바닥글의 여백 선을 표시합니다.

2. 페이지 레이아웃

1. [페이지 레이아웃] 탭의 [페이지 설정] 그룹, [크기 조정] 그룹과 [시트 옵션] 그룹에서 인쇄에 필요한 설정을 변경할 수 있습니다.
2. 각 그룹의 아이콘()을 클릭하면 [페이지 설정] 대화상자가 표시됩니다.

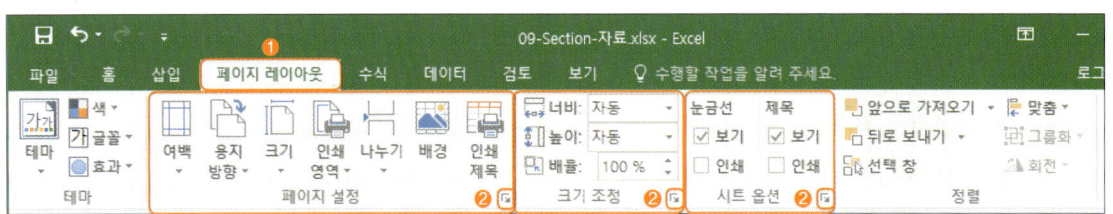

보충수업 [페이지 설정] 그룹

여백
인쇄할 때의 여백을 지정합니다. 설정되어 있는 기본/넓게/좁게를 선택하거나 "사용자 지정 여백"을 클릭하여 임의의 값으로 지정할 수 있습니다.

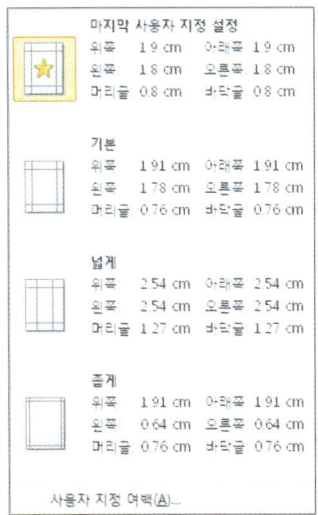

용지 방향
페이지 레이아웃을 세로 혹은 가로로 지정합니다.

크기
문서용지의 크기를 지정합니다.

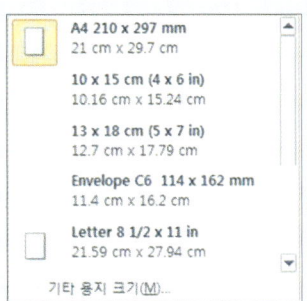

인쇄 영역
시트에서 인쇄할 영역을 설정합니다.

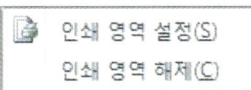

나누기
다음 페이지가 시작될 위치에 페이지 나누기를 설정합니다.

배경
인쇄 내용의 배경으로 그림을 사용 할 수 있습니다.
컴퓨터에 있는 그림 파일이나 인터넷에서 이미지를
검색할 수 있습니다.

인쇄 제목
인쇄되는 모든 페이지에 반복되어 표시할 행이나 열을
선택합니다.
반복할 행에 $1:$2를 입력하면 1행과 2행이 모든
페이지의 상단에 반복되어 출력됩니다.

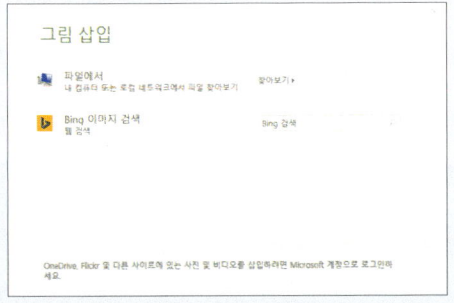

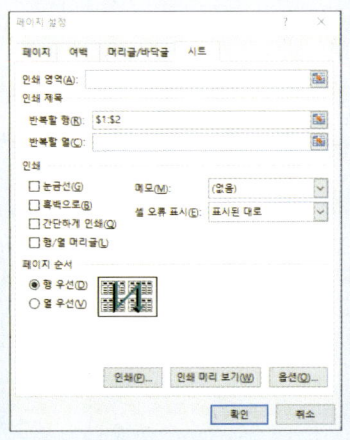

보충수업 [크기 조정]그룹

너비와 높이
특정 페이지 맞게 인쇄물의 너비/높이를 줄입니다.

배율
실제 크기의 배율로 인쇄물의 크기를 줄이거나 늘립니다.

보충수업 [시트 옵션]그룹

눈금선의 인쇄를 선택하면 시트의 셀 구분선을 인쇄합니다.
제목의 인쇄를 선택하면 행과 열 머리글을 인쇄합니다.

3. 페이지 설정 대화상자

[페이지 설정] 대화상자에서 인쇄 용지의 여백, 방향, 크기, 시작 페이지, 인쇄 영역, 인쇄 제목 등 인쇄에 관련된 모든 것을 지정합니다. [페이지 레이아웃] 탭의 [페이지 설정] 그룹, [크기 조정] 그룹, [시트 옵션] 그룹의 [페이지 설정] 아이콘( )을 클릭하면 표시됩니다.

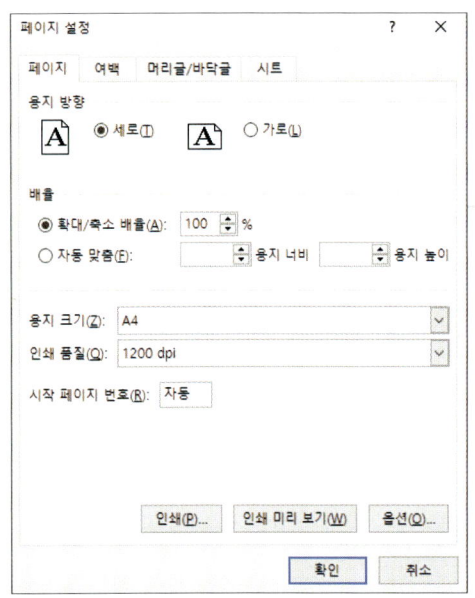

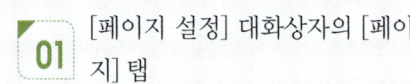

01 [페이지 설정] 대화상자의 [페이지] 탭

ZOOM IN

- **용지방향** : 가로 혹은 세로를 선택합니다.
- **배율**
  _ 확대/축소 배율 : 워크시트를 지정한 배율로 확대 혹은 축소하여 인쇄합니다.
  _ 자동맞춤 : 페이지 맞게 인쇄물의 너비/높이를 줄임. 용지 높이에 1을 입력하면 1장의 용지에 모든 내용을 인쇄합니다.
- **용지 크기** : 인쇄용지 종류를 선택합니다.
- **인쇄 품질** : 인쇄 품질을 선택합니다.
- **시작 페이지 번호** : 첫 번째 페이지를 원하는 번호로 시작합니다. 자동일 경우 1번부터 출력합니다.

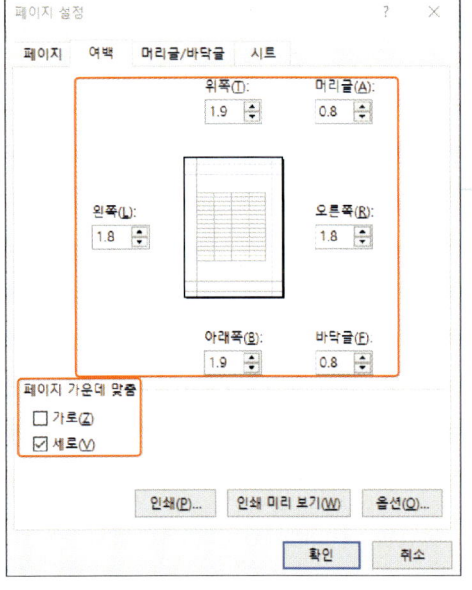

02 [페이지 설정] 대화상자의 [여백] 탭

ZOOM IN

- **여백**
  _ 위쪽, 아래쪽, 왼쪽, 오른쪽 머리글, 바닥글의 여백 지정합니다.
- **페이지 가운데 맞춤**
  _ 가로 : 용지의 가로방향 가운데에 인쇄합니다.
  _ 세로 : 용지의 세로방향 중간에 인쇄합니다.

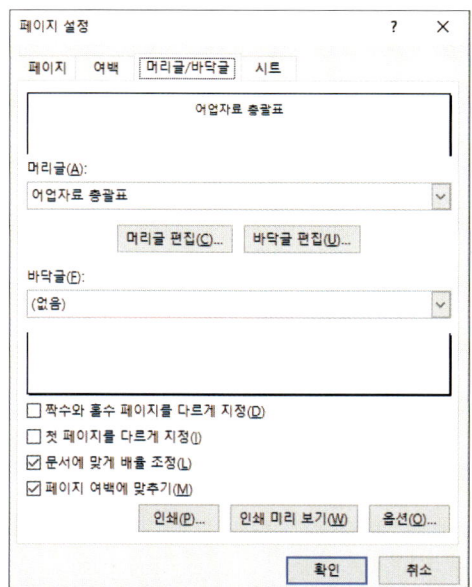

03 [페이지 설정] 대화상자의 [머리글/바닥글] 탭

ZOOM IN

인쇄되는 워크시트의 맨 위에 머리글을 추가하거나 맨 아래에 바닥글을 지정합니다. 머리글과 바닥글은 직접 만들거나 엑셀에서 제공하는 항목에서 선택하여 사용할 수 있습니다.

• **문서에 맞게 배율 조정**
  _ 머리글과 바닥글이 워크시트와 동일한 글꼴크기와 배율을 사용하도록 지정할 때 선택합니다.

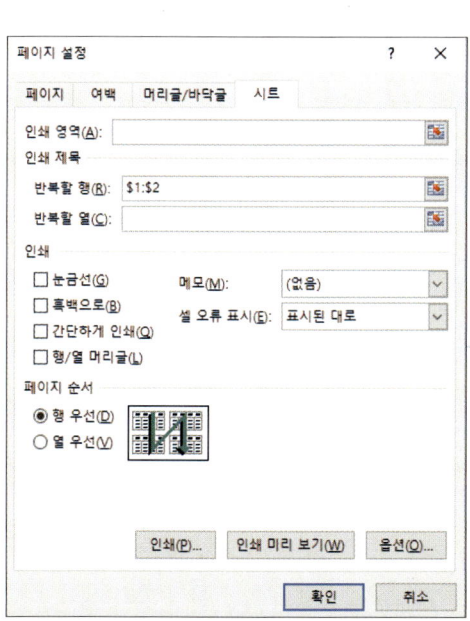

04 [페이지 설정] 대화상자의 [시트] 탭

강의노트
인쇄(출력) 단축키는 Ctrl + P 입니다.

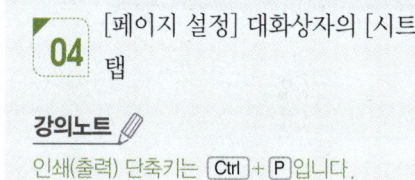

ZOOM IN

• **인쇄영역** : 인쇄범위를 지정합니다.
• **인쇄 제목** : 인쇄되는 모든 페이지에 반복되어 표시할 행이나 열을 선택합니다.
• **인쇄** : 눈금선, 메모, 셀 오류 표시, 흑백으로, 행/열 머리글 등 인쇄할 때 필요한 항목을 선택합니다.
• **페이지 순서** : 여러 페이지를 인쇄할 때 인쇄 순서를 행 우선/열 우선을 선택합니다.

직접 해보기 | 머리글 만들기

_준비파일 | 09Section-자료3.xlsx

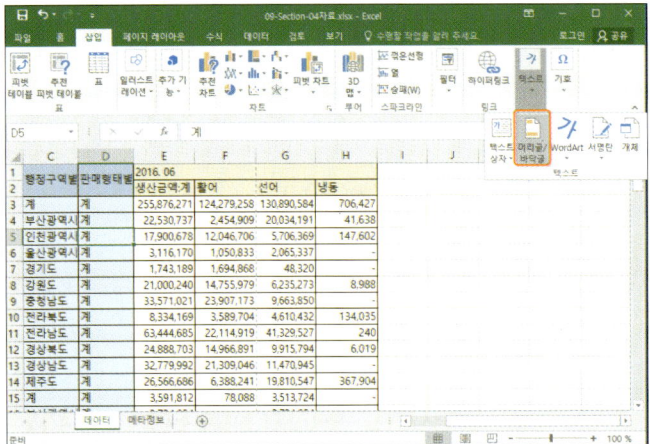

01 문서의 머리글에 "어업자료 총괄표"와 작성일을 오늘날짜 기준으로 입력해 봅시다.
[삽입] 탭의 [텍스트] 그룹 [머리글/바닥글]을 클릭합니다.

강의노트 🖉
[보기] 탭의 [통합 문서 보기] 그룹 [페이지 레이아웃]에서 지정할 수 있습니다.

02 머리글 편집 화면에서 가운데 구역을 클릭하고, "어업자료 총괄표"를 입력합니다.

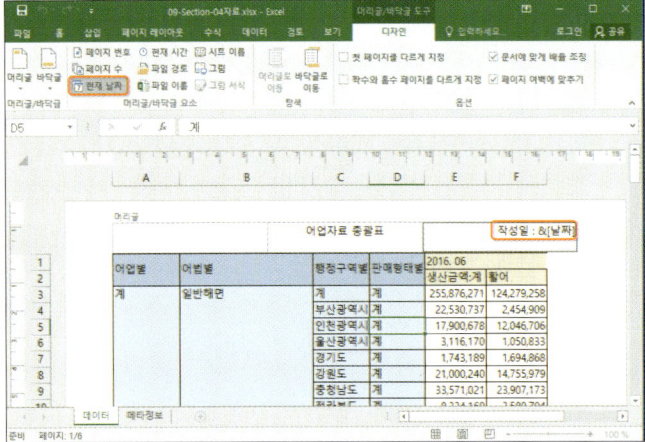

03 오른쪽 구역을 클릭하고 "작성일 : "을 입력하고, [머리글/바닥글 요소] 그룹의 [현재날짜]를 클릭하면 "작성일 : " 뒤에 "&[날짜]"가 표시되고 임의의 셀을 클릭하면 오늘 날짜를 화면에 표시합니다.

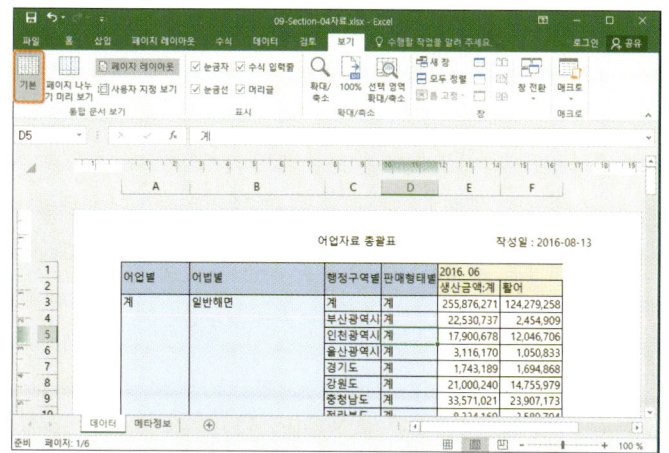

04 머리글 및 바닥글을 닫기 위하여 [보기] 탭의 [통합 문서 보기] 그룹 [기본]을 클릭합니다.

직접 해보기 바닥글 만들기

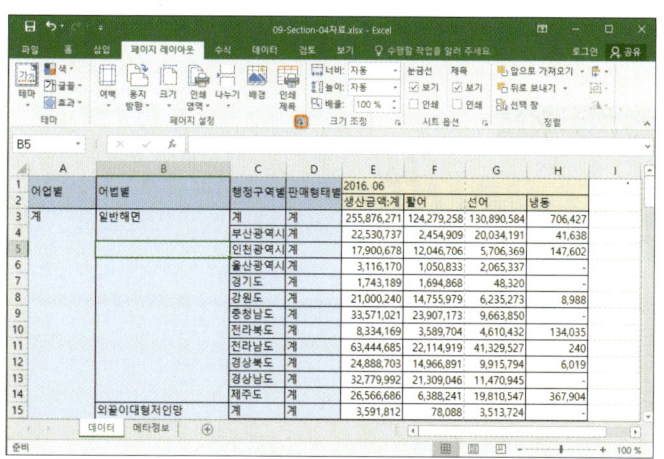

01 문서의 바닥글에 페이지와 파일 이름을 표시해 봅시다.
[페이지 레이아웃] 탭의 [페이지 설정] 그룹 [페이지 설정] 아이콘( )을 클릭합니다.

강의노트
[삽입] 탭의 [텍스트] 그룹 [머리글/바닥글]을 클릭하여서 표시할 수 있습니다.

보충수업 머리글/바닥글 요소

머리글이나 바닥글에 현재 문서의 전체 페이지 수, 시트이름, 파일이름 등을 표시하는 기능입니다.

❶ **페이지 번호** : &[페이지 번호] : 현재 페이지 번호 표시

❷ **페이지 수** : &[전체 페이지 수] : 전체 페이지 번호 표시

❸ **현재 날짜** : &[날짜] : 현재 날짜를 표시

❹ **현재 시간** : &[시간] ; 현재 시간을 표시

❺ **파일 경로** : &[경로]&[파일] ; 전체 경로를 포함한 파일 이름을 표시

❻ **파일 이름** : &[파일] ; 현재 파일의 이름 표시

❼ **시트 이름** : &[탭] : 현재 시트의 이름 표시

❽ **그림** : &[그림] : 머리글 혹은 바닥글에 그림 삽입

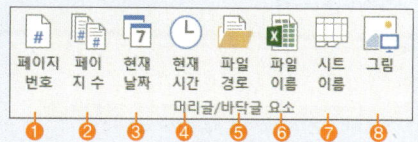

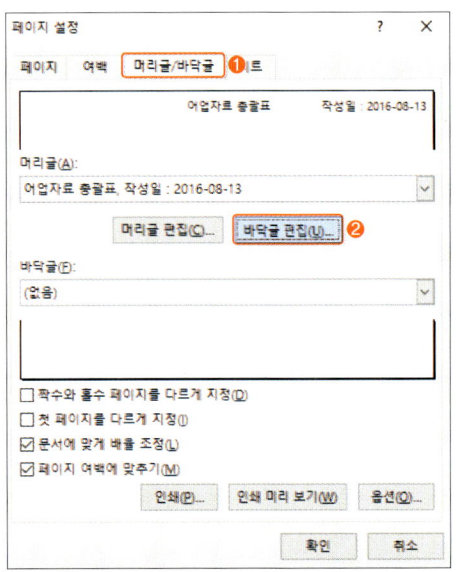

02 [페이지 설정] 대화상자의 [머리글/바닥글] 탭을 클릭하고, [바닥글 편집]을 클릭합니다.

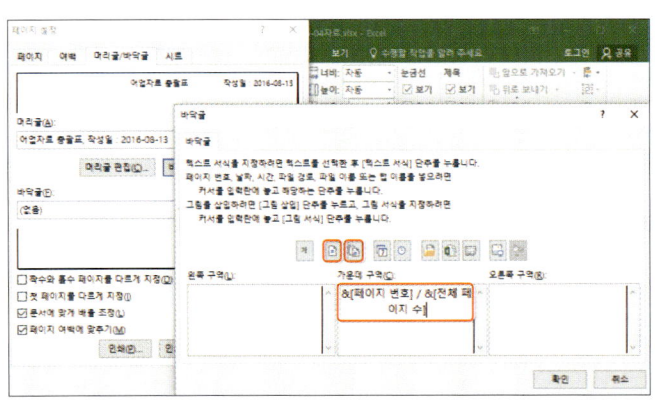

03 [바닥글] 대화상자에서 가운데 구역을 클릭하고, [페이지 번호 삽입 아이콘()] 클릭 → " / " 입력 → [페이지 수 아이콘()] 클릭을 순서대로 진행합니다.

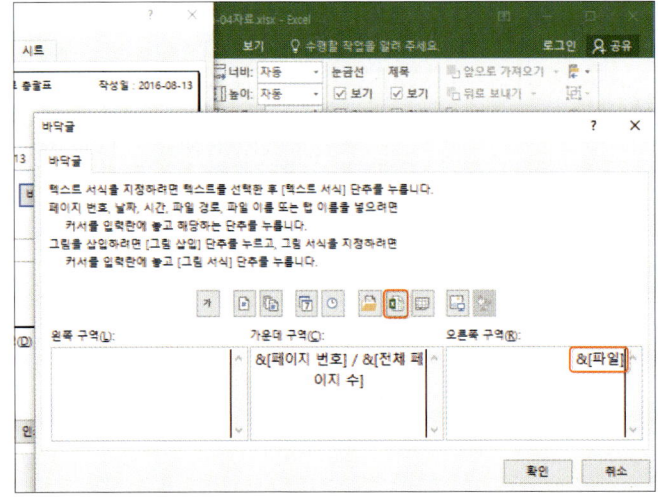

04 오른쪽 구역을 클릭하고, [파일 이름 아이콘()]을 클릭합니다.

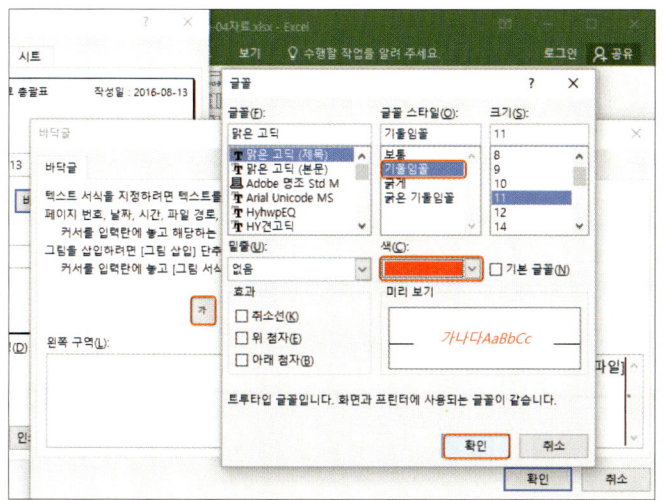

05 &[파일]을 블록으로 지정하고, [서식 아이콘(가)]을 클릭합니다. [글꼴] 대화상자에서 "기울임꼴"과 "빨간색"을 지정하고, [확인]을 클릭합니다.

06 다시 [바닥글] 대화상자에서 [확인]을 클릭합니다.

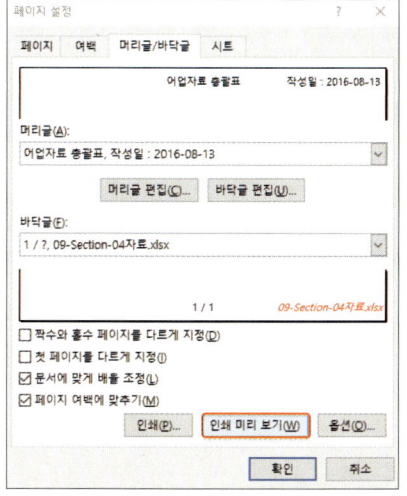

07 다시 [페이지 설정] 대화상자에서 [확인]을 클릭하면 바닥글 지정이 완료됩니다. 지정된 바닥글을 확인하기 위하여 [인쇄 미리 보기] 단추를 클릭합니다.

직접 해보기 페이지 나누기와 인쇄 제목 지정하기

_준비파일 | 09Section-자료4.xlsx

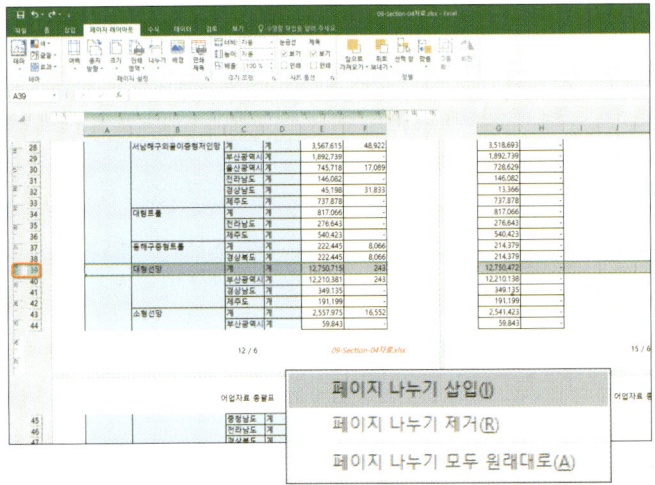

01 39행의 "대형 선망"부터 새로운 페이지에 인쇄하고, 1행과 2행을 모든 페이지의 상단에 인쇄해 봅시다.
행 머리글 39를 클릭하고, [페이지 레이아웃] 탭 [페이지 설정] 그룹의 [나누기(🗔)]에서 [페이지 나누기 삽입]을 클릭합니다.

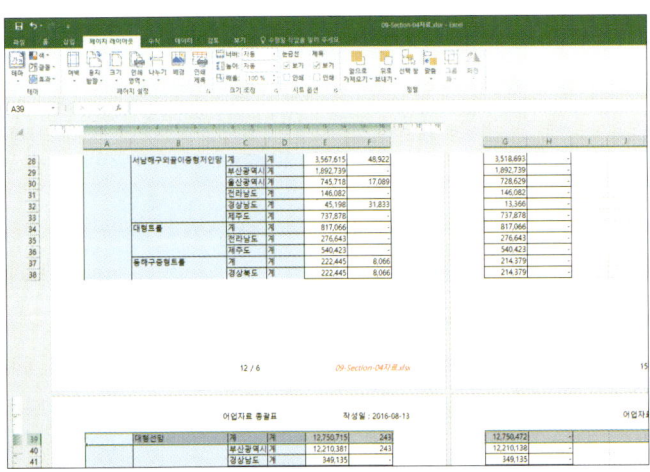

02 39열이 새로운 페이지의 시작이 됩니다.

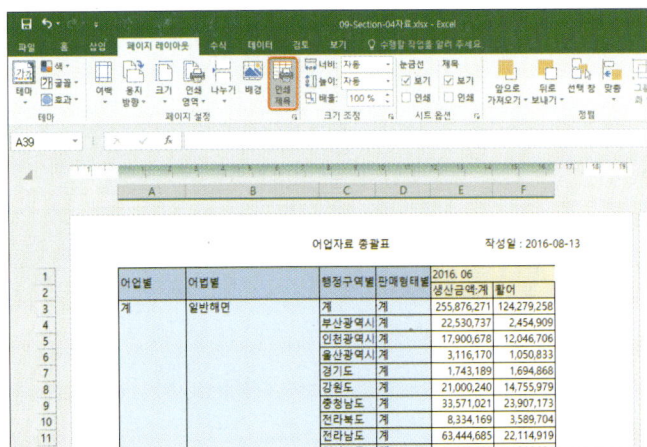

03 [페이지 레이아웃] 탭 [페이지 설정] 그룹의 [인쇄제목(🖨)]을 클릭합니다.

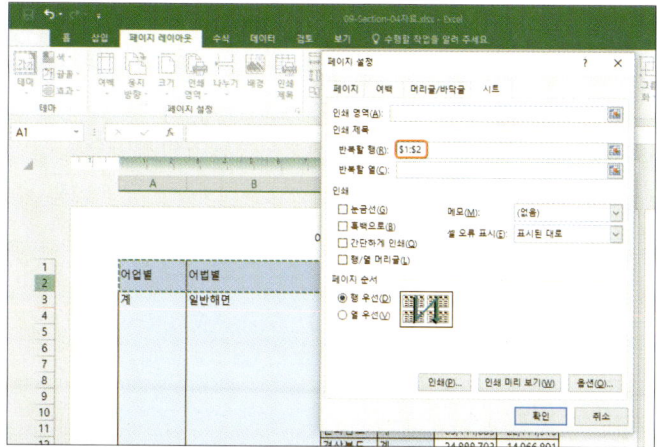

04 [페이지 설정] 대화상자의 [시트] 탭이 열립니다. "반복할 행"에 1행과 2행을 드래그하여 "$1:$2"를 입력하고 [확인]을 클릭합니다.

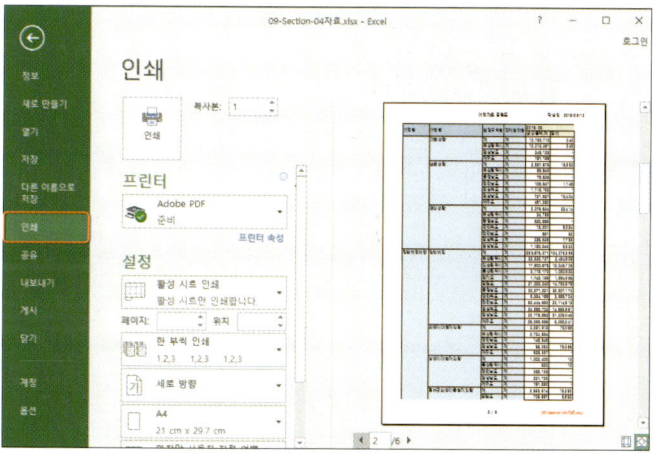

05 [파일] 탭의 [인쇄]를 클릭하여 인쇄 미리보기로 확인합니다.

 보충수업 페이지 나누기 미리보기

[보기] 탭의 [통합 문서 보기] 그룹 [페이지 나누기 미리보기]를 클릭하면 인쇄 영역은 원래의 시트 색으로 보이고, 인쇄하지 않는 영역은 회색으로 표시됩니다. 파란색 실선은 사용자에 의해 페이지가 나누어진 선이고, 점선은 자동으로 페이지가 나누어진 선입니다. 파란색 선을 마우스로 이동하여 페이지 나누기를 변경할 수 있습니다.

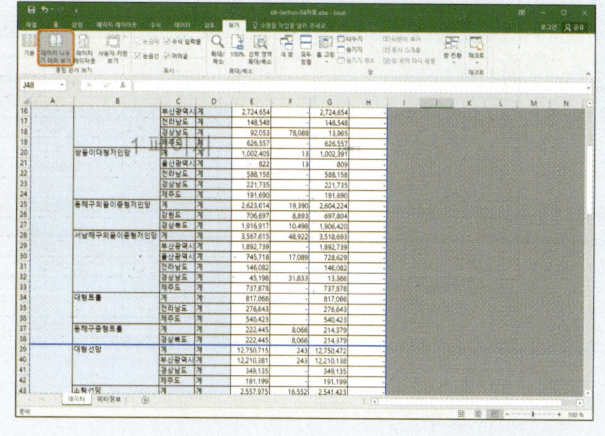

실전문제

01. "실전문제-09.xlsx" 파일을 열고 인쇄 미리 보기에서 "어업별"에서 "냉동"까지 모든 열이 한 페이지에 인쇄되도록 여백을 조절하시오.

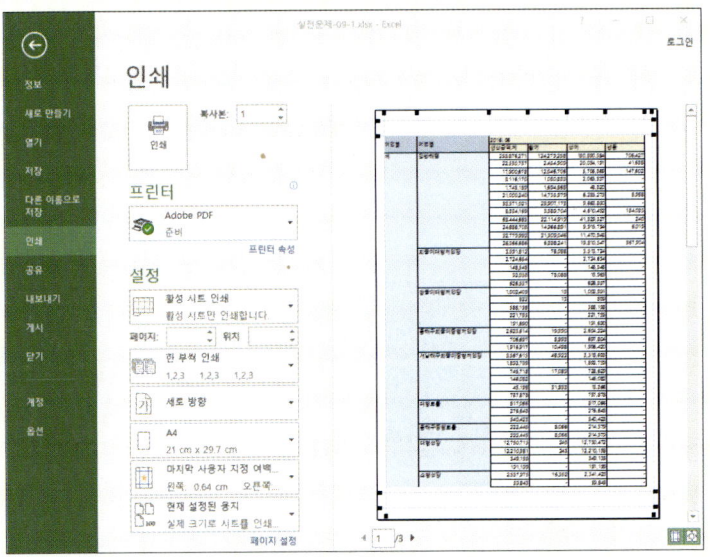

완성파일 | 실전문제 09-1-결과.xlsx

Hint [여백 표시] 아이콘 이용

02. 페이지 시작번호를 6으로 지정하고, 페이지 상단에 페이지 번호와 제목이 표시되도록 머리글을 작성하시오.

완성파일 | 실전문제 09-2-결과.xlsx

Hint [페이지 설정] 대화상자에서 [페이지] 탭의 시작 페이지 번호

실전문제

03. 제목의 글꼴크기는 20pt로 지정하시오.

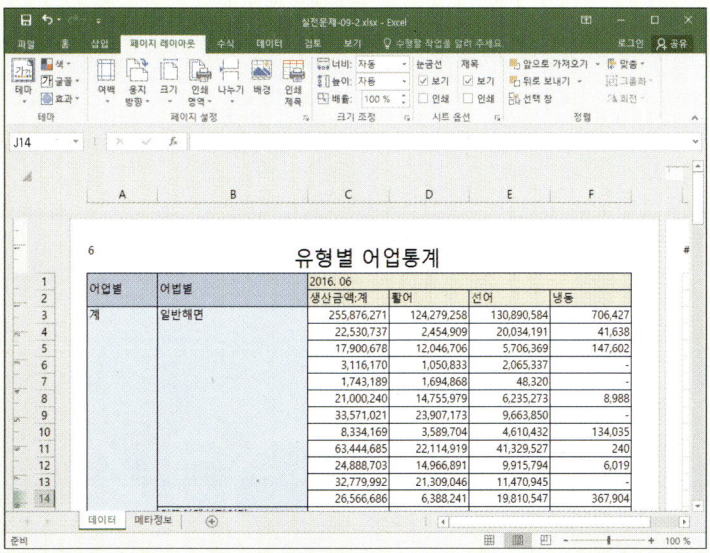

완성파일 | 실전문제 09-3-결과.xlsx

Hint [페이지 설정] 대화상자의 [시트] 탭

04. [페이지 나누기 미리보기]에서 34행과 E열이 다음 페이지에 인쇄되도록 페이지 나누기를 삽입하시오.

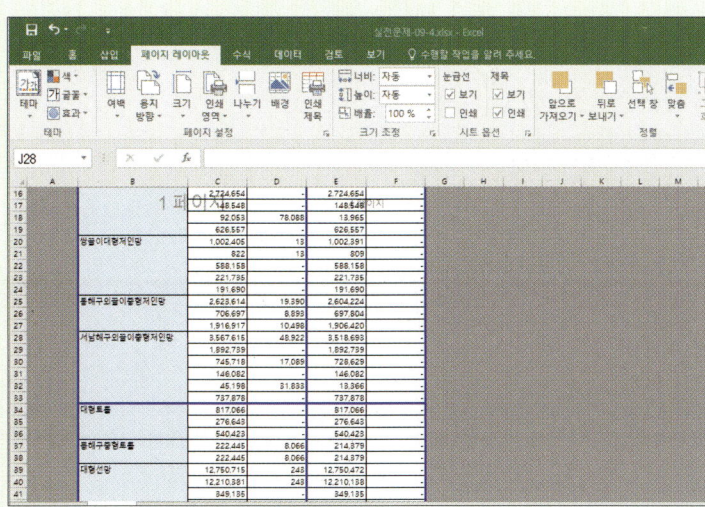

완성파일 | 실전문제 09-4-결과.xlsx

Hint 셀 E34를 클릭하고 페이지 나누기 지정

EX_
_CEL 2016

Part 02

데이터 관리와 분석

이젠 엑셀의 고급 기능들에 대하여 다룰 것입니다. 정렬, 부분합, 필터, 피벗 테이블 등 데이터 관리와 분석을 위한 기능들은 자료들을 알아보기 쉽게 분류해 줄 것이고, 분류한 자료들을 비교·분석하여 줄 것입니다. 많은 엑셀 사용자들이 고급 기능 사용을 어려워하지만, 이 기능들에 대한 개념을 이해한다면 사용하는 방법은 자료를 입력하는 것보다 쉽다고 할 수 있습니다. Part 02를 마스터하여 알차고 의미있게 엑셀을 활용하는 능력을 키워봅시다.

Part2. **10** Section

데이터 유효성 검사

데이터 유효성 검사는 셀에 입력하는 데이터의 형식이나 값의 범위 등을 제어합니다. 입력하는 데이터를 특정 범위의 날짜로 제한하거나, 목록으로 입력 항목을 제한하거나, 숫자의 범위를 지정하여 범위 내의 수치만 입력 가능하도록 합니다.

Zoom In

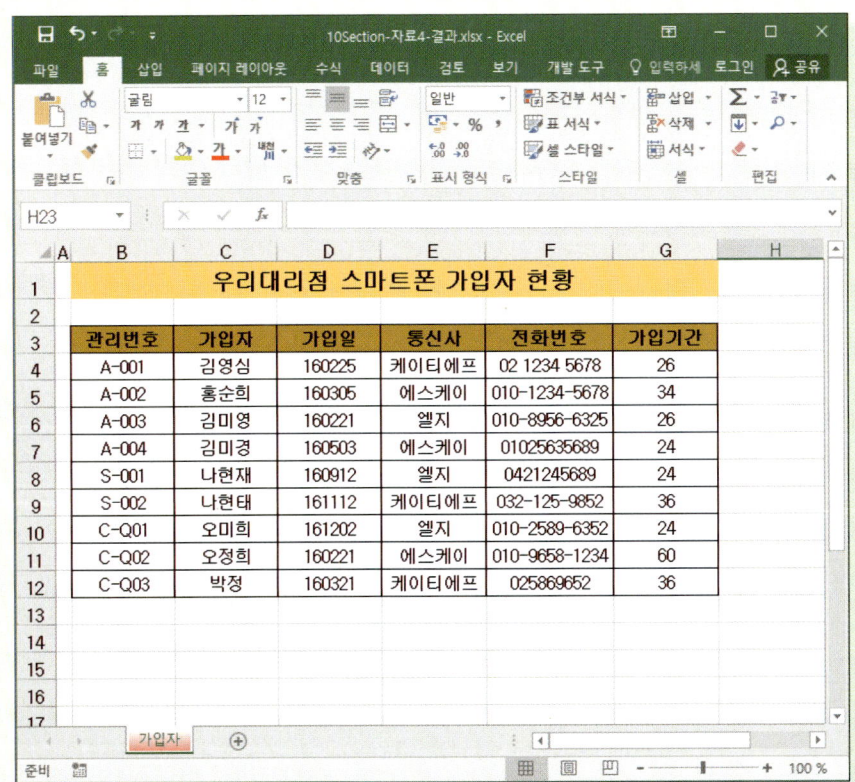

Keypoint

_ 숫자 유효성 검사
_ 목록 유효성 검사
_ 텍스트 길이 유효성 검사
_ 잘못된 데이터 표시

Knowhow

_ 지정된 숫자의 범위의 숫자 입력을 제한한다.
_ 제한 항목 목록에서 사용자가 지정한 항목만 입력할 수 있도록 한다.
_ 입력하는 텍스트의 길이를 제한한다.
_ 입력된 데이터의 유효성을 검사한다.

직접 해보기 숫자 유효성 검사 지정하기

_ 준비파일 | 10Section-자료1.xlsx

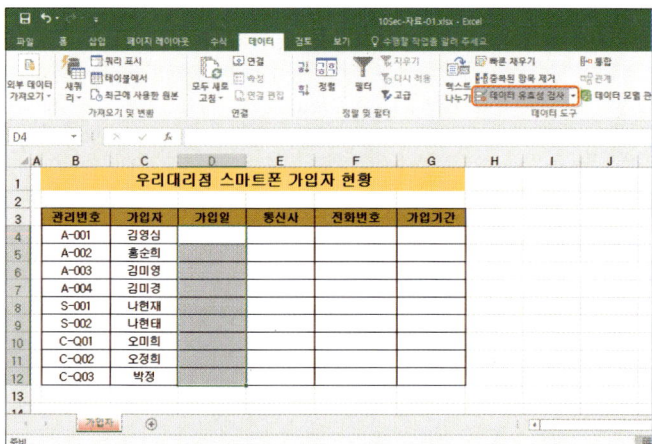

01 가입일에 160101부터 161231 사이의 숫자만 입력할 수 있도록 유효성 검사를 지정해 봅시다.
셀 [D4: D12]를 블록으로 지정하고, [데이터] 탭의 [데이터 도구] 그룹에서 [데이터 유효성 검사]를 클릭합니다.

02 [데이터 유효성] 대화상자의 [설정] 탭에서 제한 대상을 "정수"로 선택하고, 제한 방법은 "해당범위", 최소값에 "160101", 최대값에 "161231"을 입력합니다.

03 [데이터 유효성] 대화상자의 [설명 메시지] 탭에서 "셀을 선택하면 설명 메시지 표시"를 선택하고, 제목에 "가입일", 설명 메시지에 "년월일을 6자리로 입력합니다."를 입력합니다.

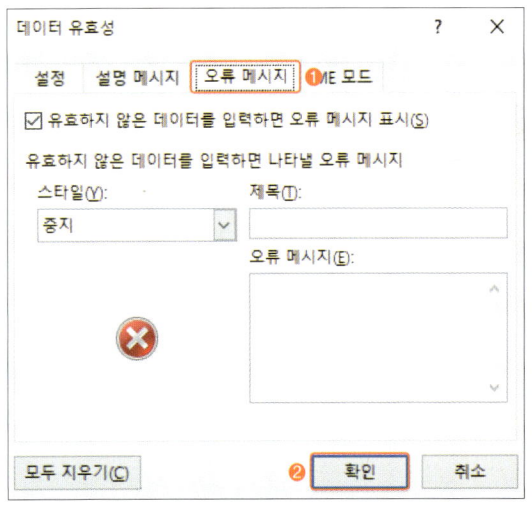

04 [데이터 유효성] 대화상자의 [오류 메시지] 탭에서 "유효하지 않은 데이터를 입력하면 오류 메시지 표시"를 선택하고, 스타일을 "중지"로 하고 [확인]을 클릭합니다.

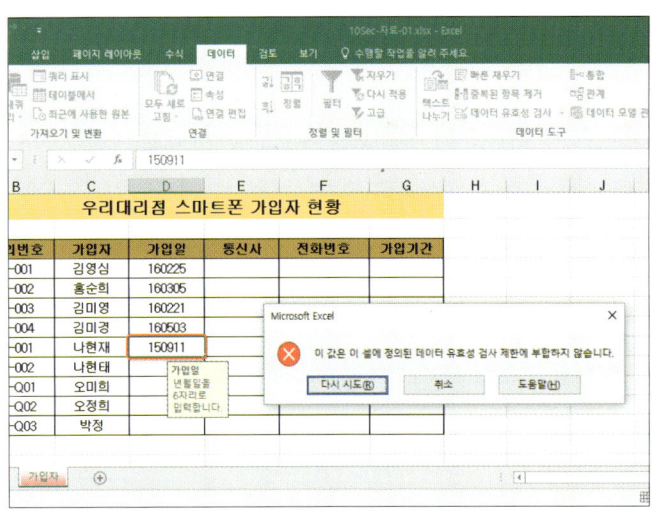

05 가입일을 입력합니다. 셀 D8에 150911을 입력하면 입력범위를 벗어난 데이터로 판단되어 기본 오류메시지가 표시됩니다. [다시 시도]를 클릭하고 알맞은 데이터를 입력합니다.

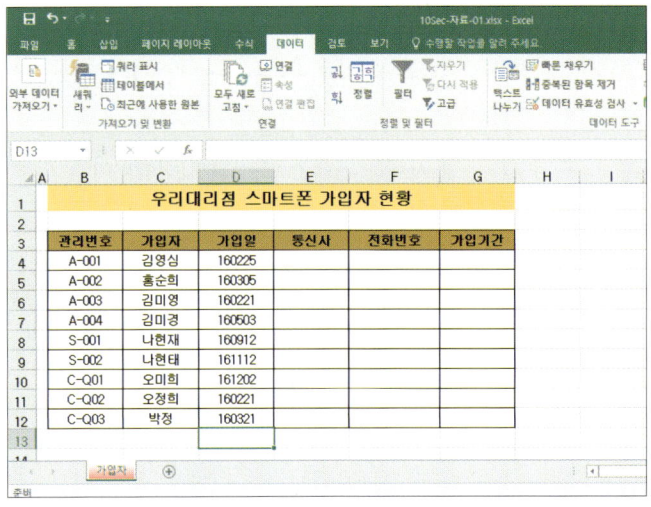

06 160101부터 161231 사이의 숫자만 입력합니다.

강의노트

현재의 유효성 검사 형식은 날짜 형식으로 지정된 형식이 아니기 때문에 160140과 같은 수를 입력하여도 입력 가능합니다.

직접 해보기 목록 유효성 검사 지정하기

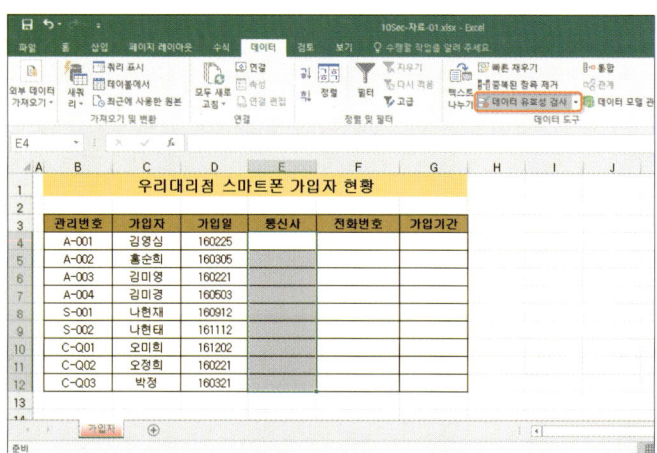

_ 준비파일 | 10Section-자료2.xlsx

01 통신사에 "케이티에프, 엘지, 에스케이" 3개의 자료 중 하나만 입력되도록 설정해 봅시다.
셀 E4:E12를 블록으로 지정하고 [데이터] 탭의 [데이터 도구] 그룹에서 [데이터 유효성 검사]를 클릭합니다.

02 [데이터 유효성] 대화상자의 [설정] 탭에서 제한 대상에서 "목록"을 선택합니다.

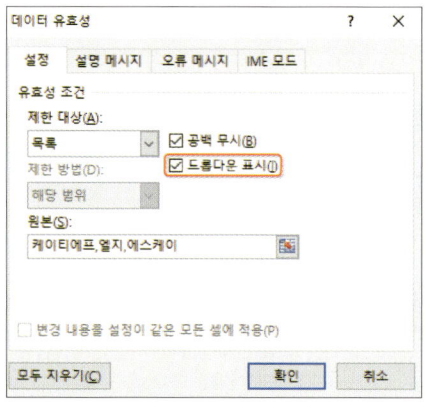

03 선택한 "목록"의 "드롭다운 표시"를 선택합니다. 원본에 "케이티에프, 엘지, 에스케이"를 쉼표로 구분하여 입력하고, [확인]을 클릭합니다.

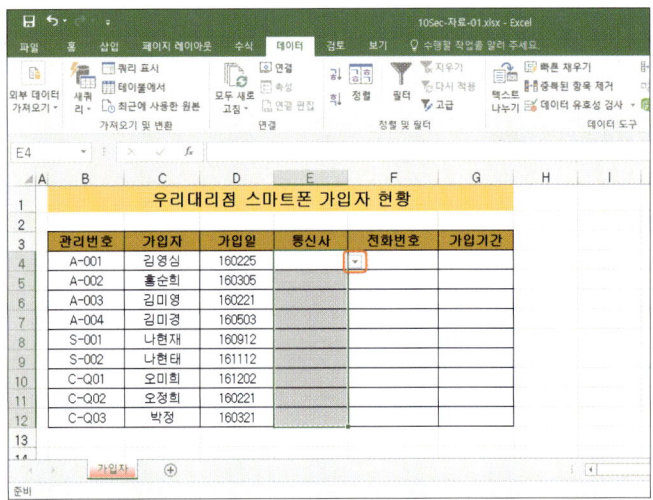

04 셀 E4에 드롭다운 화살표가 표시됩니다.

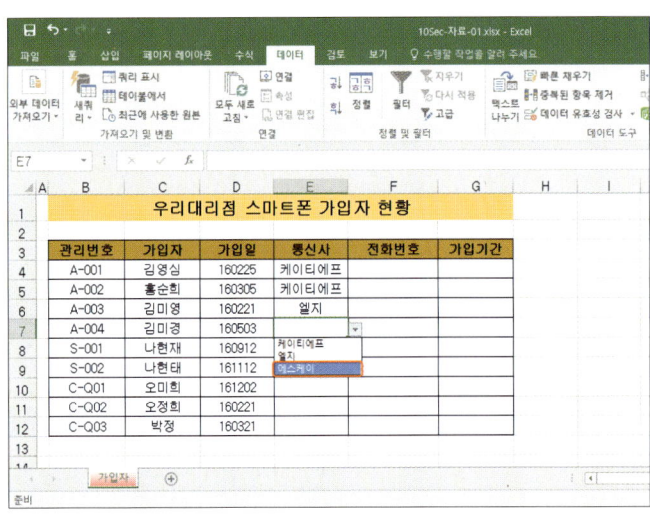

05 셀의 드롭다운 화살표를 클릭하고, 목록에서 원하는 항목을 클릭하여 통신사를 입력합니다.

강의노트
목록의 내용을 직접 키보드로 입력해도 됩니다.

 보충수업

❶ **지정된 목록 변경** : 범위를 지정하고 [데이터 유효성]을 선택하면 표시되는 원본에서 필요한 내용을 추가하거나 제거할 수 있습니다.

❷ **[데이터 유효성 검사] 지우기** : 제거하고자 하는 범위를 블록으로 지정하고, [데이터 유효성] 대화상자에서 [모두 지우기]를 클릭합니다.

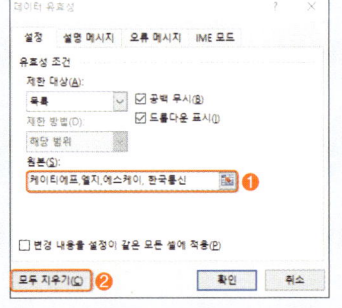

직접 해보기 텍스트 길이 유효성 검사 지정하기

준비파일 | 10Section-자료3.xlsx

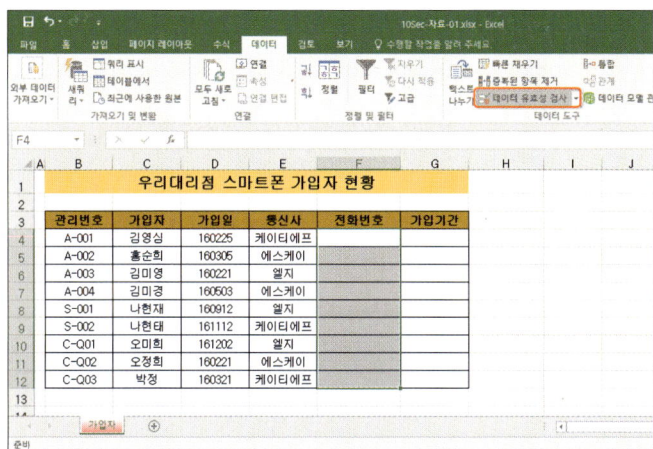

01 전화번호의 길이를 9자에서 13까지만 입력되도록 설정해 봅시다. 셀 [F4:F12]를 블록으로 지정하고 [데이터] 탭의 [데이터 도구] 그룹에서 [데이터 유효성 검사]를 클릭합니다.

02 [데이터 유효성] 대화상자의 [설정] 탭에서 제한 대상에 "텍스트 길이"를 선택하고, 제한 방법은 "해당 범위", 최소값은 "9", 최대값은 "13"을 입력하고, [확인]을 클릭합니다.

03 전화번호 필드에 전화번호를 입력합니다.

강의노트
전화번호는 0(숫자)으로 시작하나 숫자가 아닌 텍스트이므로 셀 [G4:G12]는 셀 서식에서 "텍스트"로 지정하고 데이터를 입력합니다.
셀 앞에 오류경고 표시(초록색 삼각형)는 텍스트로 지정된 셀에 숫자가 입력되었다는 경고입니다.

직접 해보기 잘못된 데이터 표시하기

_ 준비파일 : 10Section-자료4.xlsx

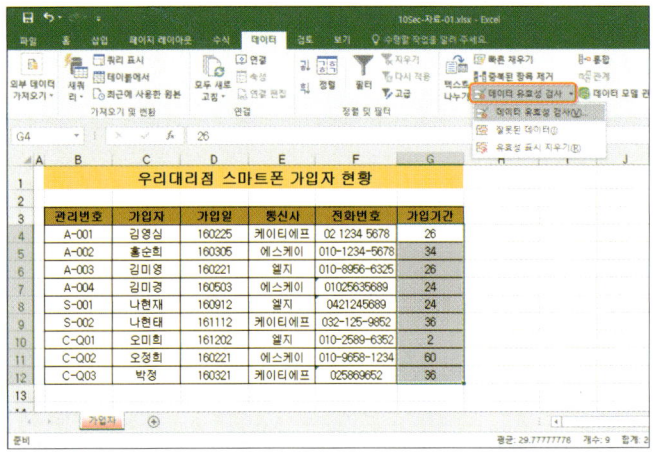

01 이미 입력되어 있는 가입기간에 숫자 24에서 36까지만 입력할 수 있도록 유효성 검사를 지정해 봅시다. 셀 [G4:G12]를 블록으로 지정하고 [데이터] 탭의 [데이터 도구] 그룹에서 [데이터 유효성 검사]를 클릭합니다.

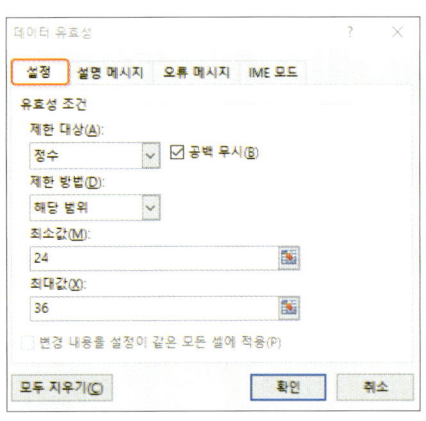

02 [데이터 유효성] 대화상자의 [설정] 탭에서 제한 대상에 "정수"를 선택하고, 제한 방법은 "해당 범위", 최소값은 "24", 최대값은 "36"을 입력하고, [확인]을 클릭합니다.

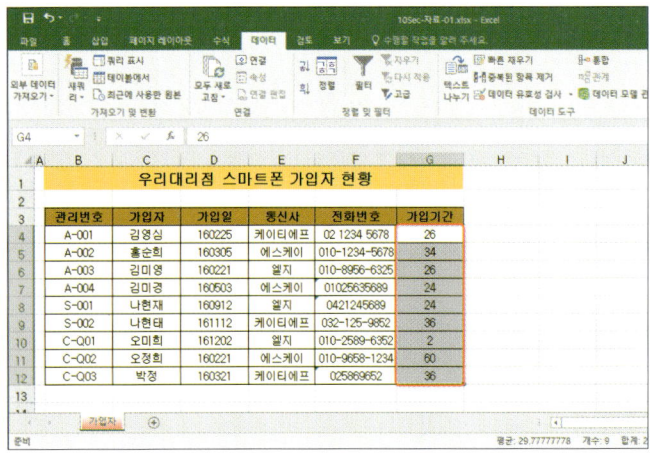

03 이미 입력되어 있는 값이므로 가입기간 셀에는 범위를 벗어나는 값이 있어도 표시가 되지 않습니다.

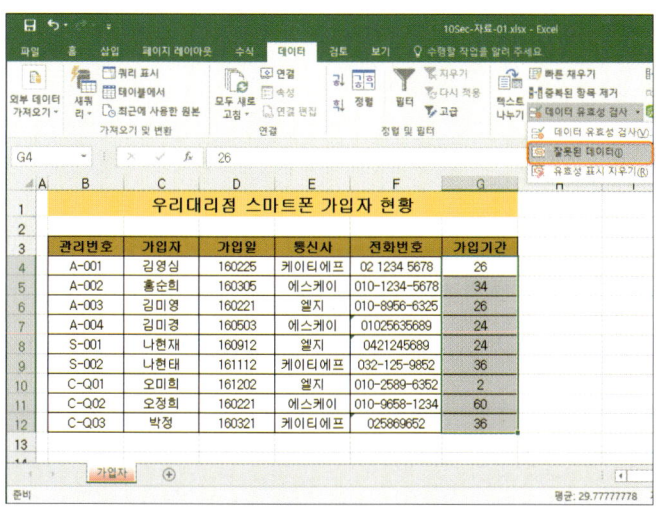

04 셀 [G4:G12]를 블록으로 지정하고 [데이터] 탭의 [데이터 도구] 그룹의 [데이터 유효성 검사]에서 [잘못된 데이터]를 클릭합니다.

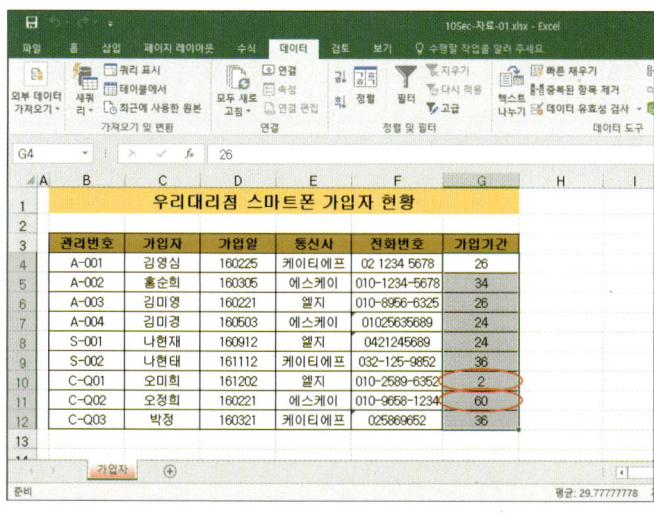

05 범위를 벗어난 데이터 셀 G10과 셀 G11에 빨간색으로 동그라미가 표시됩니다. 잘못된 데이터를 올바른 데이터로 수정하면 표시는 사라집니다.

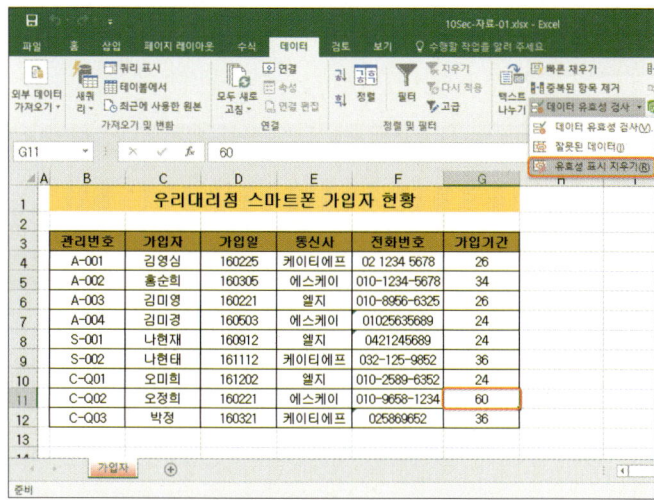

06 잘못된 데이터를 그대로 두고 표식만 제거하고 싶으면, [데이터] 탭의 [데이터 도구] 그룹 [데이터 유효성 검사]에서 [유효성 표시 지우기]를 클릭합니다.

실전문제

01. 파일 "실전문제-10.xlsx"을 열고, "까페명" 시트에 다음 지시사항대로 유효성 검사를 지정하고 데이터를 입력하시오.

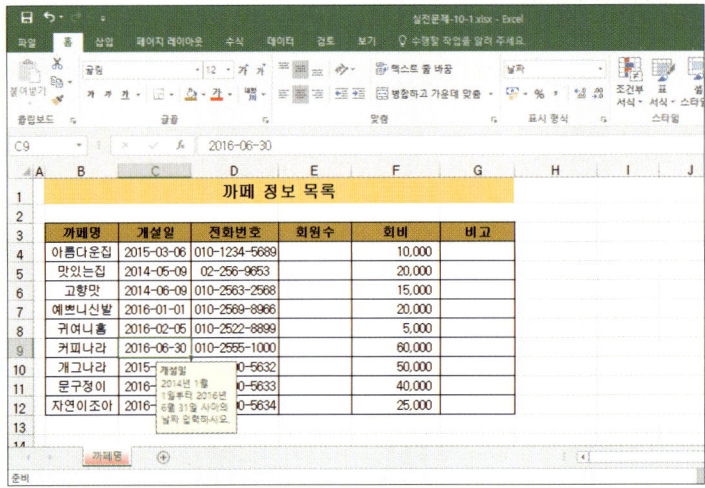

지시사항

- 개설일 : 2014년 1월 1일부터 2016년 6월 31일 사이의 날짜 입력하고, 입력 설명 메시지 "개설일 2014년 1월 1일부터 2016년 6월 31일 사이의 날짜 입력하시오"를 표시하시오.
- 전화번호 : 텍스트 길이 13자리 이하로 입력

완성파일 | 실전문제 10-1-결과.xlsx

Hint 제한대상을 날짜로 지정

02. 다음 지시사항대로 유효성 검사를 지정하고 데이터를 입력하시오.

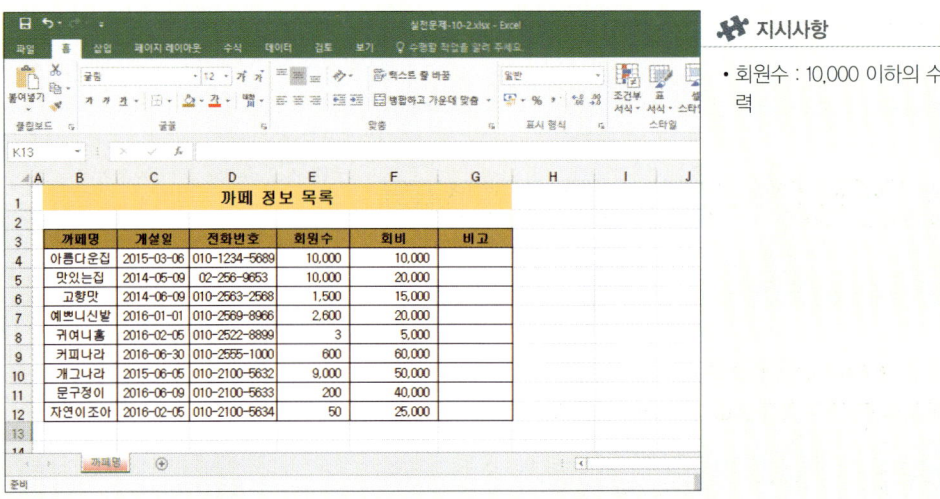

지시사항

- 회원수 : 10,000 이하의 수 입력

완성파일 | 실전문제 10-2-결과.xlsx

Hint 제한대상을 정수로 지정

03. 회비 : 이미 입력된 데이터를 검사하여 50,000 이상의 수를 "잘못된 데이터"로 표시하도록 유효성 검사를 지정하시오.

완성파일 | 실전문제 10-3-결과.xlsx

04. 비고에 "회원제, 공개형" 두 가지 중 하나를 입력할 수 있도록 데이터 유효성 검사를 지정하시오.

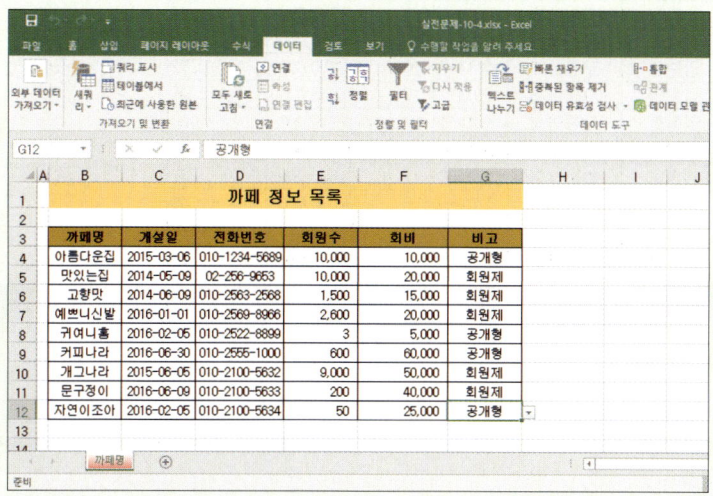

완성파일 | 실전문제 10-4-결과.xlsx

Hint 제한대상을 목록으로 지정

Part2. **11** Section

자동 필터 & 고급 필더

필터는 데이터 목록에서 특정 조건을 만족하는 자료를 추출하는 기능입니다. 자동필터와 고급필터 두 가지 방법이 있습니다.

자동필터는 비교적 간단한 조건일 때 사용하는 방법으로, 열 머리글에 표시된 필터단추를 이용하여 필터링을 하고, 고급필터는 임의의 셀에 조건을 명시한 후 적용하여 필터링을 합니다.

Zoom In

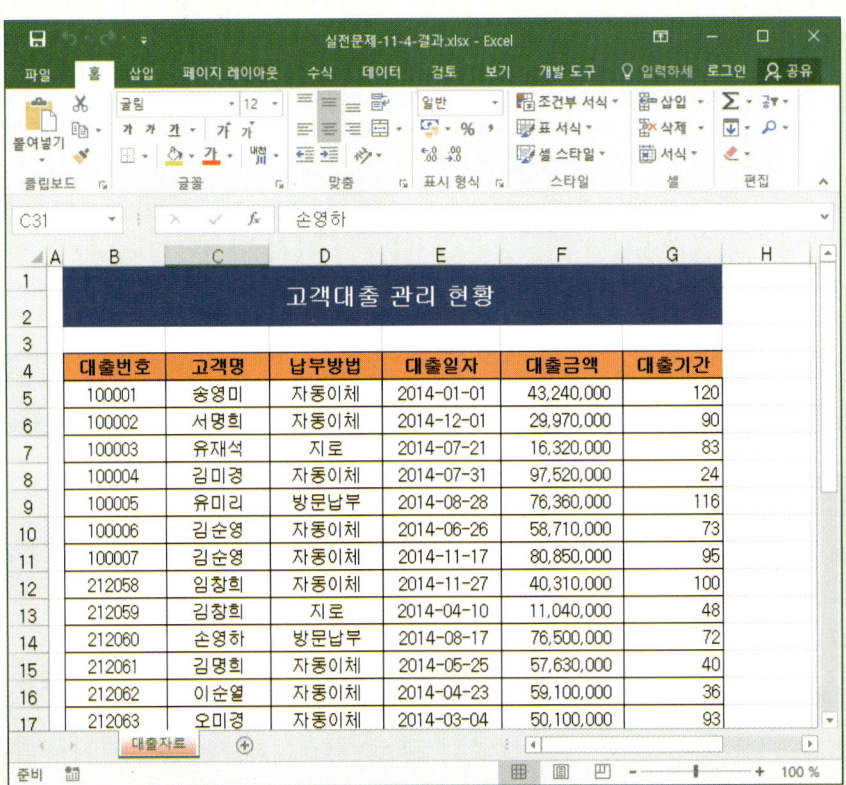

Keypoint

_ 자동 필터로 검색하기
_ 날짜, 필터, 텍스트 필터, 숫자 필터로 검색하기
_ 고급 필터 사용하기
_ 수식을 사용하여 조건 만들기
_ 지정한 필드 이름만 추출하기

Knowhow

_ 필터 단추로 열에 대한 필터링을 하고 필터 조건에 맞는 데이터는 표시하고 나머지는 숨긴다.
_ 데이터와 별도의 범위에 필터 조건을 입력하고, 그 조건을 기준으로 필터링을 한다.

직접 해보기 자동 필터로 검색하기

_준비파일 | 11Section-자료1.xlsx

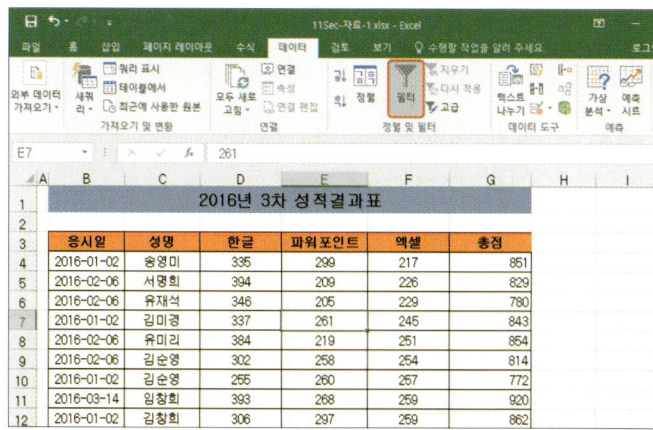

01 응시일이 3월인 자료만 추출하여 봅시다.

셀 [B3:G21]을 블록으로 지정하고, [데이터] 탭의 [정렬 및 필터]그룹 [필터]를 클릭합니다.

강의노트
데이터 범위 셀 [B3:G21] 밖에 셀 포인터를 두면 필터를 실행할 수 없습니다.

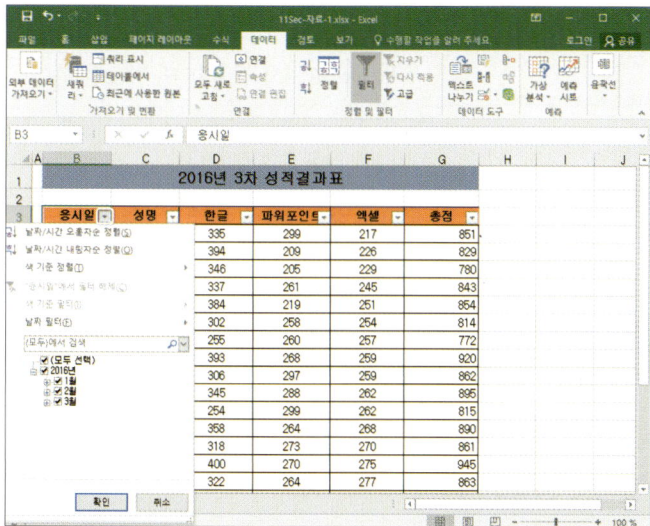

02 열 머리글에 필터단추(▼)가 표시됩니다. 응시일의 필터단추를 클릭합니다.

 보충수업 필터 단추 구분

- ▼ : 필터 지정이 안 된 필드
- ▼ : 필터 조건이 지정된 필드

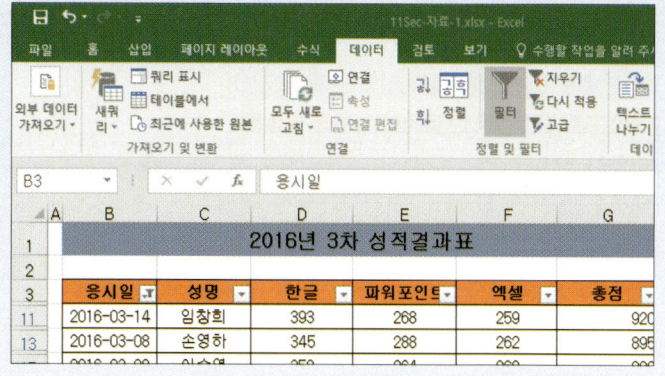

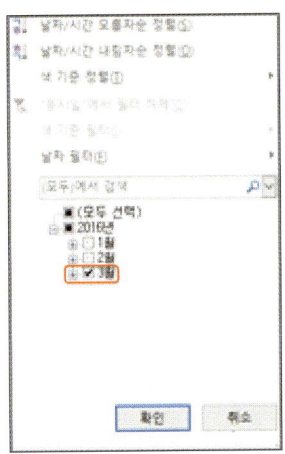

> **03** 필터 갤러리에서 "3월"만 선택하고 다른 항목은 선택을 취소합니다. [확인]을 클릭합니다.

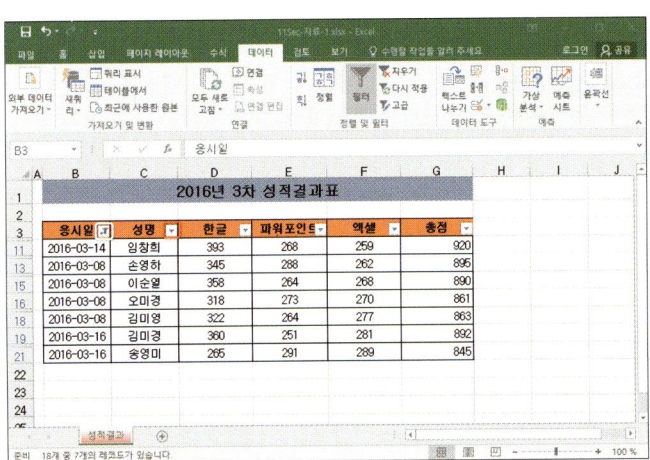

> **04** 응시일이 3월인 데이터만 화면에 표시되고 나머지는 숨겨집니다. 숨겨진 데이터의 위치는 행 번호로 확인할 수 있습니다. 셀 B3의 필터 단추 모양이 바뀐 것을 확인합니다.

직접 해보기 | 날짜 필터, 텍스트 필터, 숫자 필터로 검색하기

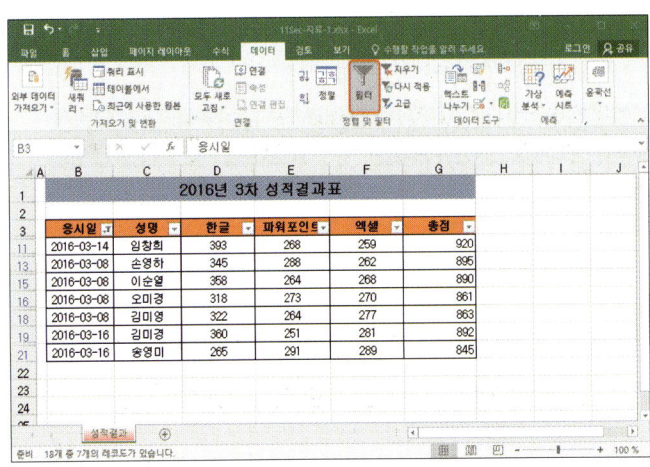

> **01** 응시일이 1월 2일이고 성명이 "김"으로 시작하고 한글 점수가 300점 이상인 자료를 추출해 봅시다. 이전에 적용한 필터를 모두 해제합니다. 셀 포인터를 셀 [B3:G21] 내에 두고 [데이터] 탭의 [정렬 및 필터] 그룹 [필터]를 클릭합니다.

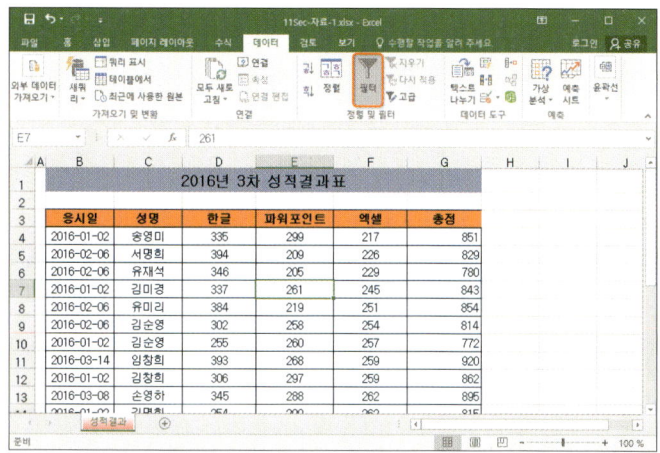

02 새로운 필터를 적용하기 위하여 셀 포인터를 셀 [B3:G21] 내에 두고, [데이터] 탭의 [정렬 및 필터] 그룹 [필터]를 클릭합니다.

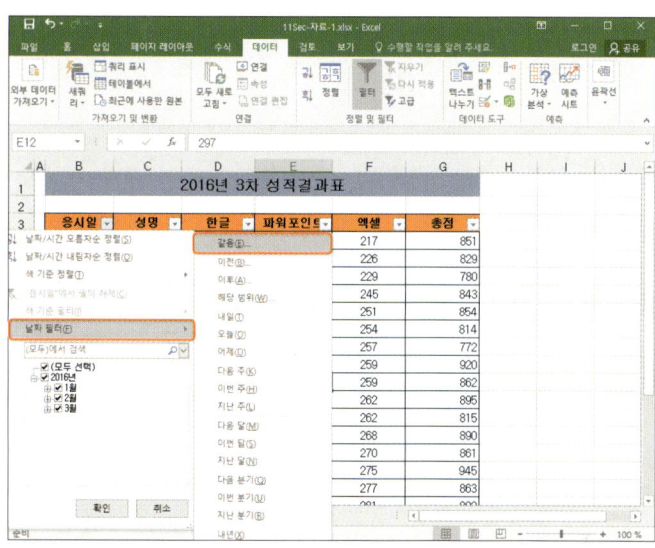

03 응시일의 필터 단추를 클릭하고, 필터 갤러리에서 "날짜 필터"를 클릭하고, "같음"을 클릭합니다.

강의노트

응시일이 날짜로 이루어진 데이터이기 때문에 필터 갤러리에 "날짜 필터"가 표시됩니다.

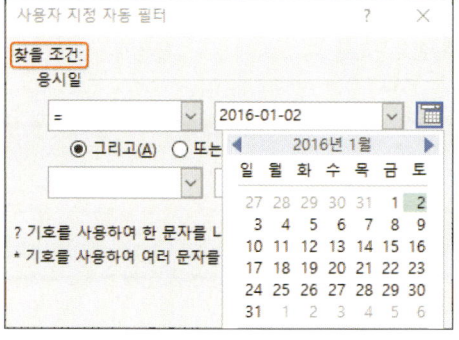

04 찾을 조건의 응시일 조건에 "="(같음)이 표시되어 있으므로 날짜 입력 상자에 "2016-01-02"를 입력하고, [확인]을 클릭합니다.

강의노트

날짜는 입력상자 오른쪽의 달력을 클릭하여 선택할 수 있습니다.

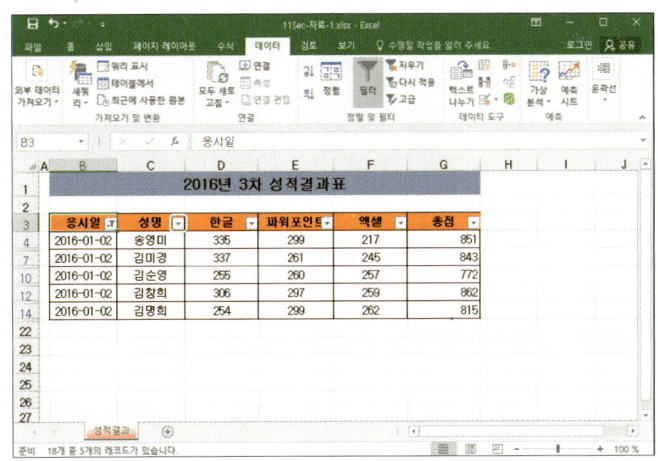

05 응시일이 "1월 2일"인 데이터만 표시됩니다. "성명"(셀C3)의 필터단추를 클릭합니다.

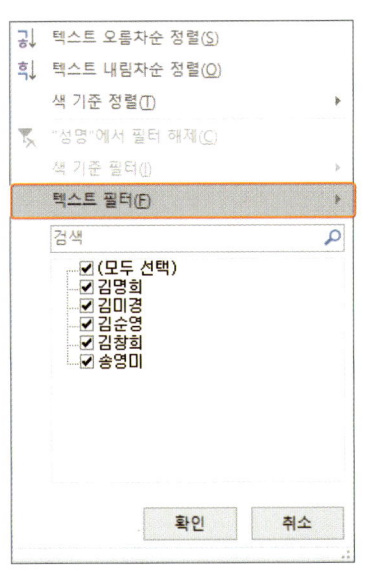

06 "텍스트 필터"를 클릭하고, "시작 문자"를 클릭합니다.

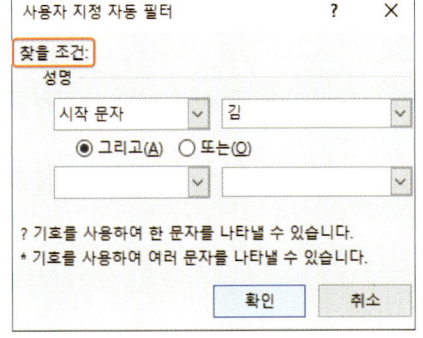

07 찾을 조건의 성명 조건에 "시작문자", 입력 상자에 "김"을 입력하고, [확인]을 클릭합니다.

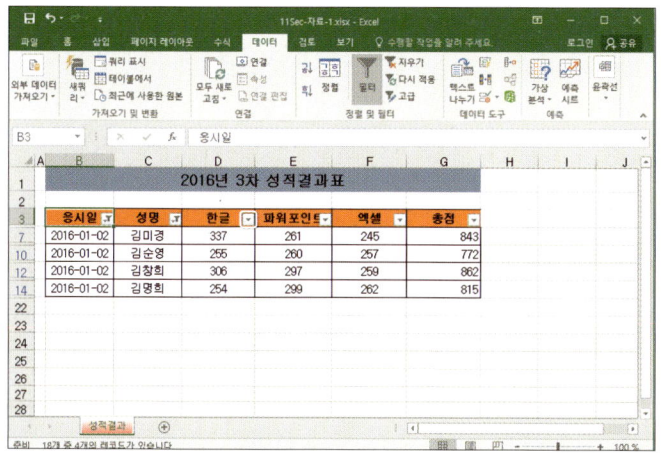

08 응시일이 "1월 2일"인 데이터 중에서 "성명"이 "김"으로 시작하는 데이터만 표시됩니다. "한글"(셀 D3)의 필터단추를 클릭합니다.

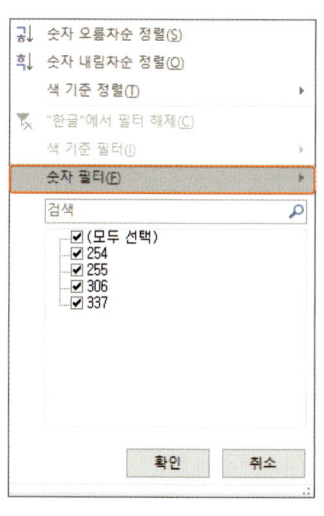

09 "숫자 필터"를 클릭하고, "크거나 같음"을 클릭합니다.

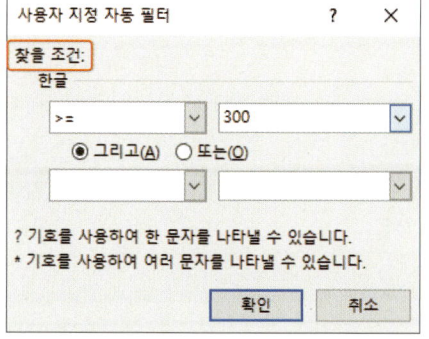

10 찾을 조건의 한글 조건에 ">="가 표시되어 있으므로 입력 상자에 "300"을 입력하고, [확인]을 클릭합니다.

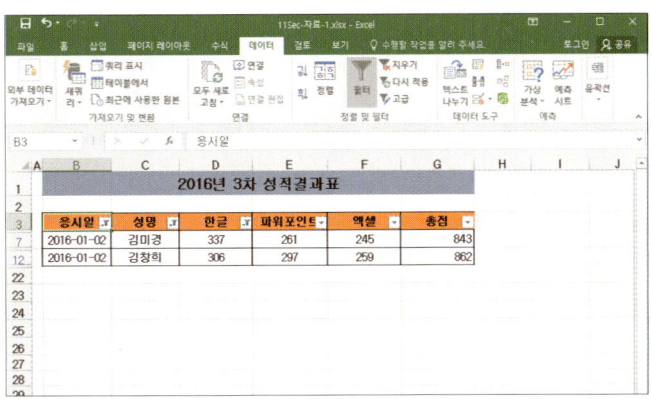

11 응시일이 "1월 2일"인 데이터 중에서 "성명"이 "김"으로 시작하고, "한글" 점수가 300 이상인 데이터만 표시됩니다.

직접 해보기 숫자필터의 상위 10(T)로 검색하기

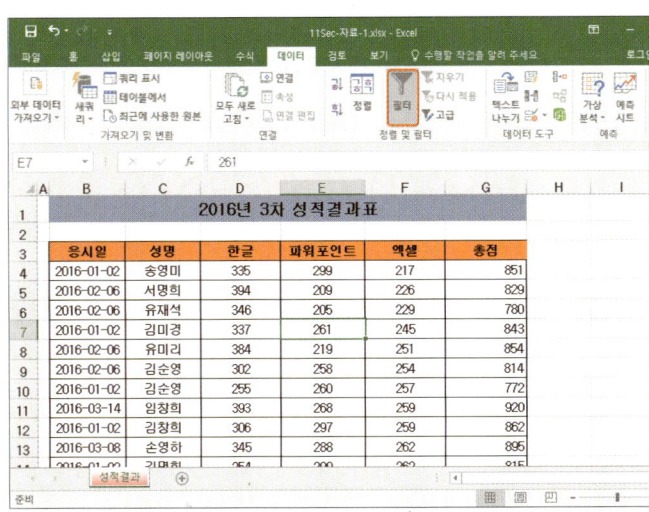

01 한글 상위 12명 중에서, 파워포인트가 하위 30%인 자료를 추출하여 봅시다.
이전에 적용한 필터를 모두 해제하고, 셀 포인터를 셀 [B3:G21] 내에 두고 [데이터] 탭의 [정렬 및 필터] 그룹에서 [필터]를 클릭합니다.

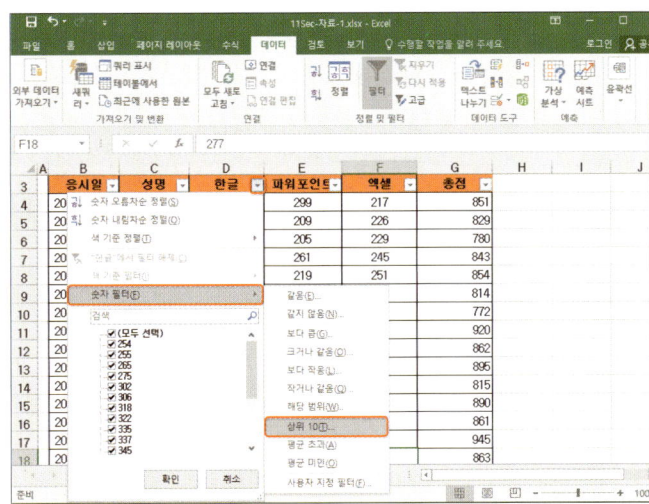

02 "한글"(셀 D3)의 필터단추를 클릭하고, 필터 갤러리에서 "숫자필터"를 클릭하고, "상위 10"을 클릭합니다.

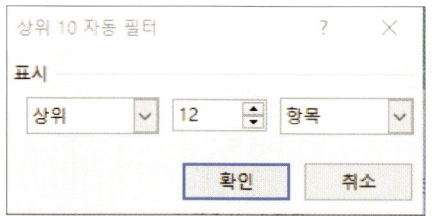

03 [상위 10 자동 필터] 대화상자에 "상위", "12", "항목"을 입력하고 [확인]을 클릭합니다.

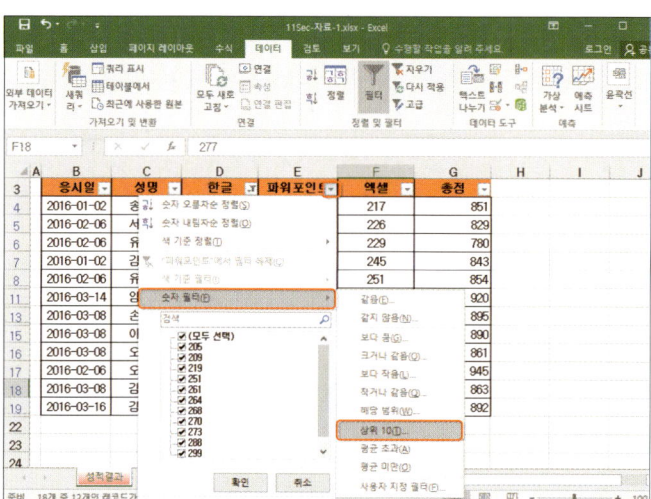

04 "한글" 상위 12개의 항목이 추출된 것을 확인하고, "파워포인트"(셀 E3)의 필터단추를 클릭하고, 필터 갤러리에서 "숫자 필터"를 클릭하고, "상위 10"을 클릭합니다.

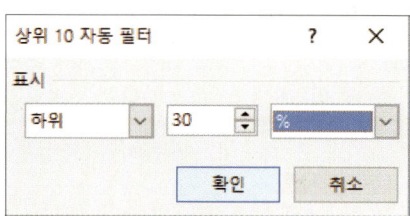

05 [상위 10 자동 필터] 대화상자에 "하위"를 선택하고, "30", "%"를 입력하고 [확인]을 클릭합니다.

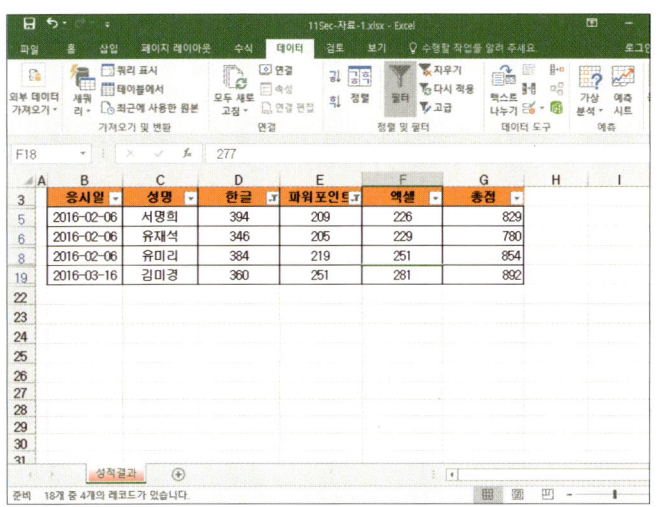

06 "한글" 상위 12개의 항목 중 파워포인트가 하위 30%에 해당하는 데이터가 추출되었습니다.

고급필터 사용하기

고급필터 조건 유형 개요	예제
한 열에서 하나이상의 조건이 맞아야 하는 경우	응시일이 1월 2일 이거나 2월 6일 혹은 총점이 800이하이거나 900이상
여러 열에서 모든 조건이 맞아야 하는 경우	응시일이 1월 2일이고 총점이 820이상
여러 열에서 하나 이상의 조건이 맞아야 하는 경우	응시일이 1월 2일이거나 총점이 800이상
여러 열에서 모든 조건이 맞아야 하는 경우가 여러 개인 경우	응시일이 1월 2일이고 총점이 820이상이거나 응시일이 2월 6일이고 총점이 820이상
와일드카드 조건	성명에 "김"을 포함한 자료
수식을 사용한 조건	총점이 평균 이상인 자료

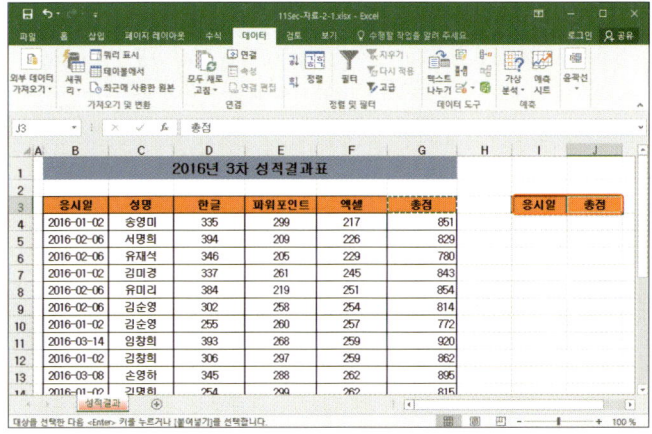

_ 준비파일 | 11Section-자료2.xlsx

01 응시일이 1월 2일이거나 2월 6일 응시생 중에서 총점이 820점 이상인 자료를 추출하여 셀 B23부터 표시해 봅시다. 조건은 I3부터 입력합니다. 먼저 조건을 입력합니다. 셀 B3(응시일)을 복사하여 I3에 붙여넣기하고, 셀 G3(총점)을 복사하여 J3에 붙여넣기를 합니다.

강의노트 🖉

셀 I3에 "응시일", 셀 J3에 "총점"을 직접 입력해도 됩니다.

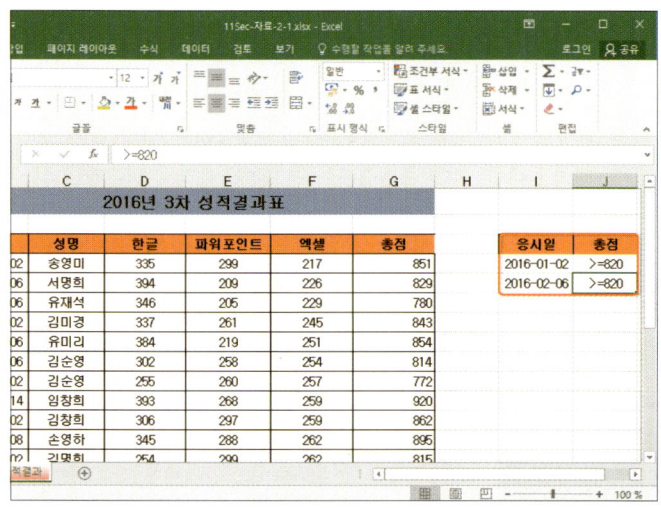

02 셀 I4에 "2016-01-02", 셀 J4에 ">=820"을 입력하고, 셀 I5에 "2016-02-06", 셀 J5에 ">=820"을 입력합니다.

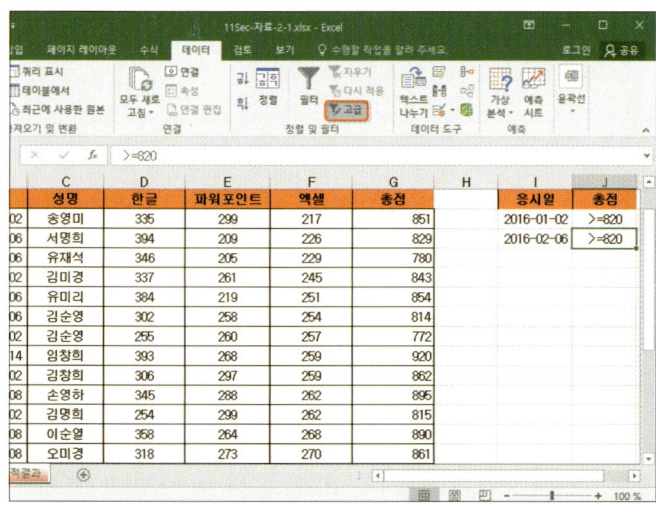

03 [데이터] 탭의 [정렬 및 필터] 그룹 [고급]을 클릭합니다.

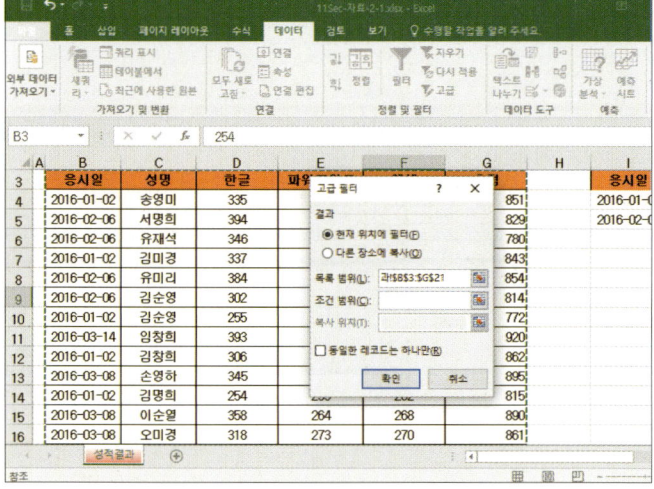

04 [고급 필터] 대화상자가 표시됩니다.

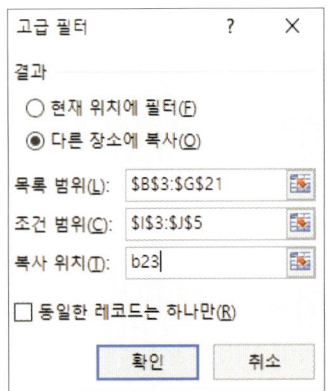

05 [고급 필터] 대화상자의 결과를 "다른 장소에 복사"를 선택하고, 목록 범위에 셀 [B3:G21], 조건범위에 셀 [I3:J5], 복사 위치에 "B23"을 입력하고 [확인]을 클릭합니다.

강의노트 ✏️

[I3:J5] 대신 절대참조 [$I$3:$J$5]로 표시될 수 있습니다.

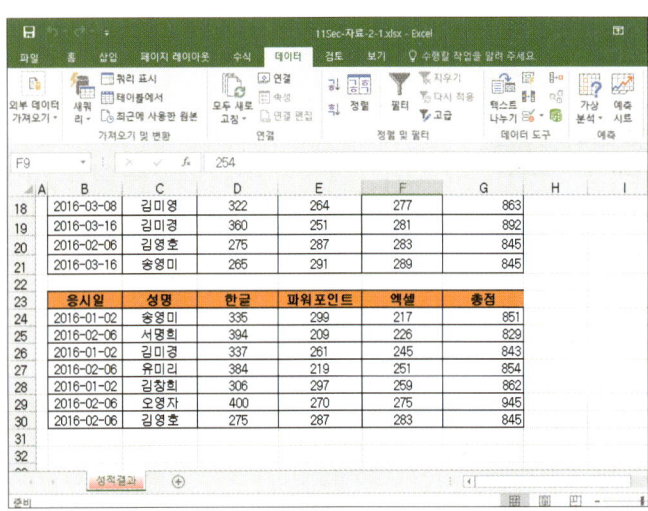

06 셀 B23부터 고급 필터 결과가 표시됩니다.

[고급 필터] 대화상자의 결과를 "현재 위치에 필터"를 선택하면 결과는 현재 데이터 위치에 표시되며, 조건에 맞지 않는 데이터는 숨겨집니다.

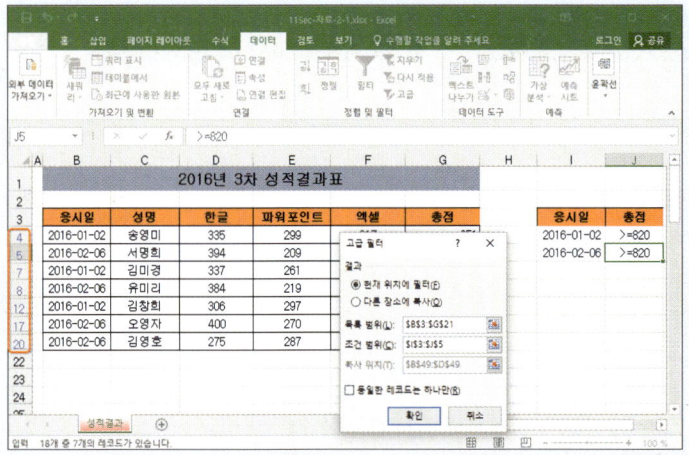

직접 해보기 수식을 사용하여 조건 만들기

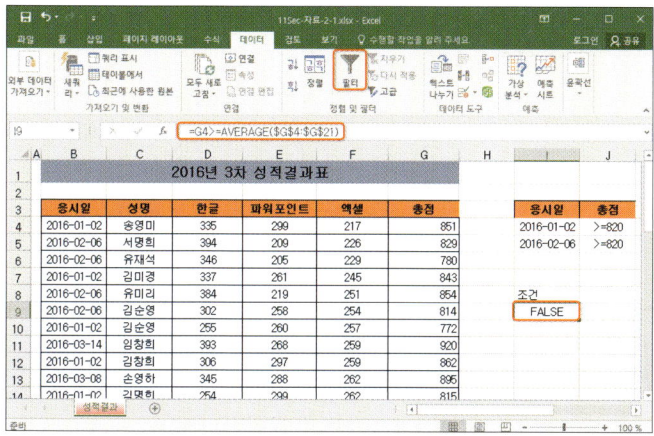

01 총점이 평균이상인 자료를 추출하여 셀 B33부터 표시해 봅시다. 조건은 I8부터 작성합니다.
먼저 조건을 입력합니다. 셀 I8에 "조건"을 입력하고, 셀 I9에 식 "=G4>=AVERAGE($G$4:$G$21)"을 입력합니다. 셀 I9에는 FALSE가 표시됩니다.

강의노트 ✏️

- 총점의 첫 데이터 G4가 총점의 평균 이상인지 비교합니다.
- 조건이 수식으로 만들어질 경우 조건 필드이름 I8에는 총점 필드이름 G3과 다른 이름이 입력되어야 합니다.
- 수식을 입력한 셀(I9)에는 TRUE 혹은 FALSE가 나타납니다.

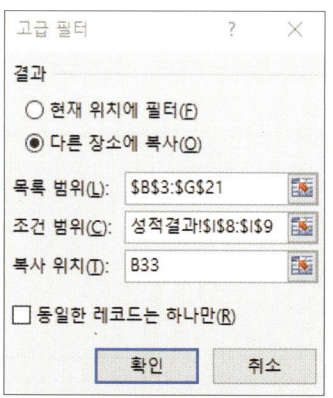

02 [데이터] 탭의 [정렬 및 필터] 그룹 [고급]을 클릭합니다. [고급필터] 대화상자의 결과를 "다른 장소에 복사"를 선택하고, 조건 범위에 셀 [I8:I9], 복사 위치에 "B33"을 입력하고 [확인]을 클릭합니다.

03 셀 B33의 결과를 확인합니다.

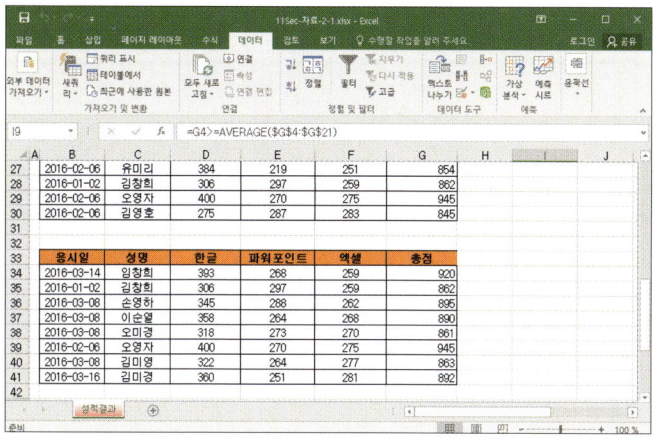

직접 해보기 지정한 필드이름만 추출하기

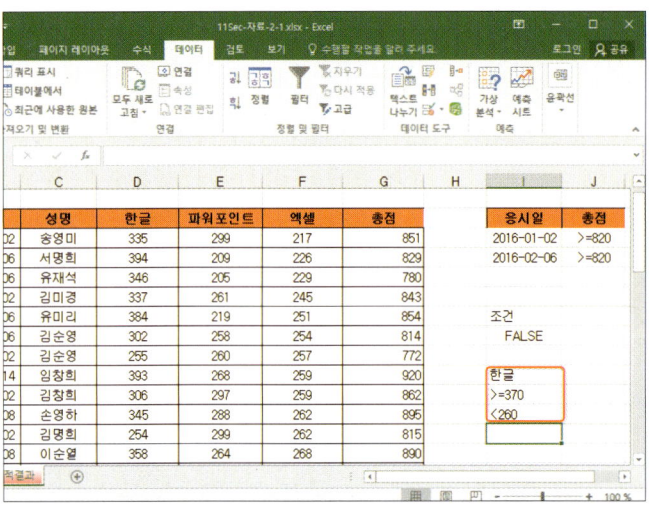

01 한글이 370 이상이거나 260 미만인 자료를 추출하여 성명, 한글, 총점 필드만 셀 B43부터 표시해 봅시다. 조건은 셀 I11부터 작성합니다. 먼저 조건을 입력합니다. 셀 I11에 "한글"을 입력하고, 셀 I12에 식 ">=370", 셀 I13에 식 "<260"을 입력합니다.

강의노트
조건 "370이상이거나 260미만"이 또는(OR) 조건이므로 서로 다른 행에 입력합니다.

02 결과 셀 B43부터 "성명, 한글, 총점"을 차례대로 입력합니다.

강의노트
필드이름 입력할 때 띄어쓰기 등 오타가 있으면 안됩니다.

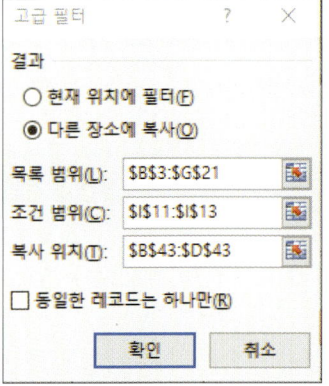

03 [데이터] 탭의 [정렬 및 필터] 그룹 [고급]을 클릭하고, [고급 필터] 대화상자의 결과를 "다른 장소에 복사"를 선택하고, 목록 범위에 셀 [$B$3:$G$21], 조건 범위에 셀 [$I$11:$I$13], 복사 위치에 "$B$43:$D:$43"을 입력하고 [확인]을 클릭합니다.

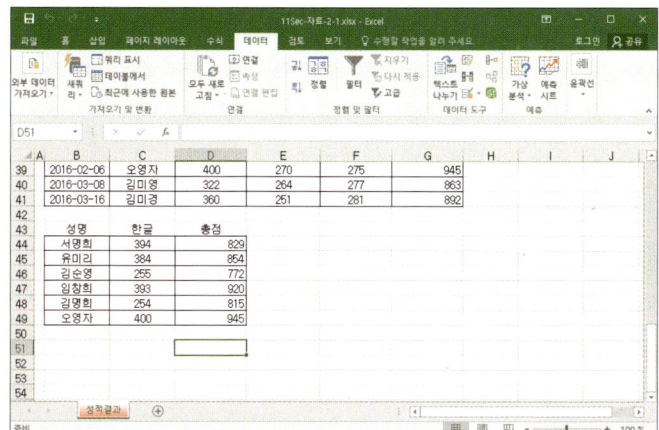

 셀 "B43"의 결과를 확인합니다.

보충수업 수식 조건 작성 규칙

- 조건 필드이름에 데이터의 열 필드이름을 사용할 수 없습니다. 조건 필드이름을 비워두거나 데이터 열 필드이름과 다른 이름을 사용합니다.
- 조건에 사용되는 수식 데이터의 첫 번째 행 셀 참조는 상대참조를 사용해야 합니다.
- 수식 결과는 TRUE나 FALSE이어야 합니다.
- 수식을 사용하고 있으므로 등호(=)로 시작해서 입력합니다.

보충수업 고급필터 결과 삭제와 되돌리기

고급필터 결과를 "다른 장소에 복사"로 지정하여 [확인]을 클릭할 경우 "되돌리기"를 실행할 수 없습니다. 따라서 결과를 블록으로 지정한 후 삭제하여야 합니다.

행머리글 [43:49]를 블록으로 지정하고, 팝업메뉴의 [삭제]를 클릭합니다.

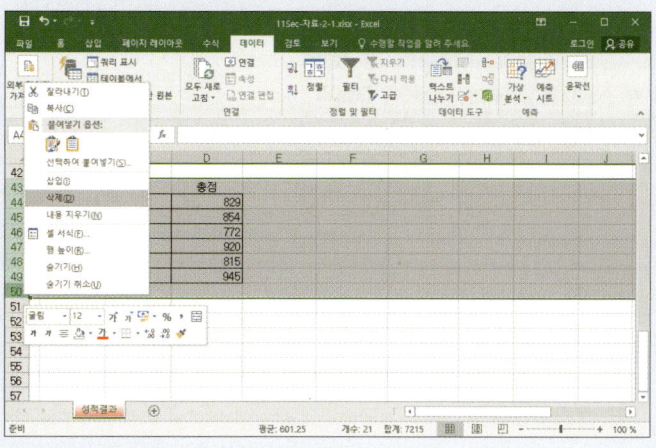

실전문제

01. 파일 "실전문제-11.xlsx"을 열고, 자동필터를 이용하여 납부방법이 "자동이체"이고, 대출기간이 100 이상이거나 40 미만인 자료를 추출하시오.

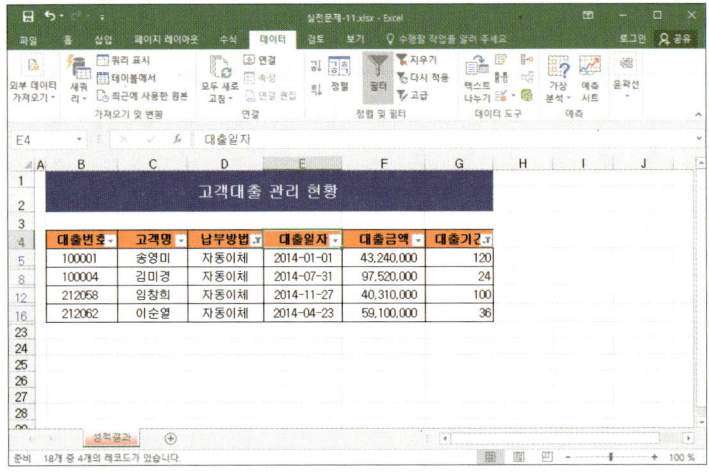

완성파일 | 실전문제 11-1-결과.xlsx

Hint 대출기간은 숫자필터 이용

02. 파일 "실전문제-11.xlsx"을 열고, 자동필터를 이용하여 고객명이 "김"이나 "영"을 포함하고, 대출금액이 평균 초과인 자료를 추출하시오.

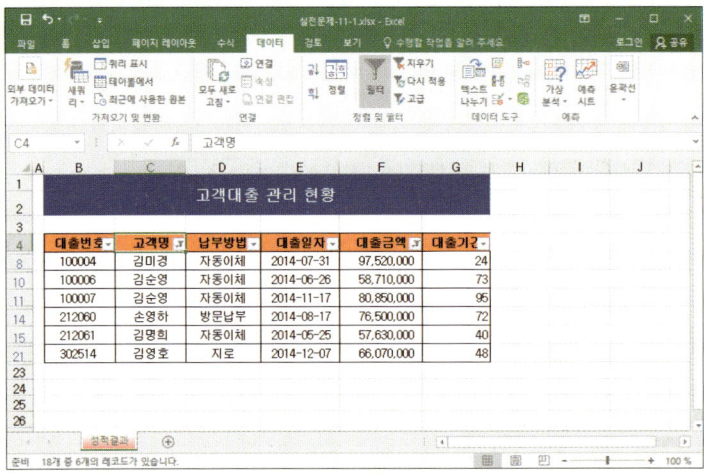

완성파일 | 실전문제 11-2-결과.xlsx

Hint 고객명은 텍스트 필터 이용

 **실전문제**

03. 파일 "실전문제-11.xlsx"을 열고, 고급필터를 이용하여 대출번호가 "21"로 시작하거나, 납부방법이 지로인 자료를 추출하시오.

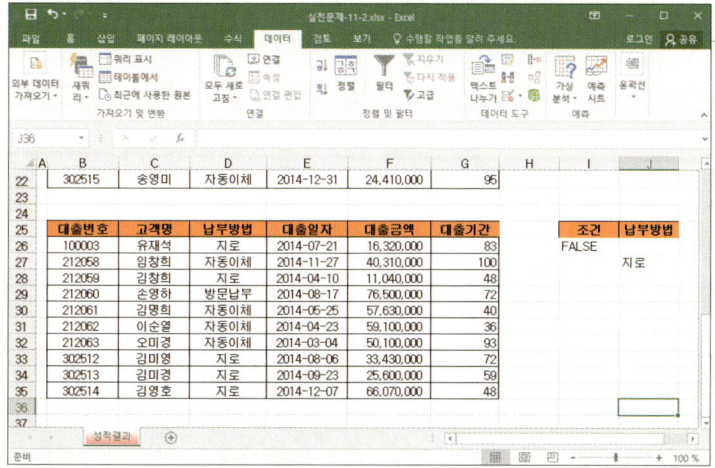

지시사항
- 조건은 셀 I25부터 입력하고, 결과는 B25부터 나타내시오.

완성파일 | 실전문제 11-3-결과.xlsx

Hint 대출번호가 21로 시작하므로 LEFT( ) 함수 사용. 조건 수식 : =LEFT(B5,2)=21

04. 파일 "실전문제-11.xlsx"을 열고, 고급필터를 이용하여 고객명에 "영"이 포함되어 있거나, 대출일자가 4사분기인 자료를 추출하시오.

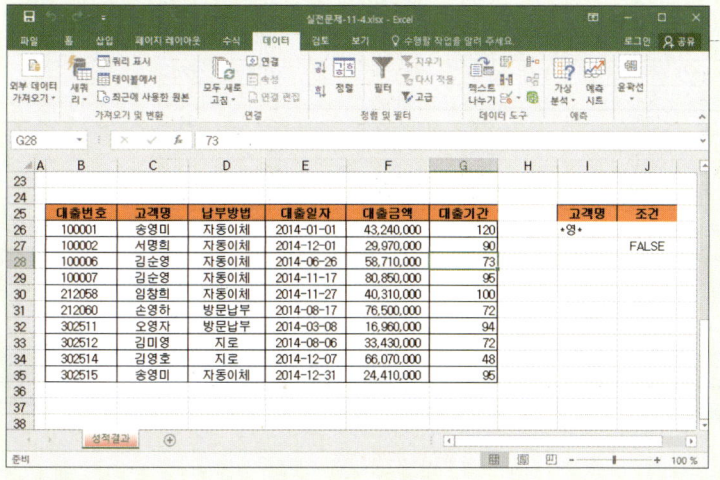

지시사항
- 조건은 셀 I25부터 입력하고, 결과는 B25부터 나타내시오.

완성파일 | 실전문제 11-4-결과.xlsx

Hint 이름에 "영"을 포함하는 조건은 와일드카드 문자 사용 : *영*
4사분기는 10월~12월이고, 월을 계산하는 함수는 MONTH( ), 수식 : =MONTH(E5)>=10

Part2. **12** Section

정렬과 표 만들기

데이터 정렬은 데이터 분석에서 매우 중요한 역할을 합니다. 목록을 사전 순으로 정렬하거나, 색 또는 아이콘별로 정렬할 수 있습니다. 데이터를 정렬하면 데이터를 빠르게 시각화하여 이해도를 높일 수 있을 뿐 아니라 원하는 데이터를 빠르게 찾을 수 있으므로 보다 효과적인 결정을 내리는 데 많은 도움이 됩니다. 대부분의 정렬 작업은 열 정렬이지만 행을 기준으로 정렬할 수도 있습니다.
워크시트에 입력한 데이터를 표를 만들면 쉽게 데이터를 관리하고 분석할 수 있고, 필터링, 정렬, 행 음영 등이 기본으로 제공됩니다.

Zoom In

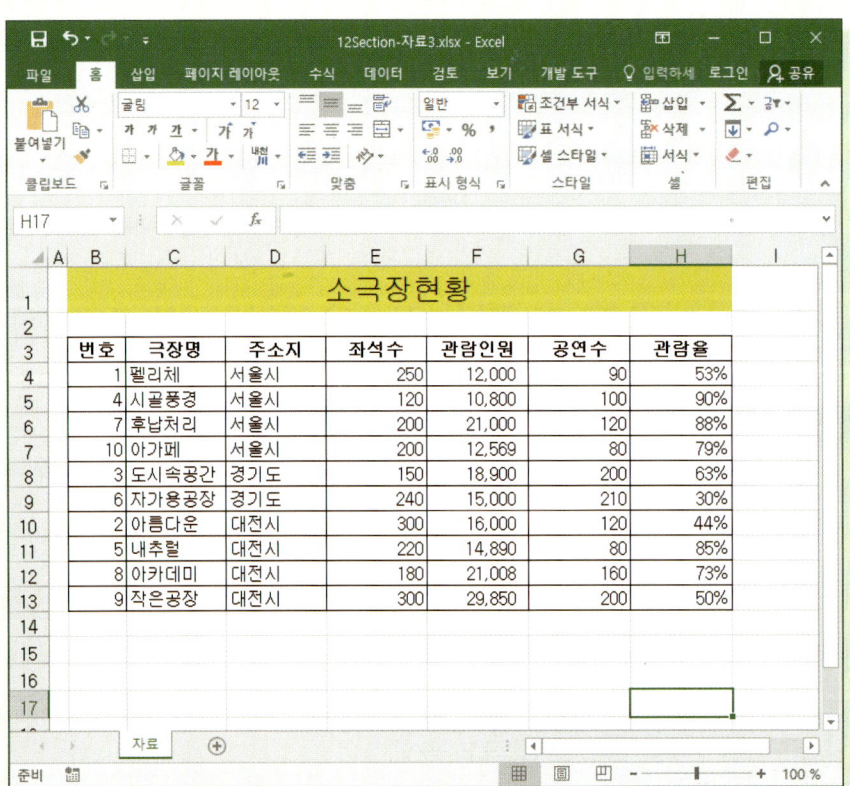

Keypoint

_ 데이터 정렬하기
_ 데이터를 사용자가 지정하여 정렬하기
_ 데이터를 표로 만들어 활용하기

Knowhow

_ 데이터를 오름차순 또는 내림차순 기준으로 정렬한다.
_ 정렬 순서를 사용자가 지정한 데이터의 순서로 정렬한다.
_ 데이터를 표로 만들어 관리와 분석을 편리하게 한다.

직접 해보기 하나의 기준으로 정렬하기

_ 준비파일 | 12Section-자료1.xlsx

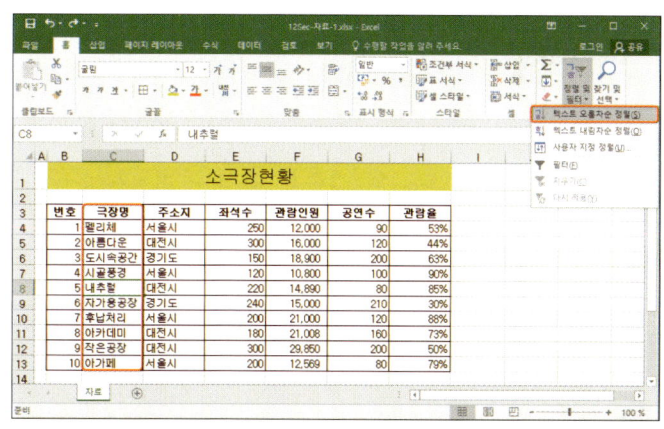

01 극장명을 기준으로 오름차순으로 정렬해 봅시다.

극장명이 입력되어 있는 열 [C3:C13] 중 하나를 클릭하고, [홈] 탭의 [편집] 그룹 [정렬 및 필터]에서 [텍스트 오름차순 정렬]을 클릭합니다.

강의노트
정렬은 [데이터] 탭의 [정렬 및 필터] 그룹의 정렬을 사용하여도 됩니다.

보충수업

극장명을 기준으로 정렬하기 위하여 극장명 필드 셀 [C4:C13]만 블록으로 지정하고 정렬을 시작하면 경고창이 나타납니다. "선택 영역 확장"을 선택하고 정렬을 하면 정상적으로 정렬이 됩니다. "현재 선택 영역으로 정렬"을 선택하고 정렬을 하면 C열만 정렬되고 다른 열의 내용은 정렬되지 않습니다.

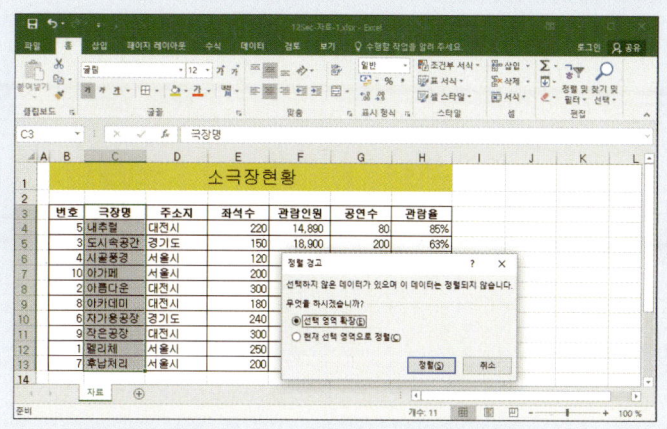

직접 해보기 둘 이상의 기준으로 정렬하기

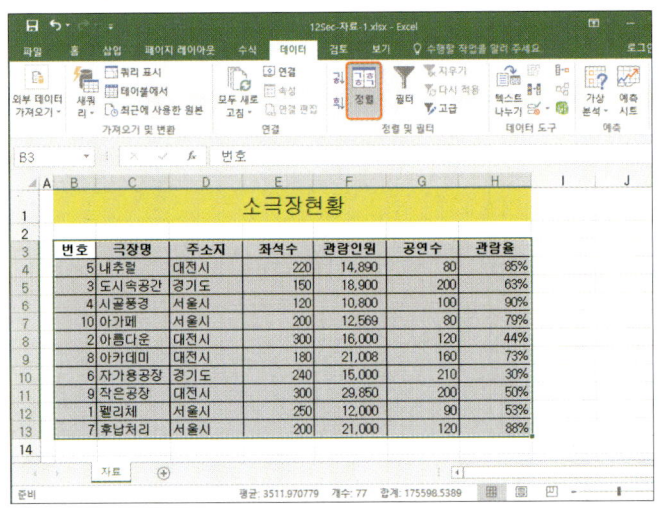

01 주소지의 오름차순, 좌석수와 관람인원은 내림차순으로 정렬해 봅시다.
영역 B3:H13을 블록으로 지정하고, [데이터] 탭의 [정렬 및 필터] 그룹 [정렬]을 클릭합니다.

02 [정렬] 대화상자의 첫 번째 정렬 기준에 "주소지", "값", "오름차순"을 각각 선택합니다.

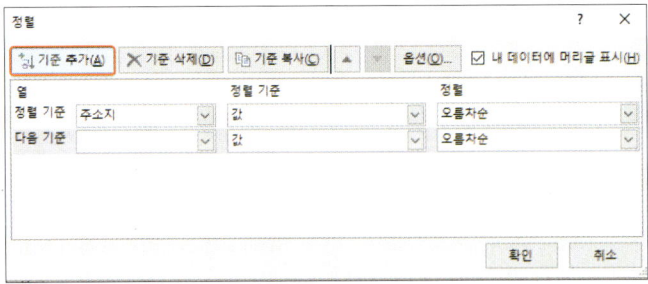

03 [기준 추가]를 클릭합니다.

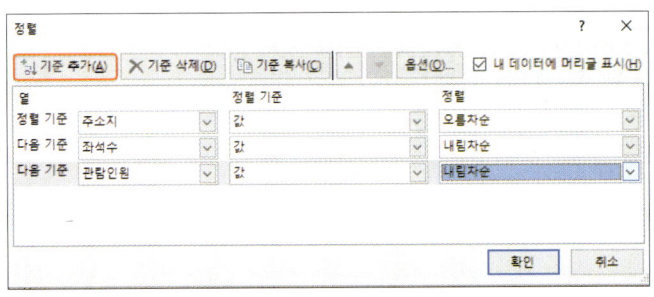

04 두 번째 정렬 기준에 "좌석수", "값", "내림차순"을 각각 선택하고, 다시 [기준 추가]를 클릭하여 세 번째 정렬 기준에 "관람인원", "값", "내림차순"을 선택하고 [확인]을 클릭합니다.

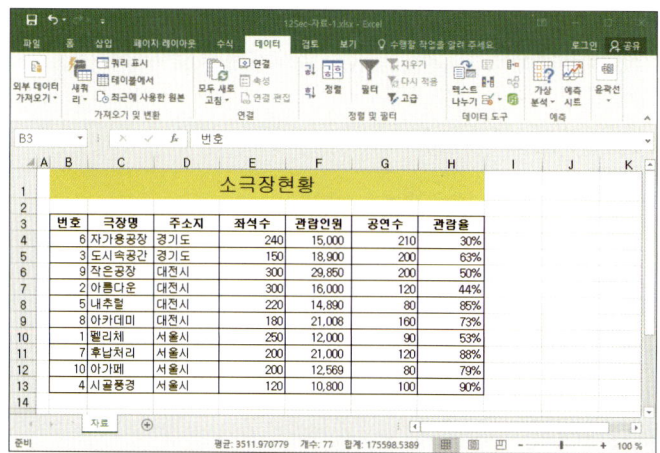

05 정렬된 결과를 확인합니다.

직접 해보기 글꼴 색으로 정렬하기

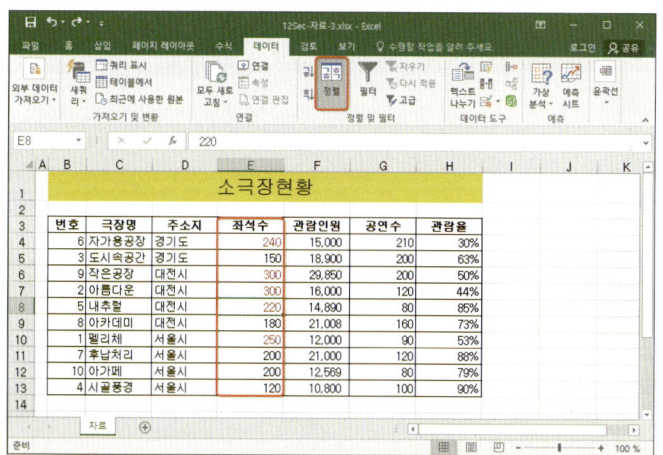

01 먼저 좌석수 값이 200보다 큰 수를 빨간색으로 변경합니다. 빨간색 텍스트가 위에 오도록 정렬해 봅시다.
좌석수 필드(E3:E13)의 임의의 셀을 클릭하고, [데이터] 탭의 [정렬 및 필터]그룹 [정렬]을 클릭합니다.

02 [정렬] 대화상자의 정렬기준을 "좌석수", "글꼴 색", "빨간색", "위에 표시"를 각각 선택하고 [확인]을 클릭합니다.

 보충수업

정렬기준에 주소지, 좌석수, 관람인원이 표시되어 있으면 [기준 삭제]를 클릭하여 기준을 삭제하고, [기준 추가]를 클릭하여 새로운 기준을 추가합니다.

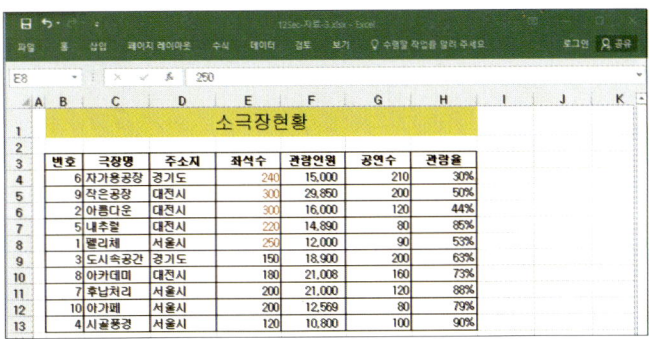

03 정렬된 결과를 확인합니다.

직접 해보기 │ 서울시, 경기도, 대전시 순서로 정렬하기

준비파일 │ 12Section-자료2.xlsx

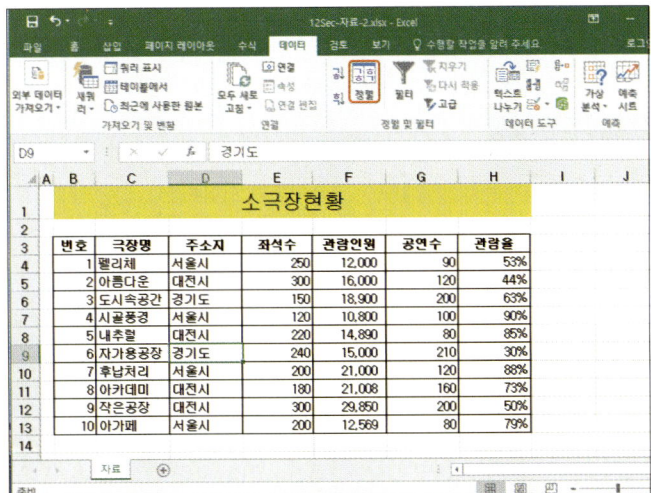

01 주소지의 서울시, 경기도, 대전시 순서로 데이터를 정렬해 봅시다. 데이터가 입력되어 있는 임의의 셀(B3: H13 사이)을 클릭하고 [데이터] 탭의 [정렬 및 필터] 그룹에서 [정렬]을 클릭합니다.

강의노트 ✏️

셀 [B3:H13]을 블록으로 지정하고 [데이터] 탭의 [정렬 및 필터]의 [정렬]을 클릭해도 됩니다.

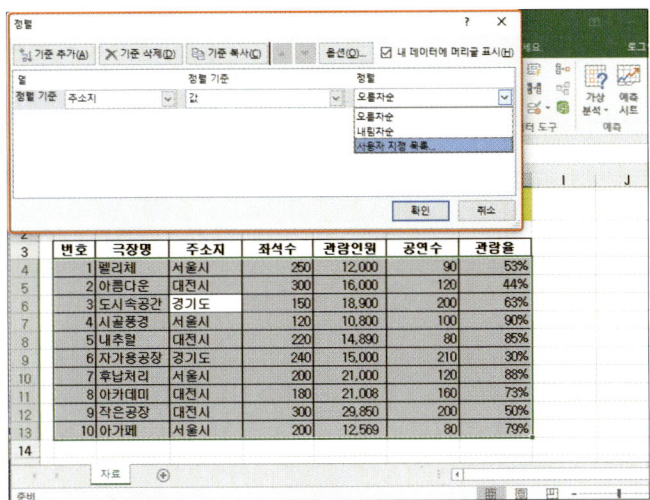

02 [정렬] 대화상자의 정렬 기준을 "주소지", "값", "사용자 지정 목록"을 클릭합니다.

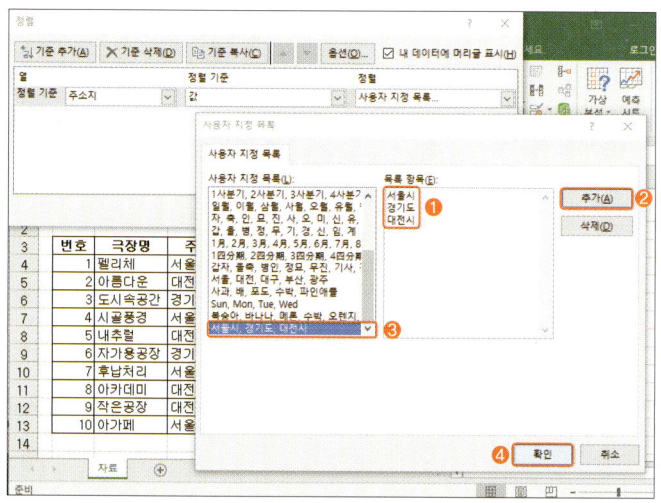

03 [사용자 지정 목록] 대화상자의 "목록 항목"에 그림과 같이 순서대로 "서울시, 경기도, 대전시"를 입력하고 [추가]를 클릭합니다. "서울시, 경기도, 대전시"가 왼쪽의 "사용자 지정 목록"에 추가된 것을 확인하고 [확인]을 클릭합니다.

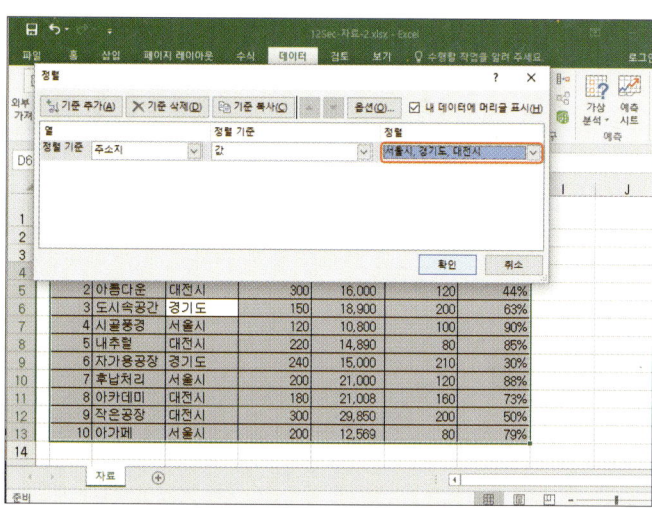

04 다시 [정렬] 대화상자가 나타나면 "정렬"에 "서울시, 경기도, 대전시"가 입력되어 있는 것을 확인할 수 있습니다. [확인]을 클릭합니다.

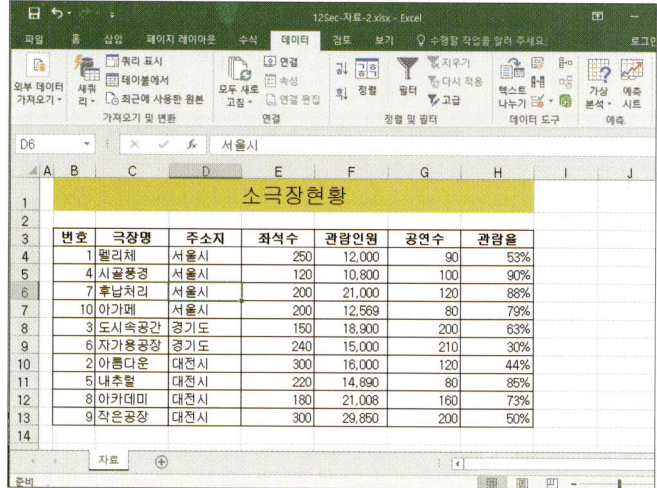

05 주소지가 서울시, 경기도, 대전시 순서로 정렬되었습니다.

직접 해보기 기본 스타일의 표 만들기

_ 준비파일 | 12Section-자료3.xlsx

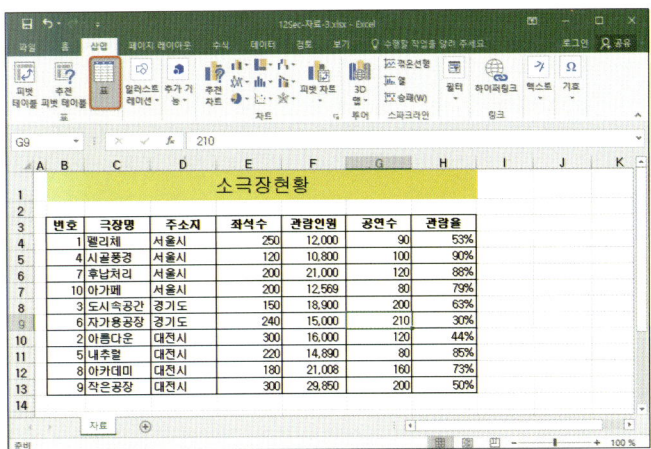

01 입력한 자료 셀 [B3:H13]을 표로 만들어 봅시다.
데이터가 입력되어 있는 임의의 셀(B3:H13 사이)을 클릭하고 [삽입] 탭의 [표] 그룹 [표]를 클릭합니다.

강의노트 ✏️
영역 [B3:H13]을 블록으로 지정하고 표를 만들 수 있습니다.

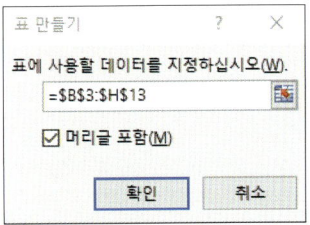

02 3행을 표의 머리글로 사용할 것이므로 [표 만들기]대화상자의 머리글 포함을 선택하고 [확인]을 클릭합니다. 데이터 범위는 자동으로 선택됩니다.

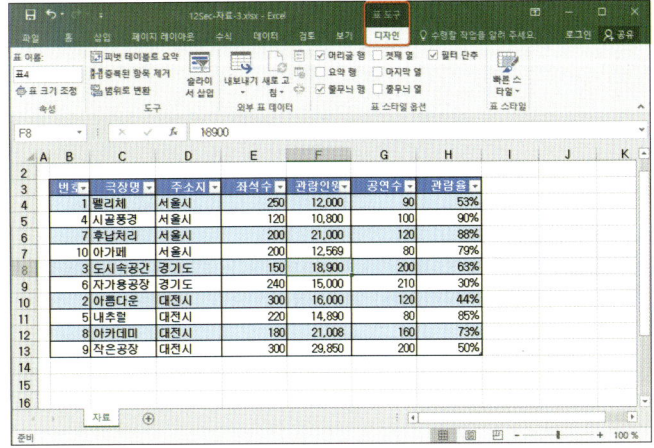

03 데이터 범위가 표로 변환되어 필드이름 옆에 필터단추가 표시되고, 표 스타일이 자동 적용됩니다. 또한, 표를 만들면 [표 도구]를 사용할 수 있게 되고 [디자인] 탭이 표시됩니다.

직접 해보기 표 기능 해제와 원하는 스타일의 표 만들기

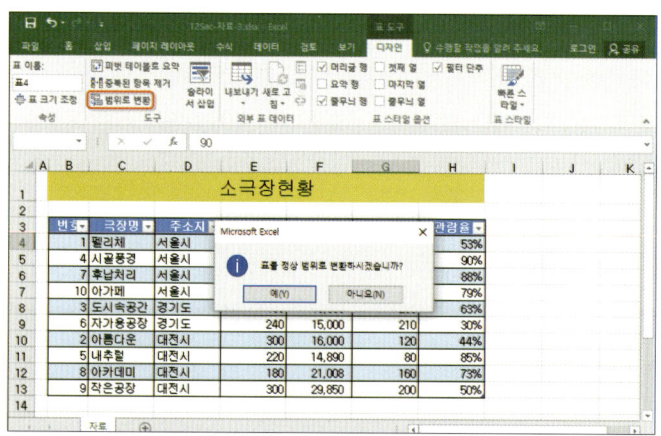

01 입력한 자료 셀 [B3:H13]을 "표 스타일 보통 3" 스타일의 표로 만들어 봅시다.
이미 지정되어 있는 표의 기능을 해제하기 위하여 표의 임의의 셀(B3 :H13 사이)을 클릭하고 [표 도구]-[디자인] 탭의 [도구] 그룹 [범위로 변환]을 클릭합니다.
"표를 정상 범위로 변환하시겠습니까?" 메시지 창에서 [예]를 클릭하면 일반 데이터 범위로 변환됩니다.

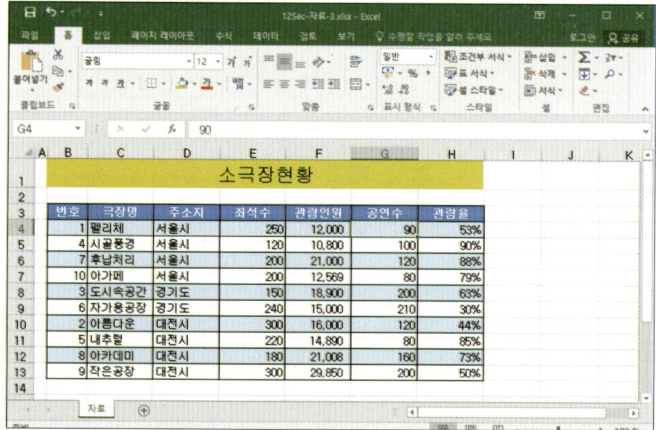

02 표의 기능은 해제되고 서식은 그대로 유지가 됩니다.

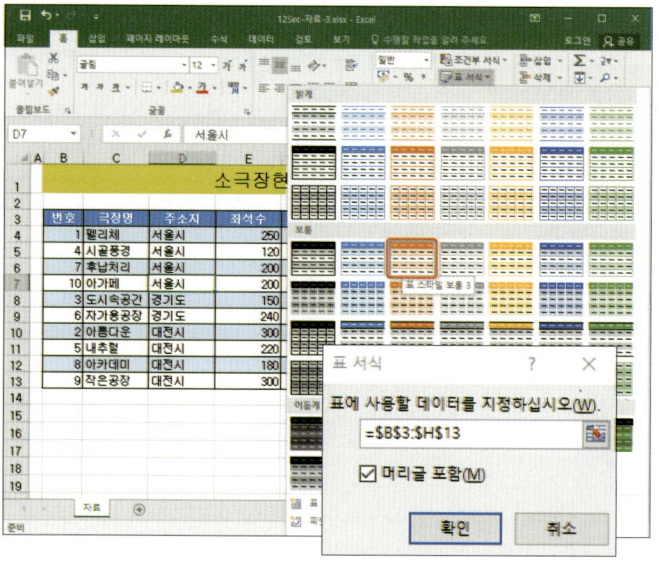

03 표의 임의의 셀(B3:H13 사이)을 클릭하고 [홈] 탭의 [스타일] 그룹 [표 서식]을 클릭하고 "표 스타일 보통 3"을 클릭하고, [표 서식]대화상자에서 "머리글 포함"이 선택되어 있는지 확인하고 [확인]을 클릭합니다.

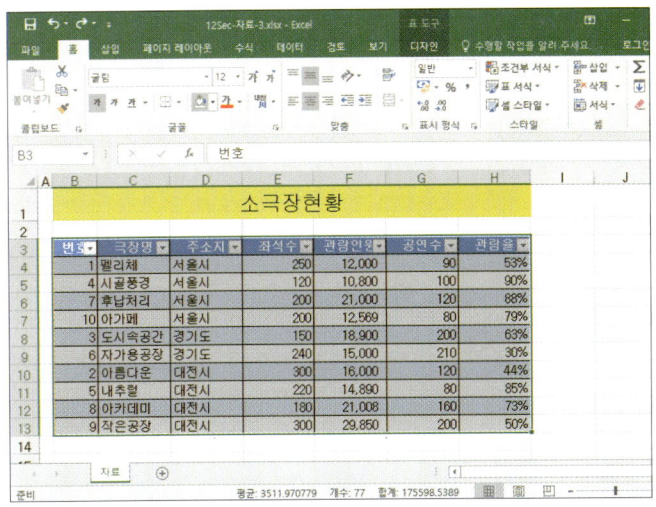

04 데이터 범위가 표로 변환되어 필드이름 옆에 필터단추가 표시되었으나 표 스타일의 색은 적용 되지 않았습니다.

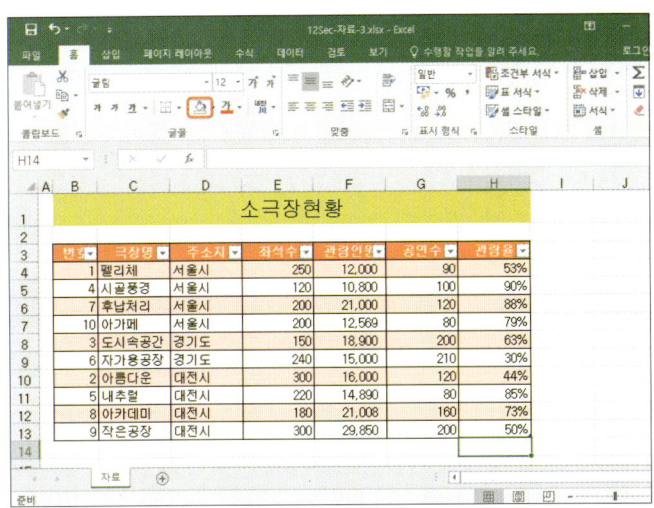

05 셀 [B3:H13]을 블록으로 지정하고 [홈] 탭의 [글꼴] 그룹에서 색 "채우기 없음"을 지정합니다.

강의노트

셀에 임의의 색으로 색 채우기가 되어 있으면 표 스타일의 색은 적용되지 않습니다. 색 "채우기 없음"을 지정하면 표 스타일의 색이 적용됩니다.

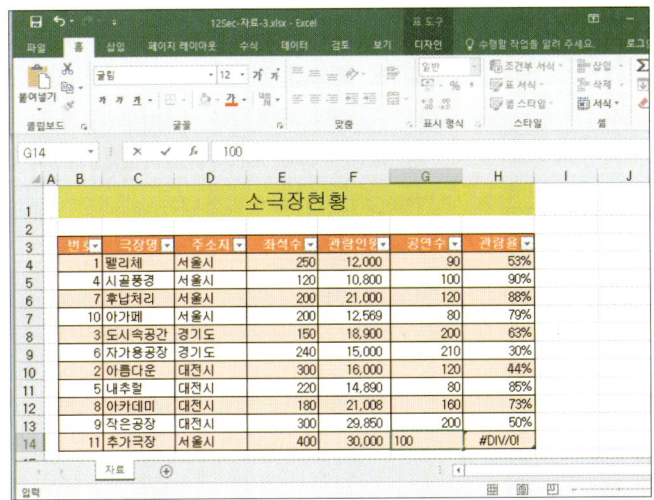

06 표의 마지막 행 다음인 행 14에 그림과 같이 추가 자료를 입력합니다. 셀이 추가되면 자동으로 행14는 행13의 수식을 그대로 적용하기 때문에, 입력을 시작하면 수식 열의 셀 H14는 "#DIV/0!"으로 표시되나 입력을 마치면 (셀 G14에 Enter 입력) 에러 "#DIV/0!"은 없어지고 수식 결과가 표시됩니다.

직접 해보기 요약 행 만들기

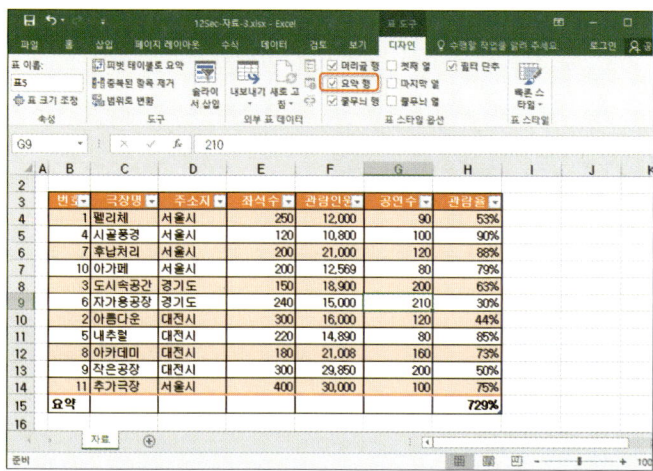

01 입력한 자료 셀 [B3:H14]의 아래쪽에 요약 행을 추가해 봅시다. 셀(B3:H14 사이)을 클릭하고 [표 도구] [디자인] 탭의 [표 스타일 옵션] 그룹에서 [요약 행]을 클릭합니다. 입력자료 하단에 [요약] 행이 생성됩니다.

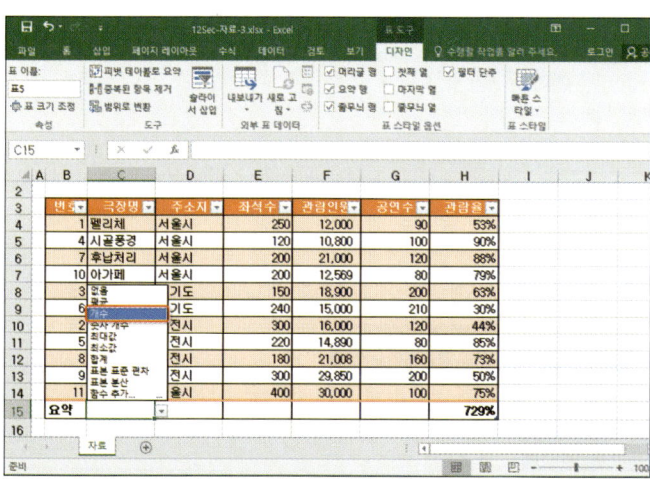

02 셀 C15를 클릭하고, 드롭다운 단추를 클릭하여 "개수"를 클릭합니다. 셀 C15에 셀 C4:C14까지의 개수가 표시됩니다.

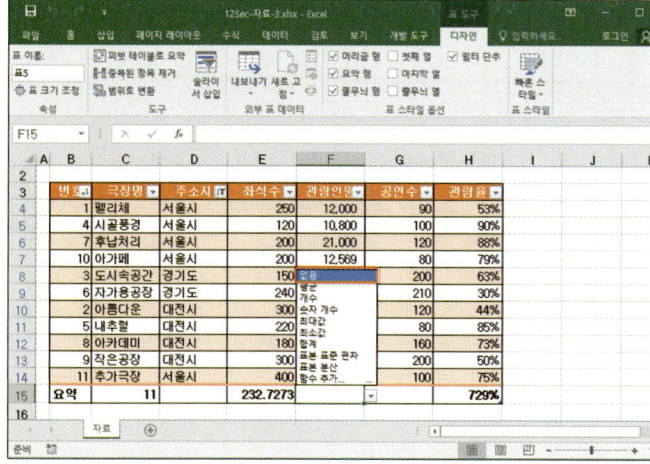

03 셀 E15와 셀 F15, 셀 G15의 평균을 드롭다운 단추를 이용하여 계산합니다.

강의노트

셀 H15에는 기본적으로 합계가 표시되며 드롭다운 메뉴를 사용하여 계산 값을 변경할 수 있습니다.

실전문제

01. 파일 "실전문제-12.xlsx"을 열고, 구분을 "1팀, 2팀, 3팀"의 순서로 정렬하고, 값이 같을 경우 합계의 내림차순으로 정렬하시오.

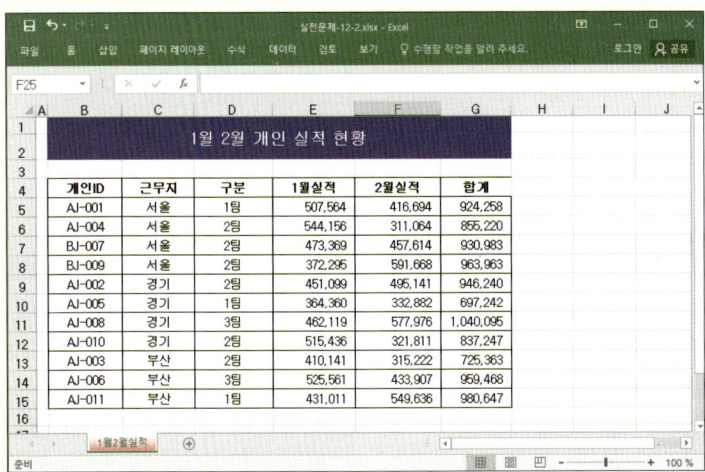

완성파일 | 실전문제 12-1-결과.xlsx

Hint 두 개의 정렬기준 필요

02. 파일 "실전문제-12.xlsx"을 열고, 근무지를 "서울, 경기, 부산" 순서로 정렬하시오.

완성파일 | 실전문제 12-2-결과.xlsx

Hint 사용자 지정 목록 사용

실전문제

03. 파일 "실전문제-12.xlsx"를 열고, 1월 2월실적 데이터를 표 서식 "표 스타일 보통 19"를 적용하여 표로 변환하시오.

완성파일 | 실전문제 12-3-결과.xlsx

04. 03.에서 작성한 표에 요약 행을 추가하고 다음과 같이 "1월실적, 2월실적, 합계"의 평균을 구하시오.

완성파일 | 실전문제 12-4-결과.xlsx

Hint 요약 행 추가 후 빠른 분석을 이용한 평균계산

Part2. **13** Section

텍스트 나누기와 중복된 항목 제거

텍스트 나누기는 하나의 셀에 있는 텍스트를 여러 열로 나누어 줍니다. 고정 너비로 나누거나, 쉼표, 마침표 또는 지정하는 다른 문자를 기준으로 나눌 수 있습니다. 중복된 항목 제거는 열 기준으로 중복된 값을 확인하여 중복된 행을 영구 삭제합니다. 첫 번째 항목의 데이터는 유지되고 나머지는 모두 삭제됩니다.

Zoom In

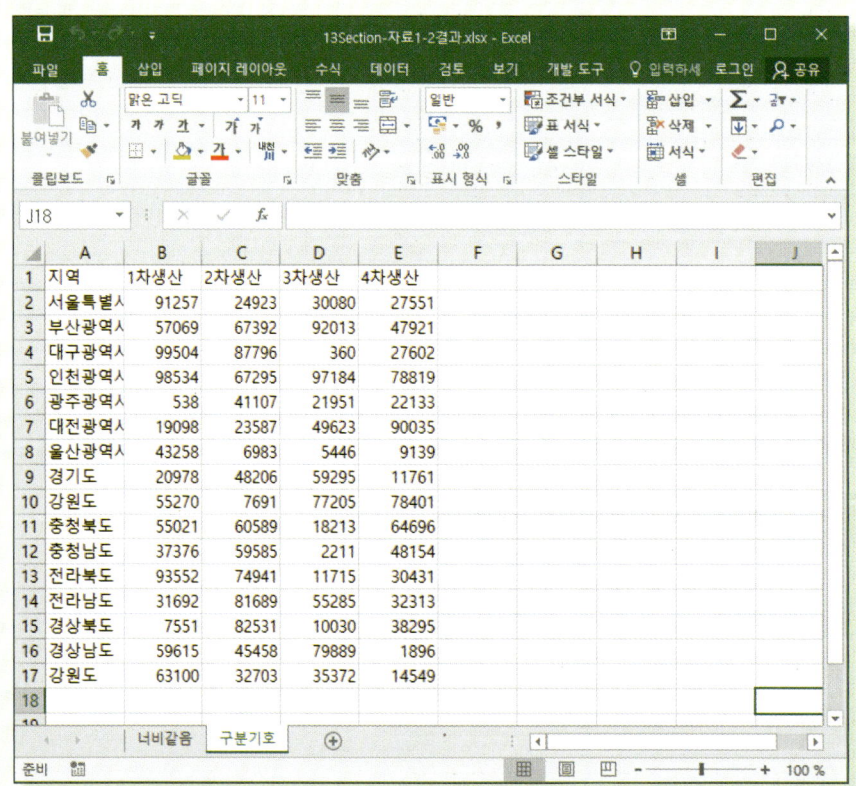

Keypoint
- 너비와 구분 기호로 텍스트 나누기
- 중복된 항목 제거하기

Knowhow
- 하나의 열 속에 데이터가 길게 나열된 경우는 일정한 너비나 구분 기호를 기준으로 세로를 나눈다.
- 중복된 항목이나 값은 첫 번째 데이터만 남기고 편리하게 삭제한다.

직접 해보기 | 너비가 일정함으로 텍스트 나누기

_ 준비파일 | 13Section-자료1-1.xlsx

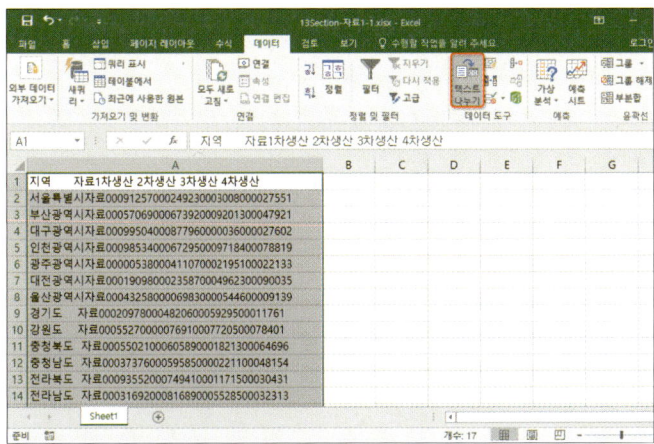

01 셀 [A1:A17]에 입력되어 있는 데이터를 지역, 1차생산, 2차생산, 3차생산, 4차생산으로 구분해 봅시다. 셀 [A1:A17]을 블록으로 지정하고, [데이터] 탭의 [데이터 도구] 그룹 [텍스트 나누기]를 클릭합니다.

02 [텍스트 마법사 - 3단계 중 1단계] 대화상자에서 원본 데이터 파일 유형으로 "너비가 일정함"을 선택하고 [다음]을 클릭합니다.

보충수업 [메모장]에서 작성한 데이터를 엑셀로 가져오기

- 메모장에 입력한 자료를 블록으로 지정하고 [복사하기] (Ctrl + C)를 합니다.

- 엑셀 문서에서 복사할 위치(셀 A1)를 클릭하고 [붙여넣기](Ctrl + V)를 합니다.

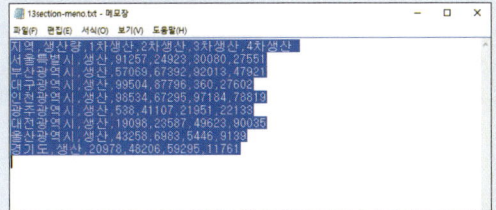
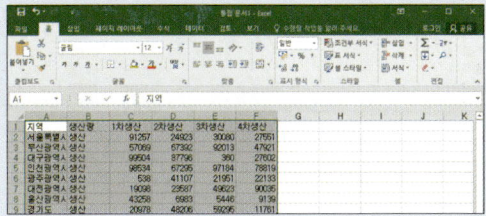

강의노트 ✏️
데이터의 유형에 따라 자동으로 필드가 구분되어 입력됩니다.

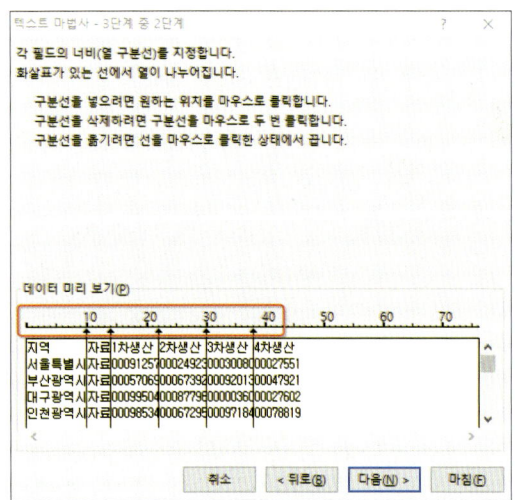

03 [텍스트 마법사 - 3단계 중 2단계] 대화상자에서 데이터 미리 보기 영역에서 눈금선 10, 14, 22, 30, 38 위치를 클릭하여 화살표를 생성하고 [다음]을 클릭합니다.

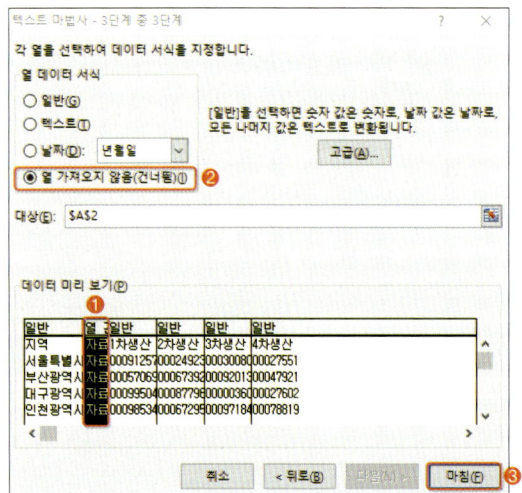

04 [텍스트 마법사 - 3단계 중 3단계] 대화상자에서 데이터 미리 보기 영역에서 2번째 열을 클릭하고, 열 데이터 서식의 "열 가져오지 않음(건너뜀)"을 클릭합니다. [마침]을 클릭합니다.

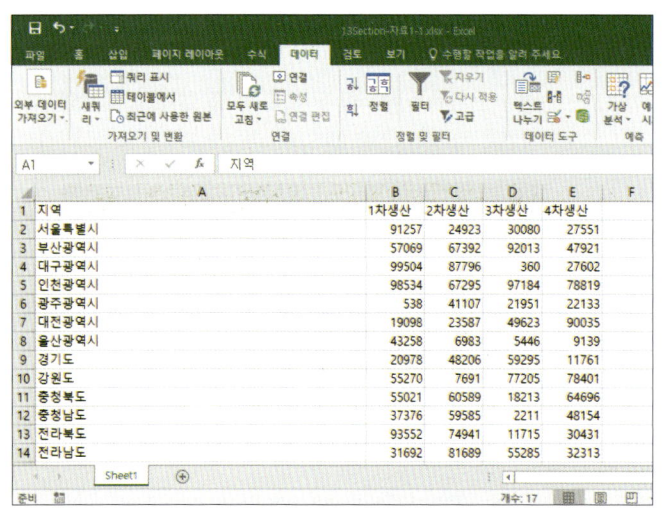

05 데이터가 나누어져 열 A:E에 표시됩니다. 열 너비를 조절합니다.

직접 해보기 구분 기호로 텍스트 나누기

_ 준비파일 | 13Section-자료1-2.xlsx

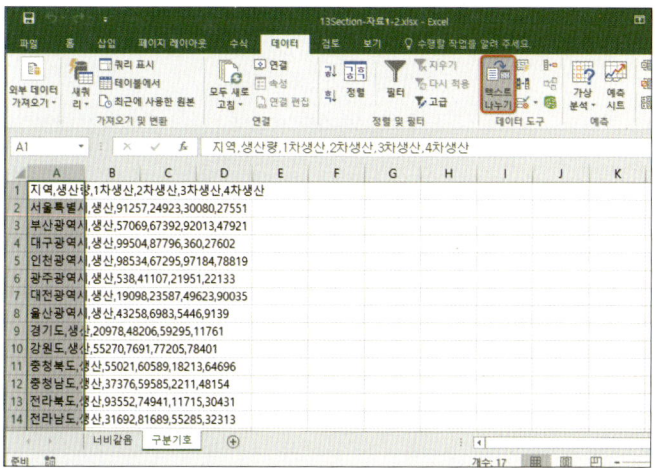

01 [구분기호] 시트에서 셀 [A1:A17]에 입력되어 있는 데이터를 지역, 1차생산, 2차생산, 3차생산, 4차생산으로 구분해 봅시다.
셀 [A1:A17]을 블록으로 지정하고, [데이터] 탭의 [데이터 도구] 그룹 [텍스트 나누기]를 클릭합니다.

02 [텍스트 마법사 - 3단계 중 1단계] 대화상자에서 원본 데이터 파일 유형으로 "구분 기호로 분리됨"을 선택하고 [다음]을 클릭합니다.

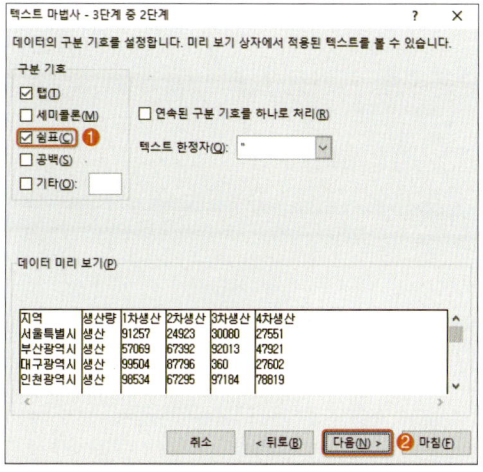

03 [텍스트 마법사 - 3단계 중 2단계] 대화상자에서 구분 기호를 "쉼표"를 선택하고 [다음]을 클릭합니다.

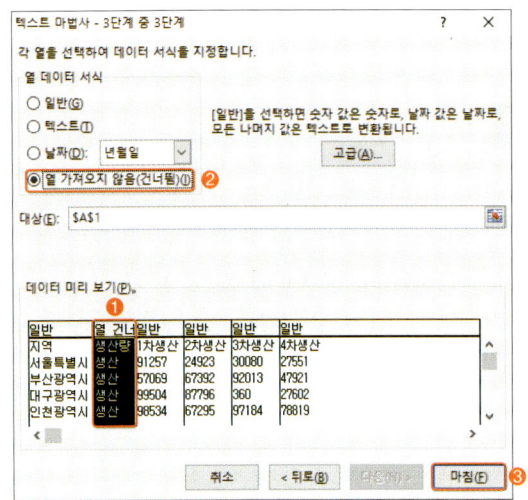

04 [텍스트 마법사 - 3단계 중 3단계] 대화상자에서 데이터 미리 보기 영역에서 "생산량"이 표시되어 있는 2번째 열을 클릭합니다. 열 데이터 서식의 "열 가져오지 않음(건너뜀)"을 선택하고 [마침]을 클릭합니다.

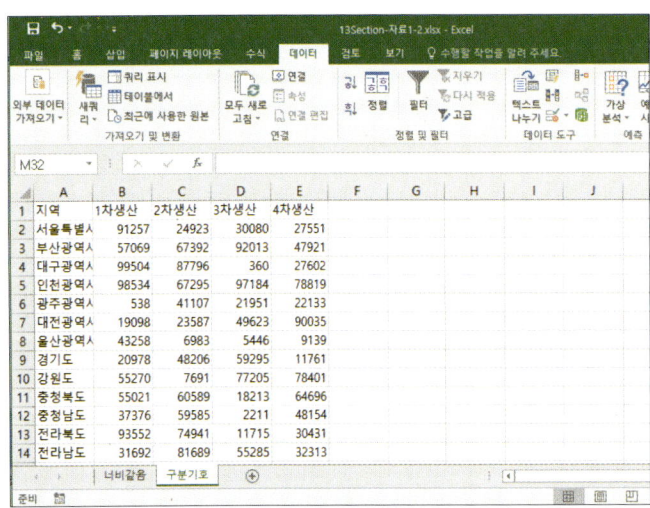

05 데이터가 나누어져 열 A:E에 표시됩니다. 열 너비를 조절합니다.

 보충수업 [텍스트 마법사 - 3단계 중 3단계] 대화상자의 열 데이터 서식

- **일반** : 숫자 값은 숫자로, 날짜 값은 날짜로, 모든 나머지 값은 텍스트로 변환
- **텍스트** : 모든 값을 텍스트로 변환
- **날짜** : 값을 "년월일", "월일년", "일월년"등의 종류를 지정하여 날짜 형식으로 변환

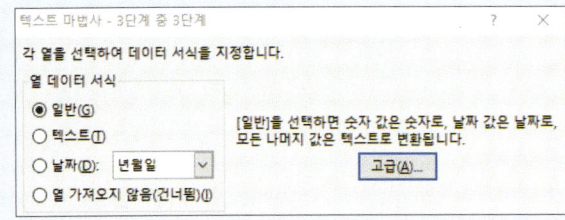

직접 해보기 중복된 항목 제거하기

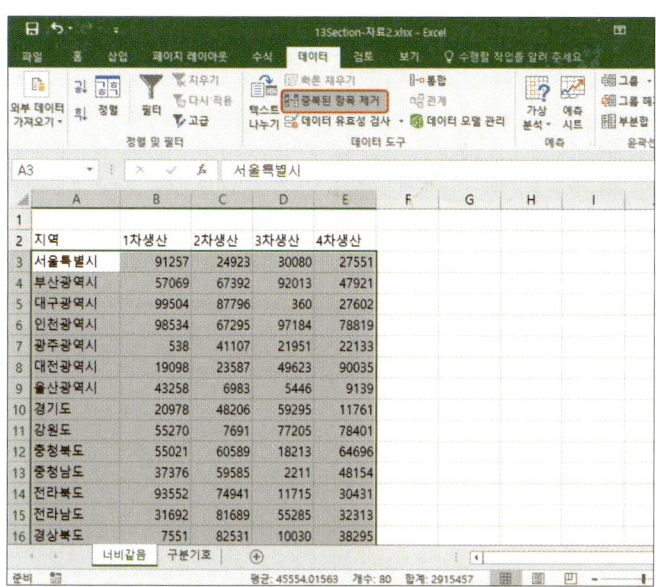

준비파일 | 13Section-자료2.xlsx

01 "지역"에서 중복된 데이터를 삭제해 봅시다.

셀 [A3:E18] 중 임의의 셀을 클릭하고, [데이터] 탭의 [데이터 도구] 그룹 [중복된 항목 제거]를 클릭합니다. [중복된 항목 제거]를 클릭하면 인접한 데이터들이 블록으로 지정됩니다.

02 [중복된 항목 제거] 대화상자에서 모두 선택 취소를 클릭한 다음 "열"에서 "지역"을 선택하고 [확인]을 클릭합니다.

03 1개의 중복된 값을 제거했다는 메시지를 보여줍니다. [확인]을 클릭합니다.
그러면 행18이 제거되었습니다.

실전문제

01. 파일 "실전문제-13.xlsx"의 [1.구분기호]시트의 데이터는 공백(" ")기호로 구분되어 있습니다. 텍스트 나누기를 실행하여 다음과 같이 표시하시오.

완성파일 | 실전문제 13-1-결과.xlsx

Hint "구분기호로 분리됨"으로 텍스트 나누기

02. 파일 "실전문제-13.xlsx"의 [2. 너비]시트의 데이터는 열 너비가 일정합니다. 6, 20에 셀 구분선을 지정하여 텍스트 나누기를 실행하여 다음과 같이 표시하시오.

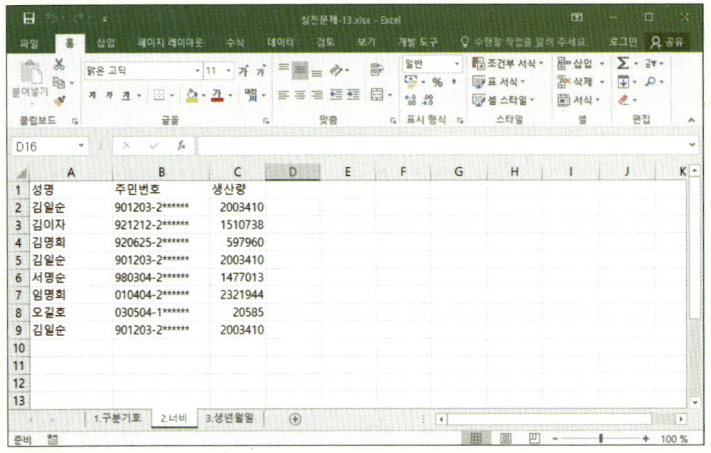

완성파일 | 실전문제 13-2-결과.xlsx

Hint "너비가 일정함"으로 텍스트 나누기

실전문제

03. 파일 "실전문제-13.xlsx"의 [3.생년월일] 시트의 데이터는 열 너비가 일정합니다. 6, 12, 13, 14, 20에 셀 구분선을 지정하고 3번째와 5번째 열을 "열 가져오지 않음"을 지정하고, 2번째 열은 날짜 서식을 지정하여 텍스트 나누기를 실행하여 다음과 같이 표시하시오.

완성파일 | 실전문제 13-3-결과.xlsx

04. 3.에서 작성한 데이터에서 "성명"을 기준으로 중복된 항목을 제거하시오.

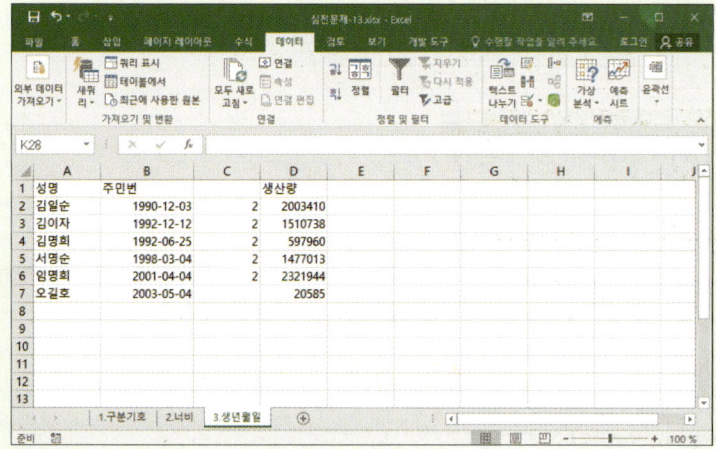

완성파일 | 실전문제 13-4-결과.xlsx

Part2. **14** Section

목표 값 찾기, 시나리오, 데이터 표

목표 값 찾기는 입력되어 있는 값에 대한 특정 수식의 결과를 계산하고, 수식의 결과를 특별한 값으로 지정하기 위한 입력 값을 계산하고자 하는 경우 사용합니다. 시나리오는 여러 가지 값을 그룹으로 기록하고, 그룹 내의 값의 변화가 결과를 어떻게 변화시키는지를 알아보는 분석기법입니다. 결과는 보고서 형태로 만들어서 그룹간의 차이를 비교·분석 할 수 있습니다. 데이터 표는 수식으로 되어있는 셀의 결과를 일부 셀 값을 변경하여 서로 다른 결과를 구할 수 있는 방법입니다.

Zoom In

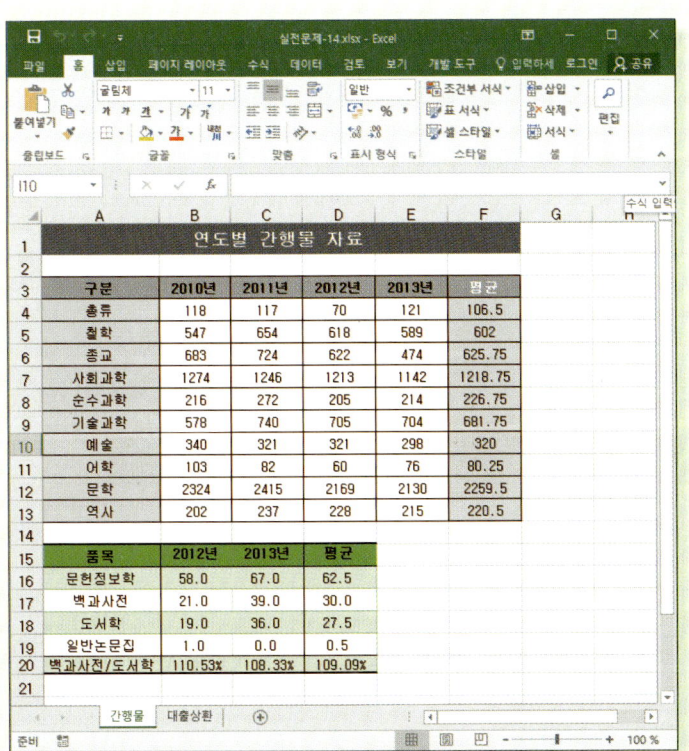

Keypoint

_ 목표값 찾기
_ 시나리오 만들기
_ 시나리오 요약보고서
_ 변수가 있는 데이터 표 만들기

Knowhow

_ 입력 데이터를 기준으로 구하려는 수식의 결과는 알지만 결과를 얻기 위한 정확한 입력값을 모를 경우 목표값을 사용한다.
_ 여러 값을 그룹으로 만들고 각 그룹의 결과를 확인 및 통합을 위해 시나리오 보고서를 만든다.
_ 데이터 표는 일부 값을 변경하여 수식에 대한 해답을 구하는 데이터 분석 도구이다.

직접 해보기 | 목표 값 찾기 실행하기

_ 준비파일 | 14Section-자료1.xlsx

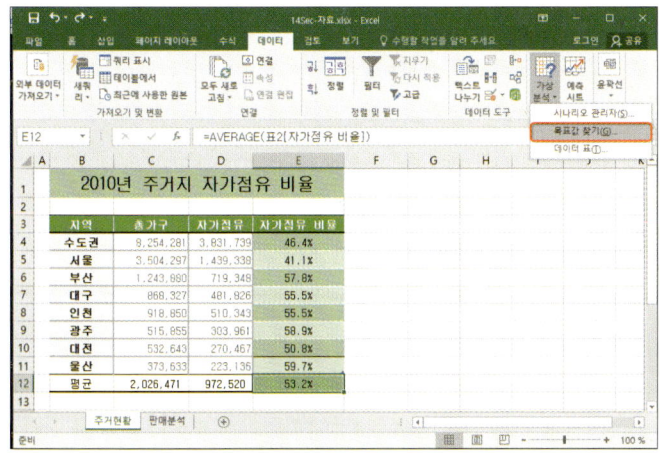

01 [주거현황] 시트에서 자가점유 비율의 평균(셀 E12)의 값이 55%가 되기 위해서 대전의 자가점유가 얼마가 되어가 하는지 계산해 봅시다.
[데이터] 탭의 [예측] 그룹 [가상 분석]에서 [목표 값 찾기]를 클릭합니다.

02 [목표 값 찾기] 대화상자에서 수식 셀에 "E12", 찾는 값에 "55%", 값을 바꿀 셀에 "D10"을 입력하고 [확인]을 클릭합니다. 그러면 목표 값 찾기의 결과를 보여줍니다.

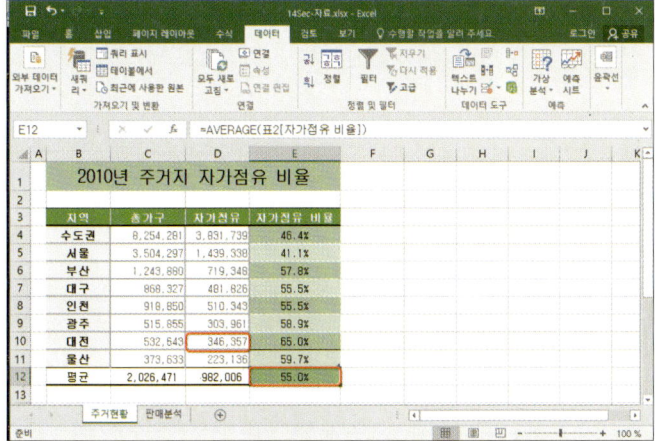

03 [확인]을 클릭하면 셀 D10과 셀 E12의 값이 목표 값 찾기 결과로 변경됩니다.

강의노트 ✎
[목표 값 찾기 상태] 대화상자에 [취소]를 클릭하면 원래의 데이터가 유지됩니다.

직접 해보기 | 시나리오 만들기

_ 준비파일 | 14Section-자료2.xlsx

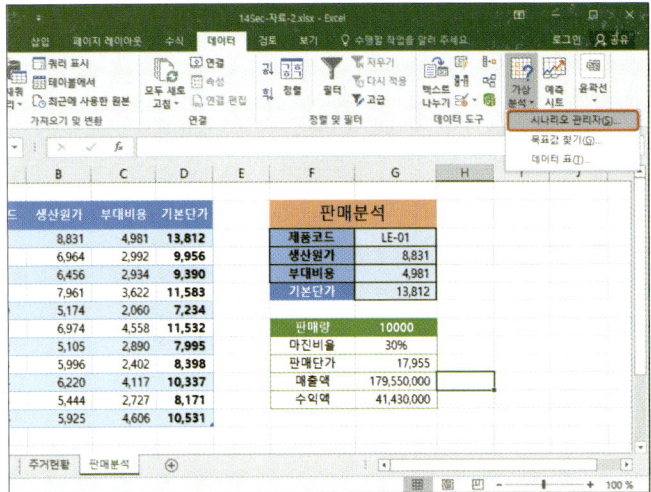

01 [판매분석] 시트에서 "판매량"과 "마진비율"에 대한 시나리오를 작성해 봅시다.
[데이터] 탭의 [예측] 그룹 [가상 분석]에서 [시나리오 관리자]를 클릭합니다.

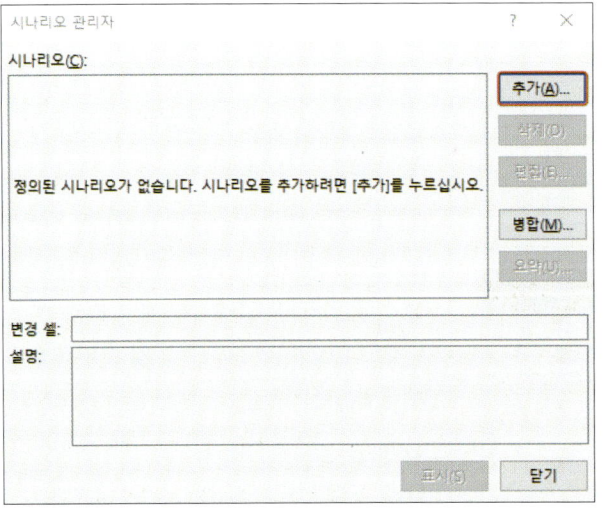

02 [시나리오 관리자] 대화상자에서 [추가]를 클릭합니다.

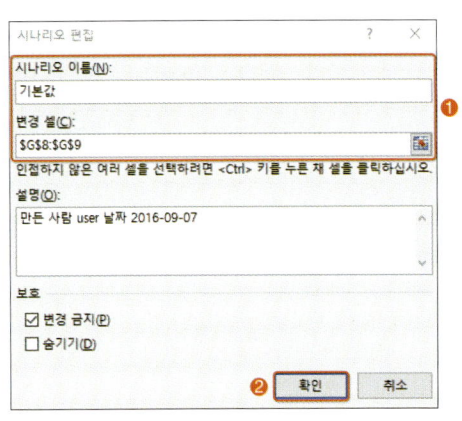

03 [시나리오 편집] 대화상자의 시나리오 이름에 "기본값"을 입력하고, 변경 셀에 셀 [$G$8:$G$9]를 입력하고 [확인]을 클릭합니다.

강의노트
시나리오 이름은 시나리오를 구분하기 위한 임의의 이름입니다.

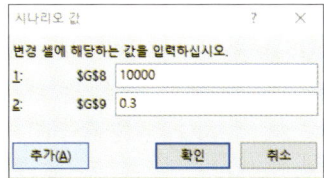

04 [시나리오 값] 대화상자에 현재 셀 [G8:G9]의 값이 표시됩니다. 원래 값을 그대로 두고 [확인]을 클릭합니다.

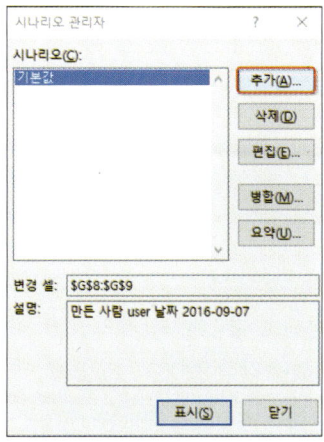

05 다시 [시나리오 관리자] 대화상자가 나타납니다. [추가]를 클릭합니다.

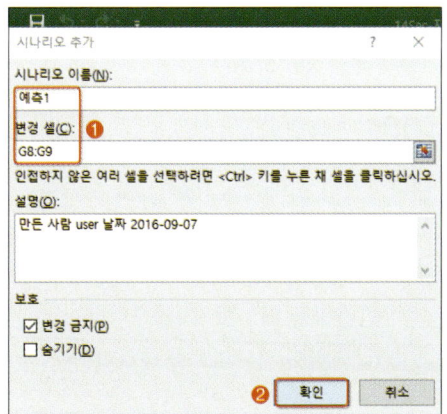

06 [시나리오 추가] 대화상자의 시나리오 이름에 "예측1"을 입력하고, 변경 셀이 "G8:G9"임을 확인하고 [확인]을 클릭합니다.

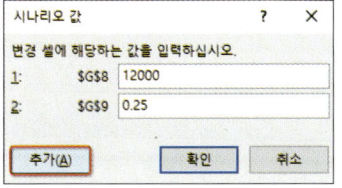

07 [시나리오 값] 대화상자의 [G8:G9] 값에 각각 12000, 0.25 (25%)를 입력하고 [추가]를 클릭합니다.

강의노트 ✏️
계속해서 새로운 시나리오를 추가할 때 [추가]를 클릭합니다.

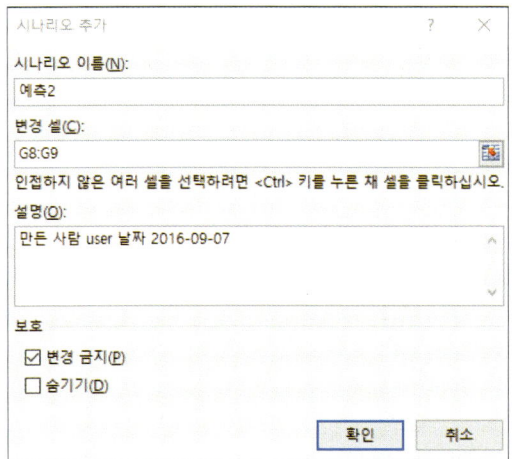

08 다시 [시나리오 추가] 대화상자의 시나리오 이름에 "예측2"를 입력하고, 변경 셀이 "G8:G9"임을 확인하고 [확인]을 클릭합니다.

09 [시나리오 값] 대화상자의 [G8:G9] 값에 각각 9000, 0.35(35%)를 입력하고 [확인]을 클릭합니다.

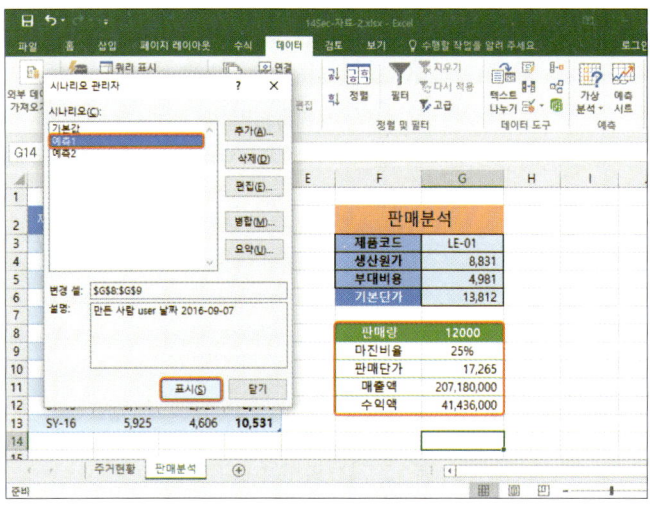

10 [시나리오 관리자] 대화상자가 나타납니다. [시나리오 관리자] 대화상자의 시나리오 "예측1"을 클릭하고 [표시]를 클릭합니다. "예측1"의 값이 셀 [G8:G9]에 즉시 반영되고 관련된 셀 값이 변경됨을 확인할 수 있습니다. [닫기]를 클릭하여 시나리오를 종료합니다.

직접 해보기 시나리오 요약 만들기

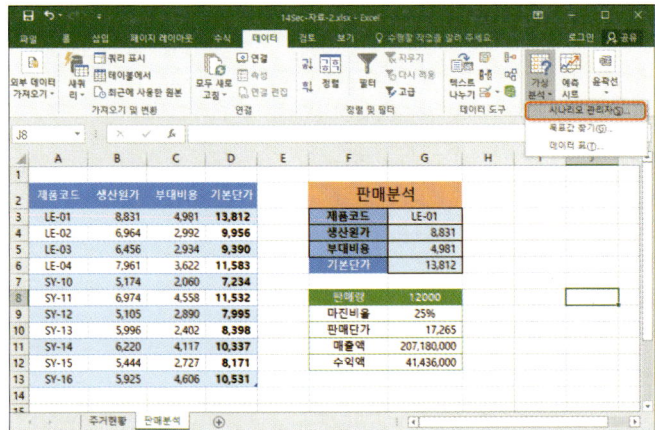

01 [데이터] 탭의 [예측] 그룹 [가상 분석]에서 [시나리오 관리자]를 클릭합니다.

강의노트
여러 시나리오를 한 페이지에 요약하는 보고서를 만들 수 있습니다. 시나리오의 값을 변경해도 시나리오 보고서에는 자동으로 반영되지 않습니다.

02 입력되어 있는 [시나리오 관리자] 대화상자가 나타납니다. 시나리오 이름 "기본값"을 클릭하고 [표시]를 클릭하여 기본 값을 셀에 표시하고, 요약 보고서를 작성하기 위하여 [요약]을 클릭합니다.

강의노트
- [삭제] 입력된 시나리오를 삭제합니다.
- [편집] 입력된 시나리오 값을 변경 할 수 있습니다.

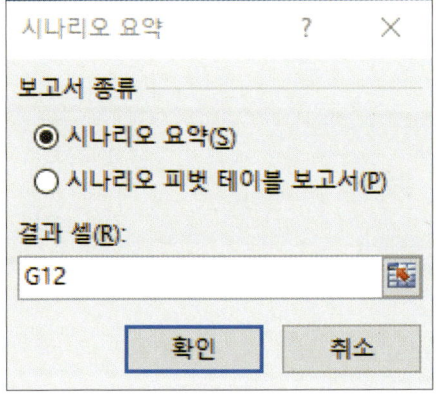

03 [시나리오 요약] 대화상자에서 결과 셀에 "수익액"에 해당하는 셀 "G12"를 입력하고 [확인]을 클릭합니다.

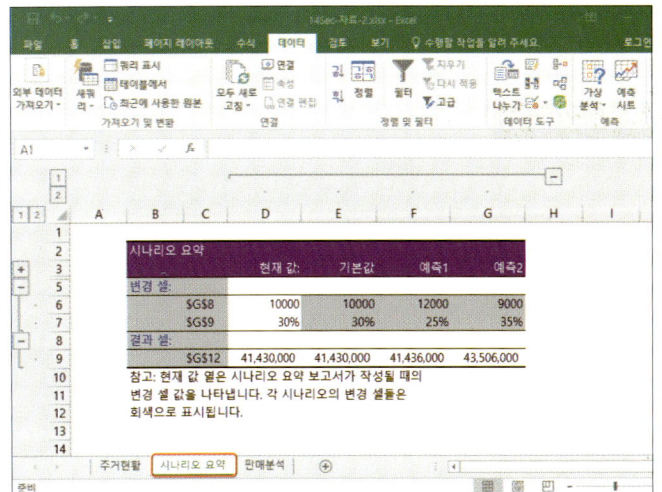

04 시나리오 요약 보고서가 새 시트 [시나리오 요약]에 표시됩니다. 열 D:G에 시나리오 작성 순서대로 현재 값, 기본값, 예측1, 예측2의 입력 값과 결과 값이 표시됩니다.

직접 해보기 시나리오 요약 보고서 삭제

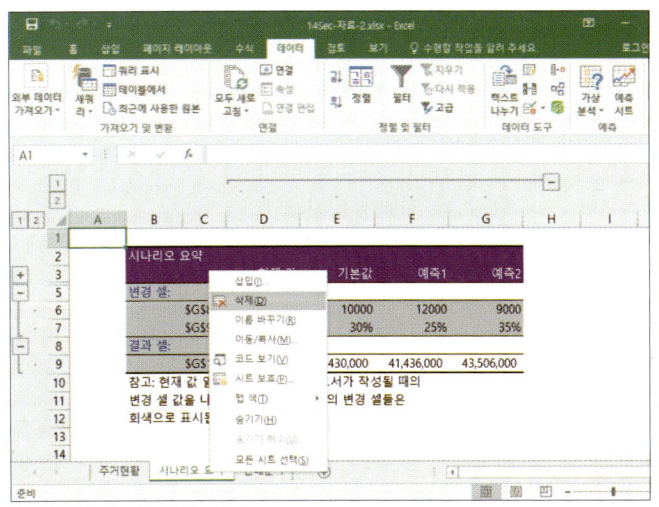

01 [시나리오 요약] 시트 탭의 팝업 메뉴에서 [삭제]를 클릭합니다.

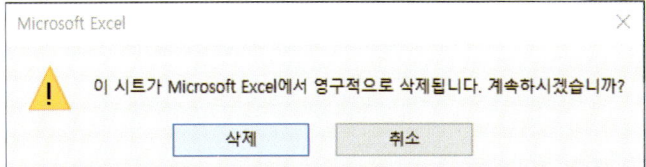

02 삭제 확인 메시지 창에서 [삭제] 를 클릭합니다.

직접 해보기 | 변수가 하나인 데이터 표 만들기

준비파일 | 14Section-자료3.xlsx

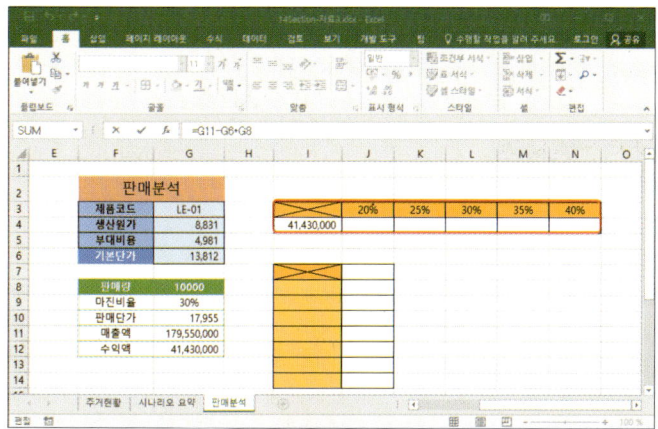

01 [판매분석] 시트에서 마진비율 20%~40%에 대한 수익액 표를 5% 단위로 작성해 봅시다.
기본데이터를 셀 J3:N4에 그림과 같이 입력하고, 셀 I4에 수식 "=G11-G6 * G8"을 입력합니다.

강의노트 ✏️
데이터가 행 방향으로 되어 있으면 두 번째 행의 첫 번째 열 앞에 수식을 입력합니다.

02 셀 [I3:N4]를 블록으로 지정하고 [데이터] 탭의 [예측] 그룹 [가상 분석]에서 [데이터 표]를 클릭합니다.

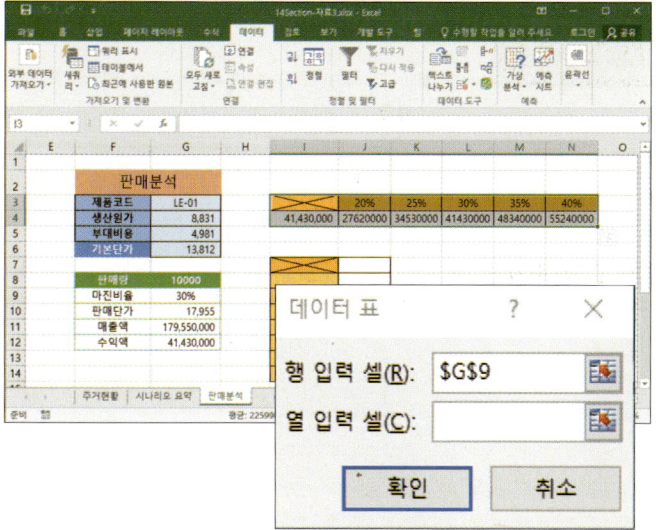

03 [데이터 표] 대화상자의 행 입력 셀에 마진비율에 해당하는 셀 $G$9를 입력하고 [확인]을 클릭합니다.

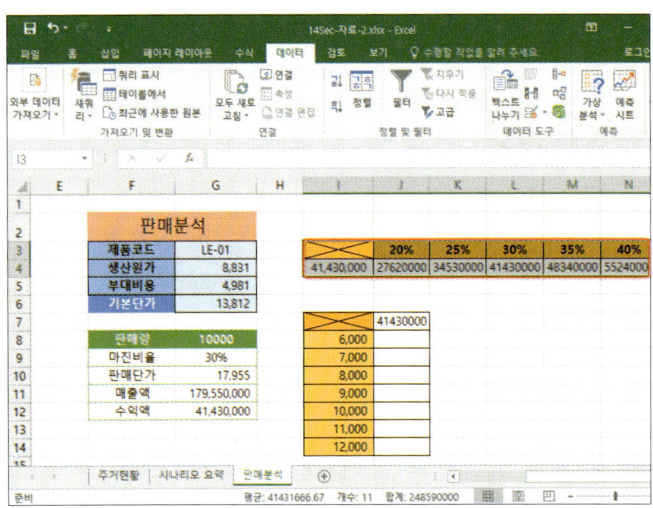

04 마진비율 값에 대한 수익액이 계산되어 표시됩니다.

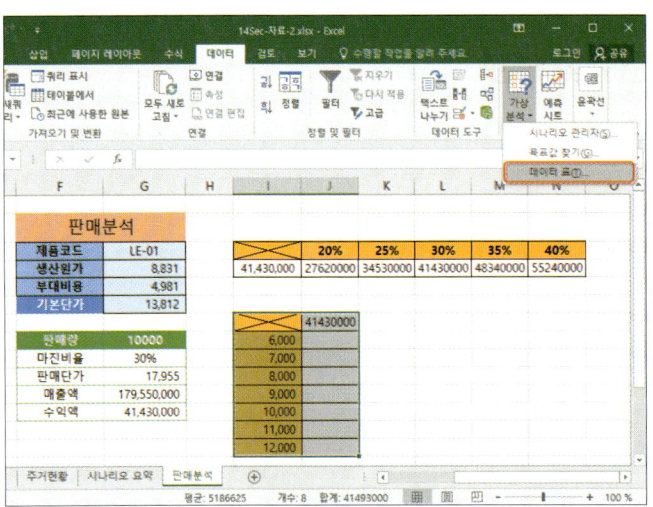

05 다음은 [판매분석] 시트에서 판매량이 6,000~12,000에 대한 수익액의 표를 1,000 단위로 작성해 봅시다.
기본데이터를 셀 I8:I14에 그림과 같이 입력하고, 셀 J7에 수식 "=G11-G6 * G8"을 입력합니다.

강의노트
데이터가 열 방향으로 되어 있으면 두 번째 열의 첫 번째 행 위쪽에 수식을 입력합니다.

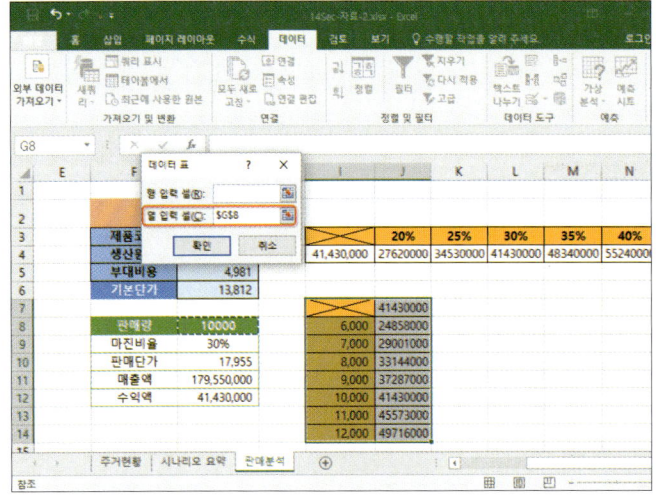

06 셀 [I7:J14]를 블록으로 지정하고 [데이터]탭의 [예측]그룹 [가상분석]에서 [데이터 표]를 클릭합니다. [데이터 표] 대화상자의 열 입력 셀에 판매량에 해당하는 셀 $G$8을 입력하고 [확인]을 클릭합니다.

직접 해보기 | 변수가 두개인 데이터 표 만들기

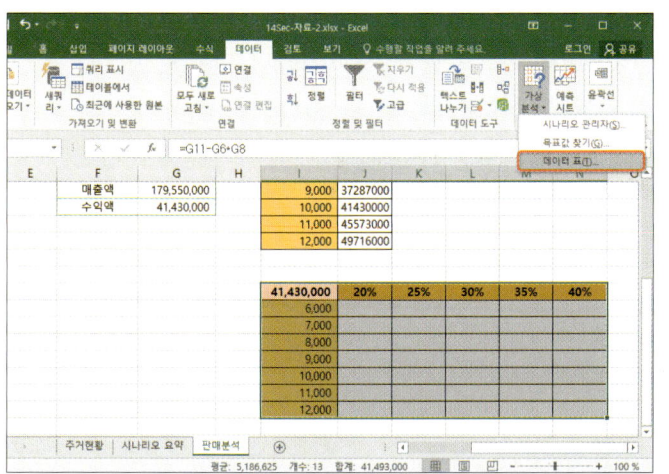

01 [판매분석] 시트에서 마진비율 20%~40%, 판매량 6,000~12,000에 대한 수익액 표를 작성해 봅시다.
기본데이터를 셀J17:N17과 셀I18:I24에 그림과 같이 입력하고, 셀 I17에 수식 "=G11-G6 * G8"을 입력합니다.

강의노트 ✏️
변수가 두 개인 데이터 표를 작성하는 수식은 첫 번째 열의 위쪽에 수식을 입력합니다.

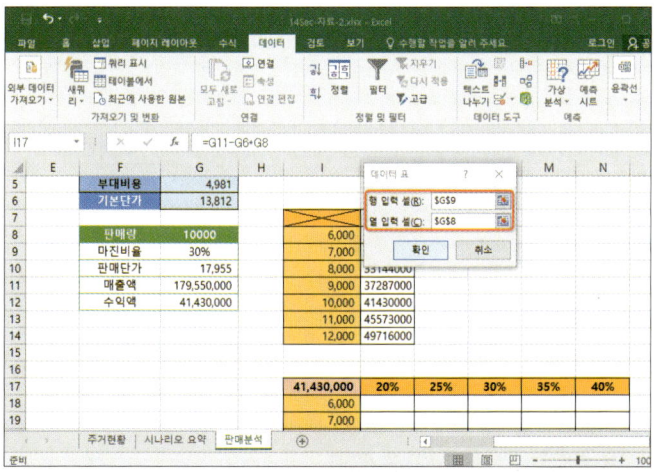

02 셀 [I17:N24]를 블록으로 지정하고 [데이터] 탭의 [예측] 그룹 [가상 분석]에서 [데이터 표]를 클릭합니다. [데이터 표] 대화상자의 행 입력 셀에 마진비율 $G$9, 열 입력 셀에 판매량 $G$8을 입력하고, [확인]을 클릭합니다.

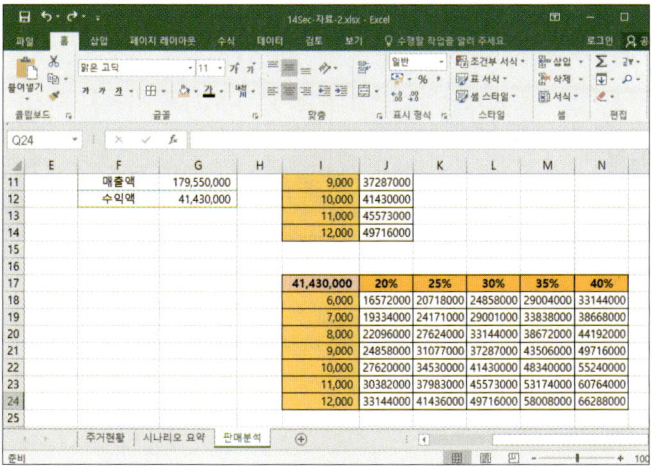

03 마진비율과 판매량에 따라 수익액이 계산됩니다.

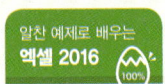

실전문제

01. 파일 "실전문제-14.xlsx"을 열고, [간행물] 시트에서 "어학"의 평균이 90이 되려면 "어학"의 "2012년" 값이 얼마가 되어야 하는지 목표 값 찾기를 이용하여 계산하시오.

완성파일 | 실전문제 14-1-결과.xlsx

02. 파일 "실전문제-14.xlsx"의 [간행물] 시트에서 다음 표의 내용으로 시나리오를 만들고 백과사전/도서 학의 평균에 대한 시나리오 요약 보고서를 작성하시오.

시나리오 이름	문헌정보학	백과사전	도서학
변경 가형	68	50	30
변경 나형	60	45	45

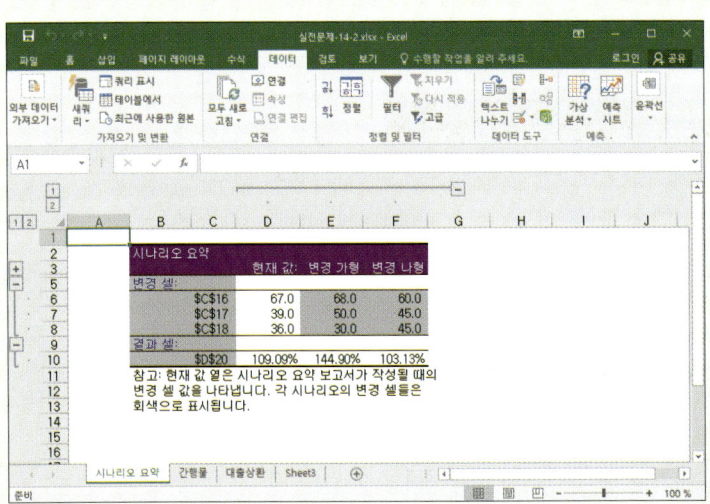

완성파일 | 실전문제 14-2-결과.xlsx

실전문제

03. 파일 "실전문제-14.xlsx"의 [대출상환] 시트에 연이율이 2.4%, 2.7%, 3%, 4%, 5%, 6% 일 때 대출금액 10,000,000원에 대한 월 상환액을 데이터 표 기능을 이용하여 계산하시오.

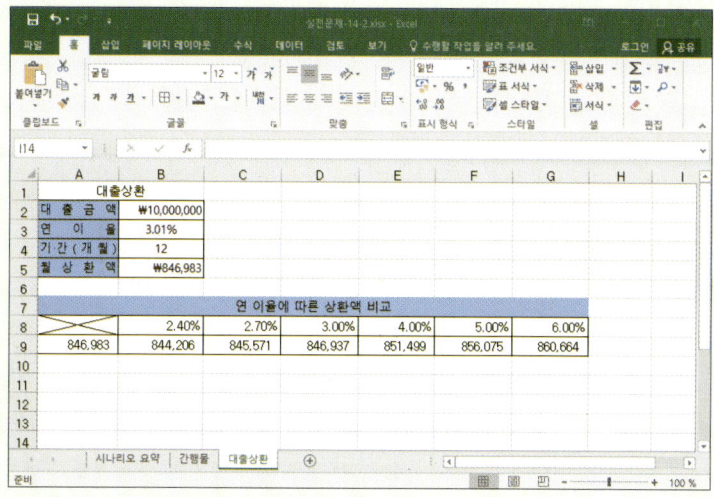

완성파일 | 실전문제 14-3-결과.xlsx

Hint 수식은 두번째 행 첫번째 열 앞에 입력합니다.

04. 연이율이 2.4%, 2.7%, 3%, 4%, 5%, 6%로 바뀌고, 상환 기간이 12, 18, 24, 30, 36, 48개월로 변할 때 대출금액 10,000,000원에 대한 월 상환액을 데이터 표 기능을 이용하여 계산하시오.

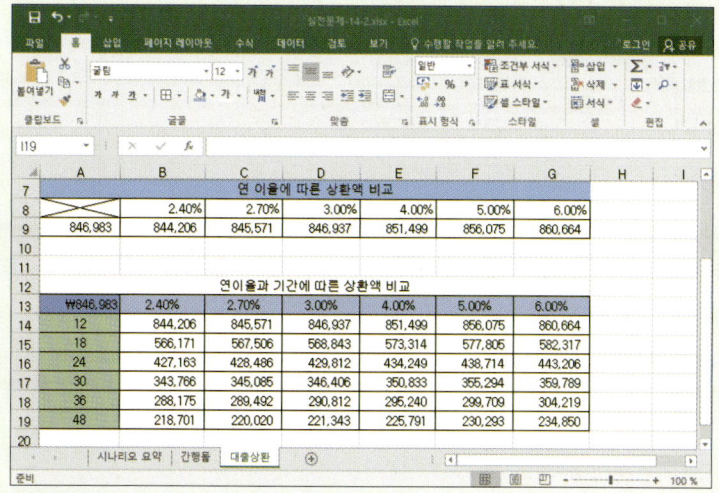

완성파일 | 실전문제 14-4-결과.xlsx

Hint 수식은 첫번째 열 위쪽에 입력합니다.

Part2. **15** Section

부분합

부분합은 데이터 필드에서 같은 값을 가진 데이터로 그룹화하여, 그룹의 합, 평균, 최댓값, 최솟값, 개수, 분산 등을 계산합니다. 부분합은 중첩하여 지정할 수 있으며 최대 8수준까지 중첩할 수 있습니다.

부분합 계산은 자동으로 SUBTOTAL( ) 함수에 의하여 계산이 되고, 사용자가 직접 수정할 수도 있습니다.

Zoom In

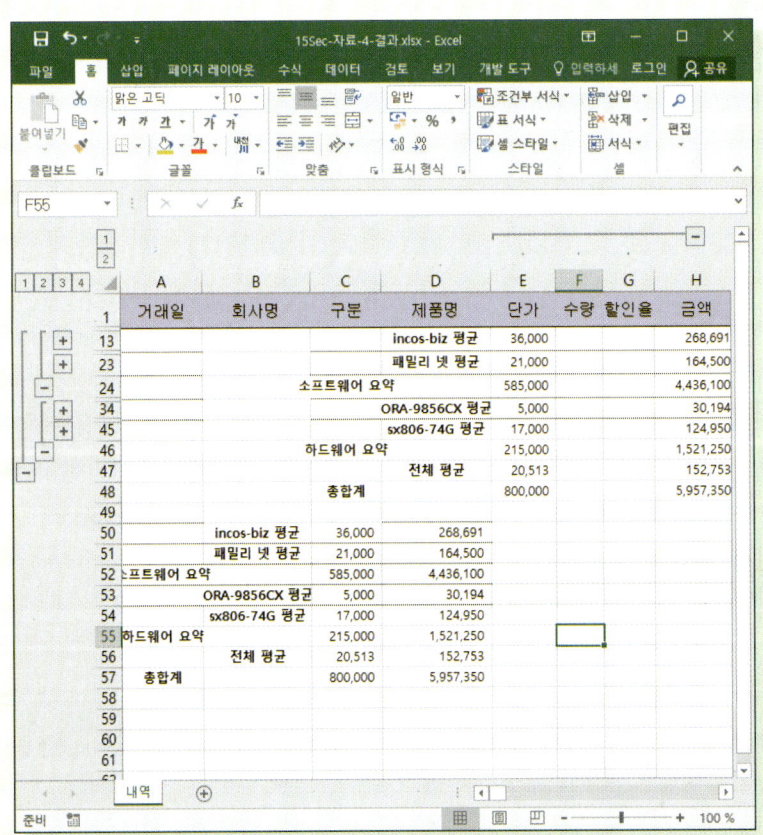

Keypoint

_ 부분합, 중첩 부분합 만들기
_ 윤곽 기호 사용하기
_ 부분합 결과 복사하기

Knowhow

_ 같은 값을 가진 데이터별로 정렬되어 있을 때, 동일한 값의 그룹별로 평균, 최댓값, 최솟값, 개수, 분산 등을 계산한다.

_ 부분합을 계산한 결과에 추가하여 같은 항목을 지정하고 다른 함수를 사용하는 등의 부분합을 중첩할 수 있다.

_ 부분합의 결과를 윤곽기호를 이용해 표시하고, 결과만 복사할 수 있다.

직접 해보기 부분합 계산하기

_ 준비파일 | 15Section-자료1.xlsx

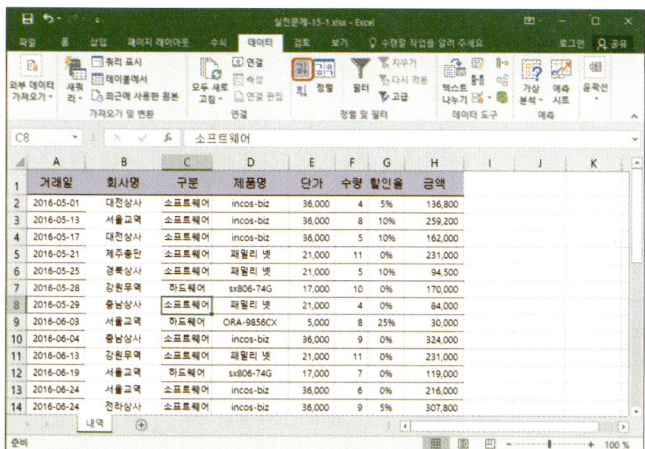

01 [구분]의 내용으로 그룹화하여 [수량]과 [금액]의 합계를 계산해 봅시다.
데이터의 C열(C1:C40)의 임의의 셀을 클릭하고 [데이터] 탭의 [정렬 및 필터] 그룹 [텍스트 오름차순 정렬]을 클릭하여 오름차순으로 정렬합니다.

02 데이터(셀 A1:H40) 임의의 셀을 클릭하고 [데이터] 탭의 [윤곽선] 그룹 [부분합]을 클릭합니다.

강의노트
셀 [A1:H40]을 블록으로 지정하고 부분합을 실행하여도 결과는 같습니다.

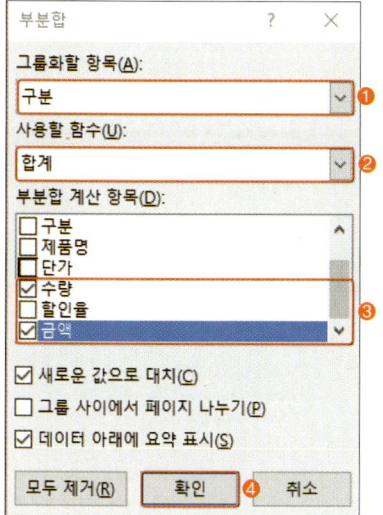

03 [부분합] 대화상자의 그룹화할 항목에서 "구분", 사용할 함수에서 "합계"를 선택하고, 부분합 계산 항목에서 "수량"과 "금액"을 선택합니다. [확인]을 클릭합니다.

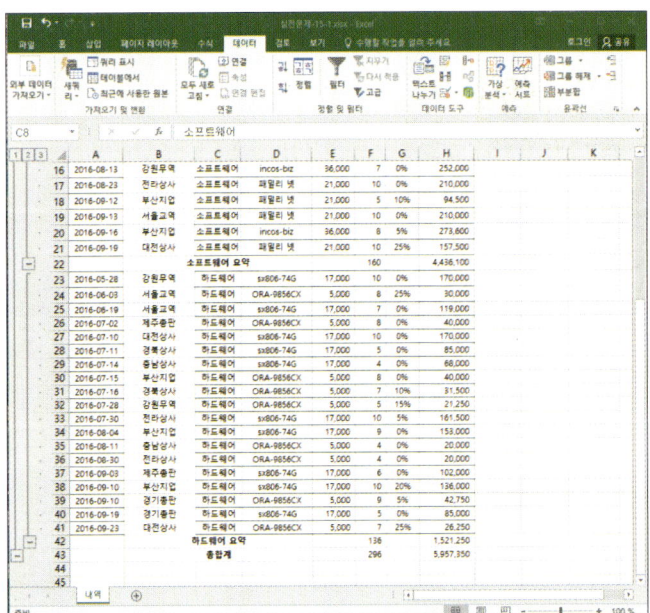

04 "구분"의 "소프트웨어" 그룹과 "하드웨어" 그룹으로 그룹화되어 데이터 아래에 합계가 계산되어 표시되고, 데이터 맨 아래에 전체 데이터의 총 합계가 표시됩니다. 함수 "합계"를 계산하면 화면에는 "요약"으로 표시됩니다.

보충수업 윤곽기호

각 그룹의 정보 데이터를 보여 줍니다.

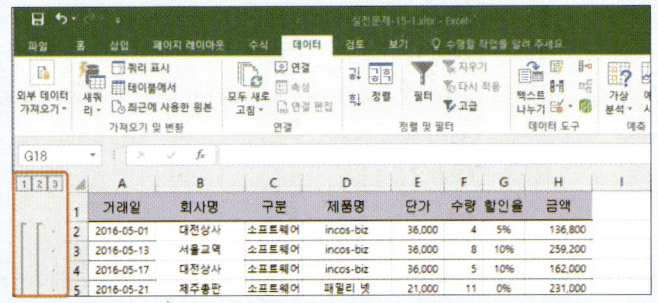

보충수업 [부분합] 대화상자 옵션

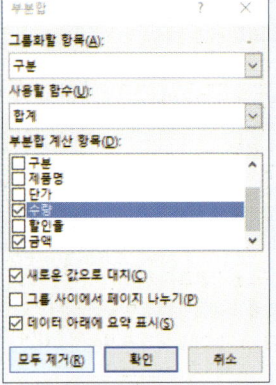

- **새로운 값으로 대치** : 기존의 부분합 내용을 제거하고 현재 실행되는 부분합으로 결과가 업데이트됩니다.
- **그룹 사이에서 페이지 나누기** : 그룹 사이에 자동으로 페이지 나누기가 추가되어 인쇄할 때 그룹별로 새로운 페이지에 인쇄됩니다.
- **데이터 아래에 요약표시 선택** : 부분합 실행 결과가 데이터 아래쪽에 표시되며, "데이터 아래에 요약 표시" 선택을 해제하면 데이터 위쪽에 결과가 표시됩니다.

직접 해보기 | 하나의 그룹항목에 중첩 부분합 계산하기

준비파일 | 15Section-자료2.xlsx

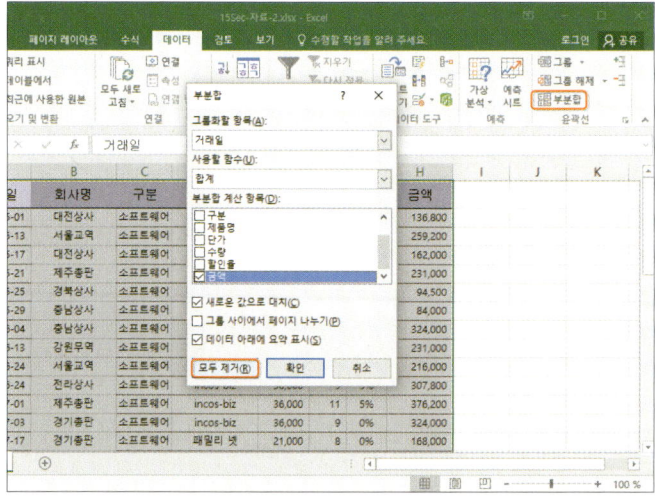

01 작성된 부분합을 제거하고, [구분]의 내용으로 그룹화하여 [회사명]의 개수와 [금액]의 평균을 계산해 봅시다.

데이터의 임의의 셀에서 [데이터] 탭의 [윤곽선] 그룹 [부분합]을 클릭하고, [부분합] 대화상자에서 [모두 제거]를 클릭합니다.

강의노트
- 부분합이 제거되고 정렬한 상태로 됩니다.
- 원하는 항목으로 정렬되어 있지 않은 경우 정렬을 다시 실행 합니다.

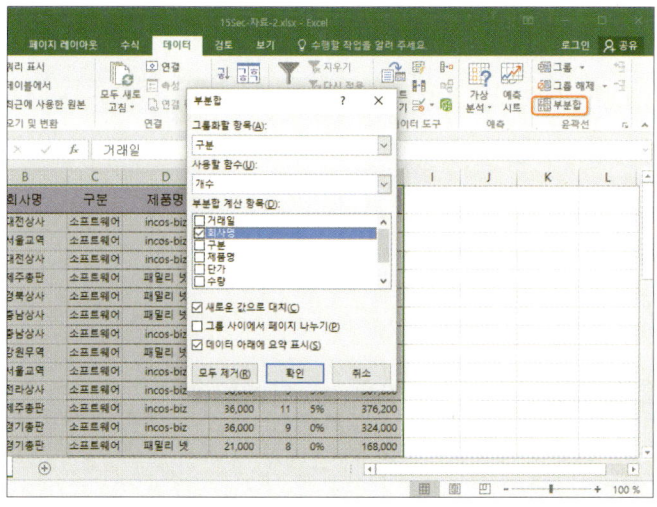

02 데이터의 임의의 셀에서 [데이터] 탭의 [윤곽선] 그룹 [부분합]을 클릭합니다. [부분합] 대화상자에서 그룹화할 항목은 "구분", 사용할 함수는 "개수", 부분합 계산 항목은 "회사명"을 선택하고 [확인]을 클릭합니다.

강의노트
"새로운 값으로 대치"가 선택되어 있습니다.

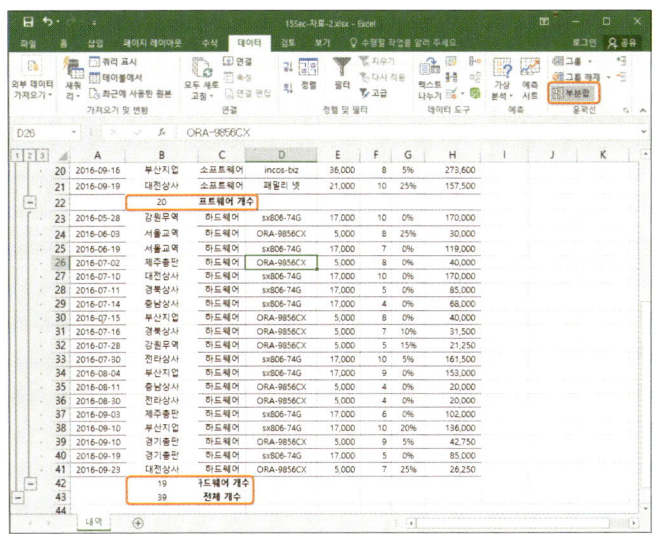

03 회사명의 "개수"에 대한 결과를 확인하고, 다시 한 번, 데이터의 임의의 셀에서 [데이터] 탭의 [윤곽선] 그룹 [부분합]을 클릭합니다.

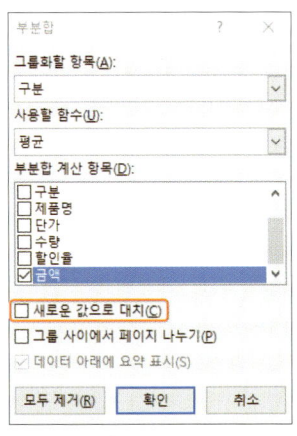

04 [부분합] 대화상자에서 그룹화할 항목은 "구분", 사용할 함수는 "평균", 부분합 계산 항목은 "금액"을 선택하고, "새로운 값으로 대치"를 선택 해제하고, [확인]을 클릭합니다.

강의노트

"새로운 값으로 대치"가 선택되어 있으면 앞서 계산한 회사명에 대한 "개수"가 제거됩니다.

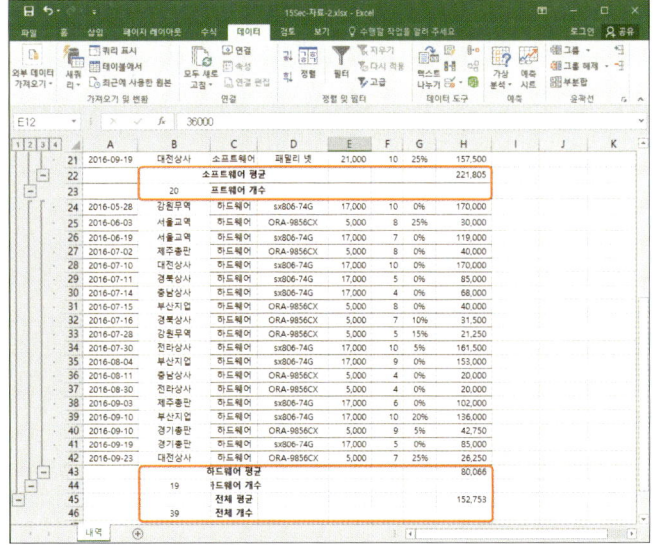

05 회사명의 "개수"에 대한 결과 위에 금액에 대한 "평균"이 계산되어 표시됩니다.

직접 해보기 그룹항목 안쪽에 중첩 부분합 계산하기

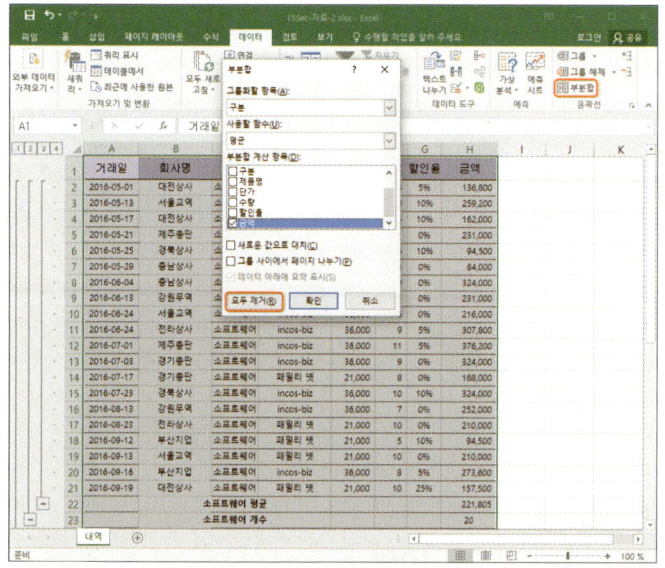

01 이미 작성된 부분합을 제거하고, [구분]으로 그룹화하여 [단가]와 [금액]의 합계를 계산하고, [구분]별 [제품명]으로 그룹화하여 [단가]와 [금액]의 평균을 계산해 봅시다.
데이터의 임의의 셀에서 [데이터] 탭의 [윤곽선] 그룹 [부분합]을 클릭하고, [부분합] 대화상자에서 [모두 제거]를 클릭합니다.

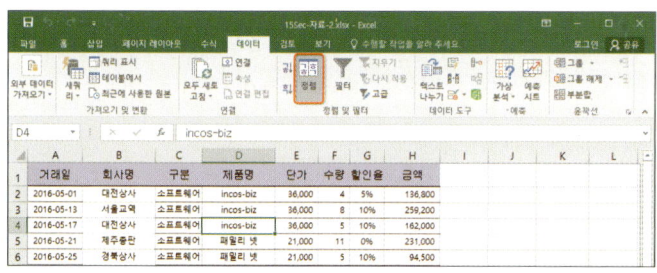

02 데이터의 임의의 셀에서 [데이터] 탭의 [정렬과 필터] 그룹 [정렬]을 클릭합니다.

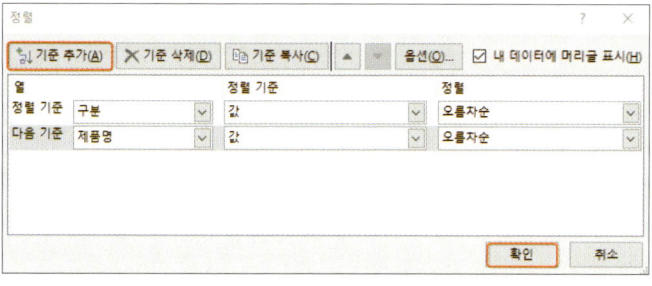

03 [정렬] 대화상자에서 [기준 추가]를 클릭하여, 첫 번째 정렬 기준은 "구분"의 오름차순, 두 번째 정렬 기준은 "제품명"의 오름차순을 지정하고 [확인]을 클릭합니다.

강의노트 ✏️

[구분]의 항목별 합계를 구하고, [구분]의 [제품명]의 항목으로 평균을 계산하여야 하므로, 정렬을 [구분]과 [제품명]을 지정하고 실행합니다.

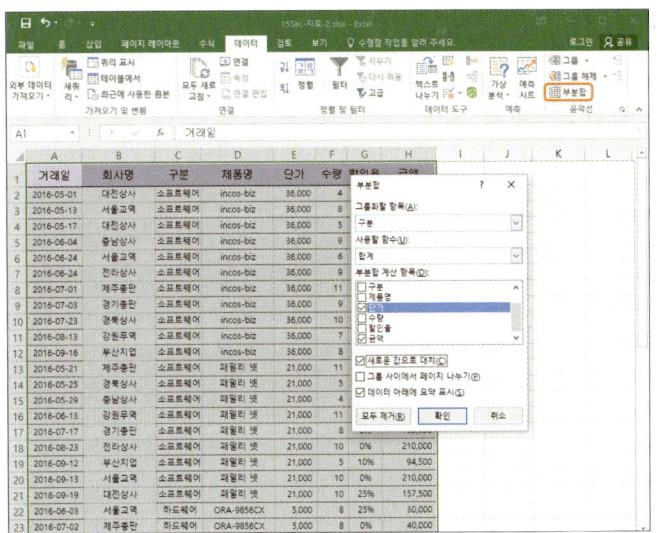

04 데이터의 임의의 셀에서 [데이터] 탭이 [윤곽선] 그룹 [부분합]을 클릭합니다. [부분합] 대화상자에서 그룹화할 항목은 "구분", 사용할 함수는 "합계", 부분합 계산 항목은 "단가"와 "금액"을 선택하고, "새로운 값으로 대치"를 선택하고, [확인]을 클릭합니다.

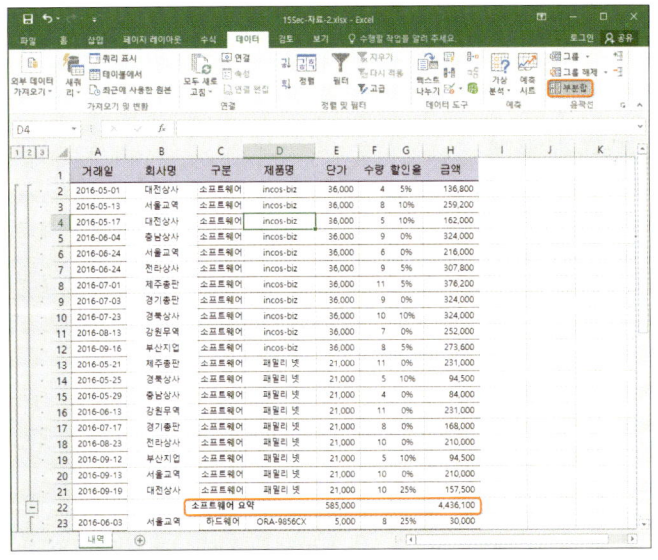

05 결과를 확인하고, 다시 한 번, [데이터] 탭의 [윤곽선] 그룹 [부분합]을 클릭합니다.

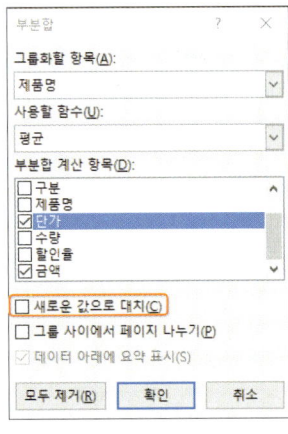

06 [부분합] 대화상자에서 그룹화할 항목은 "제품명", 사용할 함수는 "평균", 부분합 계산 항목은 "단가"와 "금액"을 선택하고, "새로운 값으로 대치"를 선택 해제하고 [확인]을 클릭합니다.

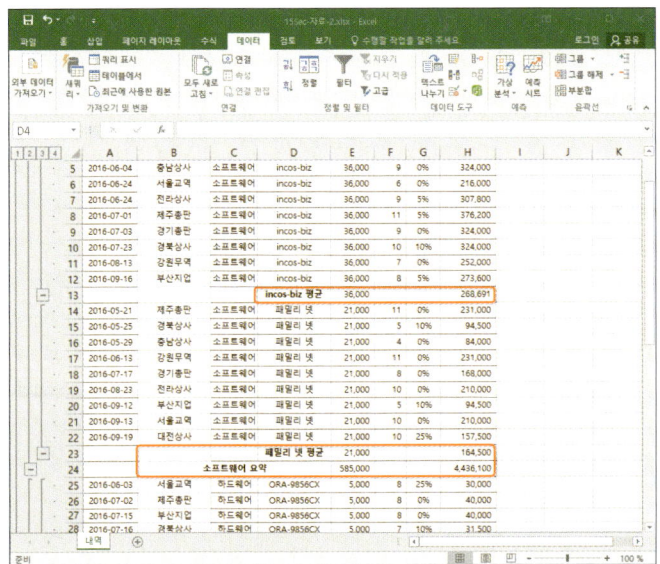

07 "구분"을 기준으로 합계(요약)가 계산된 안쪽에 "제품명"을 기준으로 단가와 금액의 평균이 계산됩니다.

직접 해보기 윤곽기호 사용하기

_준비파일 | 15Section-자료3.xlsx

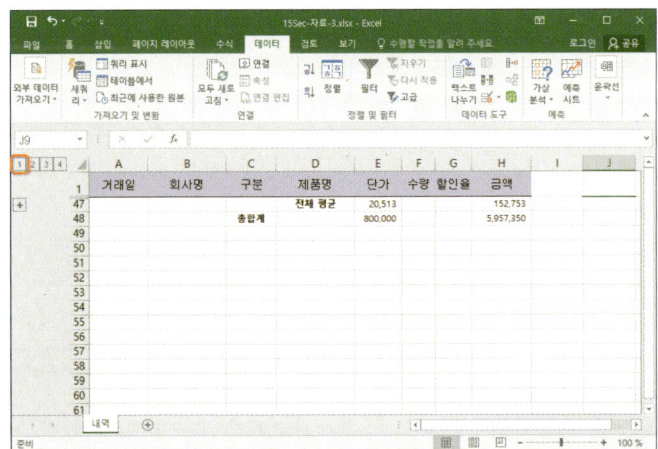

01 윤곽기호에서 수준번호 1을 클릭합니다. 가장 높은 수준의 전체 평균과 합계만 표시하고 나머지 데이터는 숨겨집니다.

보충수업 윤곽기호

윤곽기호는 그룹화하여 요약하려는 데이터 목록이 있는 경우 설정하거나 제거하는 것으로 최대 8개 수준의 윤곽을 설정할 수 있습니다. 윤곽 기호에서 안쪽 수준은 높은 숫자로, 바깥쪽 수준은 낮은 숫자로 표시되며 안쪽 수준은 바깥쪽 선행 수준에 대한 정보 데이터를 나타냅니다. 부분합을 삽입하면 워크시트 왼쪽에 윤곽 기호가 자동 표시됩니다.

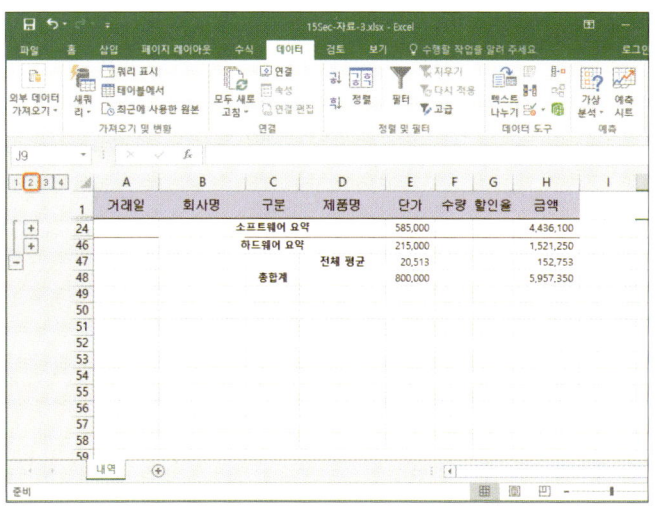

02 윤곽기호에서 수준번호 **2**를 클릭합니다. 구분을 기준으로 합계를 계산한 수준까지 표시합니다.

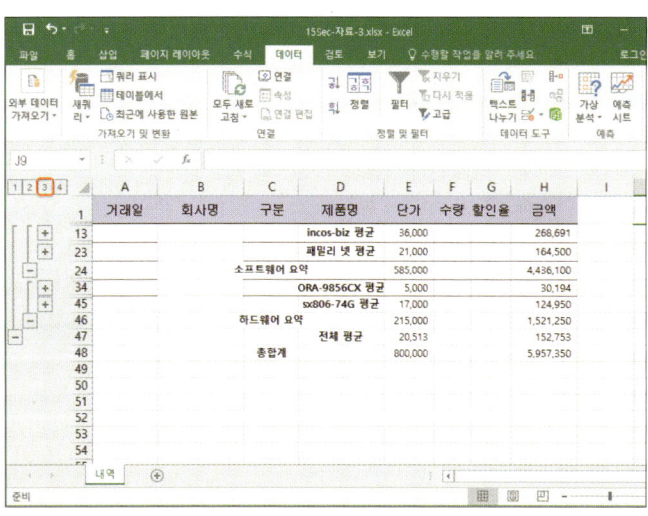

03 윤곽기호에서 수준번호 **3**을 클릭합니다. 제품명을 기준으로 평균을 계산한 자료까지 표시합니다.

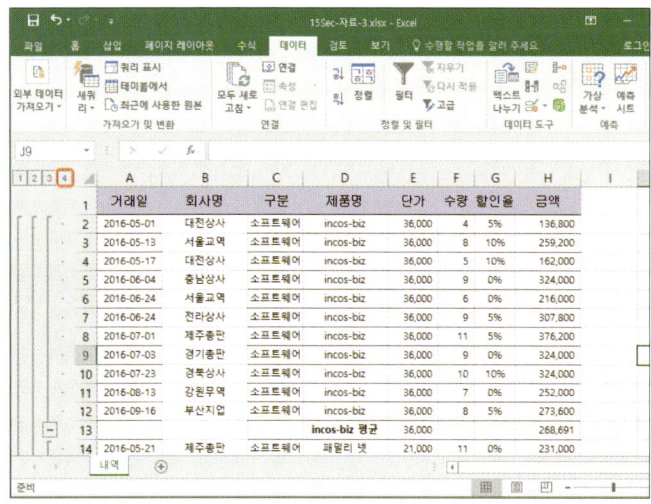

04 윤곽기호에서 수준번호 **4**를 클릭합니다. 제일 하위수준으로 전체 데이터를 표시합니다.

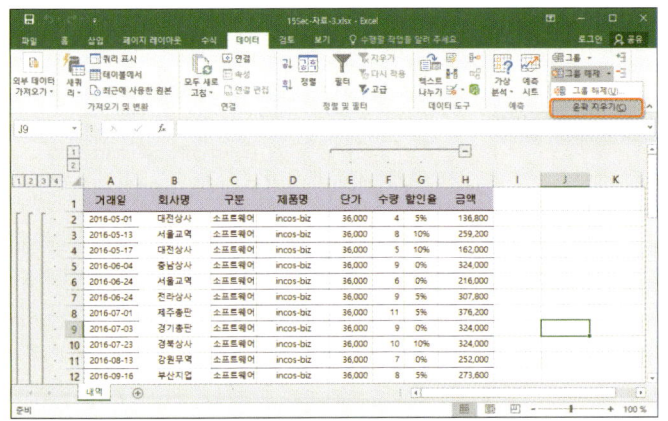

05 [데이터] 탭의 [윤곽선] 그룹 [그룹해제]를 클릭하고 [윤곽 지우기]를 클릭하면 부분합의 결과는 그대로 유지되고, 윤곽기호는 제거됩니다.

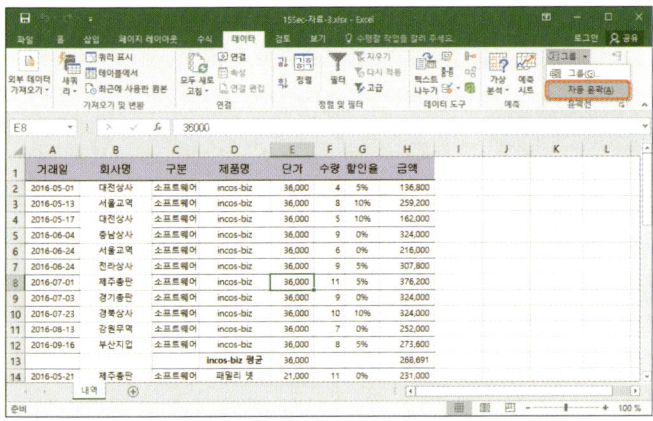

06 [데이터] 탭의 [윤곽선] 그룹에서 [그룹]을 클릭하고 [자동 윤곽]을 클릭하면 윤곽기호가 표시됩니다.

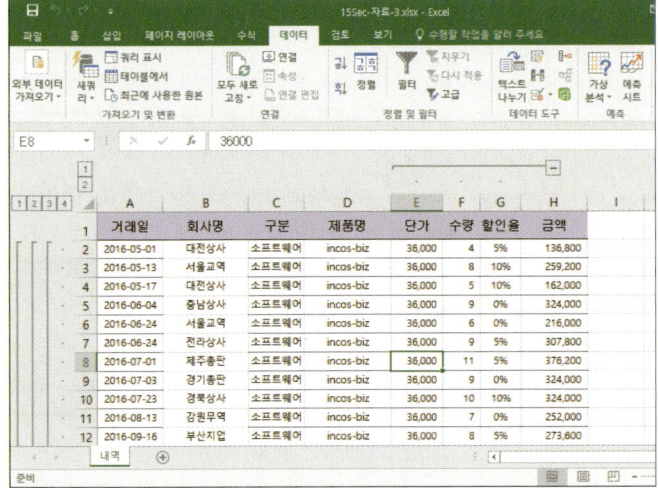

07 부분합 처음의 상태와 같은 결과가 됩니다.

직접 해보기 | 부분합 결과에서 3수준의 결과만 복사하기

_준비파일 | 15Section-자료4.xlsx

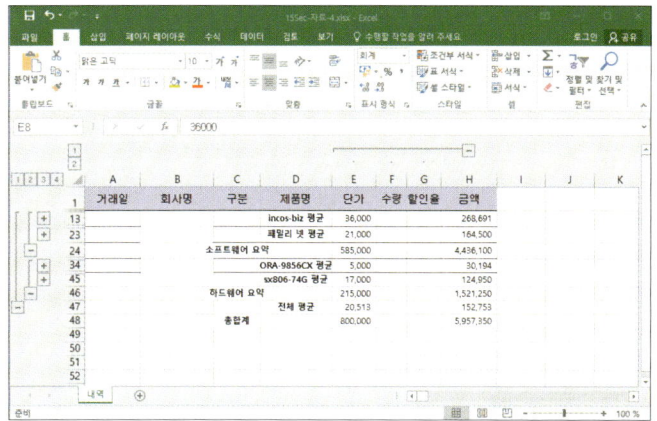

01 부분합의 결과에서 3수준의 결과만 복사하여 셀 A50부터 붙여넣기해 봅시다.
윤곽기호에서 수준번호 3을 클릭하여 3수준의 결과만 표시합니다.

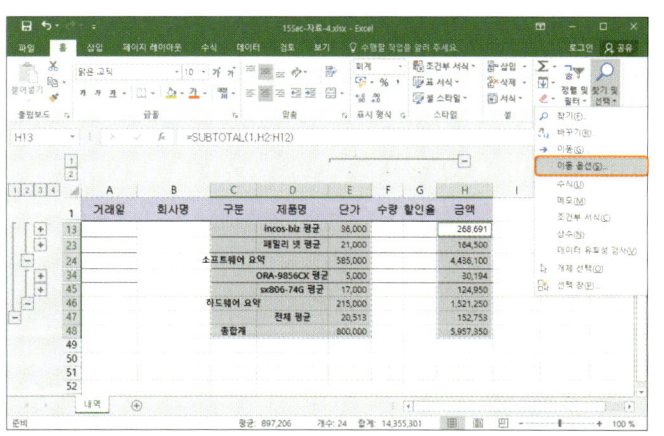

02 셀 [C13:E48], 셀 [H13:H48]을 블록으로 지정합니다. [홈] 탭의 [편집] 그룹 [찾기 및 선택]에서 [이동 옵션]을 클릭합니다.

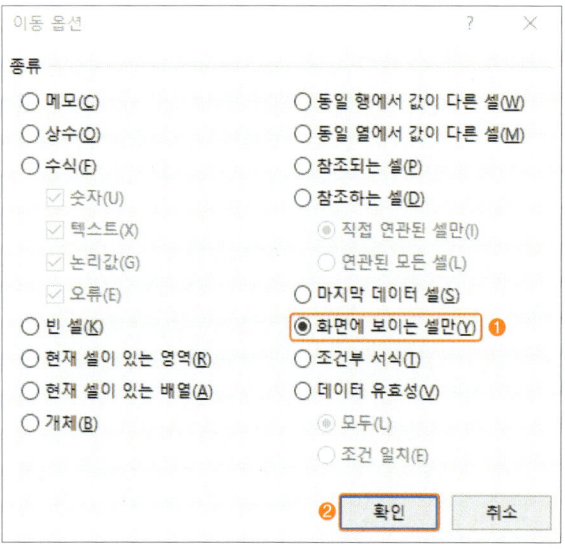

03 [이동 옵션] 대화상자에서 "화면에 보이는 셀만"을 선택하고 [확인]을 클릭합니다.

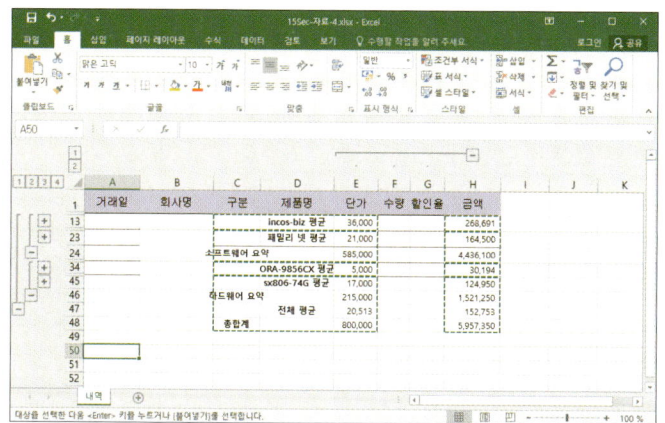

04 [복사]를 위하여 Ctrl + C 를 누르면 복사할 영역이 점선으로 표시됩니다. [붙여넣기]를 위하여 셀 A50을 클릭하고 Ctrl + V 를 입력합니다.

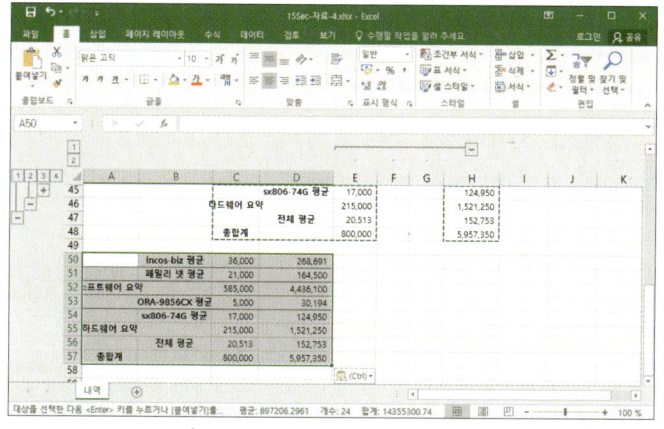

 05 셀 A50에 부분합 3수준의 결과만 복사되어 표시됩니다.

보충수업 부분합 결과를 [이동 옵션]을 사용하지 않고 복사할 경우

셀 [C13:E48], 셀 [H13:H48]을 블록으로 지정하고, Ctrl + C , 셀 A60을 클릭하고 Ctrl + V 합니다.
결과는 셀 [C13:E48], 셀 [H13:H48] 사이에 숨어있던 셀, 즉, 그룹의 모든 내용이 표시됩니다.

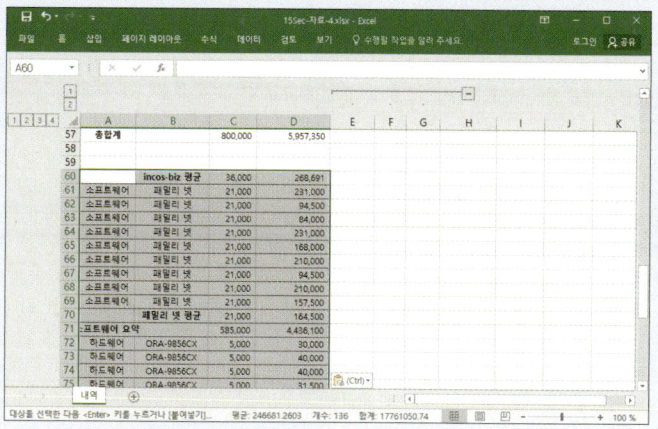

실전문제

01. 파일 "실전문제-15.xlsx"을 열고, [실전1번] 시트에서 "분류"를 그룹화하여 "매수호가"와 "매도호가"의 평균을 계산하시오.

완성파일 | 실전문제 15-1-결과.xlsx

Hint "분류"를 기준으로 정렬

02. 파일 "실전문제-15.xlsx"의 [실전2번] 시트에서 "전일비"를 그룹화하여 "종목명"의 개수와 "현재가"와 "등락율"의 평균을 계산하시오.

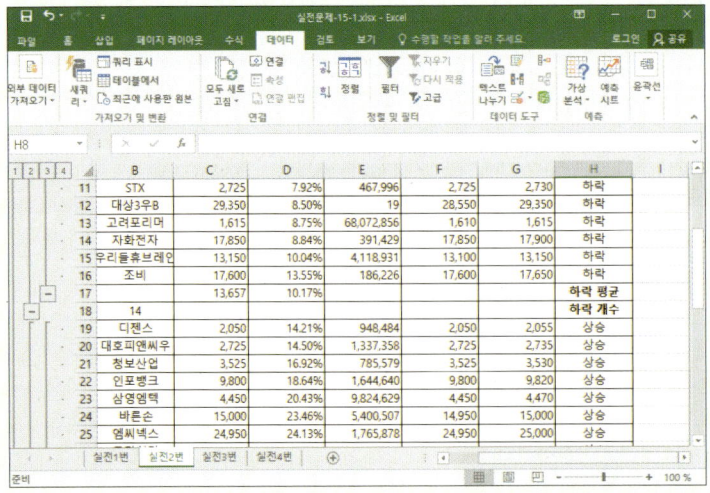

완성파일 | 실전문제 15-2-결과.xlsx

Hint "전일비"를 기준으로 정렬

실전문제

03. 파일 "실전문제-15.xlsx"의 [실전3번] 시트에서 "분류"를 그룹화하여 "매수호가"와 "매도호가"의 평균을 계산하고 "분류" 그룹 내에서 전일비를 그룹화하여 "매수호가"와 "매도호가"의 평균을 계산하시오.

완성파일 | 실전문제 15-3-결과.xlsx

Hint "분류"와 "전일비"를 기준으로 정렬

04. 3번의 결과에서 3수준의 결과를 복사하여 [실전4번] 시트에 아래 그림과 같이 붙여넣기 하고 서식을 적용하시오.

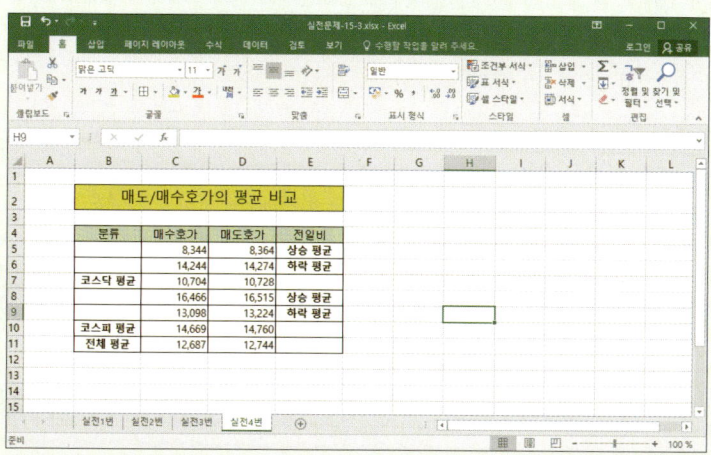

완성파일 | 실전문제 15-4-결과.xlsx

Hint [홈] 탭 [편집] 그룹의 [찾기 및 선택]-[이동 옵션]

Part2. **16** Section

피벗 테이블

피벗 테이블은 다양하고 많은 양의 데이터를 빠르게 요약 및 분석, 표시하여 중요한 의사결정을 내릴 수 있도록 도와주는 분석 도구입니다. 복잡한 수식을 사용하지 않고 분석에 필요한 항목을 필요한 위치에 드래그하거나, 클릭하는 간단한 과정을 통하여 많은 양의 데이터를 쉽게 요약하여 표시할 수 있습니다. 원본 데이터가 수정되면 원하는 시점에서 새로 고침을 이용하여 피벗 테이블에 반영할 수 있습니다.

Zoom In

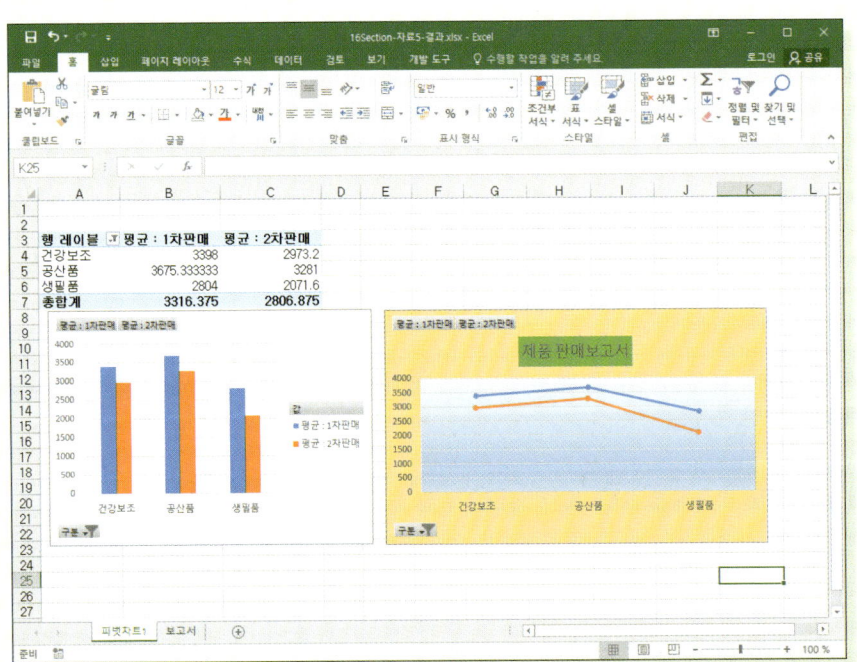

Keypoint

_ 피벗 테이블 보고서
_ 피벗 테이블 옵션
_ 그룹화
_ 피벗 테이블 필터
_ 피벗 차트

Knowhow

_ 데이터를 빠르게 요약, 분석, 표시하여 중요한 의사결정을 도와주는 분석도구가 피벗 테이블이다.
_ [피벗 테이블 옵션] 대화상자에서 피벗 테이블 보고서를 설정한다.
_ 피벗 테이블의 열 레이블이나 행 레이블은 특정 기준으로 그룹화할 수 있다.
_ 많은 데이터 중에서 피벗 테이블로 분석하기 위해서는 데이터를 필터링한다.
_ 피벗 차트는 내용을 파악하고 의미를 이해하는데 적절한 분석방법이다.

직접 해보기 | 피벗 테이블 만들기

준비파일 | 16Section-자료1.xlsx

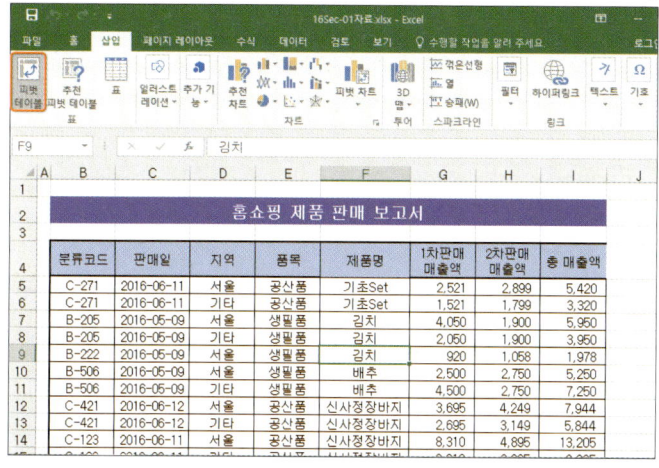

01 지역으로 구분하여 제품명과 품목별 총 매출액의 합계를 계산해 봅시다.
[삽입] 탭의 [표] 그룹 [피벗 테이블]을 클릭합니다.

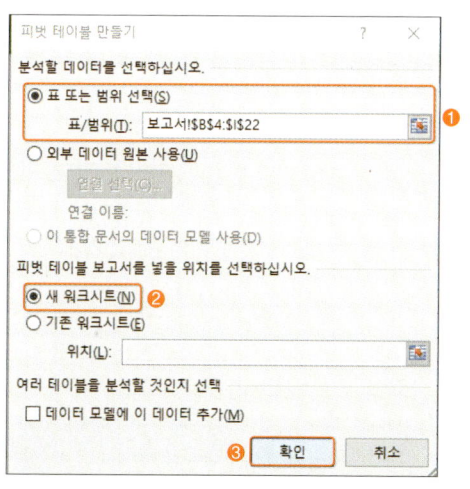

02 [피벗 테이블 만들기] 대화상자의 "분석할 데이터를 선택하십시오." 항목의 "표 또는 범위 선택"을 선택하고 표/범위에 [$B$4:$I$22]를 입력합니다. "피벗 테이블 보고서를 넣을 위치를 선택하십시오." 항목의 "새 워크시트"를 선택하고 [확인]을 클릭합니다.

보충수업 [피벗 테이블 만들기] 대화상자

- 표 또는 범위 선택 : 현재 엑셀 파일에서 피벗 테이블을 만들 범위를 선택한다.
- 외부 데이터 원본 사용 : 데이터베이스로 연결되어 있는 외부 파일을 피벗 테이블 범위로 불러 올 수 있다.
- 새 워크시트 : 피벗 테이블 보고서를 현재 시트의 앞에 새로운 시트를 추가한 후 작성한다.
- 기존 워크시트 : "위치"에 셀 주소를 입력하면, 현재 워크시트의 입력한 "위치"부터 작성한다.

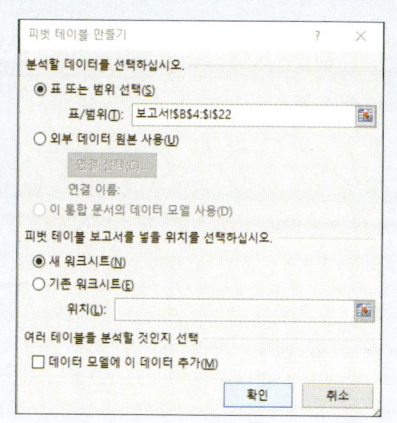

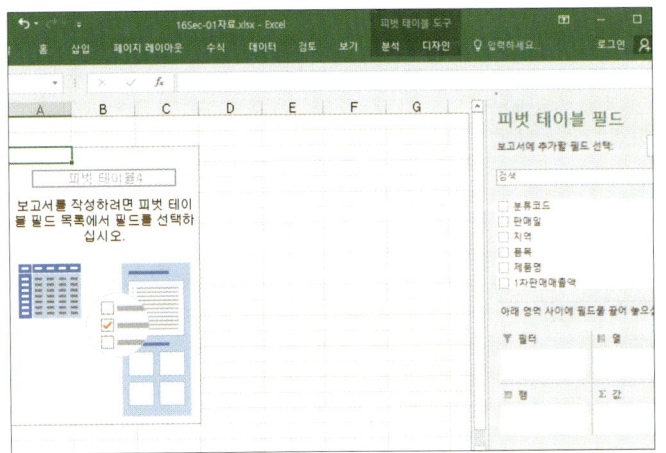

03 피벗 테이블을 작성하기 위한 레이아웃과 피벗 테이블 필드가 표시됩니다.

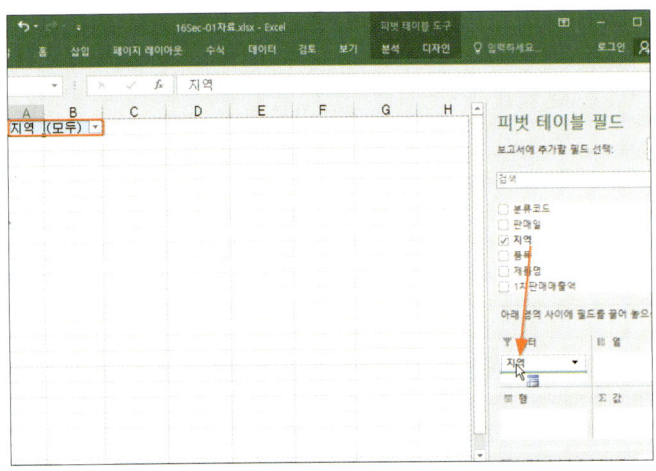

04 피벗 테이블 필드 목록에서 "지역"을 필터 영역으로 드래그합니다. 필드 목록을 드래그하면 레이아웃 영역에 즉시 반영됩니다.

보충수업 피벗 테이블 영역

❶ **레이아웃** : 피벗 테이블 보고서 결과를 표시. 기본 셀A3에서 시작
❷ **피벗 테이블 필드 영역** : 필드명과 피벗 테이블 작성을 위한 영역 표시
❸ **필드 목록** : 데이터의 필드명 표시
❹ **필터 영역** : 필드의 내용별로 구분
❺ **열 영역** : 피벗 테이블 보고서의 열 레이블 값
❻ **행 영역** : 피벗 테이블 보고서의 행 레이블 값
❼ **Σ 값 영역** : 피벗 테이블 보고서에 합, 평균 등 계산을 위한 필드명 지정

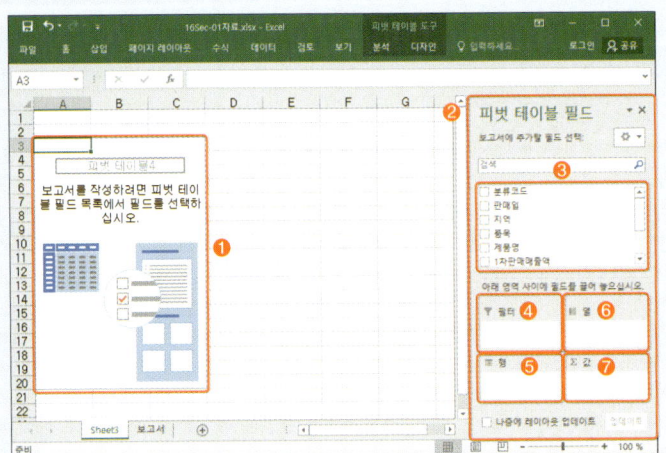

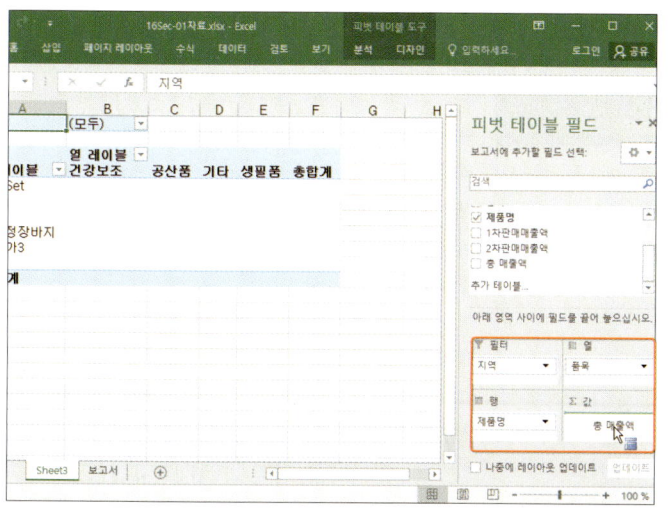

05 피벗 테이블 필드 목록에서 "제품명"을 행 영역에, "품목"을 열 영역에, "총 매출액"을 Σ 값 영역으로 드래그합니다.

강의노트

Σ 값 영역으로 드래그하면 필드의 내용이 숫자이면 기본적으로 합계가 계산되고, 필드의 내용이 텍스트이면 기본적으로 개수가 계산됩니다.

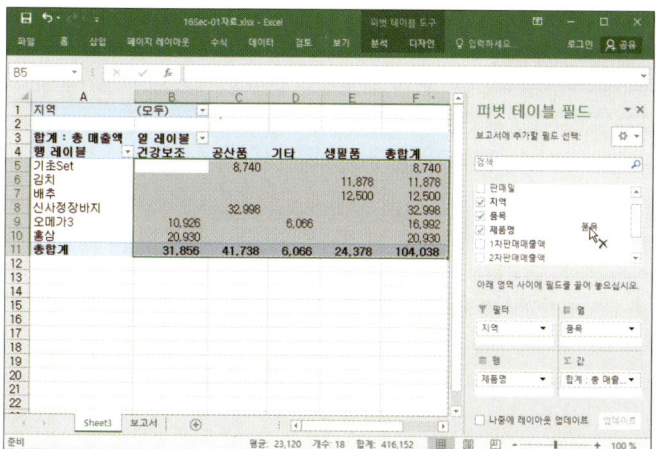

06 서식 지정을 위하여 셀 [B5:F11]을 블록으로 지정하고 [홈] 탭의 [표시형식] 그룹 [쉼표 스타일]을 클릭합니다.

보충수업   피벗 테이블 필드 영역 숨기기

❶ 피벗 테이블 보고서 이외의 영역을 클릭하면 피벗 테이블 필드 목록은 표시되지 않습니다. 다시 피벗 테이블 보고서 안쪽의 셀을 클릭하면 표시됩니다.

❷ 피벗 테이블 필드 목록의 닫기(×)를 클릭하면 피벗 테이블 필드 목록은 표시되지 않습니다. 다시 표시하려면, 피벗 테이블 데이터 영역을 클릭하고, 리본 메뉴 [피벗 테이블 도구]의 [분석] 탭 [표시] 그룹의 [필드 목록]을 클릭합니다.

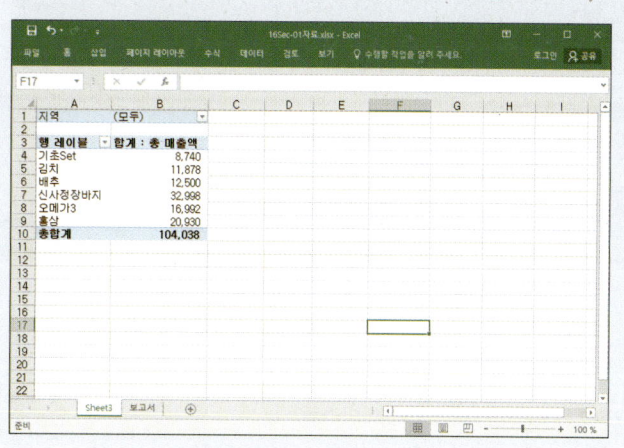

직접 해보기 [값 필드 설정]으로 피벗 테이블 수정

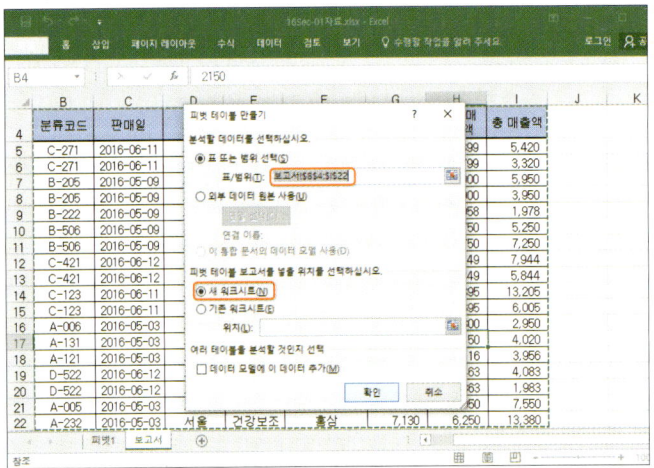

01 행을 지역과 제품명으로 지정하고 열을 품목별로 하는 총 매출액의 평균과 최대값을 계산해 봅시다.
[보고서] 시트를 클릭하여 [삽입] 탭의 [표] 그룹에서 [피벗 테이블]을 클릭합니다. 그 다음 [피벗 테이블 만들기] 대화상자 "표 또는 범위 선택"에 데이터 범위 [$B$4:$I$22]를 입력하고, "피벗 테이블 보고서를 넣을 위치를 선택하십시오."에서 "새 워크시트"를 선택하고, [확인]을 클릭합니다.

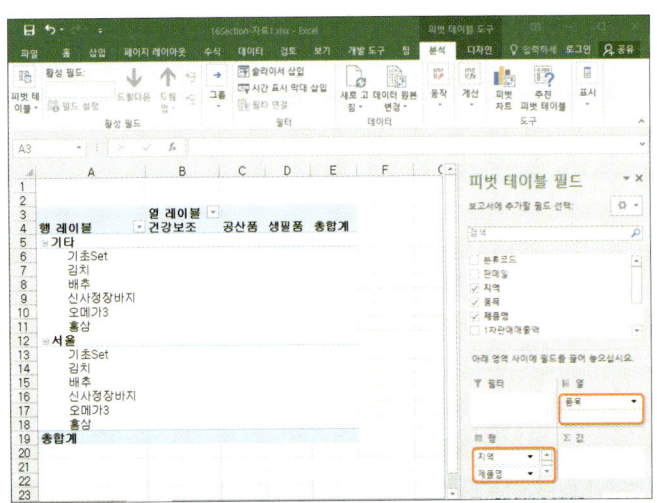

02 필드 "지역"과, "제품명"을 행 영역에, "품목"을 열 영역에 각각 드래그합니다.

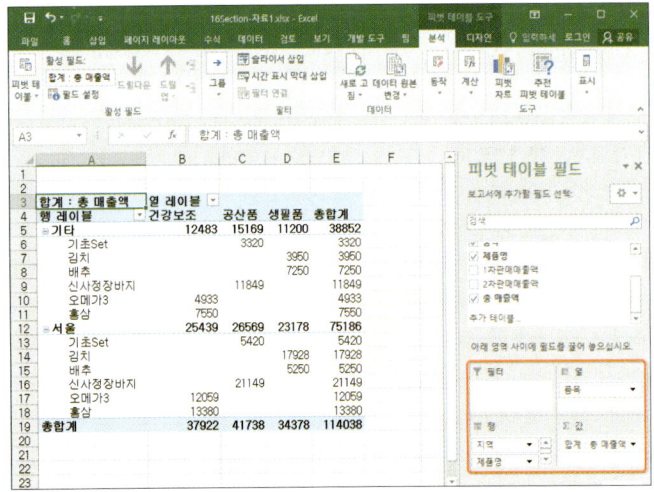

03 필드명 "총 매출액"을 Σ값 영역으로 드래그합니다.

강의노트

영역의 "품목"을 제거하는 방법
열 영역의 "품목"을 열 영역 밖으로 드래그하거나 피벗 테이블 필드 목록 "품목"의 선택을 해제합니다.

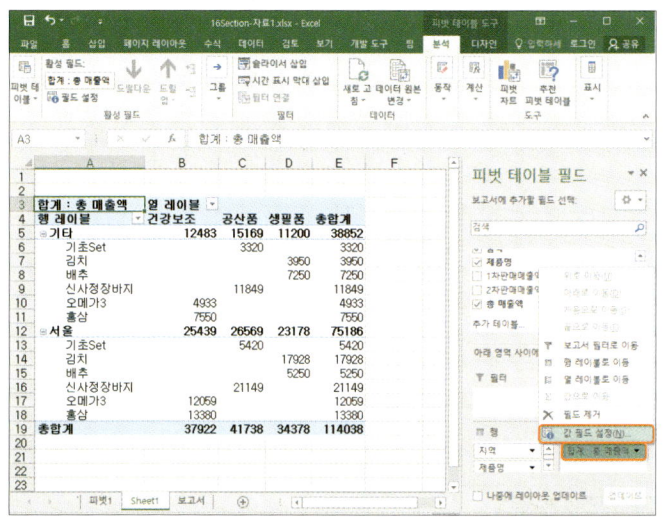

04 "총 매출액"의 합계를 평균으로 수정하기 위하여 Σ 값 영역의 "합계 : 총 매출액"을 클릭하고, [값 필드 설정]을 클릭합니다.

05 [값 필드 설정] 대화상자의 계산 유형에서 "평균"을 선택하고 [확인]을 클릭합니다.

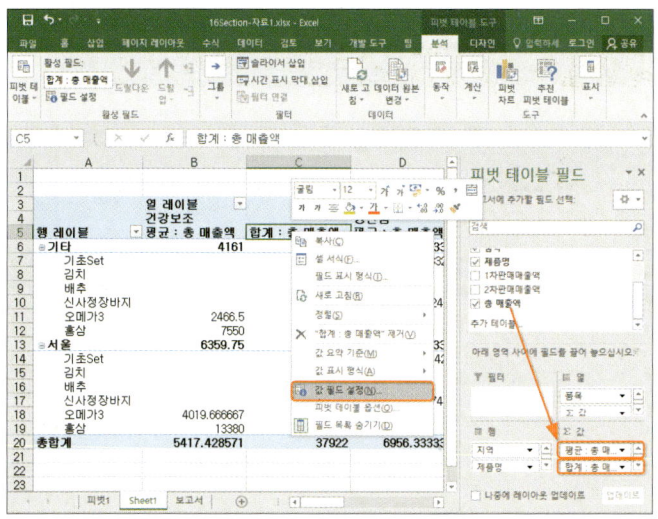

06 "총 매출액" 평균 계산 결과를 확인하고, 다시 한 번 필드 "총 매출액"을 Σ 값 영역으로 드래그합니다. 그 다음 셀 C5 "합계: 총 매출액"에서 마우스 오른쪽 버튼을 클릭하고 팝업메뉴에서 [값 필드 설정]을 클릭합니다.

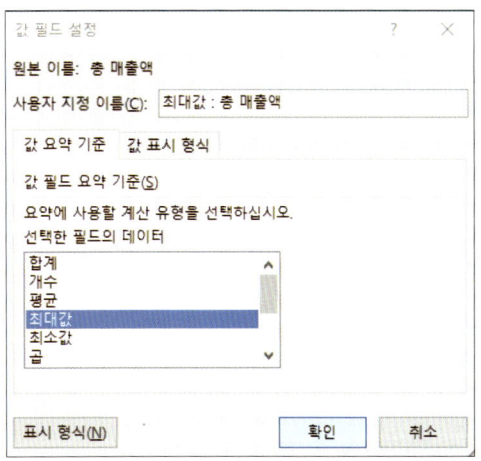

07 [값 필드 설정] 대화상자의 계산 유형에서 "최대값"을 선택하고 [확인]을 클릭합니다.

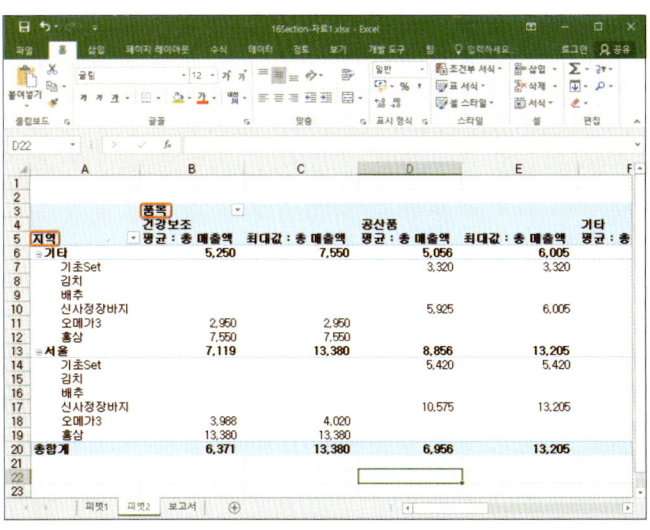

08 결과 셀 [B6:K20]에 쉼표 스타일을 지정하고, 셀 B3을 "품목", 셀 A5를 "지역"으로 입력하여 열과 행 레이블 명을 변경합니다. 시트명을 더블클릭하여 "피벗2"로 변경합니다.

보충수업 [값 요약 기준] 선택 방법

❶ [값 필드 설정] 대화상자의 계산 유형을 선택하거나

❷ 열 레이블 이름의 팝업메뉴에서 [값 요약 기준]을 클릭하고, 필요한 요약 기준을 선택합니다.

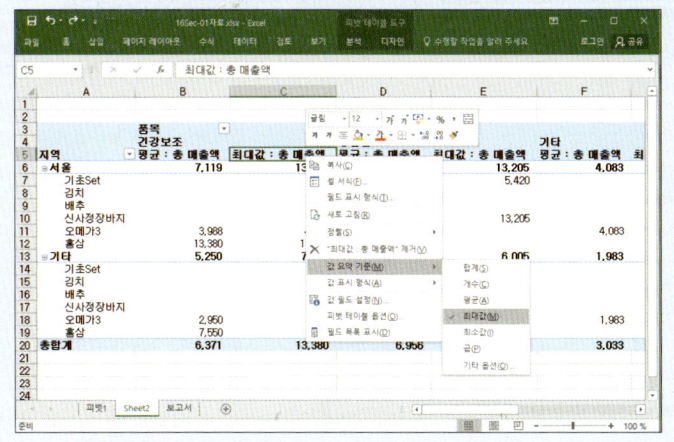

직접 해보기 | 테이블 새로 고침

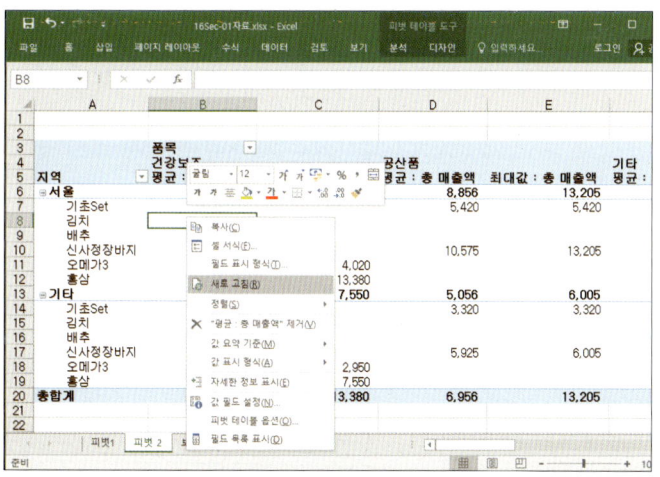

01 원본 데이터를 변경하고 피벗 테이블 보고서를 수정해 봅시다. 피벗 테이블의 원본 데이터인 [보고서] 시트의 셀 E19와 E20을 "건강보조"로, 셀 G9의 값을 10,920으로 수정합니다.

02 수정된 값을 피벗 테이블에 반영하기 위하여 시트 "피벗2"를 클릭합니다.
임의의 셀에서 팝업메뉴의 [새로 고침]을 클릭합니다.

강의노트 ✏️

[새로 고침] 리본 메뉴
리본 메뉴 [피벗 테이블 도구]의 [분석]탭의 [데이터] 그룹에서 [새로 고침]

03 수정된 값이 반영된 것을 확인합니다.

강의노트 ✏️

- 참고) 그림에서 노란색으로 채우기 된 곳은 [새로 고침]에 의하여 수정된 부분으로 저자가 보기좋게 별도로 표시한 부분이기 때문에 실제로는 나타나지 않습니다.
- [새로 고침]을 실행하면 쉼표스타일 등 일부 서식이 해제될 수 있습니다.

직접 해보기 레이블이 있는 셀 병합 및 가운데 맞춤과 빈 셀 표시

_준비파일 | 16Section-자료2.xlsx

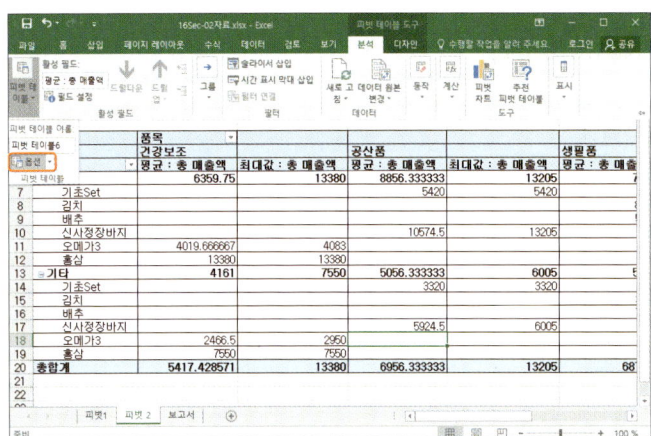

01 열 레이블을 병합하고, 데이터의 빈 셀에 "--" 기호를 표시해 봅시다.
리본 메뉴 [피벗 테이블 도구]의 [분석] 탭의 [피벗 테이블] 그룹에서 [옵션]을 클릭합니다.

강의노트
다른 방법으로 팝업메뉴의 [피벗 테이블 옵션]을 클릭합니다.

02 [피벗 테이블 옵션] 대화상자에서 "레이블이 있는 셀 병합 및 가운데 맞춤"을 선택하고, "빈 셀 표시"에 "--"를 입력, "업데이트 시 셀 서식 유지"를 선택하고 [확인]을 클릭합니다.

강의노트
"업데이트 시 셀 서식 유지" 선택을 해제하면 지정되어 있는 셀 서식이 기본형으로 전환됩니다.

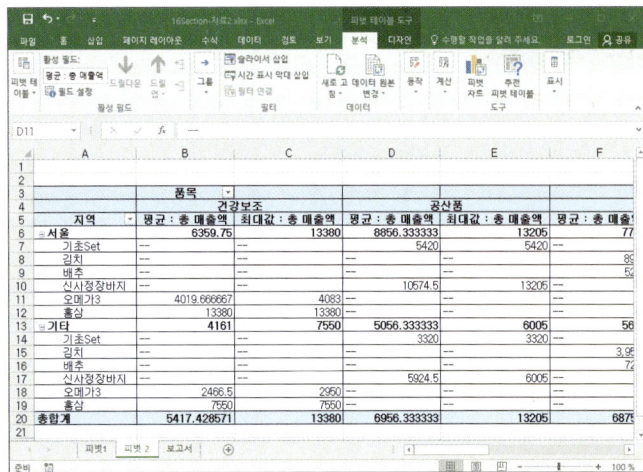

03 셀 B4:C4, 셀 D4:E4 등 열 레이블이 모두 병합되어 가운데 맞춤으로 표시되고, 빈 셀은 모두 "--"가 표시됩니다.

직접 해보기 | 행 총합계 숨기기

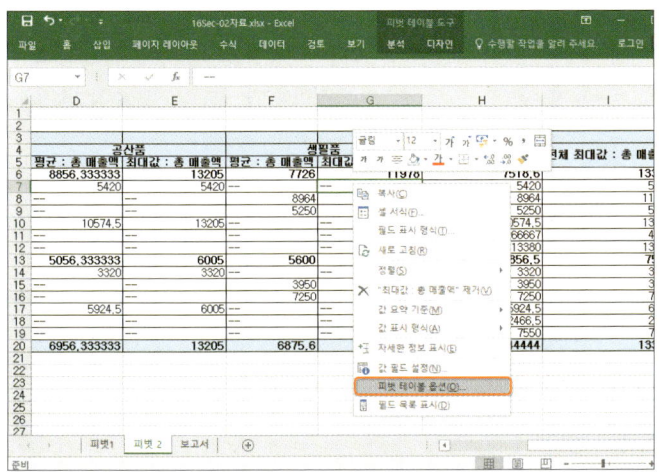

01 열 H와 열 I의 총합계를 제거해 봅시다.
임의의 셀에서 팝업메뉴의 [피벗 테이블 옵션]을 클릭합니다.

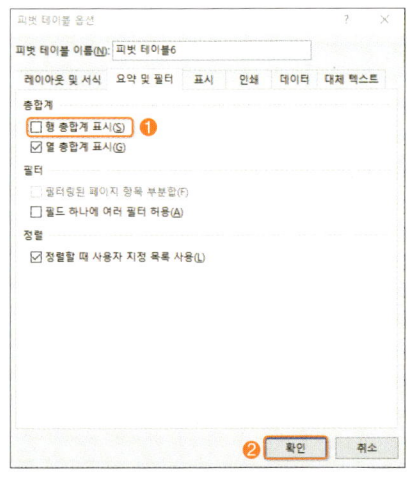

02 [피벗 테이블 옵션] 대화상자에서 [요약 및 필터] 탭의 "행 총합계 표시"의 선택을 해제하고 [확인]을 클릭합니다.

03 열 H와 I의 총합계가 삭제됩니다.

직접 해보기 숫자 그룹 작성하기

_ 준비파일 | 16Section-자료3.xlsx

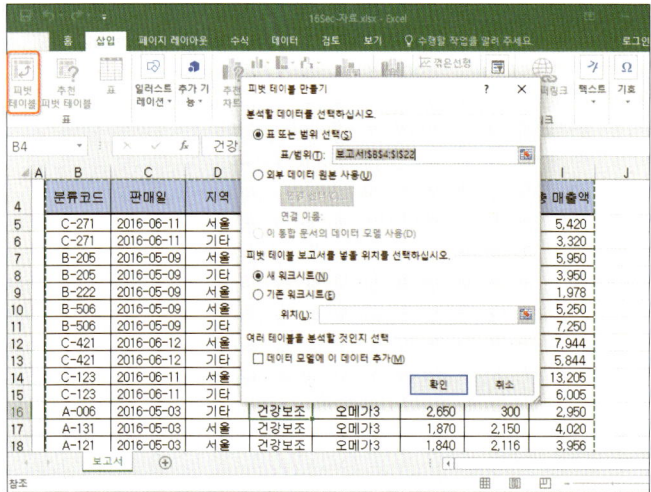

01 1차 판매 매출액을 2,000 단위로 그룹화하여 구분의 매출액 단위별 개수를 계산해 봅시다.
[삽입] 탭의 [표] 그룹 [피벗 테이블]을 클릭합니다. [피벗 테이블 만들기] 대화상자에서 "표/범위"에 [$B$4:$I$22]를 입력하고 [확인]을 클릭합니다.

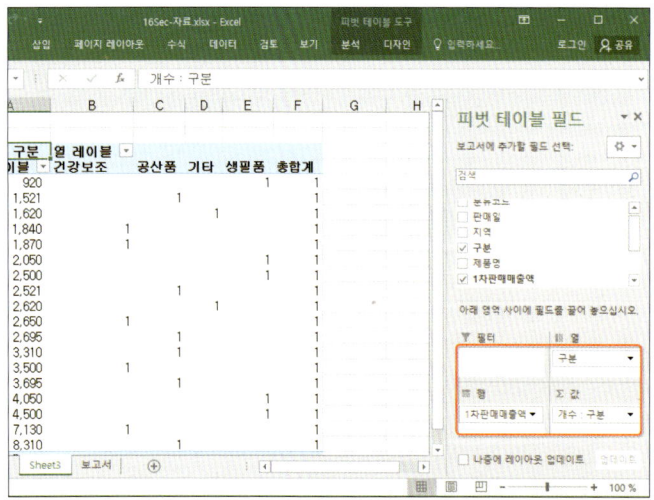

02 [피벗 테이블 필드] 영역에서 "1차판매매출액"은 행 영역에, "구분"은 열 영역에, 다시 "구분"을 Σ 영역에 드래그합니다. 그 다음 Σ 영역의 "구분" 계산항목이 "개수"인지 확인합니다.

 보충수업 그룹화

피벗 테이블의 데이터를 열 레이블이나 행 레이블에 대하여 특정 기준으로 그룹화할 수 있습니다. 필드 값의 특성이 숫자이면 일정한 간격의 숫자 값으로, 필드 값의 특성이 날짜 형식이면 년, 월, 일, 분기 등의 간격으로 그룹을 만들거나 사용자가 지정한 데이터의 집합으로 그룹을 만들 수도 있습니다.

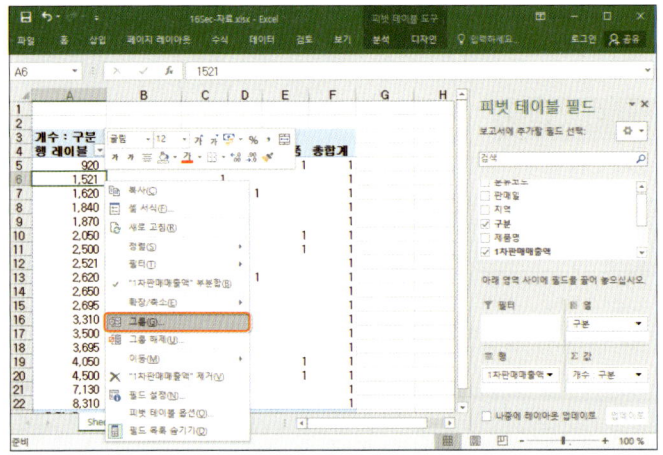

03 "1차판매출액"인 행 영역 자료의 그룹을 설정하기 위하여 셀 [A4:A22] 사이 임의의 셀에서 팝업메뉴의 [그룹]을 클릭합니다.

04 [그룹화] 대화상자에서 시작 "2000", 끝 "10000", 단위 "2000"을 입력하고 [확인]을 클릭합니다.

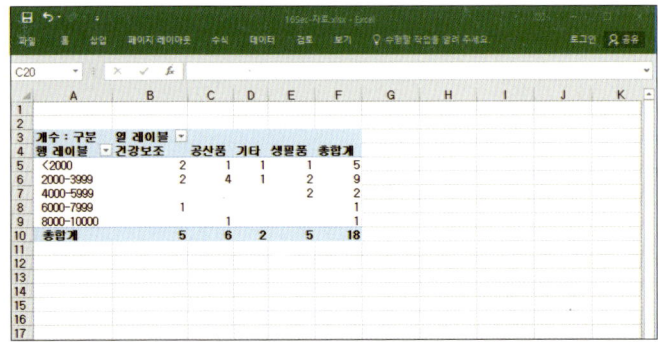

05 행의 값이 2000단위로 그룹화되어 개수가 표시됩니다.

 보충수업 [그룹화] 대화상자

시작 혹은 끝 값의 체크박스를 선택(V)하면 자동으로 시작은 영역의 최솟값, 끝은 영역의 최댓값이 됩니다.

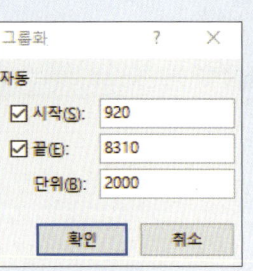

직접 해보기 날짜 그룹 작성하기

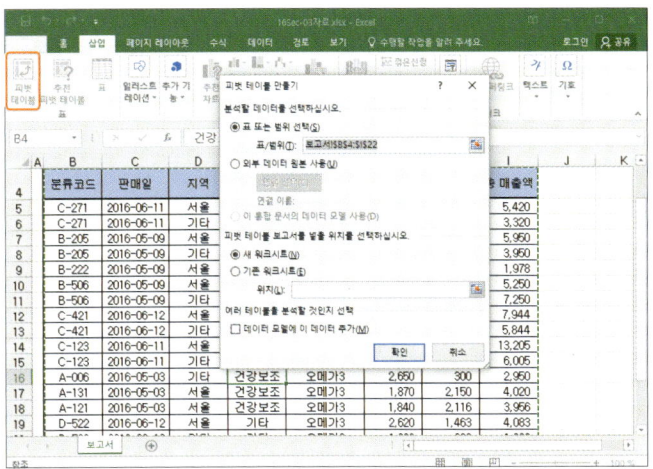

01 판매일의 월별로 각 제품명의 총 매출액의 합계를 계산해 봅시다. [삽입] 탭의 [표] 그룹 [피벗 테이블]을 클릭합니다. [피벗 테이블 만들기] 대화상자에서 "표/범위"에 [$B$4:$I$22]를 입력하고 [확인]을 클릭합니다.

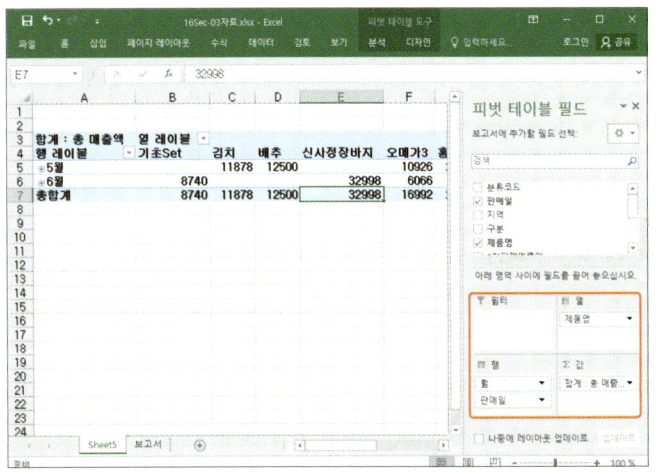

02 [피벗 테이블 필드] 영역에서 "판매일"은 행 영역에, "제품명"은 열 영역에, "총 매출액"을 Σ 영역에 드래그하고 [확인]을 클릭합니다. Σ 영역의 "총 매출액" 계산항목이 "합계"인지 확인합니다.

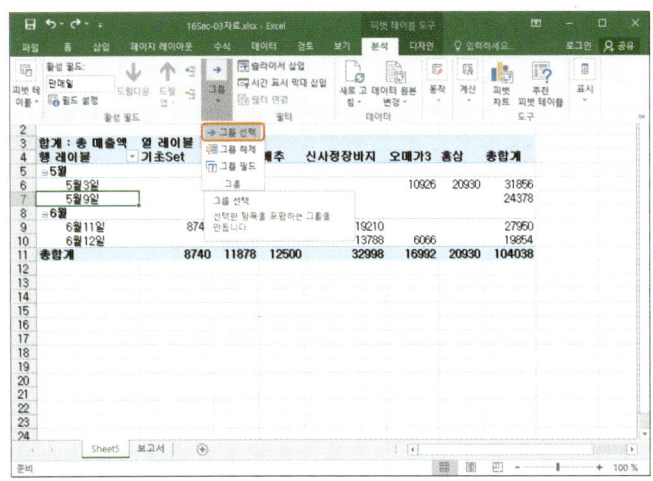

03 날짜를 그룹화하기 위하여 리본 메뉴 [피벗 테이블도구]의 [분석] 탭의 [그룹] 그룹에서 [그룹 선택] 클릭합니다.

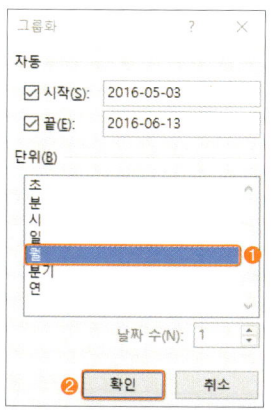

04 [그룹화] 대화상자에서 단위에서 "월"만 선택하고 [확인]을 클릭합니다.

강의노트

- 초, 분, 시 등의 단위에서 그룹화 하고자 하는 단위를 선택하면 파란색으로 표시되고, 다시 클릭하면 해제됩니다.
- 두 개 이상의 단위를 선택할 수 있습니다.

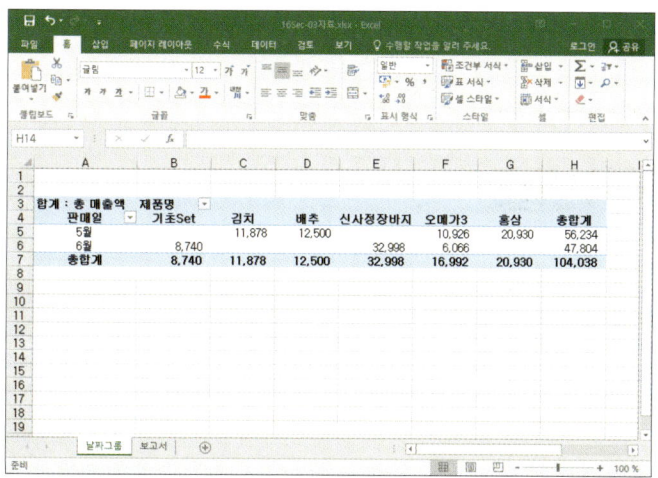

05 판매일이 월 단위로 그룹화되어 표시됩니다. 열 레이블과 행 레이블, 시트 탭을 각각 "제품명", "판매일", "날짜그룹"으로 변경하고 쉼표 스타일을 적용합니다.

보충수업

피벗 테이블 필드 작업 창에서 날짜 필드를 행 또는 열 영역으로 끌어 오면 데이터가 기간별로 자동으로 그룹화 되어 "⊞5월"과 같이 월 앞에 ⊞가 표시됩니다. 연 혹은 월 등의 수준별 데이터를 확인하기 위하여 ⊞을 클릭하여 ⊟로 전환하면 모든 데이터가 표시됩니다.

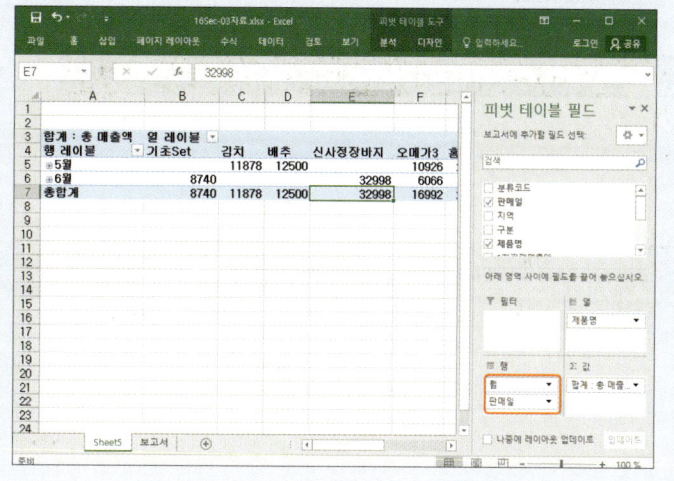

직접 해보기 선택 항목의 그룹 작성하기

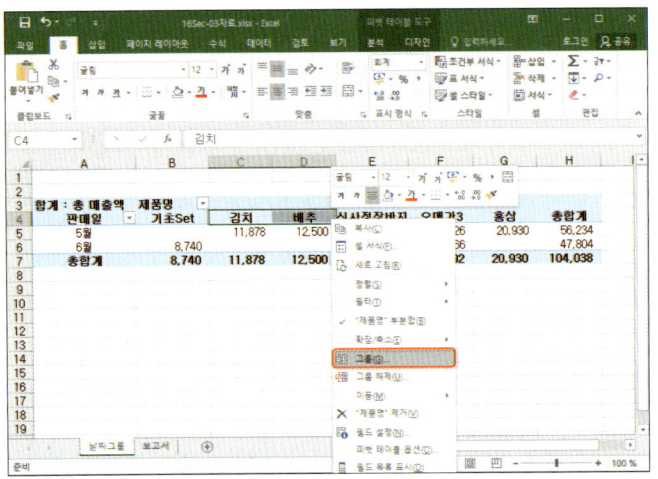

01 "날짜그룹" 시트에서 제품명 중 "김치"와 "배추"를 "농산물"로 그룹을 만들고, 나머지는 "가공품"으로 그룹을 지정해 봅시다.
4행에서 "김치"와 "배추"(셀 C4와 셀 D4)를 블록으로 지정하고 팝업메뉴의 [그룹]을 클릭합니다.

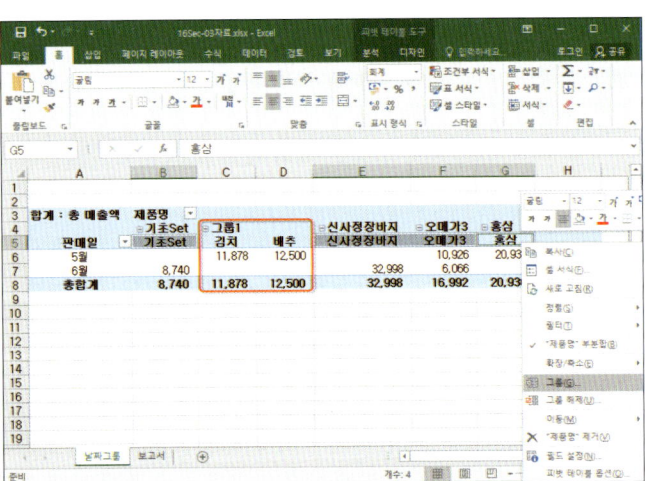

02 C열과 D열이 "그룹1"로 그룹화 되고 셀 C5 그룹의 제품명이 표시됩니다. 나머지 열 레이블 셀 B5, E5, F5, G5를 블록으로 지정하고, 팝업메뉴의 [그룹]을 클릭합니다.

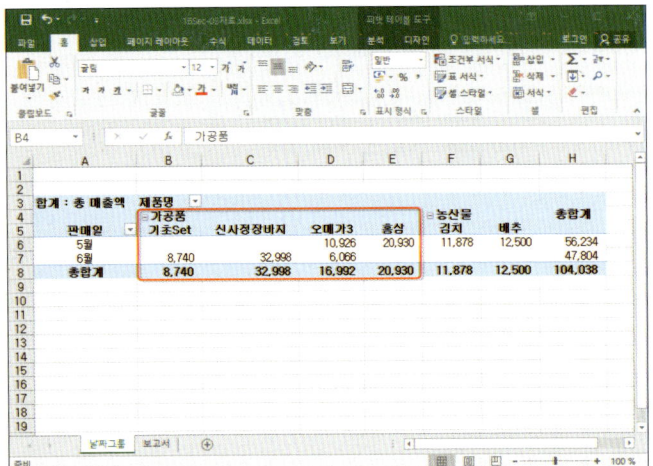

03 셀 B4에 "가공품", 셀 F4에 "농산물"을 각각 입력합니다.

직접 해보기 | 피벗 테이블 만들기

_ 준비파일 | 16Section-자료4.xlsx

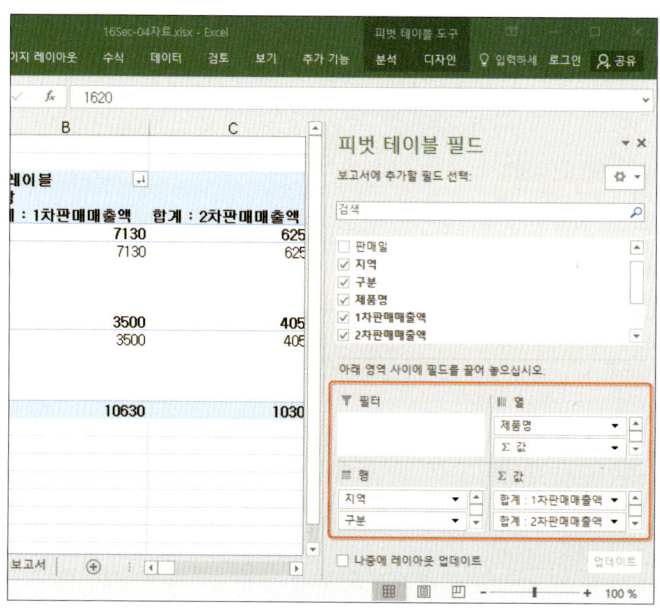

01 지역의 구분별로 제품명에 대한 1차 판매매출액과 2차 판매매출액의 "합계" 표를 작성해 봅시다.
피벗 테이블을 삽입하고, "지역"과 "구분"을 행 영역에, "제품명"을 열 영역에, "1차판매매출액"과 "2차판매매출액"을 Σ 영역에 각각 드래그하여 피벗 테이블을 작성합니다.

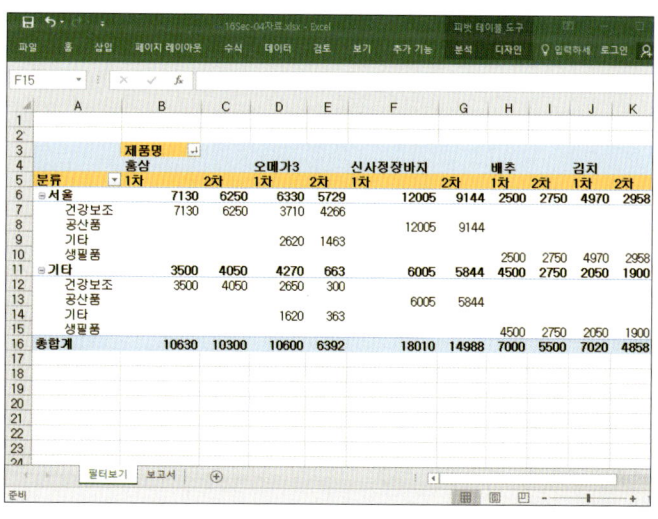

02 셀 B3을 "제품명", 셀 A5를 "분류"로 수정합니다. 셀 B5를 "1차"로 수정하고, 셀 C5를 "2차"로 수정합니다. "합계:1차판매매출액"인 모든 열 레이블 셀 B5, D5, F5 등이 모두 "1차"로 바뀌고, "합계:2차판매매출액"인 모든 열 레이블 셀 C5, E5, G5 등이 모두 "2차"로 바뀐 것을 확인할 수 있습니다.

강의노트
수정한 곳을 노란색 채우기로 표시하였습니다.

보충수업 | 피벗 테이블 필터하여 보기

많은 데이터 중 데이터의 일부에만 초점을 맞추어 피벗 테이블로 분석하기 위해서는 데이터를 필터링하여 사용합니다. 필터링 방법에는 슬라이서를 사용하거나, 시간 막대를 사용하는 방법, 수동으로 데이터 필터링을 하거나, 특정 텍스트, 값, 날짜, 상위 또는 하위 항목 표시 등 다양한 방법이 있습니다.

직접 해보기 수동으로 피벗 테이블 필터링하기

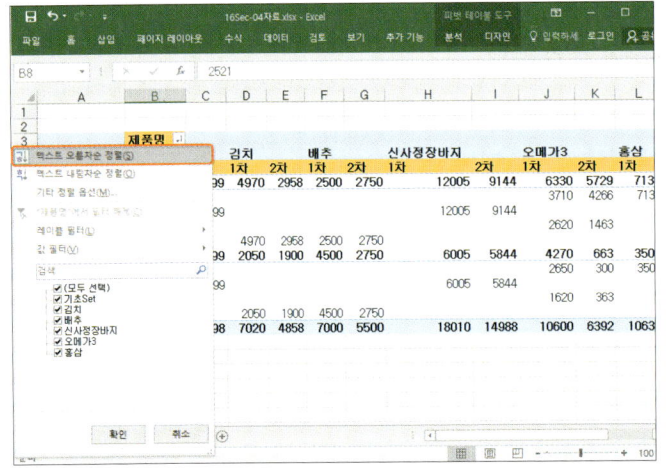

01 제품명으로 오름차순 정렬로 표시해 봅시다.
셀 B3 "제품명"의 필터 단추를 클릭하고 [텍스트 오름차순 정렬]을 클릭합니다. 그러면 레이블이 "기초Set, 김치, 배추……"등 오름차순으로 정렬됩니다.

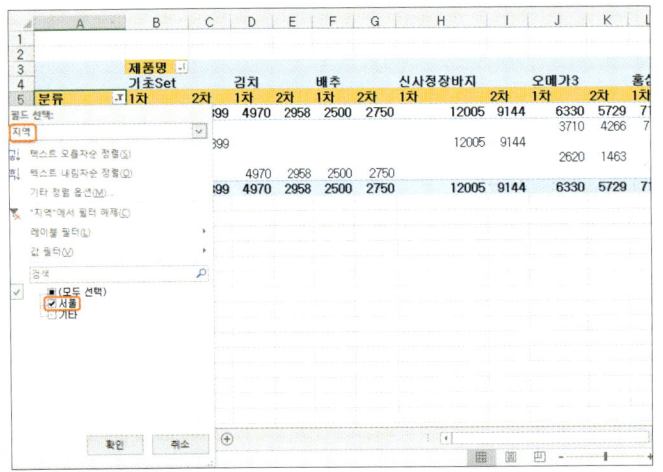

02 다음은 서울지역의 자료만 표시해 봅시다.
셀 A5 "분류"의 필터 단추를 클릭하고, "지역" 필드가 선택되어 있으므로 "서울"만 선택합니다. [확인]을 클릭합니다.

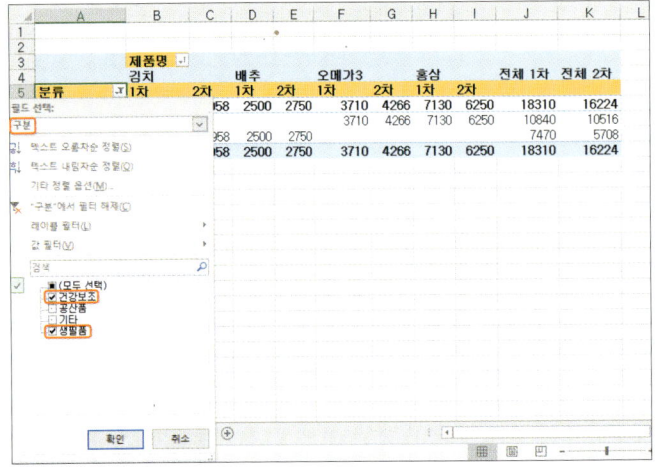

03 이번에는 서울지역의 자료 중 "건강보조"와 "생필품" 자료만 표시해 봅시다.
셀 A5 "분류"의 필터 단추를 클릭합니다. "구분" 필드를 선택하고, "건강보조"와 "생필품"만 선택하고 [확인]을 클릭합니다.

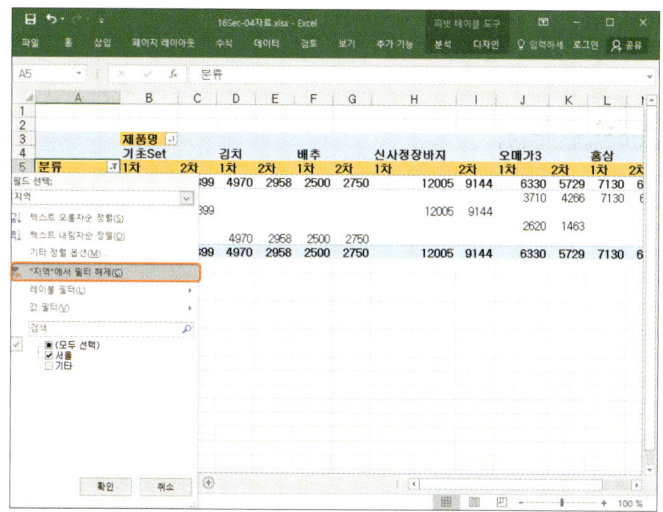

04 마지막으로 필터를 해제하고 모든 자료를 표시해 봅시다.
셀 A5 "분류"의 필터 단추를 클릭하고, "지역" 필드에서 ""지역"에서 필터 해제"를 클릭합니다.

05 다시 한 번, 셀 A5 "분류"의 필터 단추를 클릭하고, "구분" 필드를 선택하고, ""구분"에서 필터 해제"를 클릭합니다.

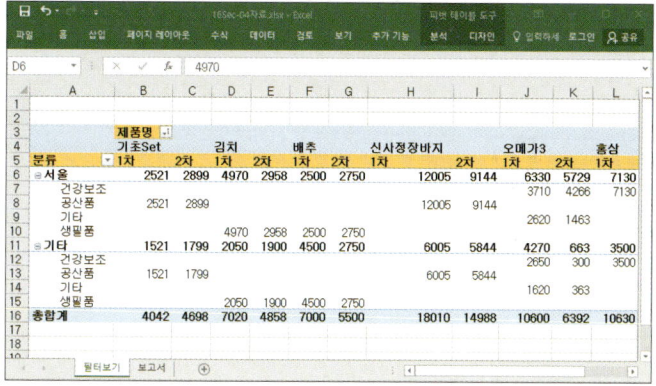

06 그러면 모든 자료가 표시됩니다.

강의노트 ✏️

모든 필터를 한 번에 해제하기 위해 [데이터] 탭의 [정렬 및 필터]그룹에서 [지우기]를 클릭합니다.

직접 해보기 | 슬라이서로 필터링하기

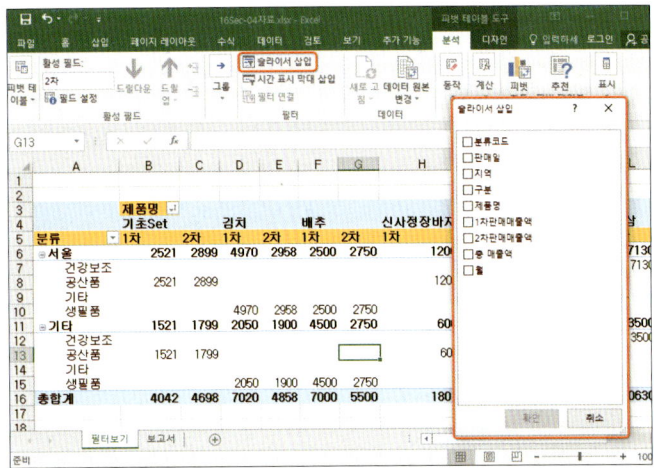

01 슬라이서를 삽입하고, 서울지역의 김치, 배추, 홍삼만 표시해 봅시다.
[피벗 테이블 도구]의 [분석] 탭의 [필터] 그룹에서 [슬라이서 삽입]을 클릭합니다. 그러면 [슬라이서 삽입] 대화상자가 표시됩니다.

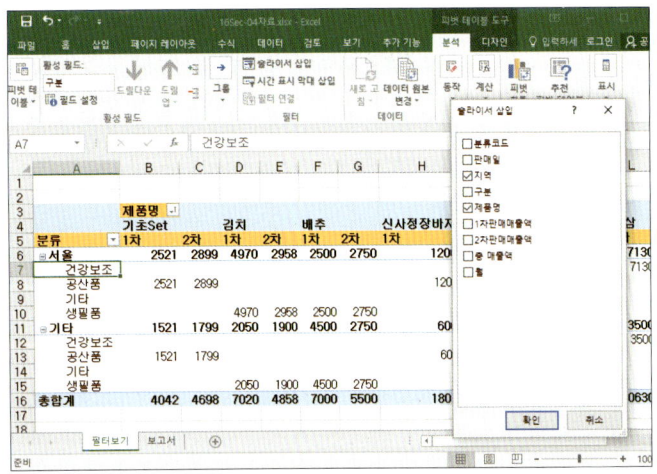

02 [슬라이서 삽입] 대화상자에서 "지역"과 "제품명"을 선택하고 [확인]을 클릭합니다.

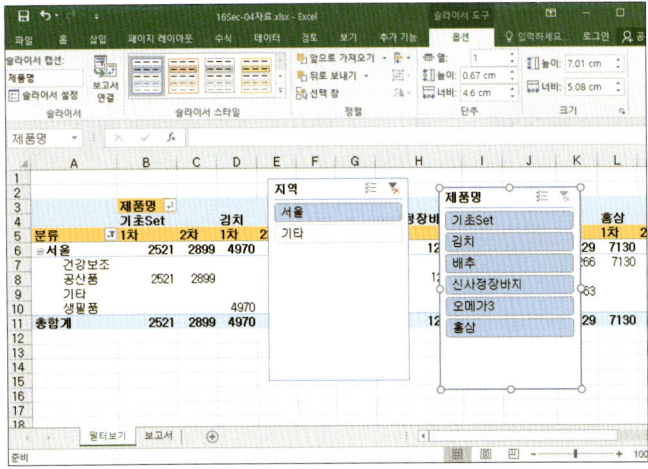

03 "지역"과 "제품명"의 슬라이서가 표시됩니다. 슬라이서를 작업하기 적당한 위치로 드래그합니다.

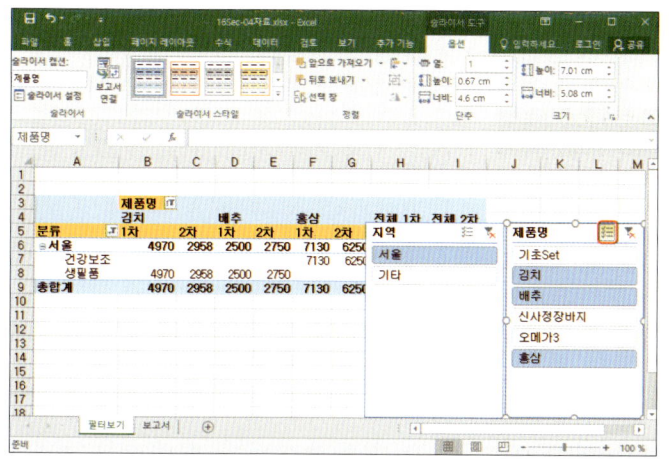

04 [지역] 슬라이서에서 "서울"을 클릭합니다. [제품명] 슬라이서에서 다중선택 아이콘을 클릭하고, "김치", "배추", "홍삼"을 선택합니다.

강의노트
다중선택 아이콘을 클릭하지 않고, Ctrl 키를 누른 채 항목을 클릭하면 다중 선택이 됩니다.

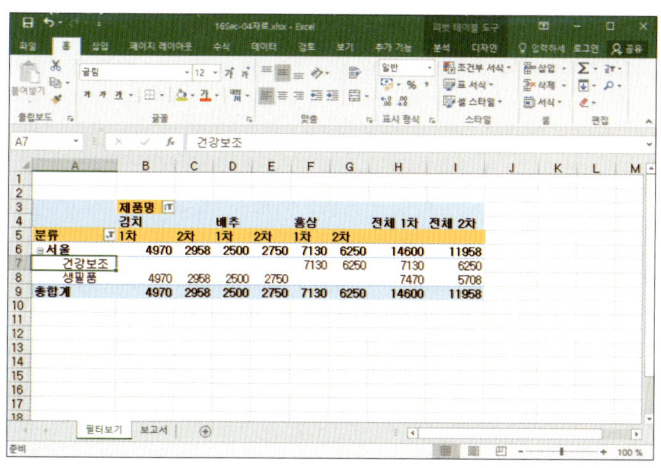

05 슬라이서 대화상자를 삭제합니다.

보충수업 [제품명] 슬라이서 대화상자

- **다중선택 아이콘**
  선택 : 여러 개의 항목 선택
  해제 : 하나의 항목 선택

- **필터 지우기 아이콘**
  필터를 지우고 모든 데이터를 표시
  단축키 : Alt + C

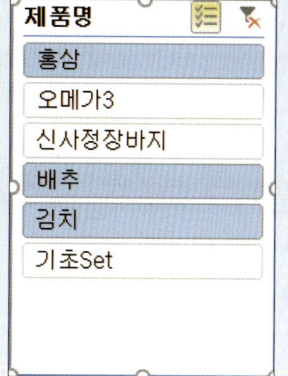

직접 해보기 시간막대로 필터링하기

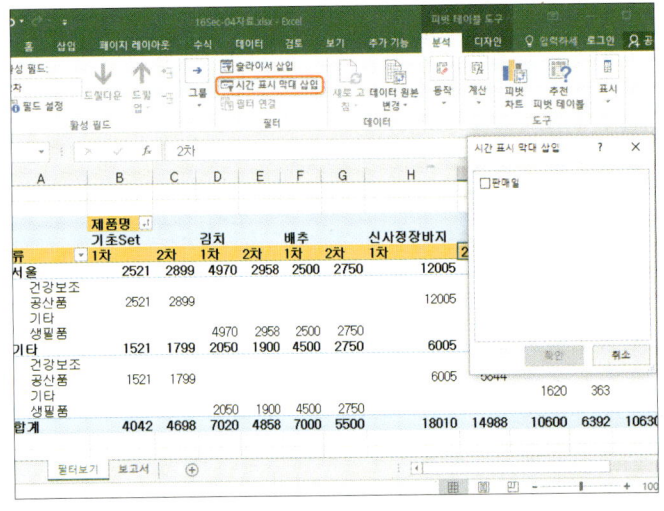

01 시간 막대를 삽입하고 판매일 별로 자료를 표시해 봅시다. [데이터] 탭의 [정렬 및 필터] 그룹 [지우기]를 클릭하여 모든 데이터를 표시해 봅시다. 그리고 [피벗 테이블 도구]의 [분석] 탭 [필터]그룹의 [시간 표시 막대 삽입]을 클릭합니다. 그러면 [시간 표시 막대 삽입] 대화상자가 표시됩니다.

02 [시간 표시 막대 삽입] 대화상자에서 "판매일" 선택하고 [확인]을 클릭합니다.

강의노트
시간 표시 막대는 날짜 데이터가 입력되어 있는 필드만 사용할 수 있습니다.

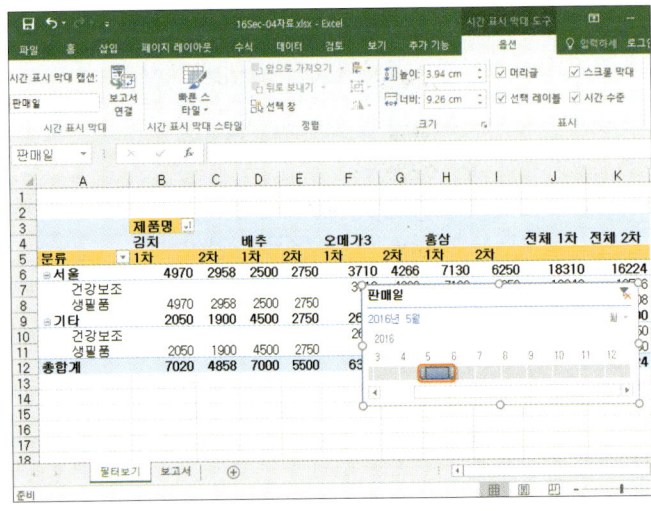

03 "판매일"에 대한 시간 표시 막대가 표시됩니다. 시간 막대에서 5월 막대를 클릭합니다. 자료는 5월에 대한 자료로 바뀌어 표시됩니다.

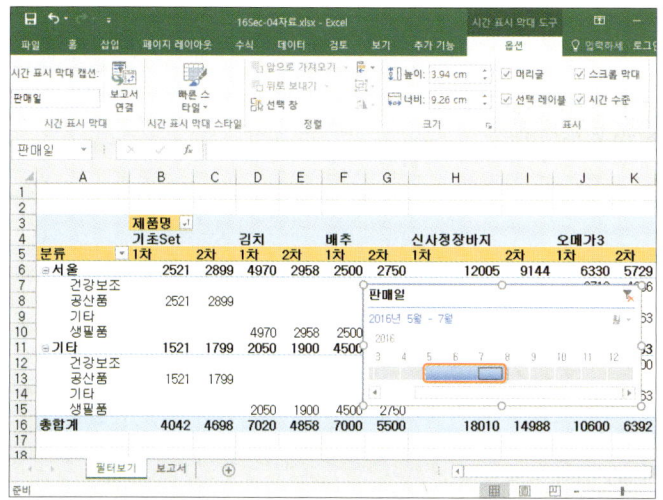

04 시간 막대에서 5월부터 6월까지 막대를 드래그합니다. 자료는 5월에서 6월까지의 자료로 바뀌어 표시됩니다.

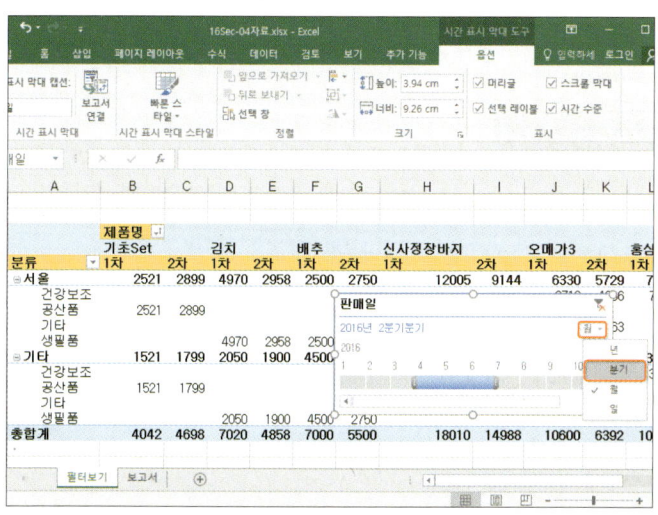

05 "판매일" 시간막대의 [월]을 클릭하고, 분기를 클릭합니다.

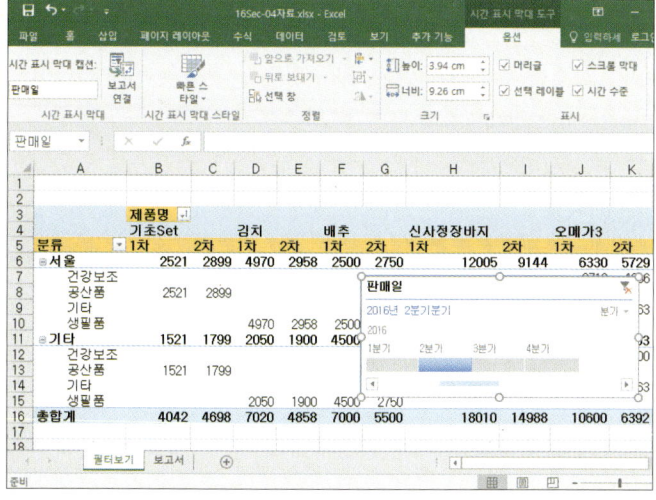

06 분기 단위로 시간 막대가 바뀌고, 피벗 테이블은 분기 단위의 데이터로 재구성됩니다.

직접 해보기 피벗 테이블과 피벗 차트 만들기

_ 준비파일 | 16Section-자료5.xlsx

01 "구분"별로 1차판매매출액의 합계와 2차판매매출액의 합계에 대한 피벗 테이블과 피벗 차트를 작성해 봅시다.
[삽입] 탭의 [차트] 그룹 [피벗 차트]-[피벗 차트 및 피벗 테이블]을 클릭합니다.

강의노트
위에 제시된 방법 대신에 [피벗 차트]의 [피벗 차트 및 피벗 테이블] 클릭해도 좋습니다.

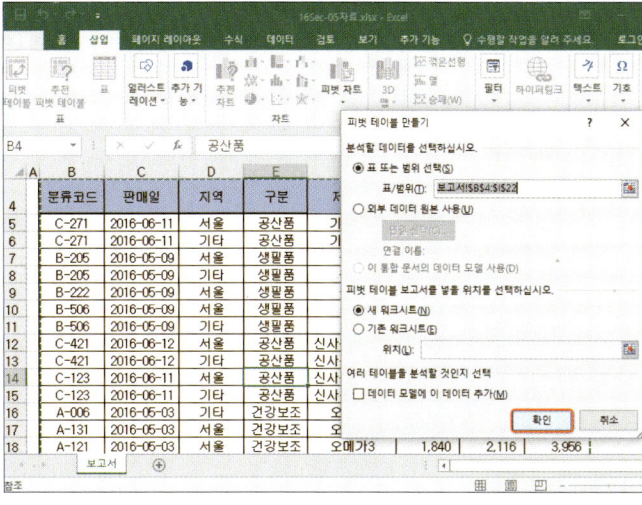

02 [피벗 테이블 만들기] 대화상자에서 표/범위 [B4:I22]를 확인하고 [확인]을 클릭합니다.

 보충수업 피벗 차트 만들기

피벗 차트는 데이터의 전체적인 내용을 파악하고 의미를 이해하는데 적절한 분석방법입니다. 피벗 차트는 피벗 테이블을 작성할 때 같이 만들거나, 기존의 피벗 테이블을 사용하여 만들 수 있습니다
피벗 차트는 데이터에 대해 추천되는 피벗 차트를 만들 수도 있습니다. 이 경우 연결되는 피벗 테이블이 자동으로 생성됩니다.

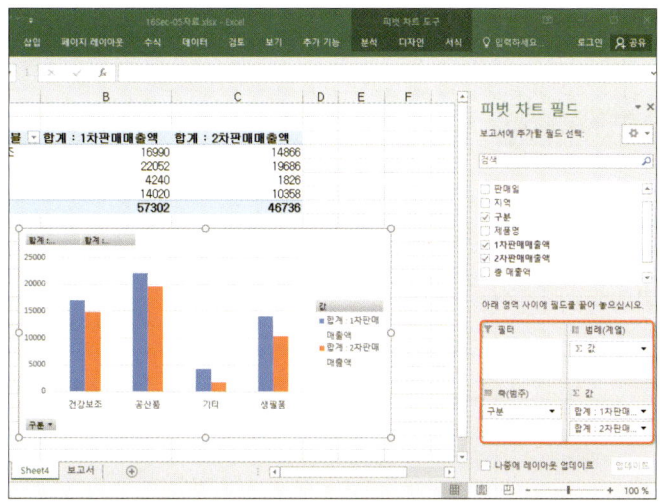

03 "구분"을 축(범주) 영역에, "1차판매매출액"과 "2차판매매출액"을 Σ 값 영역에 각각 드래그합니다. 그러면 피벗 테이블과 피벗 차트가 동시에 작성됩니다.

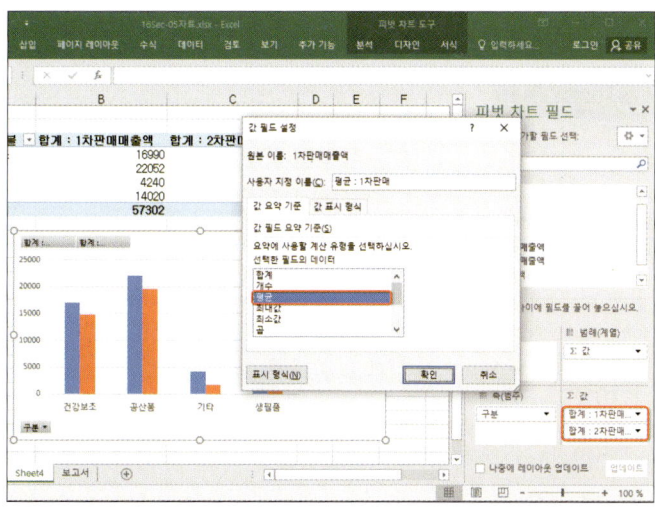

04 "1차판매매출액"과 "2차판매매출액"의 합계를 [값 필드 설정]을 이용하여 평균으로 전환합니다.

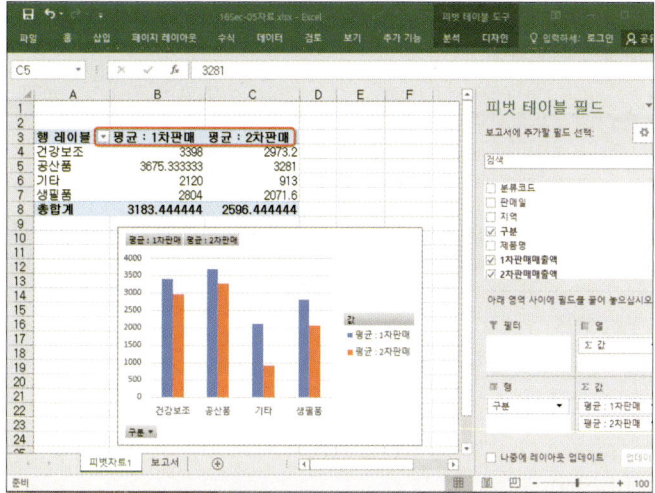

05 피벗 테이블과 피벗 차트 모두 "합계"가 "평균"으로 바뀌어 표시됩니다. [시트 탭]을 "피벗차트1"로 변경합니다.

직접 해보기 피벗 테이블을 이용하여 피벗 차트 만들기

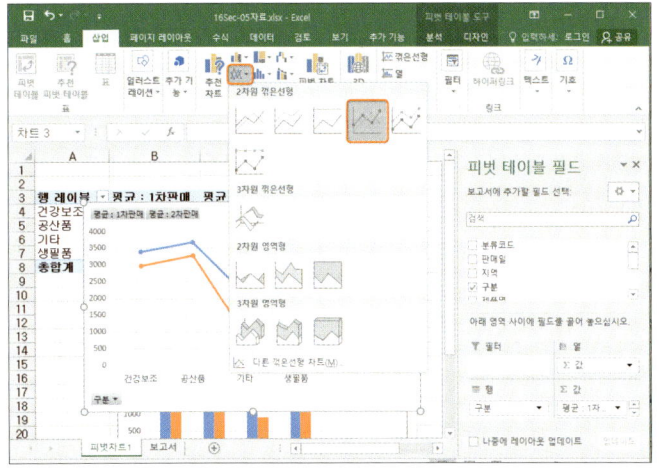

01 시트 "피벗차트1"의 피벗 테이블을 이용하여 1차판매매출액의 합계와 2차판매매출액의 평균에 대한 피벗 차트를 꺾은선형으로 작성해 봅시다.
먼저, 피벗 테이블(셀 [A4:D8] 사이)의 임의의 셀을 클릭하고 [삽입] 탭의 [차트] 그룹에서 [꺾은선형 또는 영역형 차트 삽입]을 클릭한다. 그 다음, [표식이 있는 꺾은선형]을 클릭합니다.

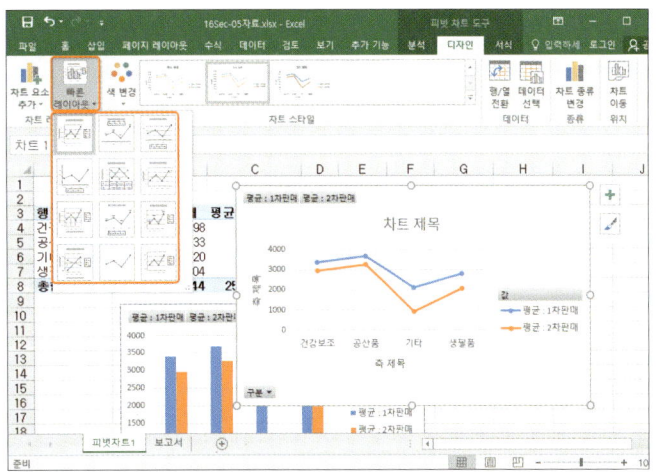

02 [표식이 있는 꺾은선형] 차트가 삽입된 것을 확인합니다. 리본 메뉴 [피벗 차트 도구]의 [디자인] 탭 [차트 레이아웃] 그룹에서 [빠른 레이아웃]을 클릭하고 [레이아웃 1]을 클릭합니다. 그러면 차트의 전체적인 형태가 [레이아웃 1] 형태로 변환됩니다.

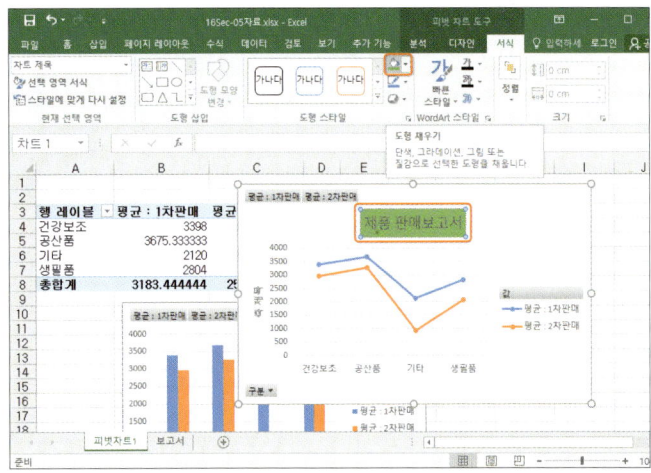

03 [차트 제목]을 "제품 판매보고서"로 수정하고 연한 녹색으로 채우기를 합니다.

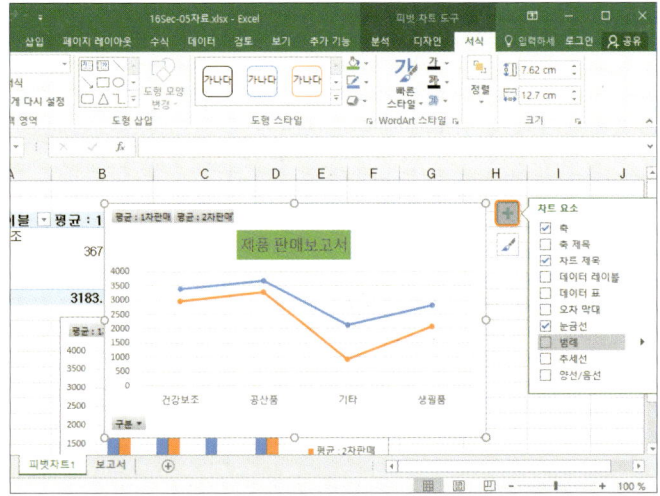

04 [차트요소] 아이콘을 클릭하고 [축 제목]과 [범례]의 선택을 해제합니다.

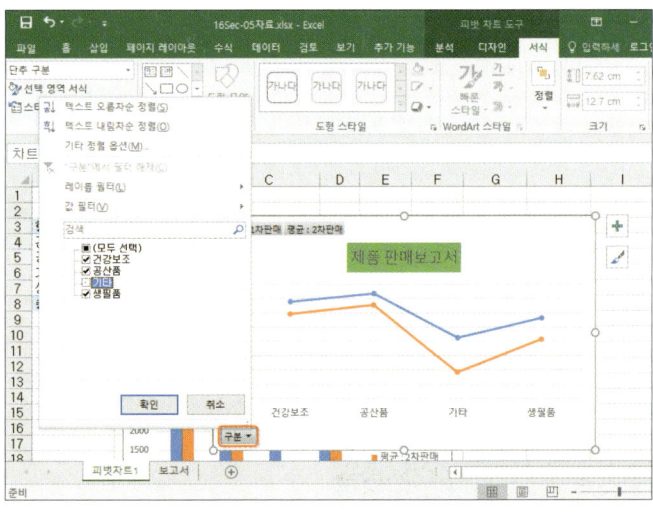

05 피벗 차트 왼쪽 하단의 피벗 차트 필터 단추 [구분]을 클릭합니다. 필터 메뉴에서 [기타]를 선택 해제하고 [확인]을 클릭합니다.

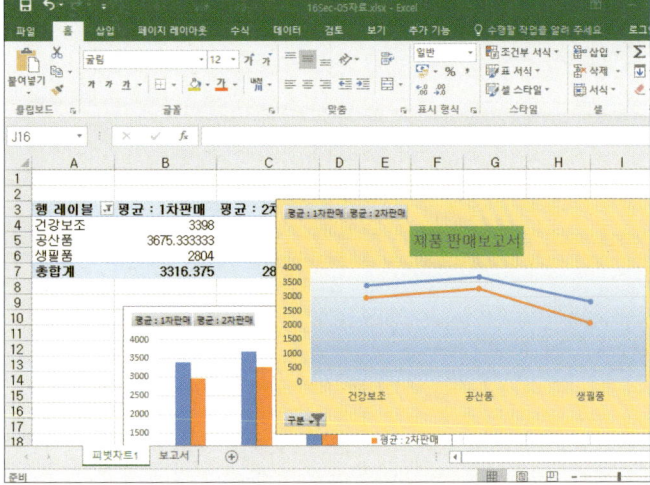

06 피벗 차트도 일반 차트와 마찬가지로 영역별 서식을 이용하여 다양한 모양으로 변경할 수 있습니다.

01. 파일 "실전문제-16.xlsx"에서, [납품내역] 시트를 데이터의 "지역", "납품", "반품" 필드를 이용하여 다음과 같이 피벗 테이블을 작성하고, 셀 B3, C3, D3의 열 레이블 명을 변경하고, 시트명을 "실전문제1"로 변경하시오.

완성파일 | 실전문제 16-1-결과.xlsx

02. 1번에서 작성한 [실전문제1] 시트의 피벗 테이블에 시간 표시 막대를 삽입하고, "분기" 단위로 "1분기"의 데이터만 표시하시오.

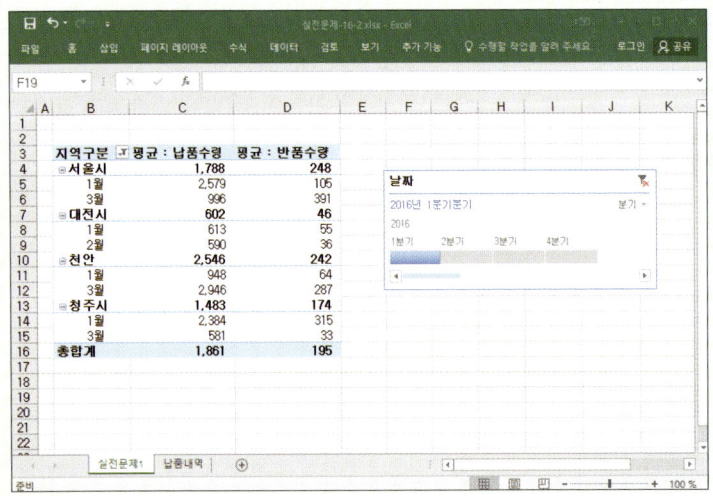

완성파일 | 실전문제 16-2-결과.xlsx

03. 파일 "실전문제-16.xlsx"에서, [납품내역] 시트를 데이터의 "날짜", "납품", "지역" 필드를 이용하여 다음과 같이 피벗 테이블을 작성하고, 셀 A3, A4, B3의 열 레이블 명을 변경하고, 아래와 같이 서식을 지정하고, 시트명을 "실전문제3"으로 변경하시오.

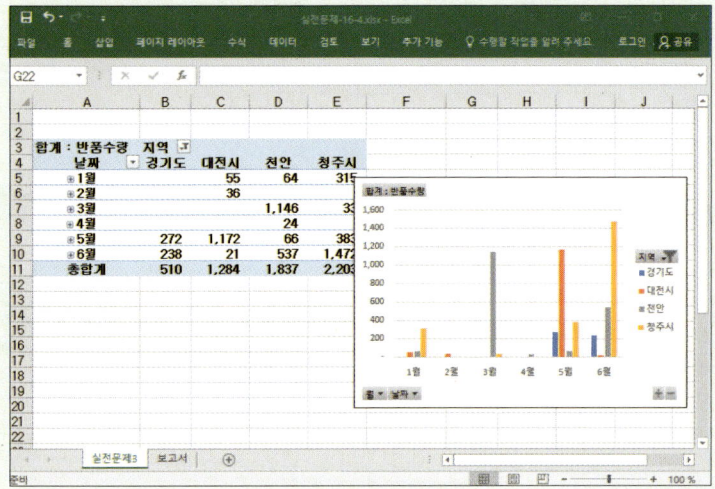

완성파일 | 실전문제 16-3-결과.xlsx

Hint 서식 : 피벗 스타일 밝게 16

04. 3번에서 작성한 [실전문제3] 시트의 피벗 테이블을 이용하여 아래와 같이 피벗 차트를 작성하고, 지역에서 "서울시"를 제외하시오.

완성파일 | 실전문제 16-4-결과.xlsx

빠른 분석

Part2. 17 Section

엑셀에서 입력된 데이터를 분석하는 데 많은 작업이 필요했습니다. 빠른 분석 도구를 이용하면, 선형 및 세로 막대형 차트, 스파크라인 등 여러 가지 종류의 차트를 즉시 만들거나, 표 스타일 적용, 피벗 테이블 만들기, 합계 등 간단한 수식, 조건부 서식 적용 등의 작업을 쉽고 간단하게 완료할 수 있습니다.

Zoom In

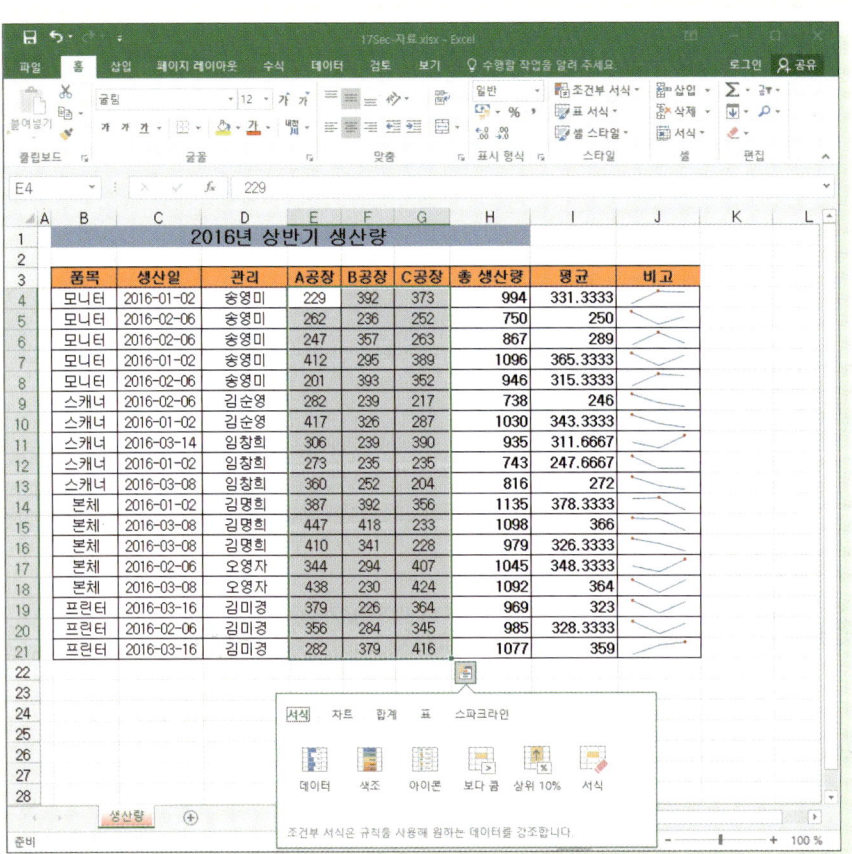

Keypoint

_ 빠른 분석 기능 사용

Knowhow

_ 기본 서식·차트·합계의 빠른 계산

보충수업 빠른 분석 사용 방법

빠른 분석 기능의 종류는 서식, 차트, 합계, 표, 스파크라인이 있습니다.

❶ 분석하려는 데이터를 포함하는 셀을 선택합니다. 선택한 범위의 오른쪽 하단에 빠른 분석 단추가 표시됩니다.

❷ 선택한 데이터의 오른쪽 아래에 표시되는 빠른 분석 단추(📊)를 클릭하거나 Ctrl + Q 를 누릅니다.

❸ 빠른 분석 갤러리에서 서식, 차트, 합계, 표, 스파크라인 중 원하는 탭을 선택합니다.

❹ 옵션의 미리보기를 확인하고, 옵션을 선택합니다. 옵션은 데이터에 따라 다르게 표시될 수 있습니다.

❺ 선택 항목에 대한 결과가 표시되면 사용자 임의로 서식을 수정할 수 있습니다.

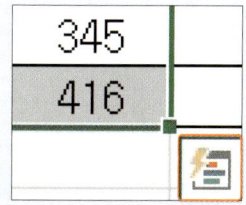

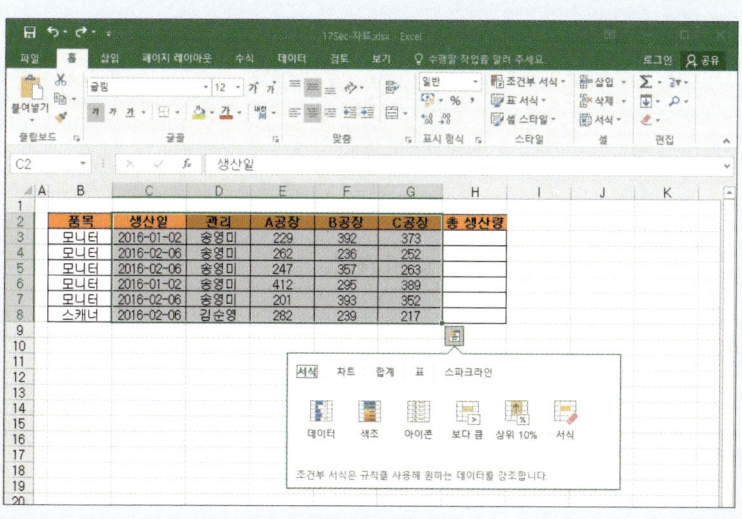

보충수업 빠른 분석 기능 종류

❶ 데이터 막대와 색 등을 강조하여 표시하는 조건부 서식을 지정합니다.

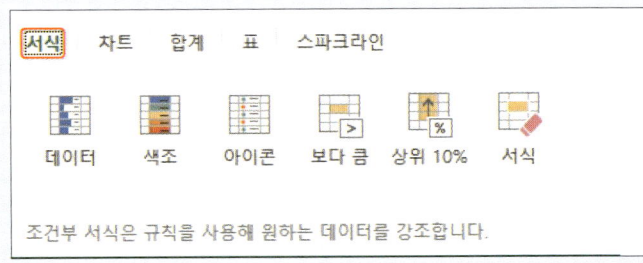

❷ 선택한 데이터의 형태에 따라 차트를 추천합니다. [차트 더보기]를 클릭하면 더 많은 차트를 볼 수 있습니다.

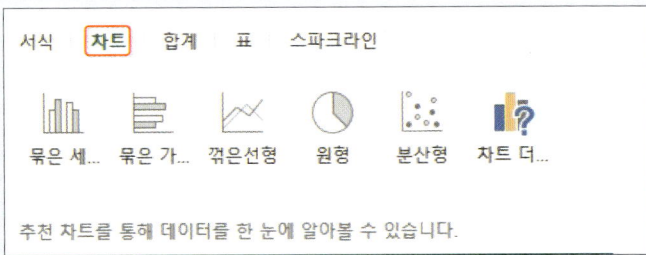

❸ 가로 혹은 세로 방향으로 합계, 평균, 개수 등의 수식을 계산합니다.

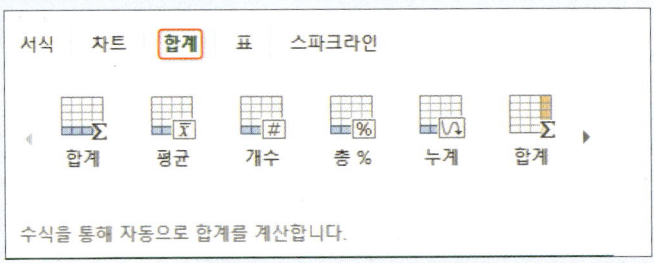

❹ 표를 만들거나 피벗 테이블을 작성합니다.

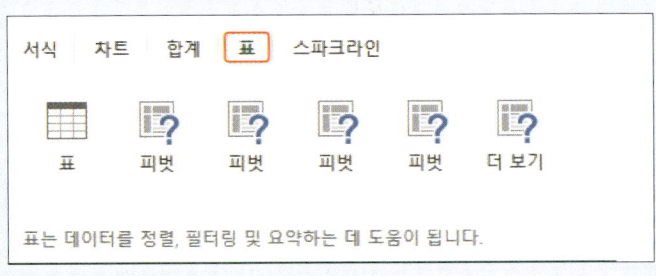

❺ 스파크라인을 작성합니다.

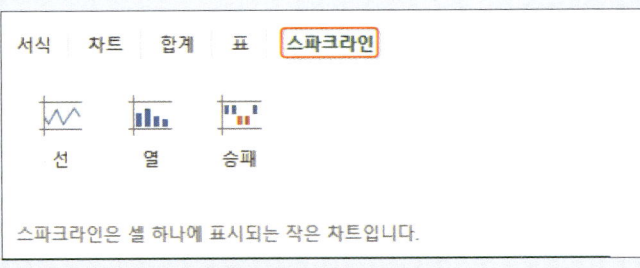

직접 해보기 | 빠른 분석을 사용한 서식지정하기

_ 준비파일 | 17Section-자료2.xlsx

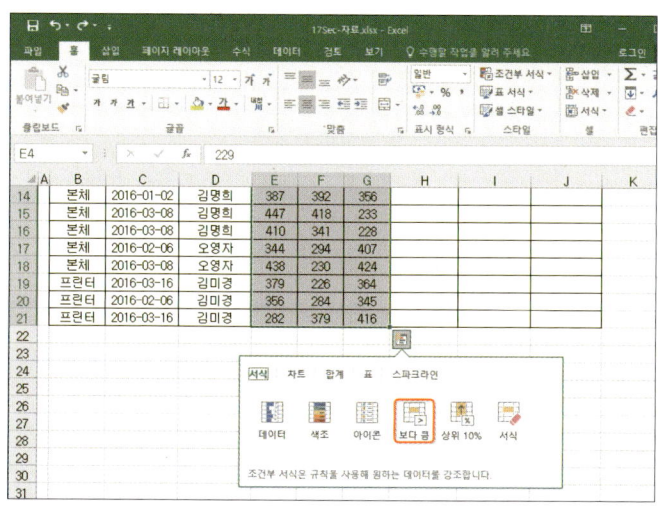

01 "A공장", "B공장", "C공장"의 자료 중 400 이상인 데이터에 "연한 빨강 채우기"를 지정해 봅시다.
데이터 영역인 셀 E4:G21을 블록으로 지정하고 빠른 분석 단추(圖)를 클릭하고, [서식] 탭의 [보다 큼]을 클릭합니다.

02 [보다 큼] 대화상자에 "다음 값보다 큰 셀의 서식 지정"에 400을 입력하고 "적용할 서식"에 "연한 빨강 채우기"를 선택하고 [확인]을 클릭합니다.

03 400보다 큰 값의 셀이 "연한 빨강 채우기"로 서식이 지정되었습니다.

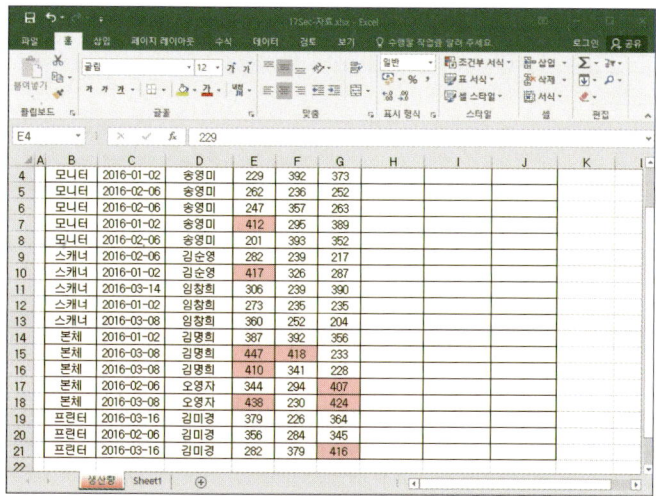

직접 해보기 | 빠른 분석을 사용한 합계와 평균 계산하기

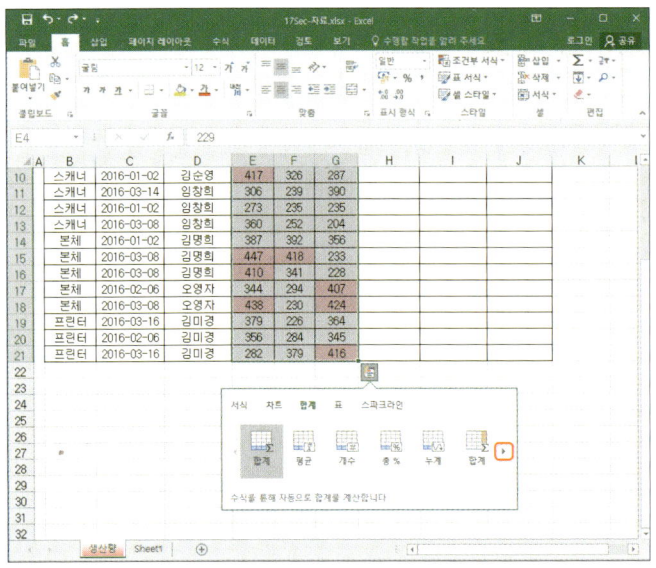

01 "총 생산량"과 "평균"에 A공장, B공장, C공장의 합계와 평균을 계산해 봅시다.
데이터 영역인 셀 [E4:G21]을 블록으로 지정하고 빠른 분석 단추(圄)를 클릭한 후, [합계] 탭을 클릭합니다. 세로 방향의 [합계]를 계산하기 위하여 오른쪽 작은 검정 화살표를 클릭하여 추가 옵션을 표시합니다.

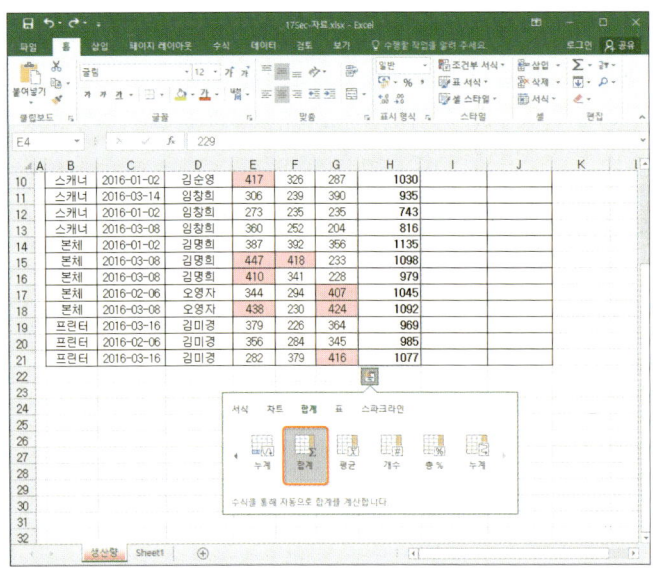

02 세로 방향의 [합계]를 클릭하여 결과를 확인합니다.

 수식 유형

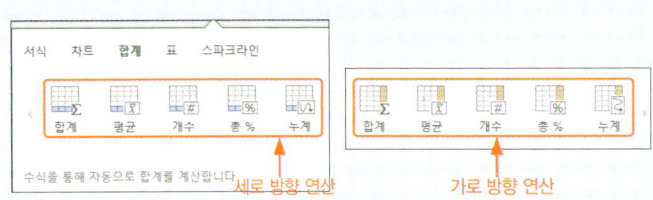

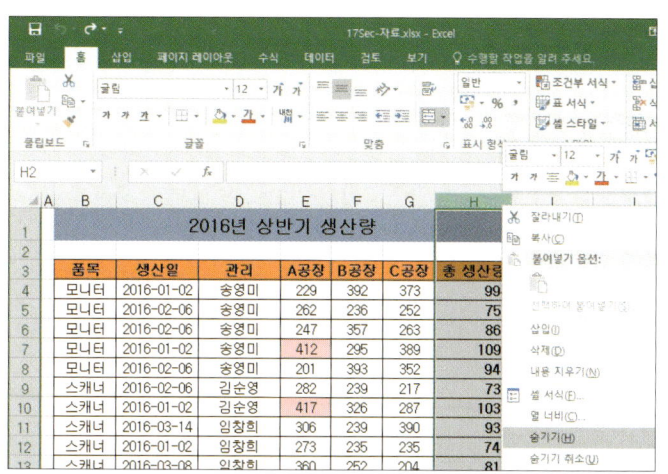

03 "평균"을 계산하기 위하여 H열을 숨기기합니다. 열H의 팝업메뉴에서 [숨기기]를 클릭합니다.

강의노트 ✏️

빠른 분석은 영역의 바로 오른쪽 셀에 결과를 표시하는 특성이 있기 때문에 "총 생산량"이 계산되어 있는 H열을 "숨기기"합니다.

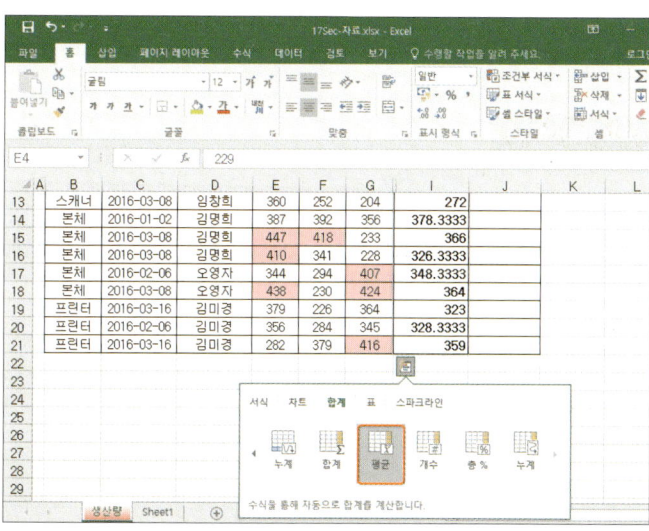

04 데이터 영역인 셀 [E4:G21]을 블록으로 지정하고 빠른 분석 단추(📊)를 클릭하고, [합계] 탭을 클릭합니다. 세로 방향의 [평균]을 계산하기 위하여 오른쪽 작은 검정 화살표를 클릭하여 세로 방향의 [평균]을 클릭합니다.

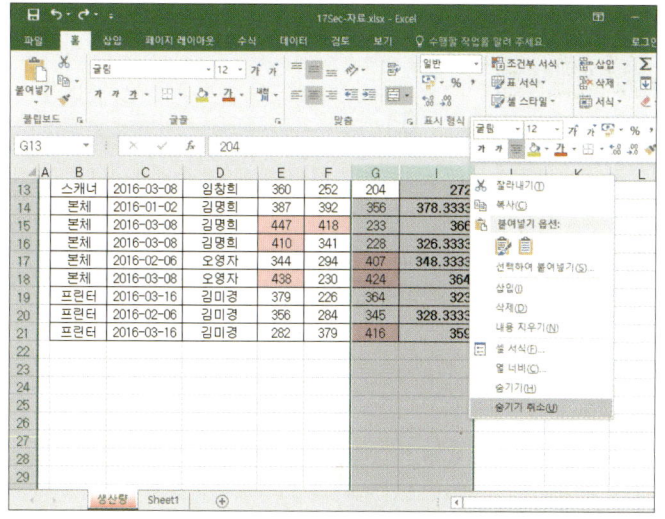

05 열 G:I를 블록 설정하고 팝업메뉴에서 [숨기기 취소]를 클릭합니다.

직접 해보기 | 빠른 분석을 사용한 스파크라인 차트 만들기

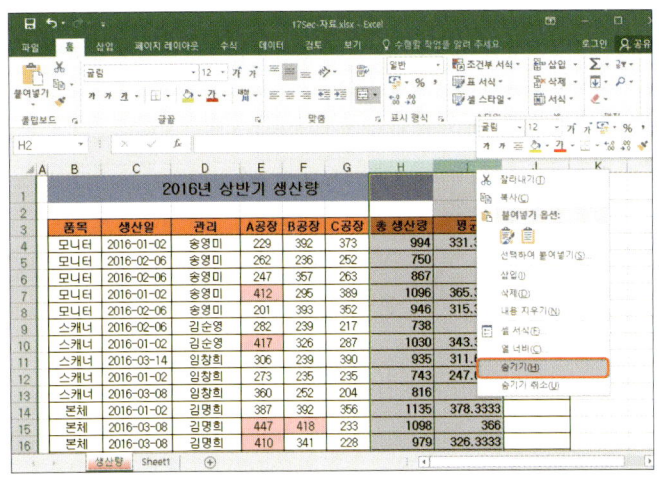

01 "비고"에 A공장, B공장, C공장의 스파크라인 차트를 작성해 봅시다.
열 H:I를 블록 지정하고 팝업메뉴의 [숨기기]를 클릭합니다.

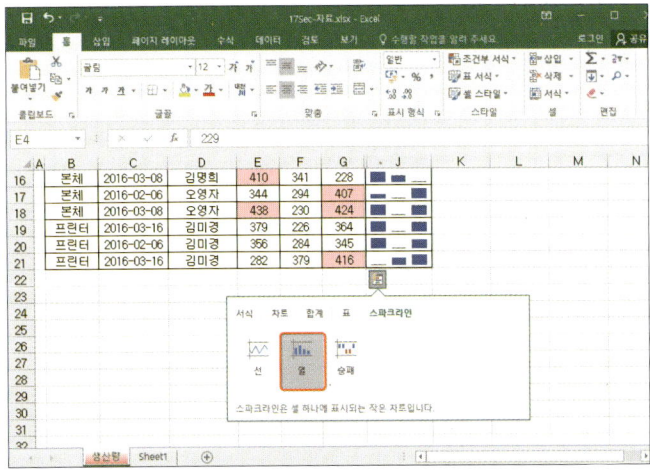

02 데이터 영역인 셀 [E4:G21]을 블록으로 지정하고 빠른 분석 단추(圖)를 클릭하고, [스파크라인] 탭을 클릭하고 [열]을 클릭합니다.

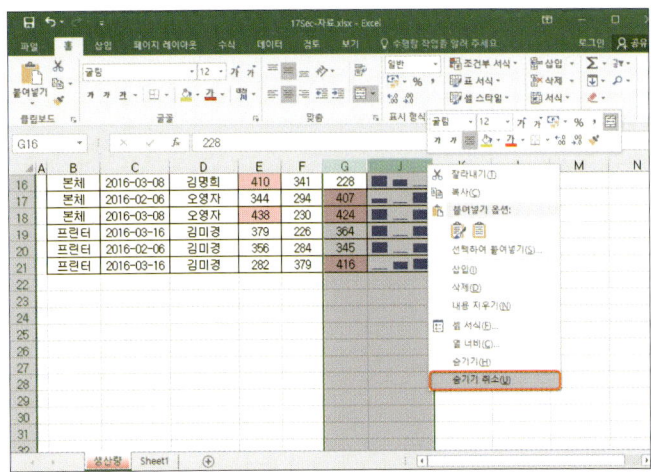

03 스파크라인 차트 결과를 확인하고, 열 G:J를 블록 설정하고 팝업메뉴의 [숨기기 취소]를 클릭합니다.

직접 해보기 | 빠른 분석을 사용한 피벗 테이블 만들기

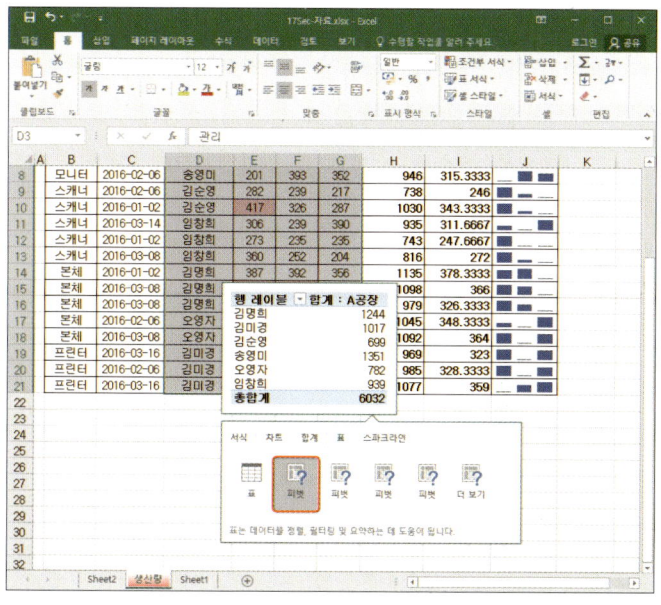

01 "관리"의 이름별로 "A공장", "B공장", "C공장"의 합계를 계산하는 피벗 테이블을 생성해 봅시다.
셀 [D3 :G21]을 블록 지정하고, 빠른 분석 단추(📋)를 클릭하고, [표] 탭의 [피벗]을 클릭합니다. 옵션을 마우스로 이동하면서 적당한 피벗 테이블 형태를 선택합니다.

강의노트 ✏️

빠른 분석 기능을 이용하여 피벗테이블을 작성하면 블록을 지정한 영역을 이용한 피벗테이블, 블록 지정을 하지 않은 확장된 영역의 피벗 테이블 등을 추천합니다. [더보기] 옵션을 클릭하면 추천 피벗테이블이 아닌 새로운 형태를 작성할 수 있습니다.

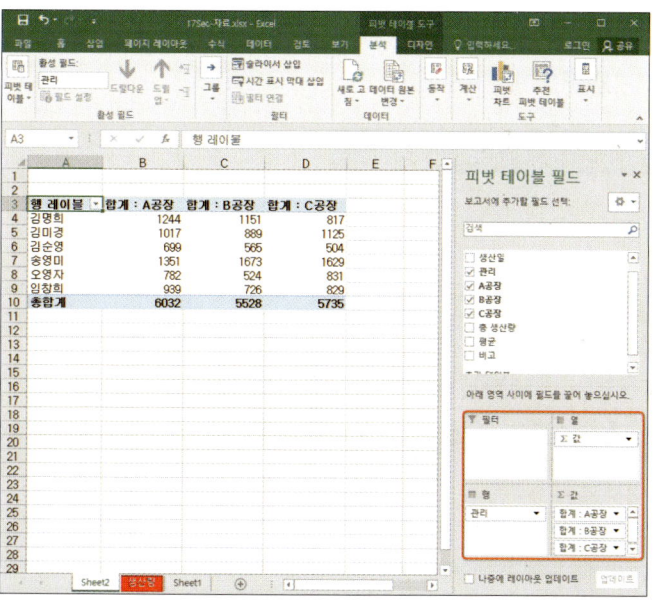

02 [피벗 테이블 필드] 영역에서 "관리"를 행 영역에, "A공장", "B공장", "C공장"을 Σ 값 영역에 각각 드래그하여 피벗 테이블을 완성합니다.

강의노트 ✏️

셀 [D3:G21]을 블록 지정하고, 피벗 테이블을 작성하였지만, [피벗 테이블 필드]에는 데이터 필드 이름 전체가 표시 됩니다.

실전문제

01. "실전문제-17.xlsx" 파일을 열고, 빠른 분석을 이용하여 다음과 같이 "평균"을 계산하시오.

분류	2015년 8월	2016년 7월	2016년 8월	평균
컴퓨터 및 주변기기	2,759	3,206	3,235	3,067
가전,전자,통신기기	4,924	7,138	6,855	6,306
서적	934	1,176	1,104	1,071
음반, 비디오, 악기	123	161	156	147
의복	3,696	4,988	4,420	4,368
가방	638	931	954	841
패션용품 및 엑세서리	716	971	952	880
화장품	2,618	3,831	4,390	3,613
아동 및 유아용품	2,010	2,316	2,202	2,176
음료 및 식료품	3,912	5,335	5,792	5,013
농축수산물	1,088	1,266	1,503	1,286
합계				

〈 상품별 온라인 쇼핑 거래액 〉 (단위:억원)

완성파일 | 실전문제 17-1-결과.xlsx

02. 빠른 분석을 이용하여 다음과 같이 15행의 "합계"를 계산하시오.

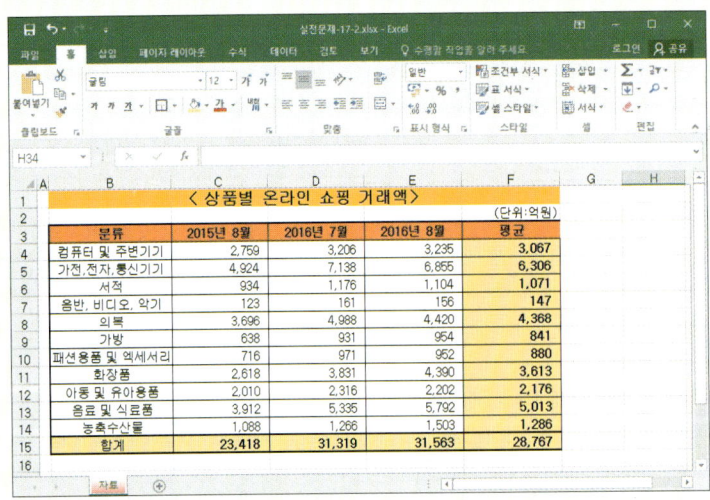

완성파일 | 실전문제 17-2-결과.xlsx

실전문제

03. 빠른 분석을 이용하여 다음과 같이 입력데이터를 표로 작성하시오.

분류	2015년 8월	2016년 7월	2016년 8월	평균
컴퓨터 및 주변기기	2,759	3,206	3,235	3,067
가전,전자,통신기기	4,924	7,138	6,855	6,306
서적	934	1,176	1,104	1,071
음반, 비디오, 악기	123	161	156	147
의복	3,696	4,988	4,420	4,368
가방	638	931	954	841
패션용품 및 엑세서리	716	971	952	880
화장품	2,618	3,831	4,390	3,613
아동 및 유아용품	2,010	2,316	2,202	2,176
음료 및 식료품	3,912	5,335	5,792	5,013
농축수산물	1,088	1,266	1,503	1,286
합계	23,418	31,319	31,563	28,767

(단위:억원)

완성파일 | 실전문제 17-3-결과.xlsx

04. 빠른 분석을 이용하여 다음과 같이 "2016년 8월" 데이터를 이용하여 원형 차트를 작성하시오.

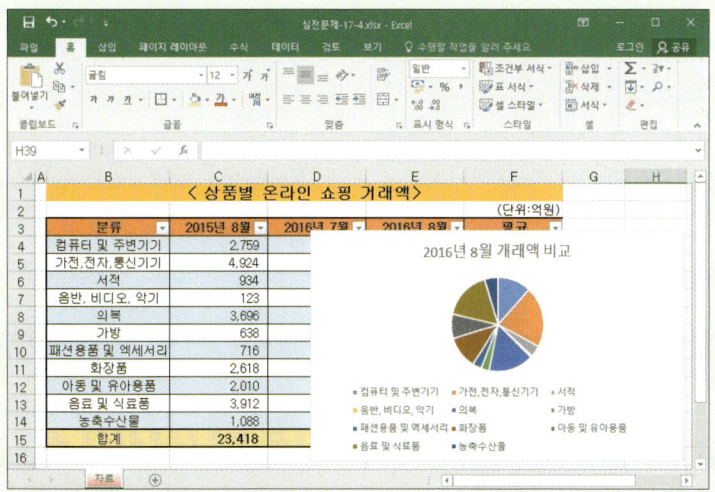

완성파일 | 실전문제 17-4-결과.xlsx

Hint C열과 D열을 "숨기기"로 지정한 후 차트를 작성합니다.

EXCEL 2016

Part 03

차트 및 도형

자료들을 입력하고 수식과 기능들을 이용하여 필요한 내용으로
완성하였다면, 알아보기 쉽도록 작성할 필요가 있습니다.
일반적으로 자료들을 알아보기 쉽게 분석하고 예측하기 위한 방법으로 차트를 사용합니다.
막대차트, 원형차트, 꺾은선 차트, 스파크라인 차트 등 다양한 차트 형태를 제공하며,
차트에 사용된 원본 데이터가 변경되면 관련 차트는 자동으로 변형됩니다.
또한, 도형 및 그림 기능들을 사용하여 엑셀 문서를 보고서
형태로 쉽게 작성할 수 있을 것입니다.

Part3. **18** Section

차트

차트는 자료를 알아보기 편리하도록 그림 형태로 정리하여 보여줍니다. 차트를 이용한 데이터의 시각화는 효과적인 데이터 분석뿐만 아니라 설득력 있는 설명에도 중요합니다.

차트의 종류는 막대차트, 꺾은선차트, 원형차트, 영역형, 분산형, 주식형, 표면형, 방사형 콤보 등이 있으며, Excel 2016에서는 트리맵 차트, 선버스트, 폭포, 히스토그램, 파레토, 상자 수염 그림 등 다양한 서식 옵션이 포함된 6가지 새 차트가 추가되었습니다. 스파크라인에서는 데이터의 추세를 시각적으로 표현합니다.

Zoom In

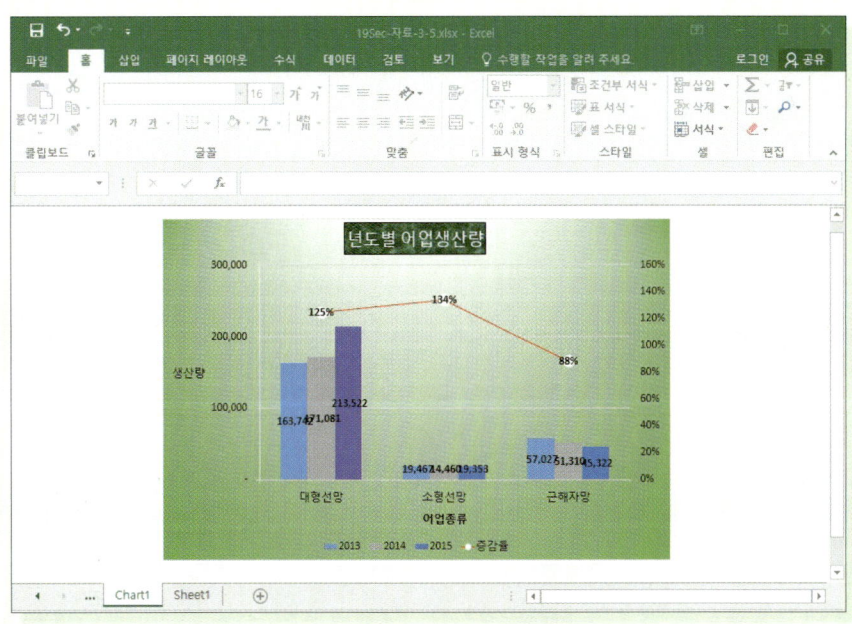

Keypoint

_ 차트 만들기
_ 차트 편집하기
_ 차트 서식 설정하기

Knowhow

_ 스파크라인은 워크시트 셀 안의 작은 차트로 데이터의 추세를 시각적으로 표현한다.
_ 차트는 데이터의 계열 간의 관계를 쉽게 이해할 수 있도록 그래픽 형식으로 표시한다.
_ 작성된 차트의 모양, 데이터 범위, 스타일 등은 변경이 가능하다.
_ 차트 영역, 제목, 축, 범례, 눈금선 등은 [차트 도구]의 [서식] 탭을 이용해 설정한다.

직접 해보기 스파크라인 차트 만들기

_준비파일 | 18Section-자료1.xlsx

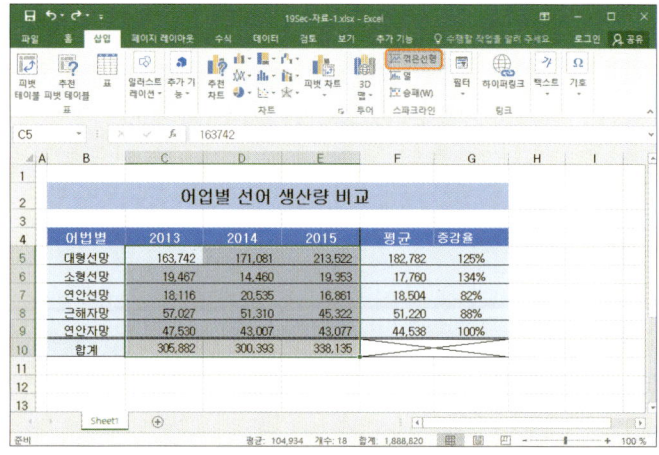

01 "2013", "2014", "2015" 데이터의 스파크라인을 작성해 봅시다. 셀[C5:E10]을 블록으로 지정하고, [삽입] 탭의 [스파크라인] 그룹 [꺾은선형]을 클릭합니다.

02 [스파크라인 만들기] 대화상자의 데이터 범위에 "C5:E10", 위치범위에 "$H$5:$H$10"을 입력하고 [확인]을 클릭합니다.

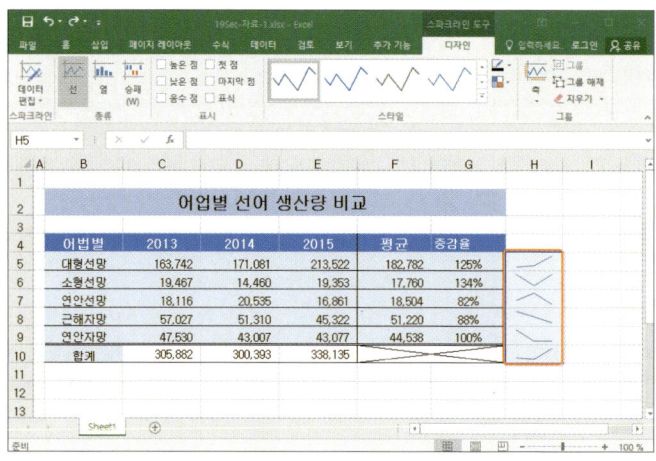

03 셀 [H5:H10]에 스파크라인이 삽입되었습니다.

강의노트 ✏️

스파크라인은 그룹으로 묶여져 있습니다. 그렇기 때문에 위치, 스타일, 종류 등을 변경하면 일괄 적용됩니다.

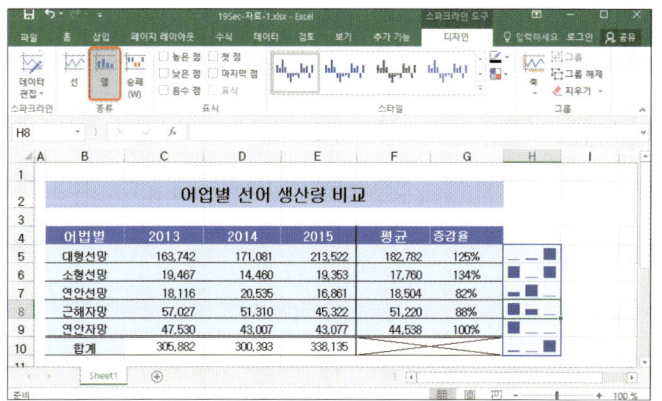

04 스파크라인의 임의의 셀을 클릭하고, 스파크라인 도구 메뉴의 [디자인] 탭의 [종류]그룹 [열]을 클릭합니다. 스파크라인이 막대그래프 모양으로 표시됩니다.

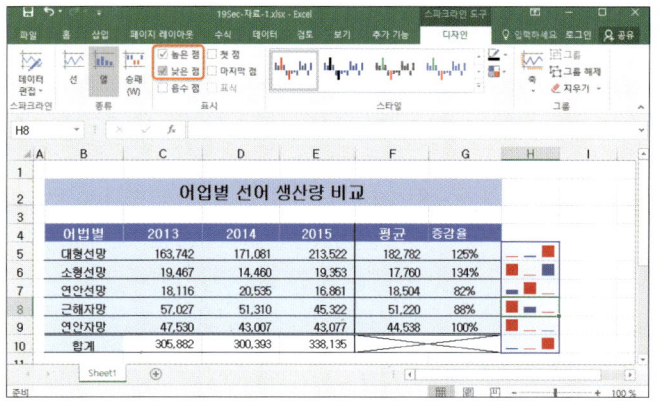

05 스파크라인의 임의의 셀을 클릭하고, 스파크라인 도구 메뉴의 [디자인] 탭의 [표시] 그룹에서 [높은 점]과 [낮은 점]을 선택합니다. 스파크라인의 가장 높은 점과 낮은 점이 빨간색으로 표시됩니다.

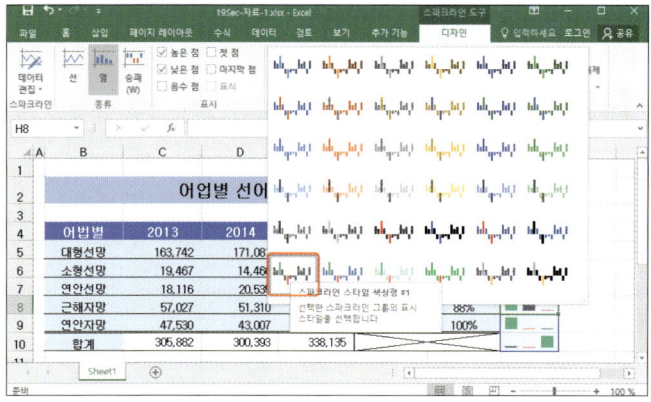

06 스파크라인의 임의의 셀을 클릭하고, 스파크라인 도구 메뉴의 [디자인] 탭의 [스타일] 그룹에서 자세히 화살표를 클릭하고, [스파크라인 스타일 색상형 #1]을 클릭합니다. 그러면 스파크라인의 색상이 변경됩니다.

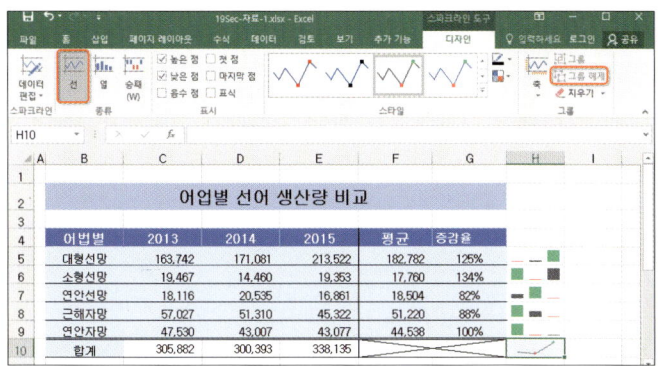

07 셀H10 합계의 스파크라인을 클릭하고 [디자인] 탭의 [그룹] 그룹에서 [그룹 해제]를 클릭합니다. [디자인] 탭의 [종류] 그룹에서 [선]을 클릭합니다. 셀 H10 합계의 스파크라인이 꺾은선형으로 변환됩니다.

직접 해보기 | 추천 차트를 활용한 차트 만들기

준비파일 | 18Section-자료2.xlsx

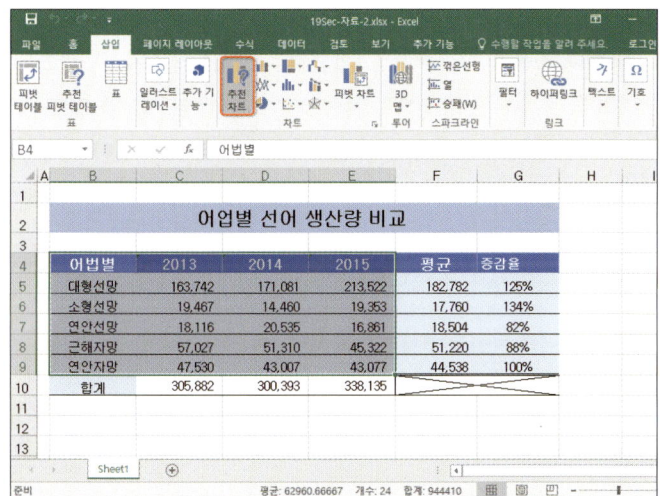

01 "어업별", "2013", "2014", "2015" 데이터를 이용하여 적당한 차트를 작성해 봅시다.
셀 [B4:E9]를 블록으로 지정하고, [삽입] 탭의 [차트] 그룹에서 [추천차트]를 클릭합니다.

02 [차트 삽입] 대화상자의 추천 차트 목록에서 차트를 미리 보면서 적당한 차트를 선택합니다. 여기서는 "누적 세로 막대형"을 선택하고 [확인]을 클릭합니다.

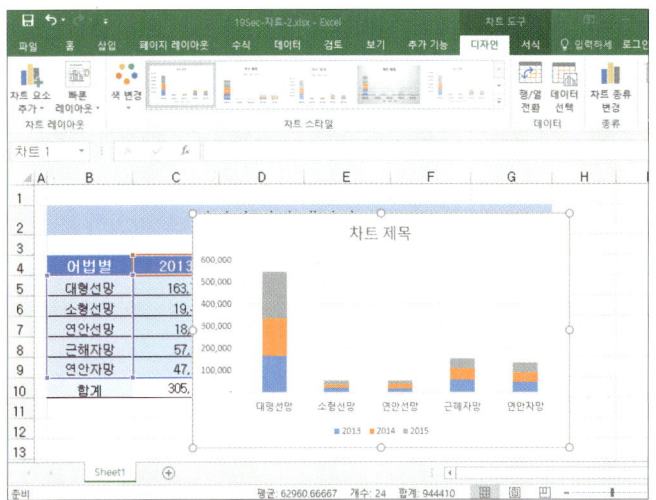

03 현재 워크시트에 [누적 세로 막대형] 차트가 삽입됩니다.

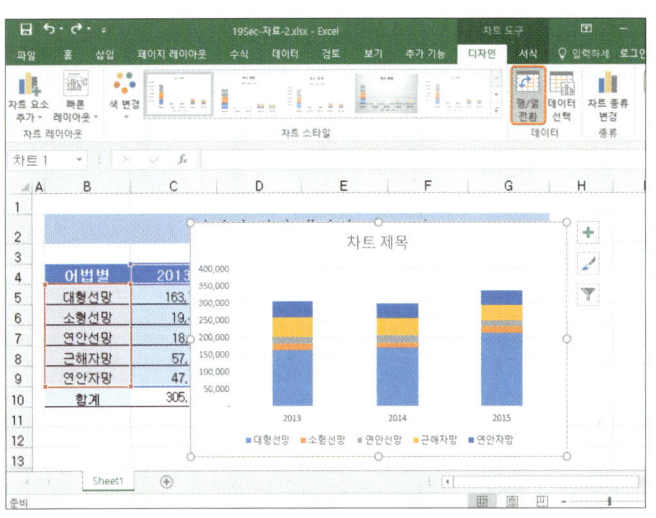

04 [차트 도구] 메뉴 [디자인] 탭의 [데이터] 그룹에서 [행/열 전환]을 클릭합니다. 차트의 행과 열이 전환되어 표시됩니다.

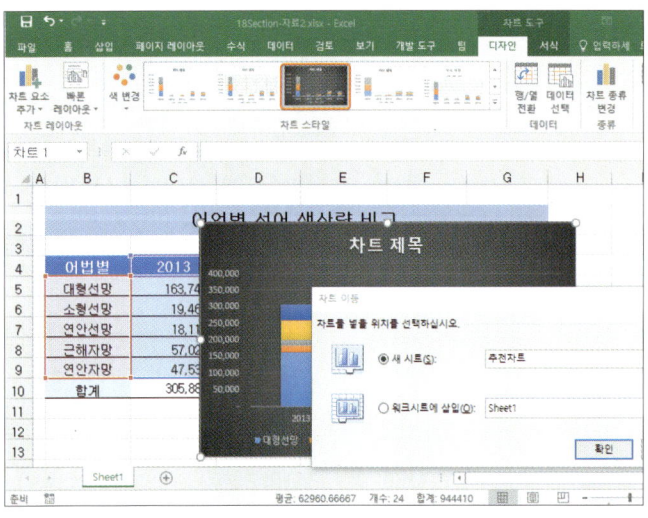

05 [차트 도구] 메뉴 [디자인] 탭의 [차트 스타일] 그룹에서 차트 스타일 화살표를 클릭하여 원하는 스타일을 선택합니다. 차트 스타일이 변경되었습니다. 차트가 변경된 것을 확인하고 [차트 도구] 메뉴의 [디자인] 탭 [위치]그룹의 [차트 이동]을 클릭합니다. [차트 이동] 대화상자에서 "새 시트"를 선택하고 시트명에 "추천차트"를 입력하고, [확인]을 클릭합니다. 새로운 시트 "추천차트"가 삽입되고 차트가 표시됩니다.

직접 해보기 | 막대 차트 만들기

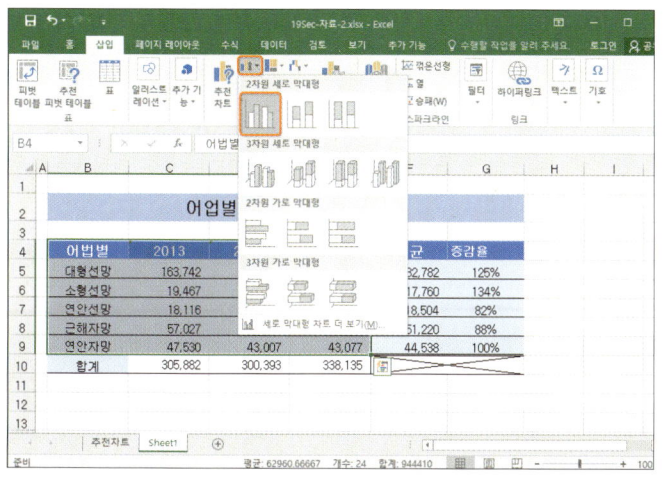

01 새 시트에 "어업별", "2013", "2014", "2015" 데이터를 이용하여 묶은 세로 막대형 차트를 작성해 봅시다.
시트 [sheet1]의 셀 [B4:E9]를 블록으로 지정하고, [삽입] 탭의 [차트] 그룹에서 [세로 또는 가로 막대형 차트 삽입]을 클릭한 후 [묶은 세로 막대형]을 클릭합니다.

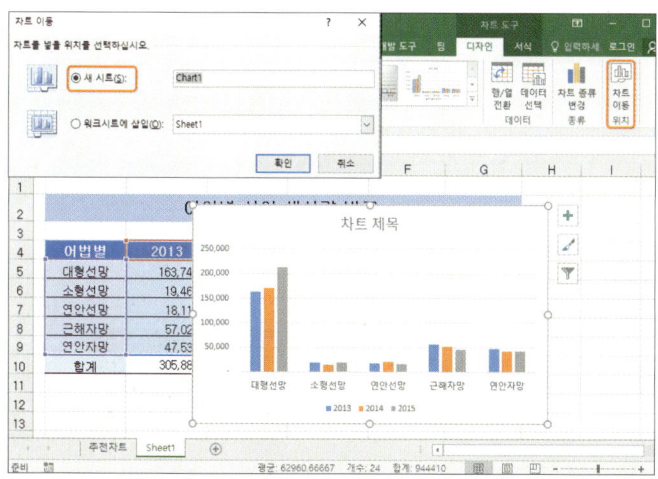

02 [묶은 세로 막대형] 차트가 현재 시트에 삽입됩니다.

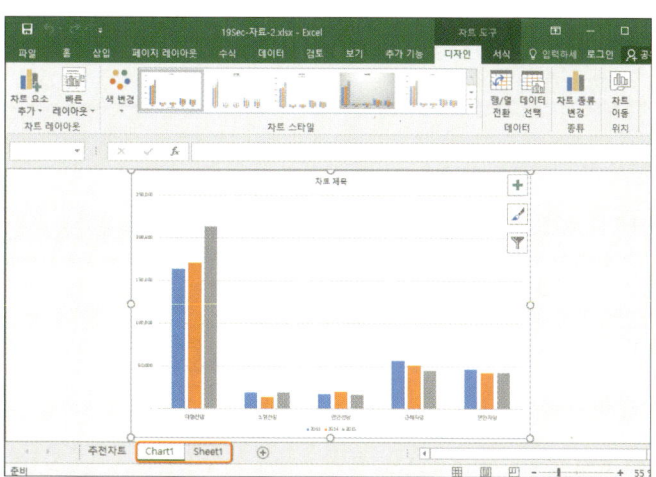

03 [차트 도구] 메뉴의 [디자인] 탭 [위치]그룹의 [차트 이동]을 클릭합니다. 그 다음, [차트 이동] 대화상자에서 "새 시트"를 선택하고 [확인]을 클릭합니다.

직접 해보기 차트 종류 변경하기

_ 준비파일 : 18Section-자료3.xlsx

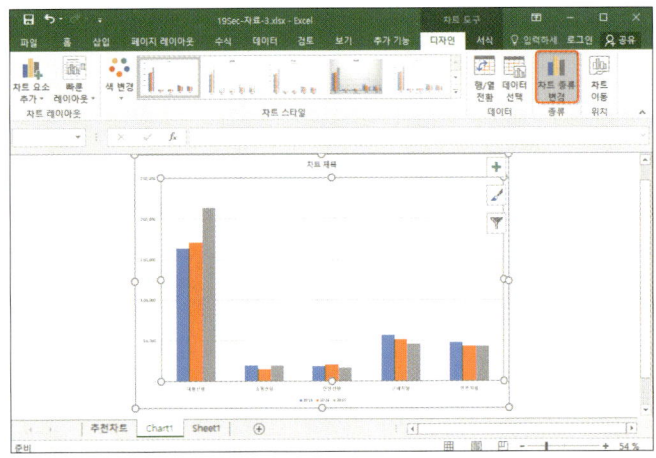

01 차트를 "표식이 있는 꺾은선형" 차트로 변경하고, 레이블이 있는 스타일로 변경해 봅시다.
차트를 선택한 상태에서 [디자인] 탭의 [종류] 그룹에서 [차트 종류 변경]을 클릭합니다.

보충수업 [차트도구]의 [디자인] 탭

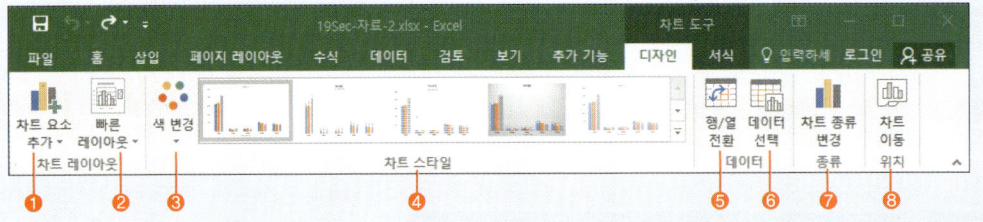

❶ **차트 요소 추가** : 현재 차트에 표시되지 않은 요소를 추가 혹은 삭제합니다.

❷ **빠른 레이아웃** : 차트 전체 레이아웃을 변경합니다.

❸ **색 변경** : 현재 차트의 색을 사용자 지정으로 변경합니다.

❹ **차트 스타일** : 차트의 색상 및 형태를 지정합니다.

❺ **행/열 전환** : 가로축 값을 세로축으로, 세로축 값을 가로축으로 이동합니다.

❻ **데이터 선택** : 차트에 포함된 데이터의 범위를 변경합니다.

❼ **차트 종류 변경** : 차트의 종류를 변경합니다.

❽ **차트 이동** : 차트를 현재 시트의 다른 위치로 이동하거나, 다른 시트로 이동합니다.

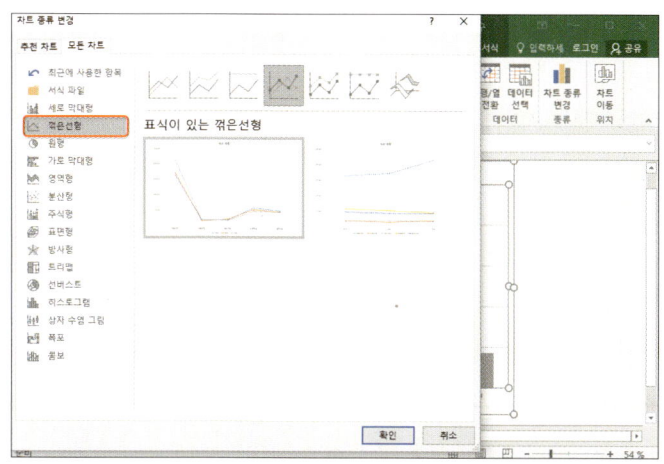

02 [차트 종류 변경] 대화상자에서 [꺾은선 형]의 [표식이 있는 꺾은선형]을 클릭하고 [확인]을 클릭합니다.

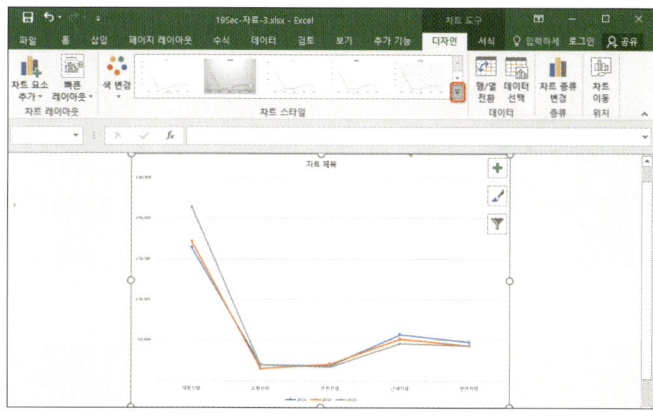

03 [디자인] 탭의 [차트 스타일] 그룹에서 자세히 화살표를 클릭합니다.

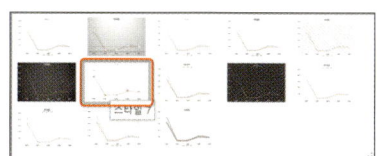

04 [스타일 7]을 클릭합니다.

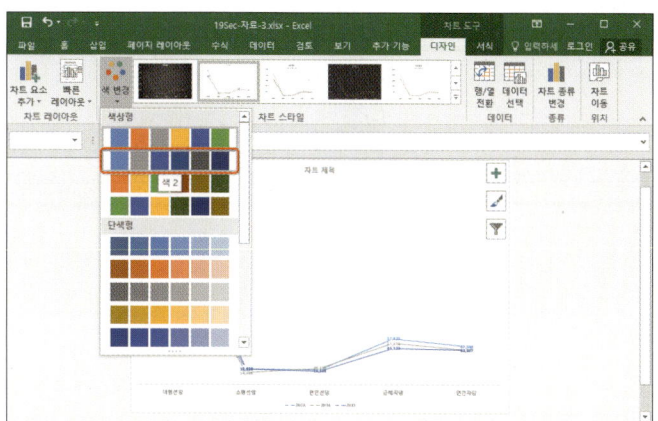

05 [디자인] 탭의 [차트 스타일] 그룹 [색 변경]을 클릭하고 [색2] 유형을 클릭합니다. 그러면 차트의 색 스타일이 변경되었습니다.

직접 해보기 | 차트 요소 추가하기

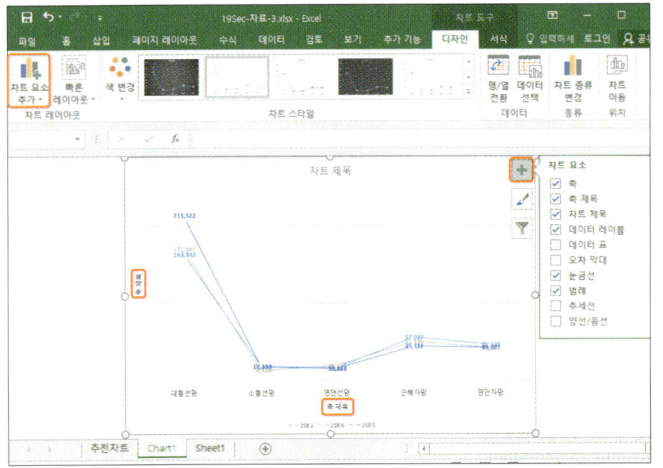

01 차트에 가로축 제목을 입력하고, 가로 눈금선을 표시해 봅시다. 차트를 선택하고 표시되는 [차트 요소] 버튼(+)을 클릭하고, 차트 요소 중 "축 제목"과 "눈금선"을 클릭합니다. 그러면 가로축과 세로축의 축 제목이 동시에 표시됩니다.

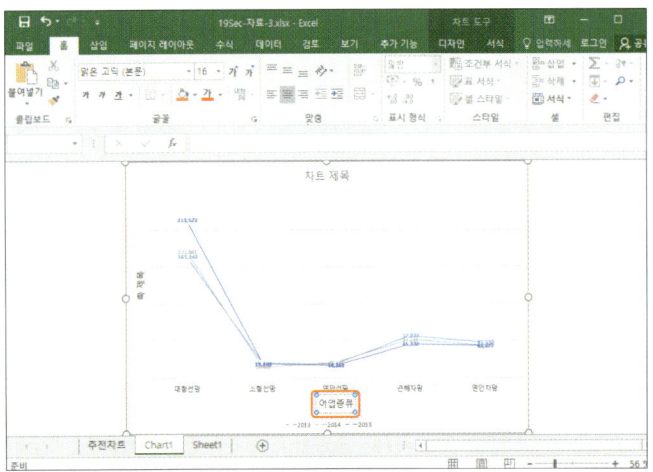

02 가로 축의 "축 제목"을 "어업종류"로 수정합니다.

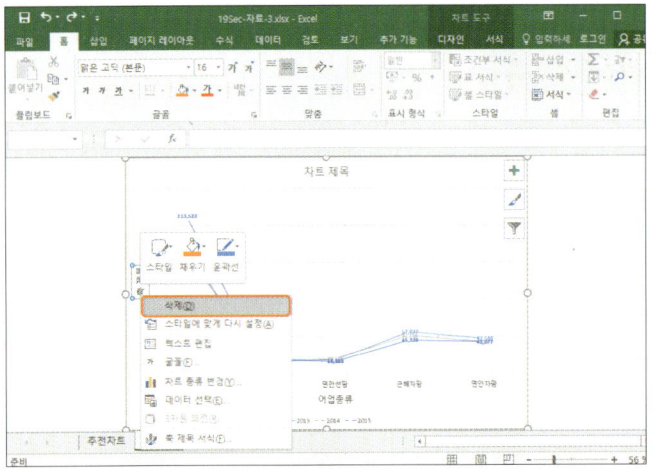

03 세로축의 "축 제목"을 삭제하기 위하여 세로축 제목의 팝업메뉴에서 [삭제]를 클릭합니다.

강의노트
세로축의 "축 제목"을 삭제하기 위하여 세로축을 클릭하고 Delete 를 누릅니다.

직접 해보기 데이터 범위 변경과 행/열 전환하기

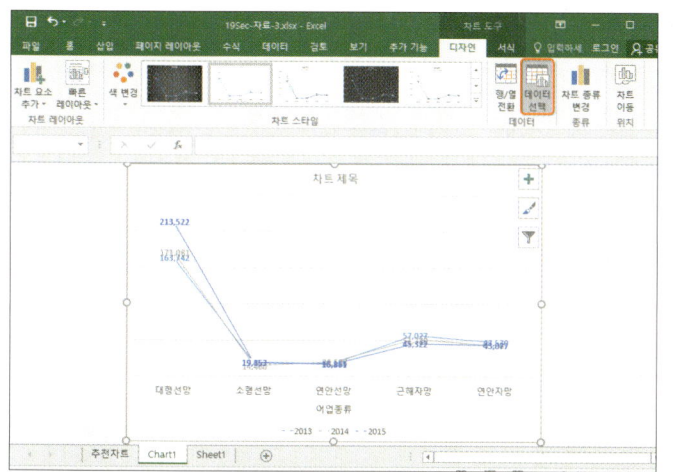

01 차트에 대형선망, 소형선망, 근해자망 데이터만 표시하고, 행/열을 바꾸어 차트를 표시해 봅시다. 차트를 선택하고 [디자인] 탭의 [데이터] 그룹에서 [데이터 선택]을 클릭합니다.

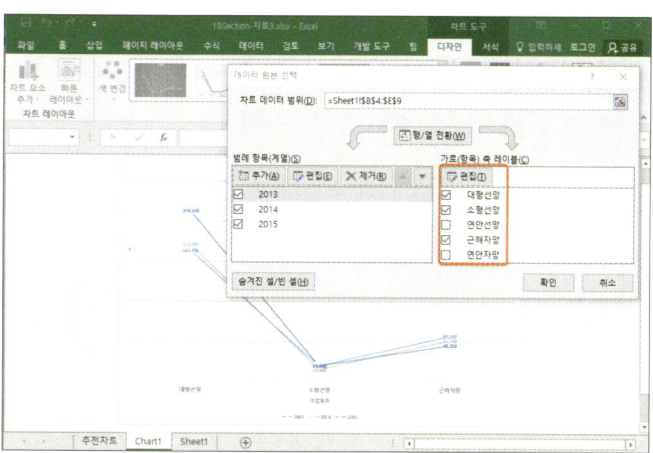

02 [데이터 원본 선택] 대화상자의 [가로(항목) 축 레이블]에서 "대형선망", "소형선망", "근해자망"만 선택하고 [확인]을 클릭합니다. 차트의 가로축이 변경되어 표시됩니다.

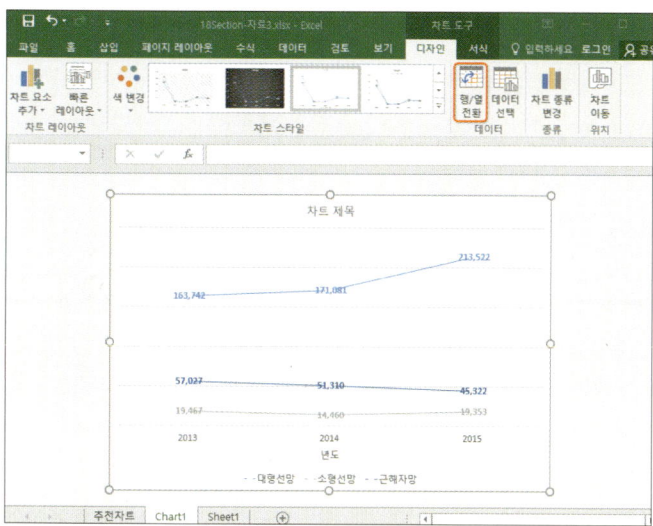

03 [디자인] 탭의 [데이터] 그룹에서 [행/열 전환]을 클릭합니다. 가로축과 세로축이 바뀌어 표시됩니다. 그 다음 가로축 제목을 "년도"로 변경합니다.

강의노트

가로축 제목("어업종류")은 자동으로 변경되지 않으므로 주의합니다.

직접 해보기 | 차트영역 편집

_ 준비파일 | 18Section-자료4.xlsx

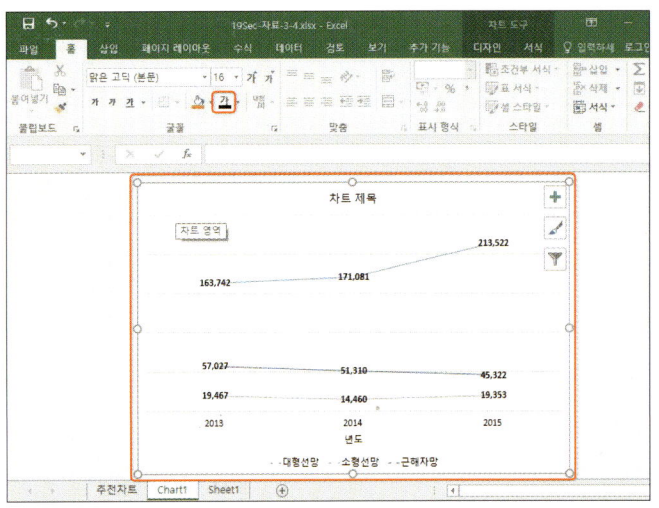

01 차트의 모든 글자색을 검은색으로 하고, 차트 종류를 묶은 세로막대형으로 변경하고, 차트영역을 "위쪽 스포트라이트 6"으로 채우기를 해봅시다. 차트 영역을 선택하고 [홈] 탭의 [글꼴] 그룹에서 [글꼴 색]에서 검은색(혹은 자동)을 클릭합니다.

02 차트 영역을 선택하고 [디자인] 탭 [종류] 그룹의 [차트 종류 변경]을 클릭합니다.

보충수업 | 차트 서식

차트는 차트 영역, 그림 영역, 차트 제목, 축, 데이터 계열, 값 축, 항목 축, 범례, 눈금선 등 여러 가지 차트 요소로 구성됩니다. 각 요소의 값을 변경하여 차트를 완성할 수 있습니다. 차트 요소 변경은 변경하고자 하는 차트 요소의 팝업 메뉴를 이용하거나 차트 요소를 더블클릭하거나 리본메뉴 [차트 도구]의 [서식] 탭 [현재 선택 영역] 그룹에서 차트 요소를 선택하고 [선택 영역 서식]을 클릭하고, [차트 도구]의 [서식] 탭 메뉴를 이용하거나, 차트 우측의 표시되는 해당 요소에 대한 서식 작업 창에서 개체의 값을 설정합니다.

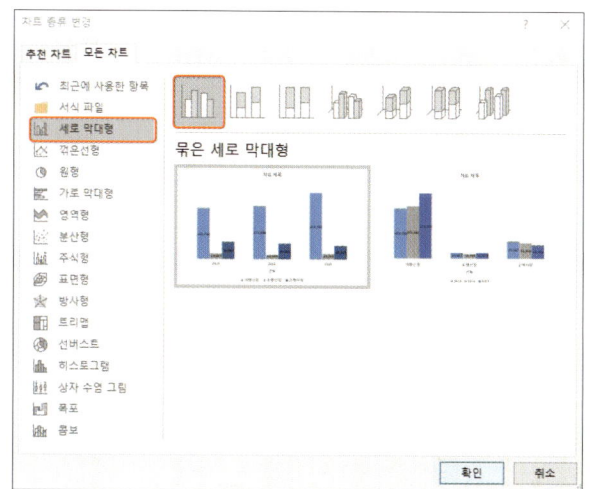

03 [차트 종류 변경] 대화상자에서 [세로 막대형]의 "묶은 세로 막대형"을 선택하고 [확인]을 클릭합니다.

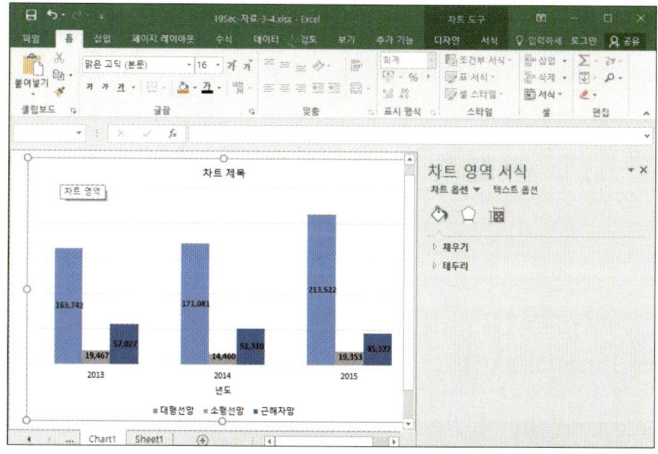

04 차트 영역을 더블클릭합니다. 차트 오른쪽에 [차트 영역 서식] 작업창이 표시됩니다.

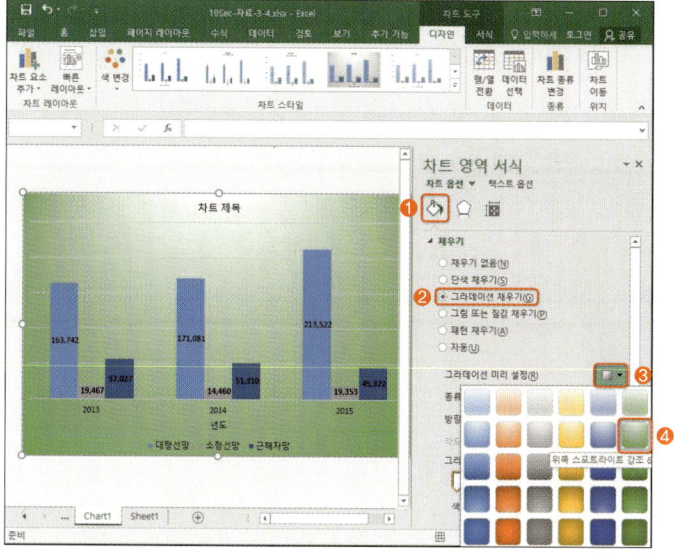

05 [차트 옵션]의 [채우기 및 선]의 [채우기]를 클릭하고, "그라데이션 채우기"클릭, "그라데이션 미리 설정"의 화살표를 클릭하고 "위쪽 스포트라이트 강조 6"을 클릭합니다.

 보충수업 차트 기본 구성요소와 영역

차트에는 많은 요소가 있습니다. 기본으로 표시되는 요소도 있고 추가할 수 있는 요소도 있습니다. 차트의 구성요소들입니다.

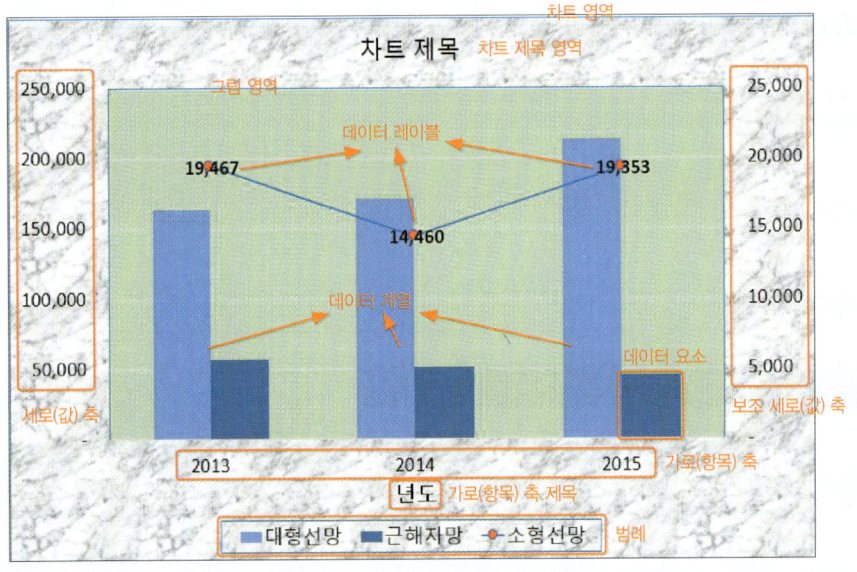

각 요소들의 서식을 변경하려면 해당요소의 영역을 더블클릭하거나 해당 영역의 팝업메뉴에서 영역의 서식을 클릭합니다. Excel 2016에서는 서식 변경을 위하여 화면 오른쪽에 작업창이 표시되고, 이 작업창에서 서식 등을 변경합니다. 그림 영역을 더블클릭하면 [그림 영역 서식] 작업창이 표시됩니다.

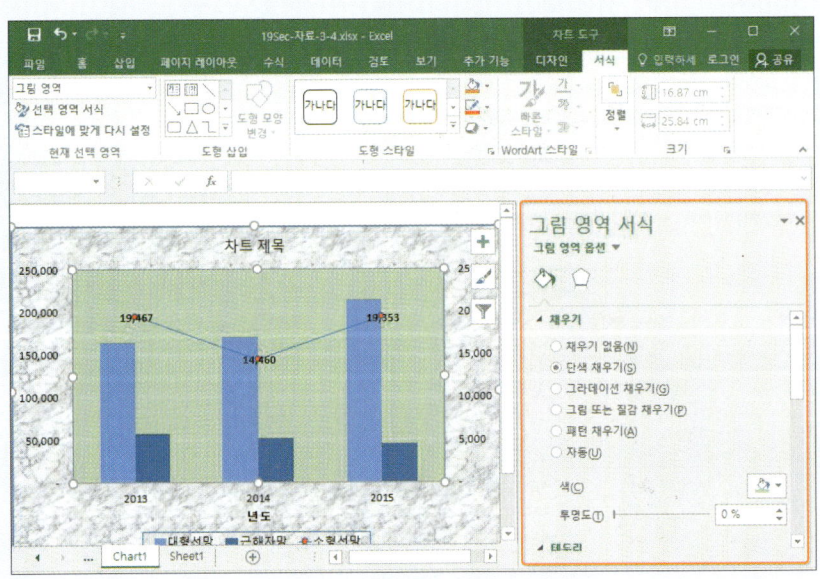

보충수업 [차트 영역 서식] 작업 창

차트의 요소에 따라 작업창의 내용은 다르게 표시됩니다. [차트 영역]에 대한 작업창의 내용입니다. [차트 영역]에 대한 [차트 영역 서식] 작업창은 [차트 옵션]과 [텍스트 옵션]으로 구분하여 서식을 지정합니다.

[차트 옵션]의 [채우기 및 선]의 [채우기]와 [테두리] 작업창입니다.

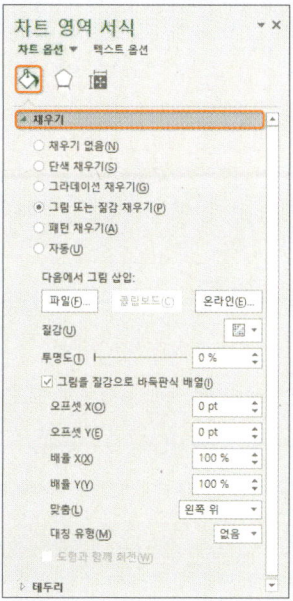 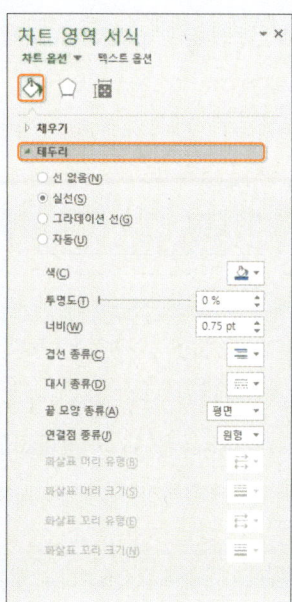

[차트 옵션] [효과]의 [그림자]와 [네온], [부드러운 가장자리]와 [3차원 서식] 작업창입니다.

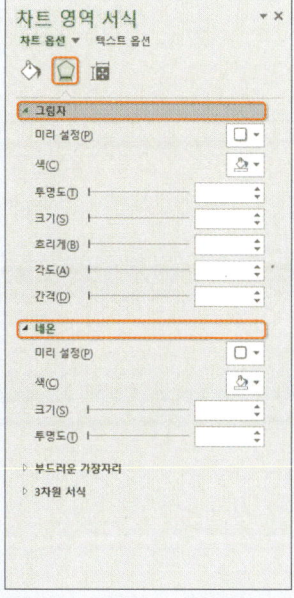 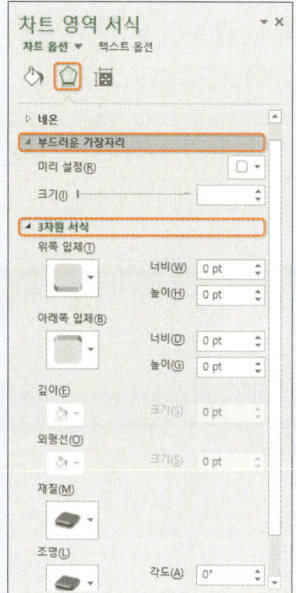

보충수업 [차트 영역 서식] 작업 창

[차트 옵션]의 [크기 및 속성]의 [크기]와 [속성] 작업창과 **[텍스트 옵션]**의 [텍스트 채우기 및 윤곽선]의 [텍스트 채우기]와 [텍스트 윤곽선] 작업창입니다. 이 작업창에서 차트의 요소들을 변경합니다.

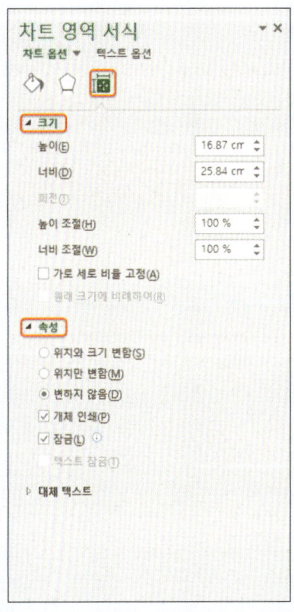
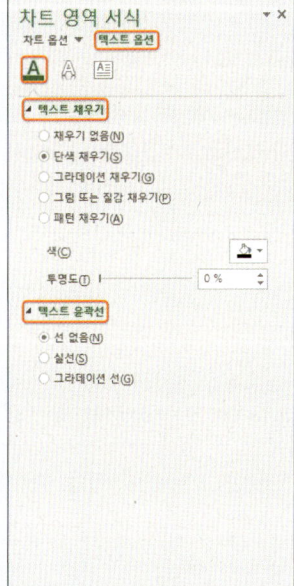

강의노트
차트 위치가 새 시트로 되어 있을 경우 [크기] 작업 창이 비활성화 됩니다.

[텍스트 옵션]의 [텍스트 효과]의 [그림자]와 [텍스트 상자]의 [텍스트 상자] 작업창입니다.

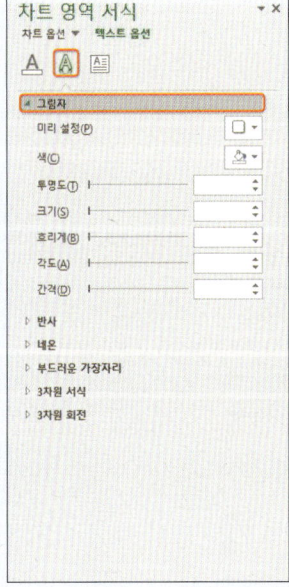
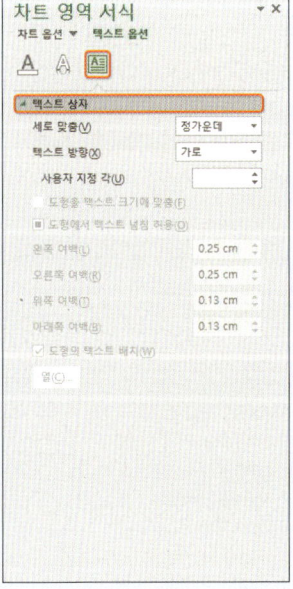

직접 해보기 값 축과 보조 축 지정하기

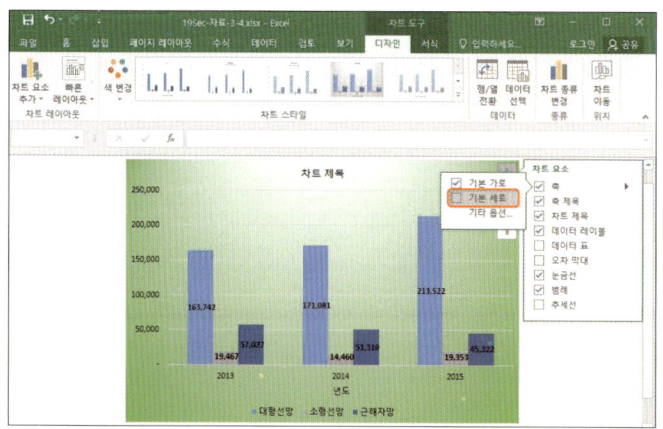

01 차트에 "기본 세로 축"을 표시하고 세로 축의 눈금 단위를 100,000으로 변경해 봅시다.
차트를 클릭하고 [차트 요소] 버튼(+)를 클릭하고 [축]의 화살표(▶)클릭, "기본 세로"를 선택합니다. 다시 [차트 요소] 버튼(+)를 클릭하여 [차트 요소] 창을 닫습니다.

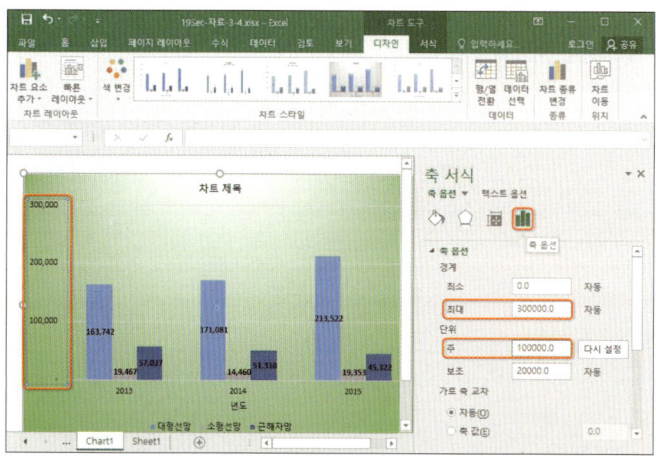

02 표시된 세로 축의 임의의 축 값을 더블 클릭하면 [축 서식] 작업창이 표시됩니다. [축 옵션]의 [축 옵션]을 클릭하고, 최대 경계에 "300000", 주 단위에 "100000"을 입력합니다.

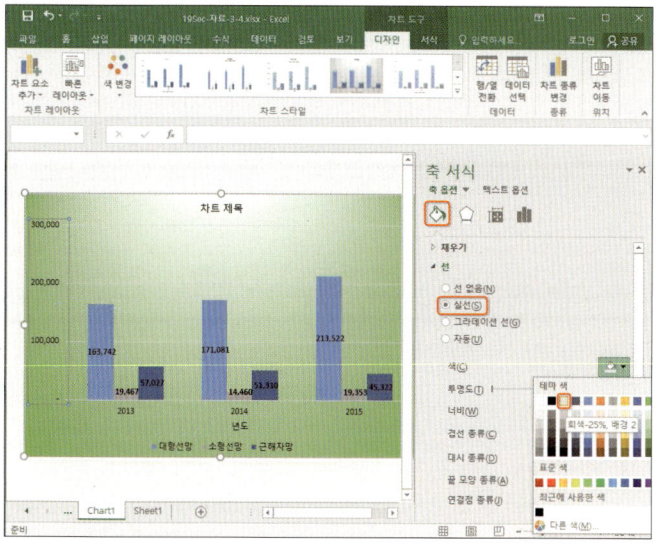

03 [축 서식] 작업창의 [채우기 및 선]을 클릭합니다. [선]을 클릭하고, "실선" 선택, 색의 화살표를 클릭하고 "회색 25%, 배경 2"를 선택합니다. 세로축의 선이 표시됩니다.

직접 해보기 | 차트 제목 및 축 제목 지정하기

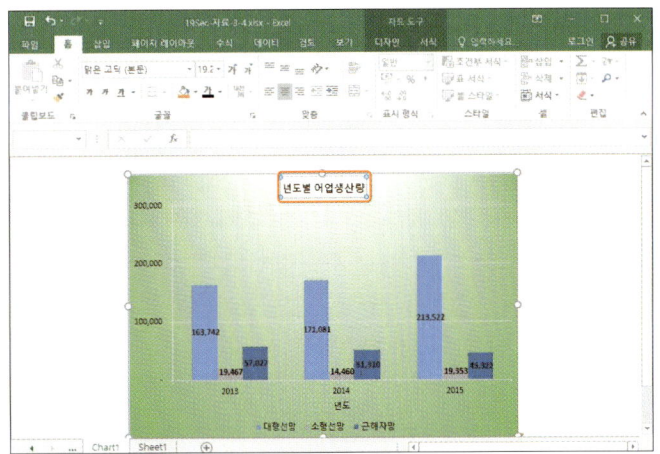

01 차트 제목을 "년도별 어업생산량"으로 입력하고 테두리와 채우기, 글자색, 글꼴 크기를 적당히 변경하고, 세로축 제목을 "생산량"으로 입력해 봅시다.
먼저, 차트제목에 "년도별 어업생산량"을 입력합니다.

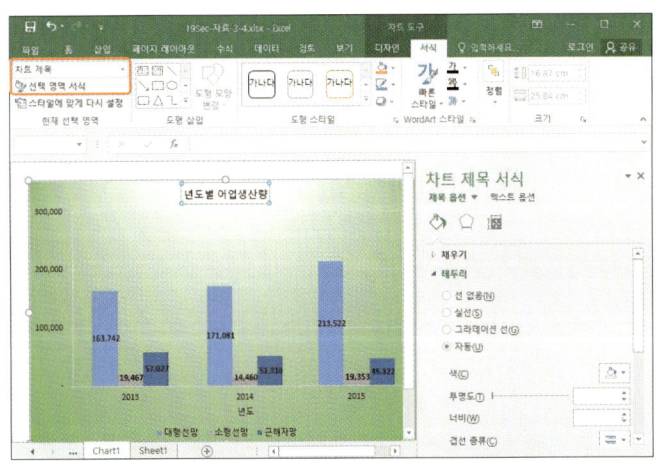

02 [차트 도구]의 [서식] 탭 [현재 선택 영역] 그룹에서 "차트 제목"을 선택하고 [선택 영역 서식]을 클릭합니다.

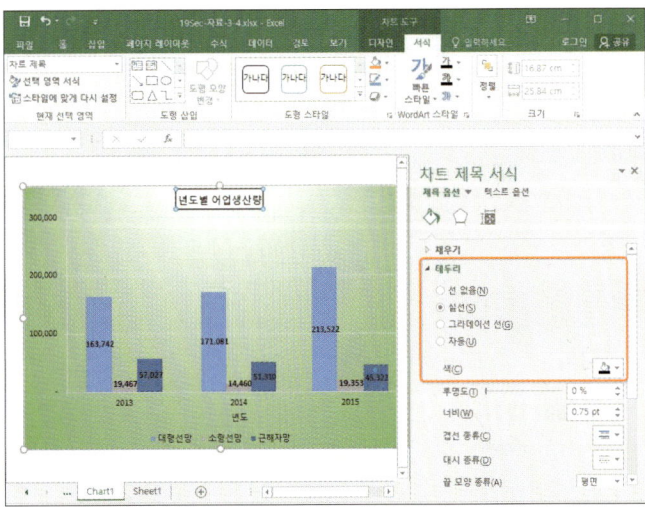

03 [차트 제목 서식] 작업창에서 [제목 옵션]의 [테두리]의 "실선"을 선택하고 "색"을 "검은색"을 선택합니다.

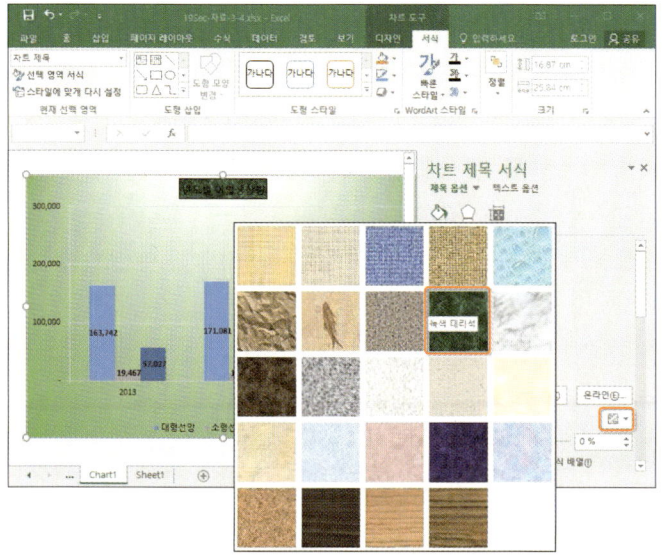

04 [차트 제목 서식] 작업창에서 [제목 옵션]의 [채우기]에서 "그림 또는 질감 채우기"를 선택하고 "질감"의 화살표를 클릭하여 "녹색 대리석"을 선택합니다.

05 리본 메뉴 [홈] 탭의 [글꼴] 그룹에서 글꼴 크기 "24", 글꼴 색 "흰색"을 입력합니다.

강의노트
글꼴 색은 [차트 제목 서식] 작업창에서 [텍스트 옵션]의 [텍스트 채우기]의 "단색 채우기"를 선택하고 "색"을 "흰색"을 선택하여도 됩니다.

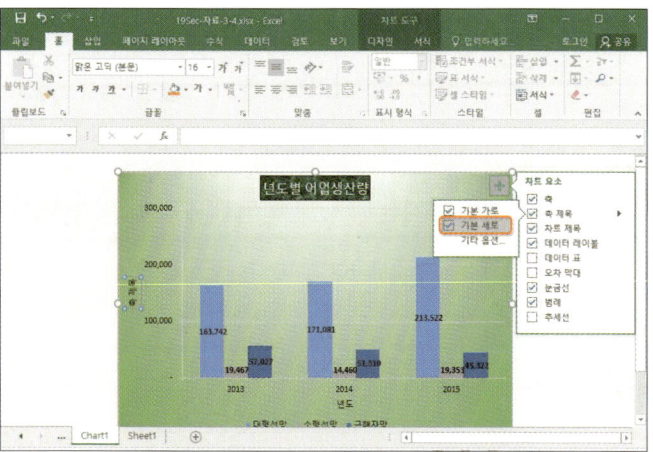

06 [차트 요소] 버튼(+)를 클릭하고 [축 제목]의 화살표(▶)클릭, "기본 세로"를 선택합니다. 다시 [차트 요소] 버튼(+)를 클릭하여 [차트 요소] 창을 닫습니다.

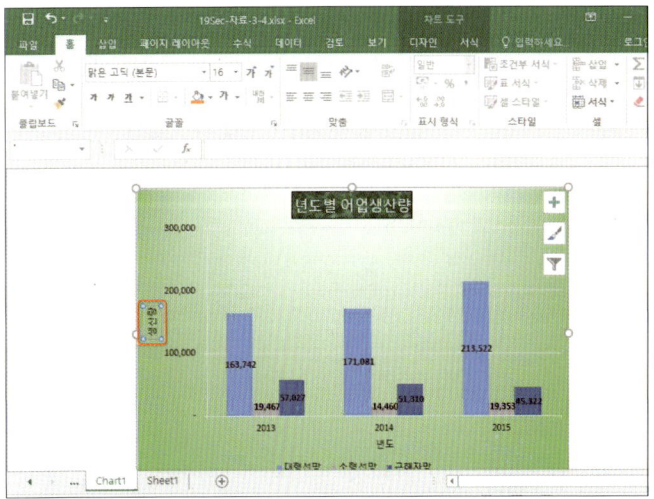

07 세로 축 제목에 "생산량"을 입력합니다.

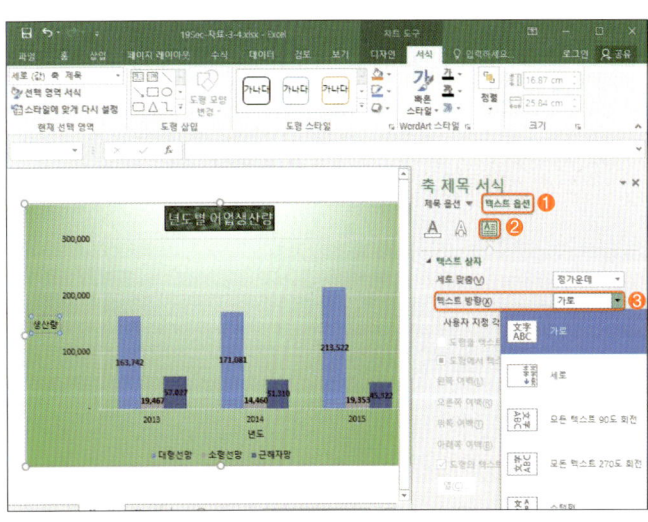

08 입력한 축 제목 "생산량"을 더블클릭하면 [축 제목 서식] 작업창이 표시됩니다. 그러면 [텍스트 옵션]의 [텍스트 상자]를 클릭하고 "텍스트 방향"에서 "가로"를 선택합니다. 축 제목이 가로 방향으로 표시됩니다.

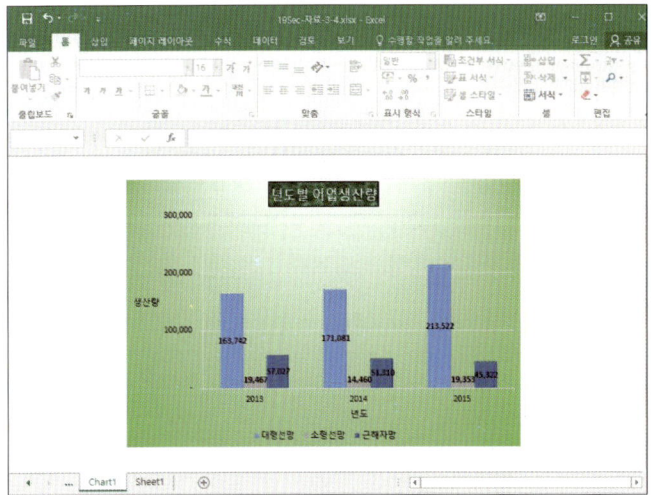

09 [축 제목 서식] 작업창의 닫기(×)를 눌러 차트만 표시합니다.

직접 해보기 눈금선 표시 및 삭제하기

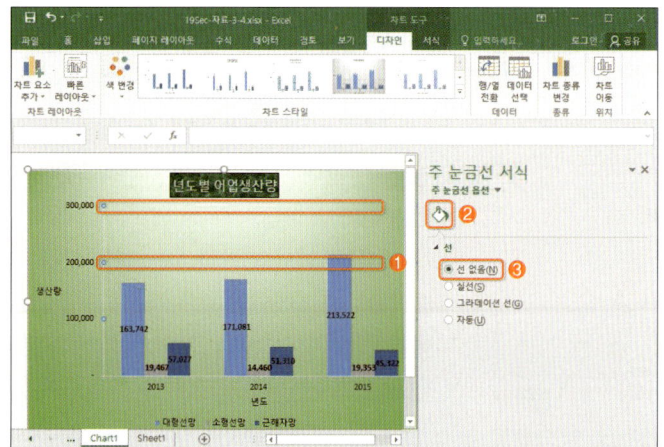

 차트의 눈금선을 삭제해 봅시다. 세로 (값) 축 눈금선을 더블 클릭하여 [주 눈금선 서식] 작업창을 표시합니다. [채우기 및 선]의 [선]에서 "선 없음"을 선택합니다.

보충수업

눈금선을 삭제할 때는 세로 (값) 축 눈금선을 클릭하고 Delete 키를 눌러도 됩니다.

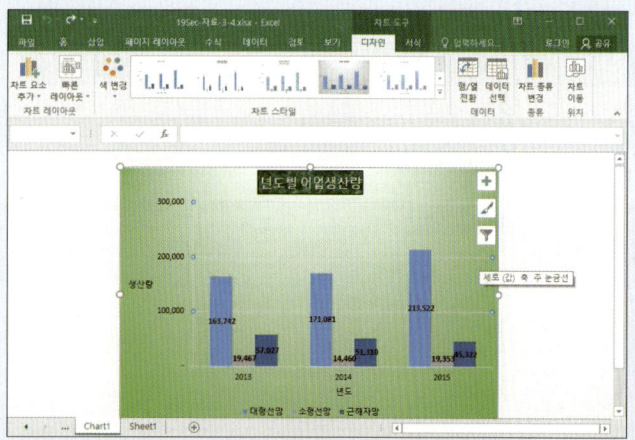

편집 요소를 변경하고자 할 때 작업창에서 선택할 수 있습니다. 현재 편집요소인 [주 눈금선 옵션]의 화살표(▼)를 클릭하고, 편집하고자 하는 요소를 클릭하면, 선택된 요소 편집 창으로 이동합니다.

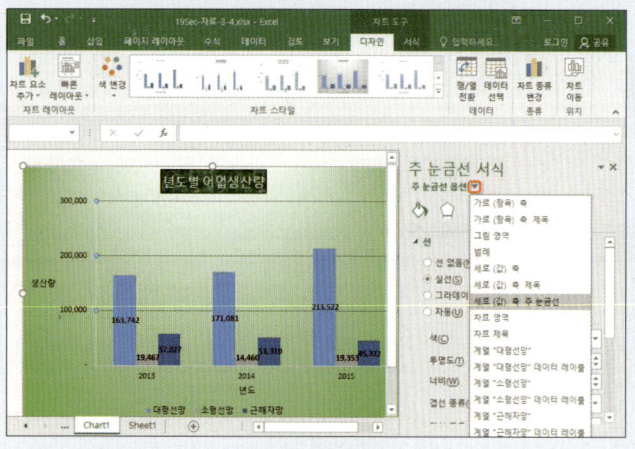

직접 해보기 | 데이터 계열과 데이터 요소 서식 지정하기

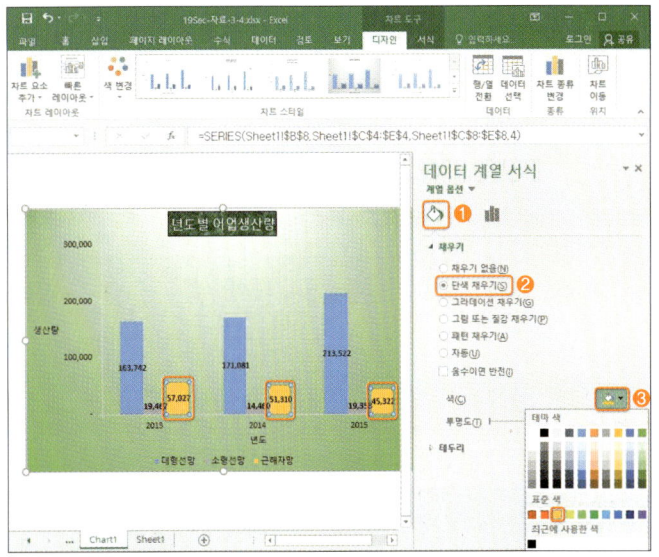

01 막대 차트 "근해자망" 계열의 색을 "주황"으로, "대형선망"의 "2015"년 막대차트의 색을 "자주"로 변경하고, 막대 차트의 간격을 좁게 표시해 봅시다.

"근해자망" 계열의 막대 차트 중 하나를 클릭합니다. [데이터 계열 서식] 작업창에서 [채우기 및 선]의 [채우기]에서 "단색 채우기" 선택하고 "색"을 클릭하여 "주황"색을 클릭합니다.

02 "대형선망"의 "2015" 데이터 요소를 클릭하고, 다시 한 번 클릭합니다. [데이터 요소 서식] 작업창에서 [채우기 및 선]의 [채우기]에서 "단색 채우기" 선택하고 "색"을 클릭하여 "자주"색을 클릭합니다.

강의노트
데이터 요소를 선택할 때는 한 번씩 두 번 클릭합니다. 더블클릭하지 않도록 주의합니다.

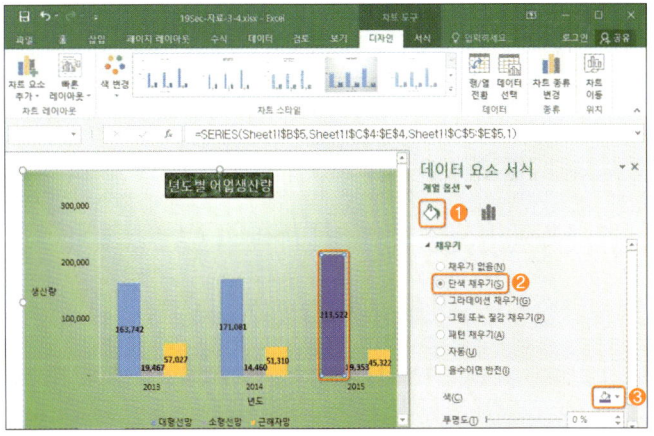

03 [계열 옵션]의 [계열 옵션]에서 "계열 겹치기"에 30%를 입력합니다.

직접 해보기 보조 축 지정하기

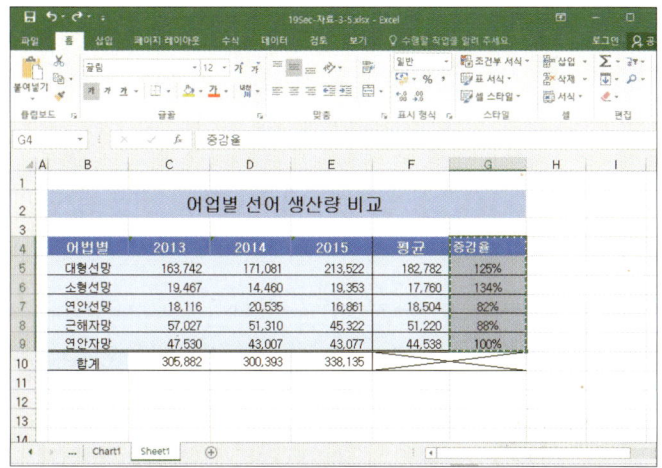

01 차트에 "Sheet1" 시트의 "증감률" 데이터를 추가하고 보조 축으로 지정하고 꺾은선 차트 유형으로 변경해 봅시다.
"Sheet1" 시트의 "증감율" [G4:G9]를 블록 지정하고, 복사하기 Ctrl + C 를 누릅니다.

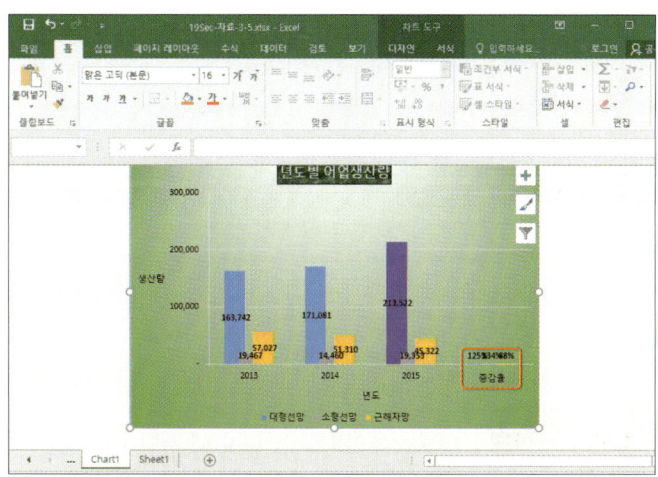

02 "Chart1" 시트의 차트 영역을 클릭하고 붙여넣기 Ctrl + V 를 실행합니다. 가로축에 "증감율"이 추가된 것을 확인합니다.

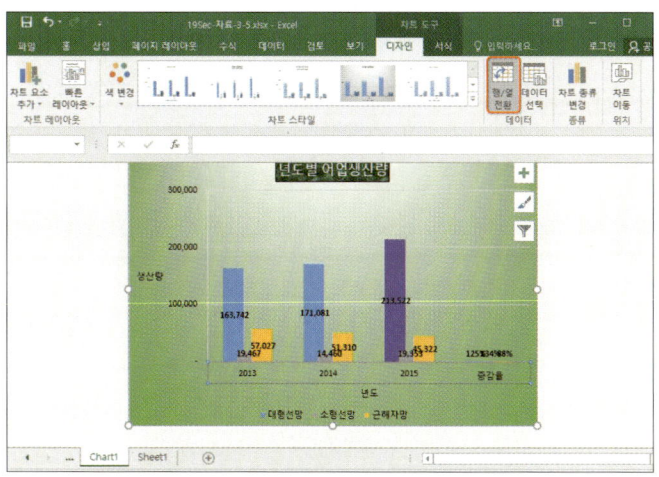

03 "증감률"을 범례에 포함하기 위하여 메뉴 [차트 도구] - [디자인] 탭의 [데이터] 그룹에서 [행/열 전환]을 클릭합니다.

강의노트

[행/열 전환]을 하면 데이터 계열에 지정된 서식이 기본형으로 전환됩니다.

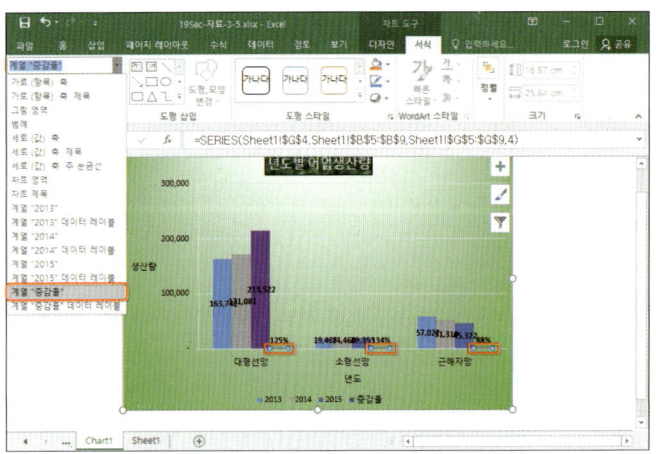

04 "증감률" 값이 너무 작아 차트에서 선택하기 어려우므로 [서식] 탭의 [현재 선택 영역] 그룹에서 "계열 '증감률'"을 선택합니다.

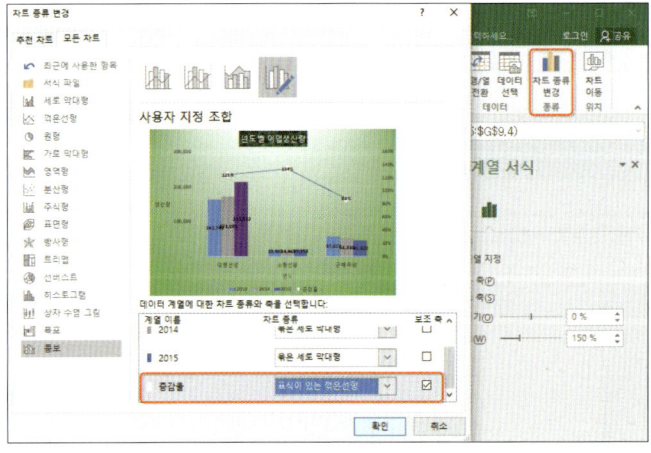

05 [데이터 계열 서식] 작업창의 [계열 옵션]에서 "보조 축"을 선택하여 "증감률"의 값 표시 기준 축을 보조 축으로 이동합니다.

06 [디자인] 탭의 [종류] 그룹 [차트 종류 변경]을 클릭합니다. [차트 종류 변경] 대화상자에는 기본 축과 보조 축의 모든 계열에 대한 차트 종류가 표시됩니다. "증감률" 차트의 종류를 "표식이 있는 꺾은선형"으로 변경하고, [확인]을 클릭합니다. 그러면 "증감률" 차트 종류가 꺾은선 모양으로 변경된 것을 확인합니다.

강의노트

[차트 종류 변경] 대화상자의 [모든 차트] 탭의 [콤보]를 클릭하여 데이터 계열별로 차트 종류를 변경할 수 있습니다.

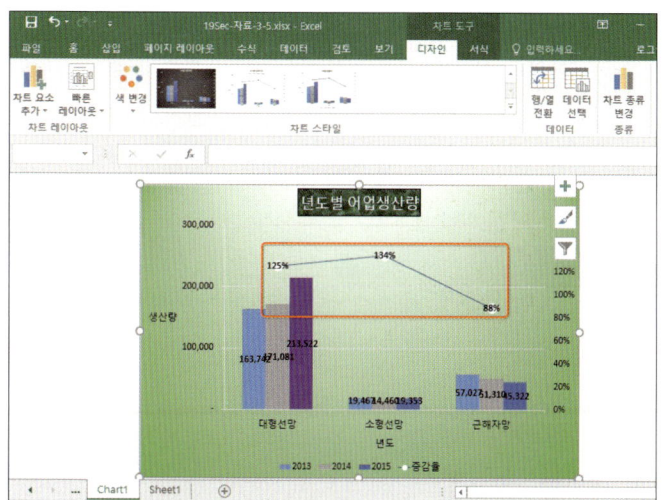

07 "증감률" 차트인 꺾은선 차트를 더블 클릭하여 [데이터 계열 서식] 작업창을 표시합니다.

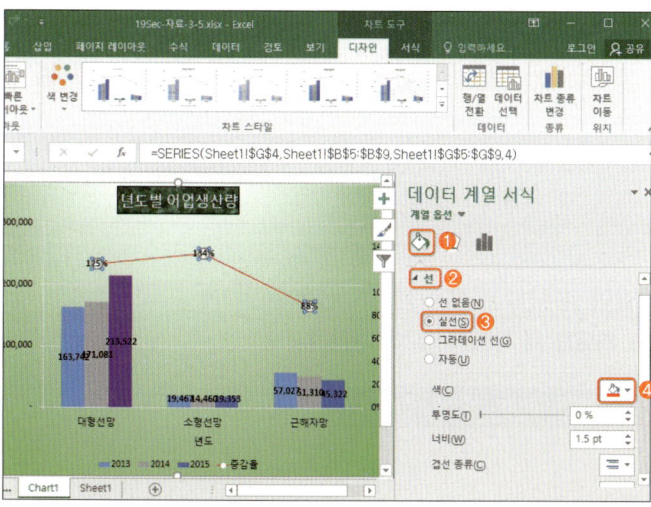

08 [데이터 계열 서식] 작업창의 [채우기 및 선]의 [선]을 클릭하고 색을 "빨강"으로 지정합니다.

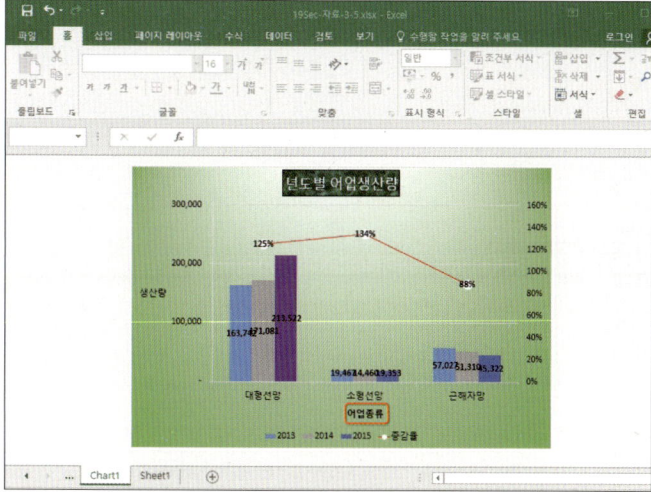

09 [가로 항목 축]의 제목인 "년도"를 "어업 종류"로 수정합니다. [데이터 계열 서식] 작업창의 [닫기]를 클릭합니다.

실전문제

01. "실전문제-18.xlsx" 파일을 열고, 다음과 같이 "묶은 세로 막대형" 차트를 작성하고, 차트 레이아웃, 차트 제목, 축의 선 색 등 서식을 적용하시오.

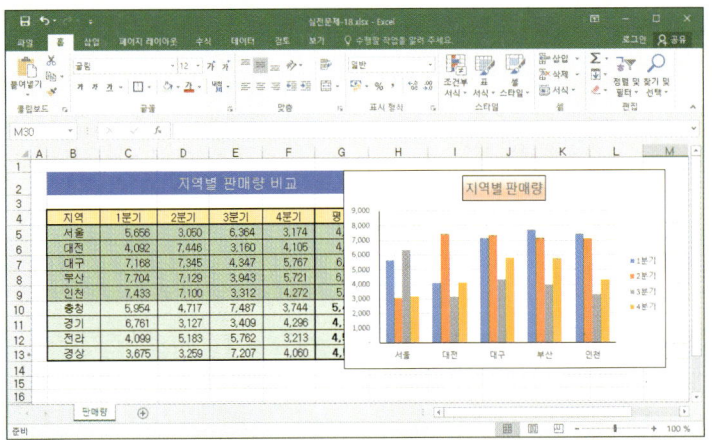

완성파일 | 실전문제 18-1-결과.xlsx

Hint 차트 작성에 필요한 데이터 (B4:F9)

02. "실전문제-18.xlsx" 파일을 열고, 다음과 같이 꺾은선 차트를 작성하고, 선을 완만하게, 표식크기 10, 그림영역 색, 축의 값, 제목 등을 적용하고, 차트를 새 시트 "차트"에 지정하시오.

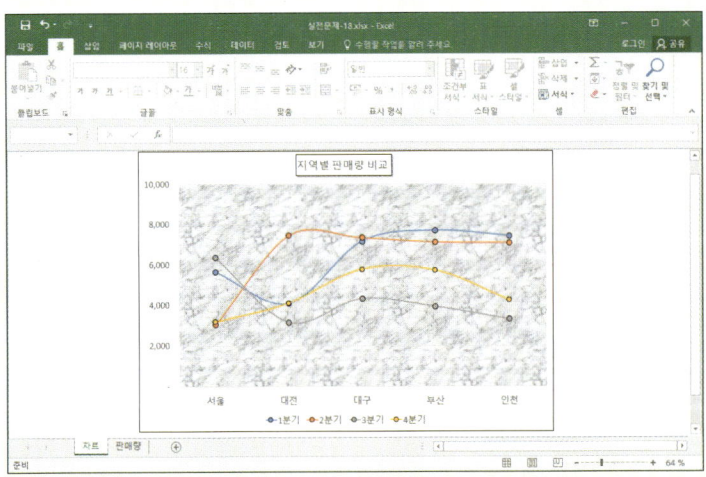

완성파일 | 실전문제 18-2-결과.xlsx

Hint 선을 완만하게 : 데이터 계열 서식 - 채우기 및 선 - 선 - 완만한 선 선택

실전문제

03. "실전문제-18.xlsx" 파일을 열고, 다음과 같이 원형 차트를 작성하고, 제목, 레이블, 3차원 서식의 Y축 회전 60° 등을 적용하시오.

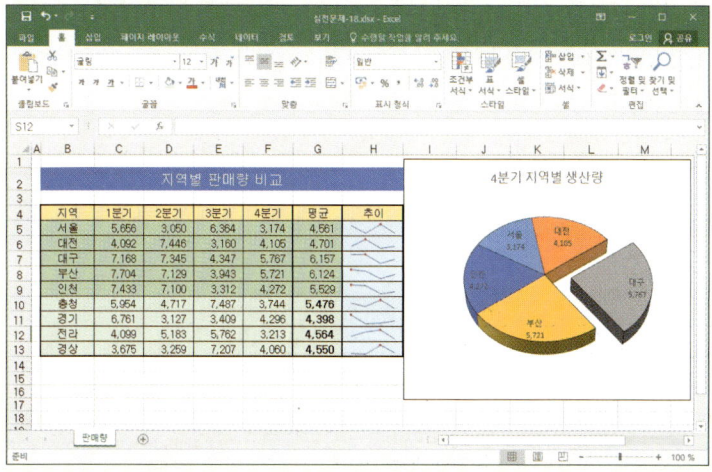

완성파일 | 실전문제 18-3-결과.xlsx

Hint 차트 작성에 필요한 데이터 (B4:B9, F4:F9)

04. "실전문제-18.xlsx" 파일을 열고, 지역, 4분기, 평균을 이용하여 다음과 같은 차트를 작성하시오.

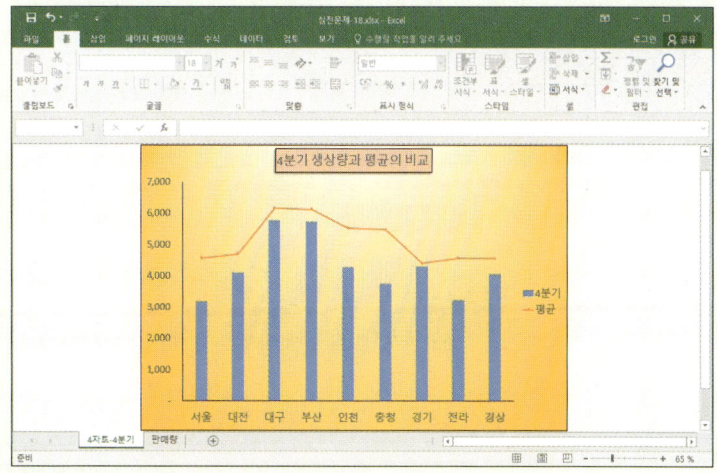

완성파일 | 실전문제 18-4-결과.xlsx

Hint 차트 이동 위치는 "새 시트"

Part3. **19** Section

그림과 도형

워크시트에 그림, 클립아트, 도형 등을 삽입하여 문서를 생동감 있고, 화려하게 꾸밀 수 있습니다. 그림은 컴퓨터에 있는 사진이나 그림 혹은 온라인에서 그림을 찾아 삽입할 수 있습니다. 삽입한 그림이나 도형은 스타일, 효과, 꾸밈 효과, 명도/채도 등의 색 보정을 통하여 다양한 형태로 활용할 수 있습니다.

Zoom In

Keypoint
_ 그림 파일 삽입하기
_ 도형 삽입하고 편집하기

Knowhow
_ 컴퓨터에 저장된 그림을 삽입하고 스타일과 색을 지정한다.
_ 엑셀 2016에서 지원하는 도형을 넣고 편집한다.

직접 해보기 그림 파일 삽입하기

_ 준비파일 | 19Section-자료1.xlsx

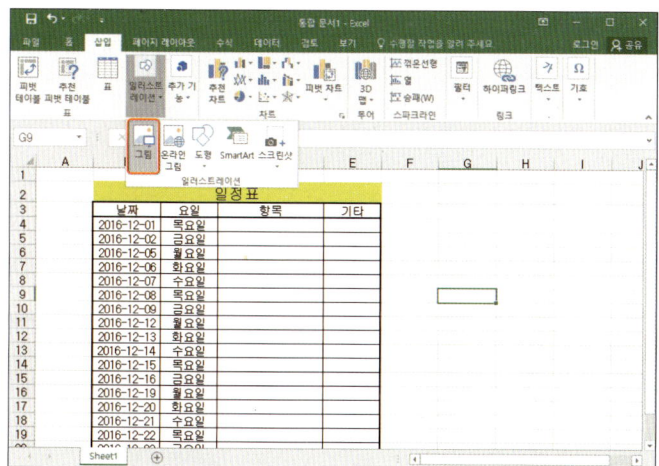

01 일정표에 그림을 삽입하고, 그림 스타일과 색을 변경해 봅시다. [삽입] 탭의 [일러스트레이션] 그룹에서 [그림]을 클릭합니다.

02 [그림삽입] 대화상자가 나타나면 예제파일의 '19Section-이미지01.jpg' 파일을 선택한 다음 [삽입]을 클릭합니다.

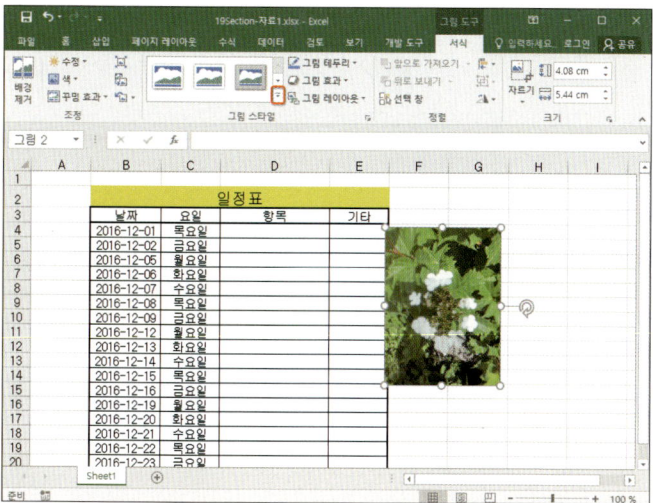

03 그림이 삽입되면 적당한 크기로 조절하고, [그림 도구]의 [서식] 탭 [그림 스타일] 그룹에서 자세히 화살표를 클릭합니다.

04 그림 스타일이 표시되면 "부드러운 가장자리 타원"을 클릭합니다.

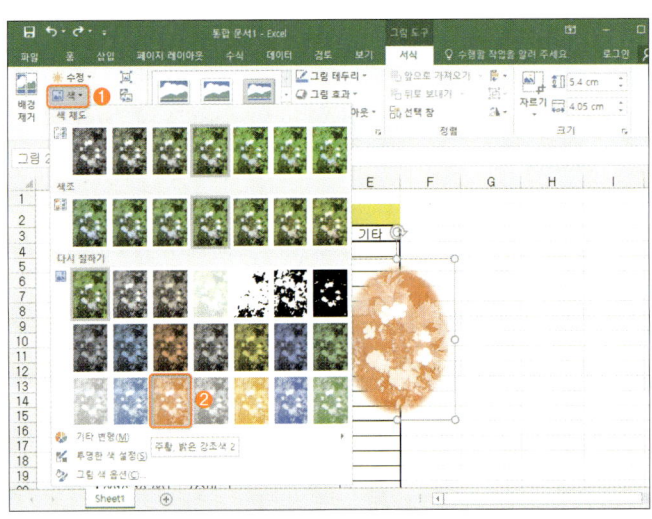

05 [그림 도구]의 [서식]탭 [조정]그룹에서 [색]을 클릭하고 [다시 칠하기]의 "주황, 밝은 강조색 2"를 클릭합니다.

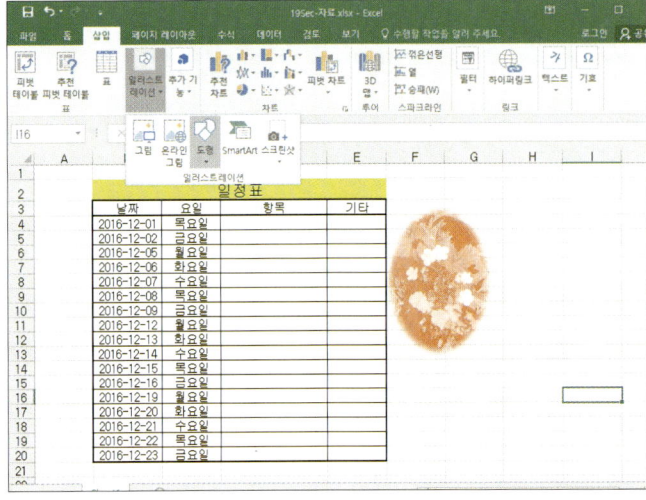

06 그림을 적당한 위치로 이동합니다.

직접 해보기 도형 삽입과 편집하기

준비파일 | 19Section-자료2.xlsx

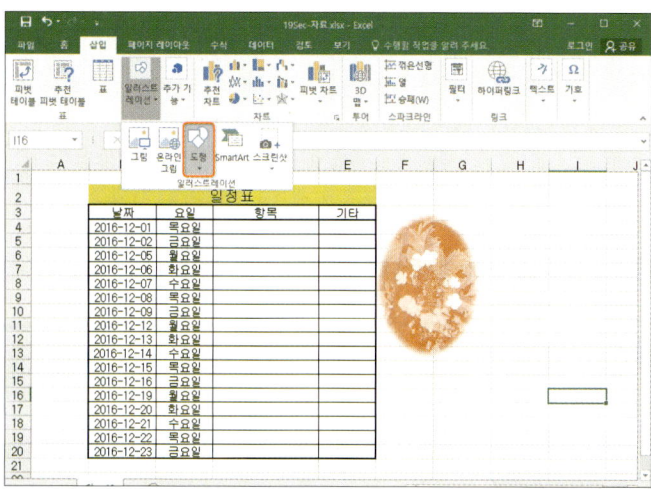

01 일정표에 "위쪽 화살표 설명선" 도형을 삽입하여 "자연의 마음"을 입력하고, 일정표 내용 셀 [B3:E20]의 배경으로 그림을 삽입해 봅시다.
[삽입] 탭의 [일러스트레이션]그룹에서 [도형]을 클릭합니다.

02 도형 목록에서 "위쪽 화살표 설명선"을 클릭합니다.

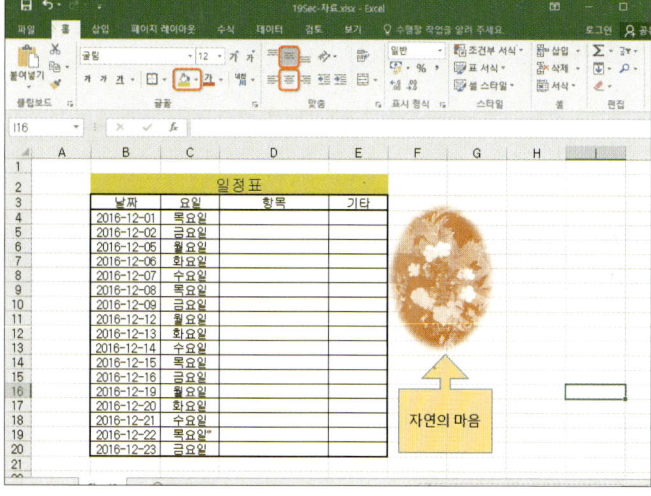

03 적당한 위치에 도형을 드래그하여 도형을 삽입하고 "자연의 마음"을 입력하고 [홈] 탭 [글꼴] 그룹의 [채우기 색]을 클릭하여 도형의 색을 주황색 계열로 변경하고, 글꼴 색은 검은색, 세로방향 가운데 맞춤과 가로방향 가운데 맞춤을 클릭합니다.

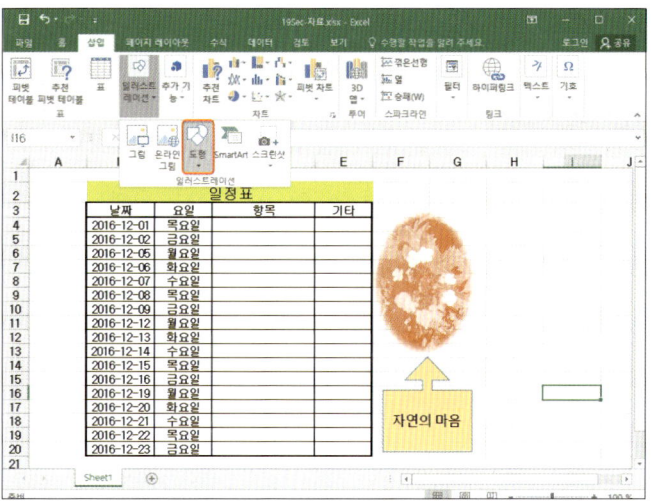

04 [삽입] 탭의 [일러스트레이션] 그룹에서 [도형]을 클릭합니다.

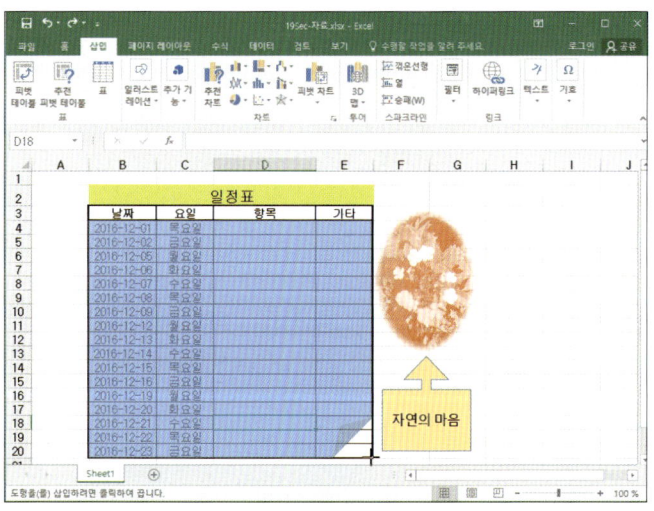

05 기본도형 그룹의 "모서리가 접힌 도형"을 클릭합니다. Alt 키를 누른 상태에서 마우스를 셀 B4에서 E20까지 드래그하여 도형을 작성합니다.

강의노트 ✏️

Alt 키를 누른 채 도형을 작성하면 셀의 크기와 일치하는 도형이 작성됩니다.

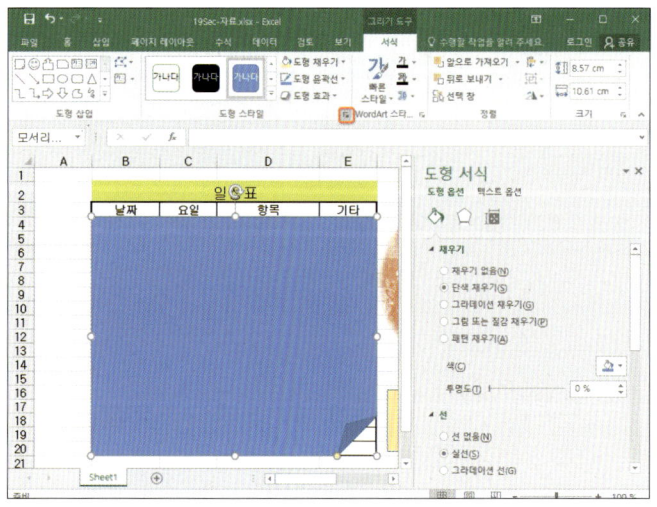

06 도형을 클릭하고, [그리기 도구]-[서식]의 [도형 스타일] 그룹에서 [도형 서식] 화살표를 클릭하면 [도형 서식] 작업창이 표시됩니다.

07 [도형 서식]의 [채우기 및 선]의 [채우기]에서 "그림 또는 질감 채우기"를 선택하고, [파일]을 클릭하고 '19Section-이미지02.jpg' 파일을 삽입합니다.

강의노트

[도형 서식] 작업창에서 그림을 삽입하면 [그림 서식] 작업창으로 이름이 변경됩니다.

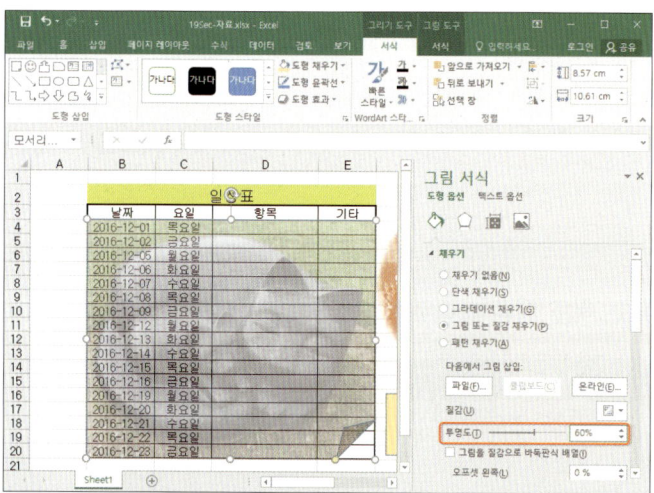

08 [채우기]의 투명도에 "60%"을 입력합니다. 그림이 반투명으로 표시되면 [닫기]를 클릭하여 작업창을 닫습니다.

보충수업 그림을 투명하게 만들기

- 그림을 투명하게 만들기 위해서는 위의 실습 예제와 같이 도형을 작성하고, 도형 안에 그림을 삽입한 뒤 도형의 투명도를 지정하여야 합니다.
- 오른쪽 그림처럼, 그림을 직접 삽입하면 투명도를 지정할 수가 없습니다.(※ [채우기]에 "투명도"가 없음)

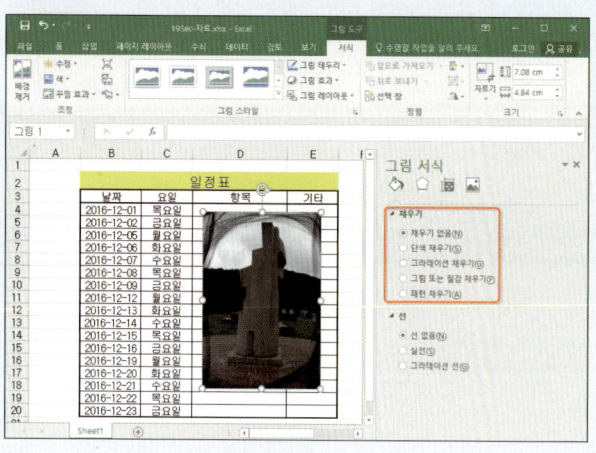

 **실전문제**

01. "실전문제-19.xlsx" 파일을 열고, 온라인 그림에서 대한민국 지도를 삽입하시오.

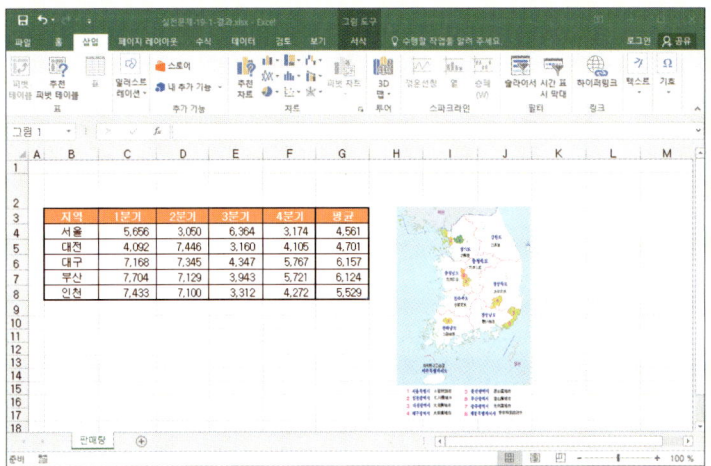

완성파일 | 실전문제 19-1-결과.xlsx

Hint 온라인 그림에서 "지도" 검색

02. 1.의 결과에 지도의 바다 부분의 색을 지우고, 색을 "황금색, 어두운 강조색 4"로 지정하시오.

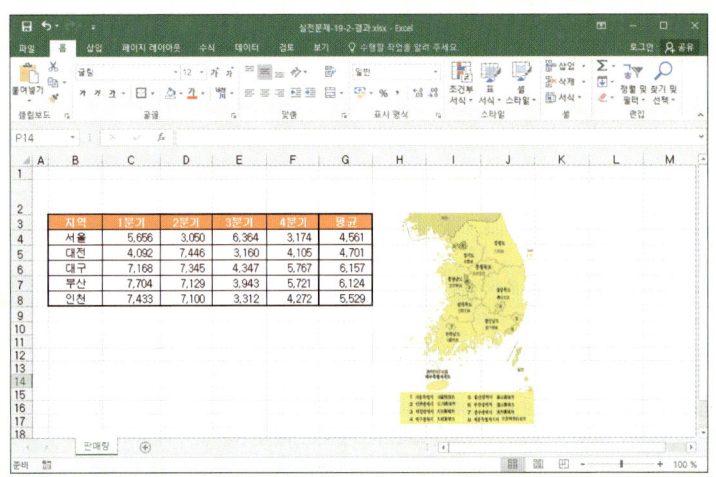

완성파일 | 실전문제 19-2-결과.xlsx

Hint [그리기도구]-[색]의 "투명한 색 설정" 및 "다시 칠하기"

 실전문제

03. "실전문제-19.xlsx" 파일을 열고, "왼쪽/오른쪽 화살표" 도형을 셀[B2:G2]에 삽입하여 "분기별 판매량 비교"를 입력하고, 도형 모양을 변형하고, 적당한 서식을 적용하시오.

완성파일 | 실전문제 19-3-결과.xlsx

Hint 셀 삽입 후 도형 작성. 셀에 맞는 도형 작성은 도형 선택 후 Alt +드래그.

04. 3.의 결과에 그림을 셀[B5:G14]에 임의의 꽃 그림으로 삽입하고 투명도 50%를 지정하여 투명하게 하시오.

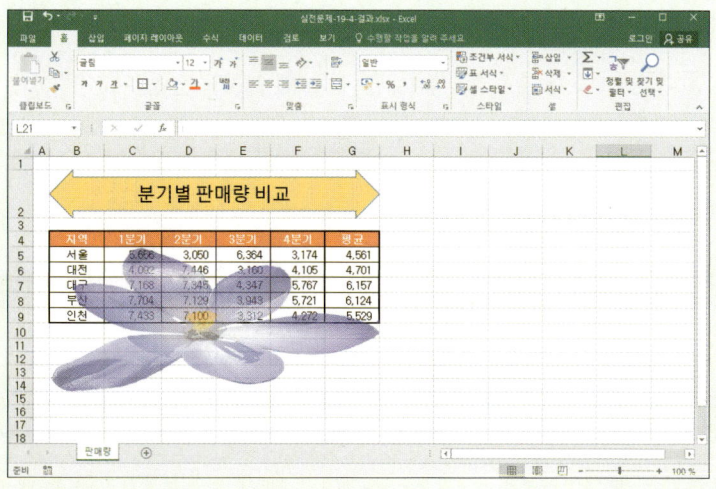

완성파일 | 실전문제 19-4-결과.xlsx

Hint 그림을 투명하게 하려면 도형 안에 그림을 삽입

EXCEL 2016

Part 04

매크로와 부가기능

엑셀을 사용하는데 매일 혹은 매달 반복되는 작업이 번거롭다고 생각했다면 매크로를
사용해 봅시다. 매크로는 반복되는 작업을 단축키 혹은 특정 도형에 저장하여
클릭 한번으로 처리 할 수 있도록 도와줍니다.
또한 리본메뉴에서 기능을 찾는 것이 불편했다면 더 쉽게 찾는 방법도 알아봅시다.
그럼 Part 04 매크로와 부가기능도 즐겁게 시작해 볼까요!

Part4. **20** Section

[입력하세요] 기능

Office 2016의 리본 메뉴에는 "수행할 작업을 알려 주세요"라는 텍스트 상자가 있습니다. 이 텍스트 상자에 수행할 작업에 대한 단어 및 구를 입력하면 기능이나 수행하려는 작업을 빠르게 액세스할 수 있습니다. "수행할 작업을 알려 주세요" 기능을 사용하여 필요한 도움말을 찾을 수도 있습니다.

Zoom In

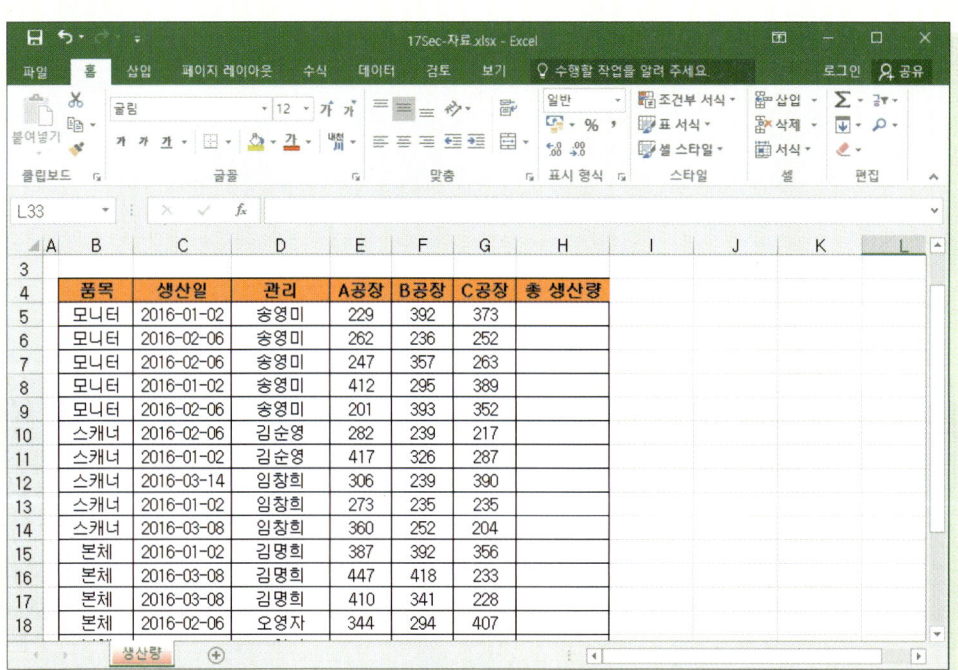

Keypoint

_ 함수 사용하기
_ 피벗 테이블 사용하기
_ 차트 작성하기

Knowhow

_ 함수, 서식, 피벗 테이블, 차트 등 엑셀의 모든 기능을 리본메뉴의 [홈] 탭, [삽입] 탭 등을 클릭하여 찾지 않고 기능의 간단한 단어를 입력하여 빠르게 적용할 수 있습니다.

직접 해보기 함수 사용하기

_준비파일 | 20Section-자료1.xlsx

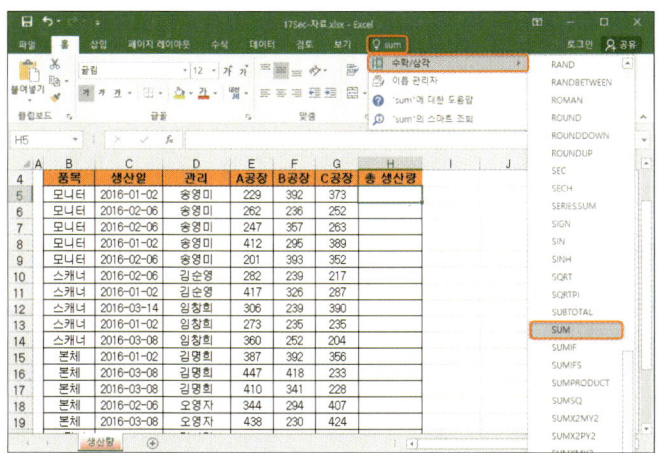

01 H열의 "총 생산량"을 계산하기 위한 SUM( ) 함수를 계산해 봅시다.
셀 H5를 클릭하고, "수행할 작업을 알려주세요" 텍스트 상자에 "SUM"을 입력하고, 하위메뉴로 표시되는 "수학/삼각"을 클릭하고, "SUM"을 찾아서 클릭합니다.

강의노트 ✏️
"SUM"을 모두 입력하지 않고 단어의 일부만 입력하여도 하위 메뉴가 표시됩니다.

02 "SUM" 함수에 대한 [함수 인수] 대화상자가 열리면 필요한 인수를 입력하고 [확인]을 클릭합니다.

03 결과가 표시됩니다.

직접 해보기 피벗 테이블 사용하기

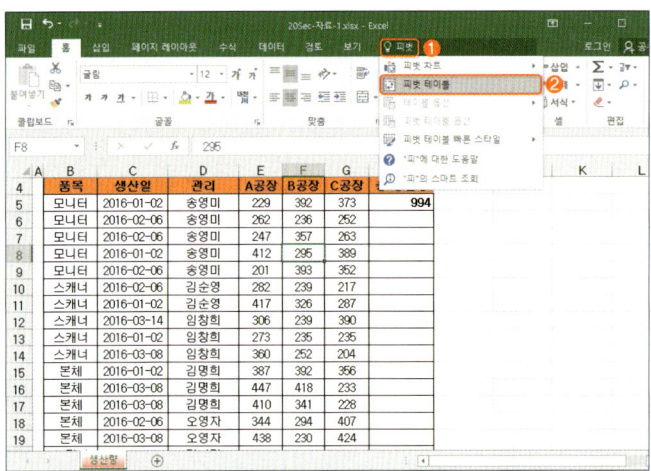

01 데이터 임의의 위치를 클릭하고, "수행할 작업을 알려 주세요" 텍스트 상자에 "피벗"을 입력하고, 하위메뉴로 표시되는 "피벗 테이블"을 클릭합니다.

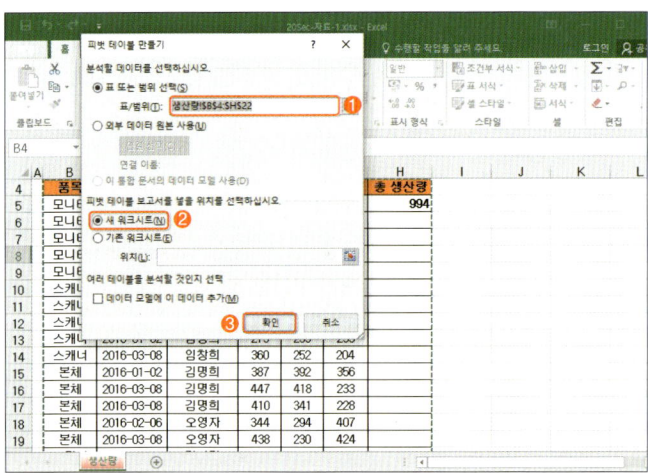

02 [피벗 테이블 만들기] 대화상자가 열리면 필요한 인수를 입력하고 [확인]을 클릭합니다.

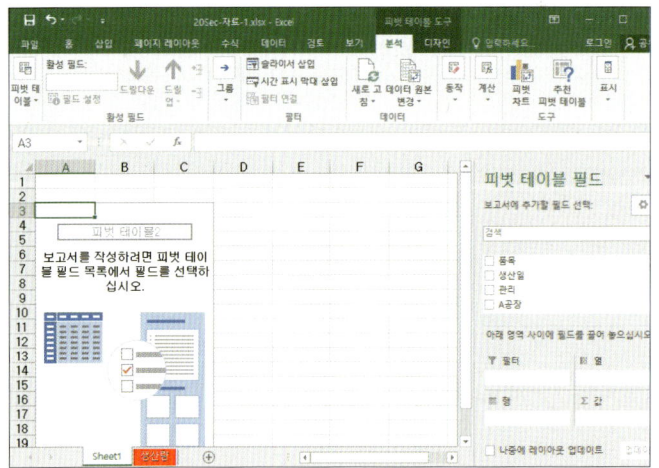

03 피벗 테이블에 대한 다음 작업을 계속 할 수 있습니다.

직접 해보기 차트 작성하기

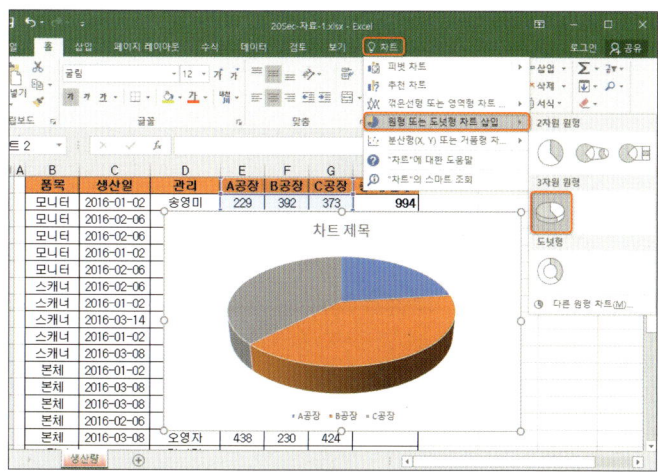

01 셀 [E4:G5] 데이터에 대한 원형 차트를 작성하기 위하여, 셀 [E4:G5]를 블록 설정하고 "수행할 작업을 알려 주세요" 텍스트 상자에 "차트"를 입력하고, 하위메뉴로 표시되는 "원형 또는 도넛형 차트 삽입"의 "3차원 원형" 차트를 클릭합니다.

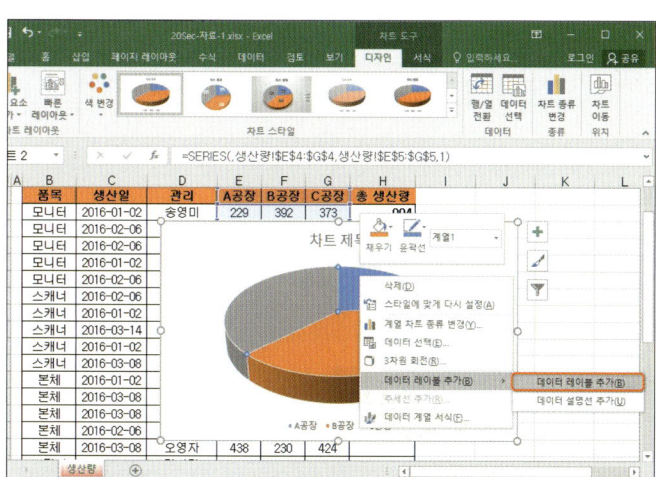

02 "데이터 계열"의 팝업 메뉴에서 [데이터 레이블 추가]의 [데이터 레이블 추가]를 클릭합니다.

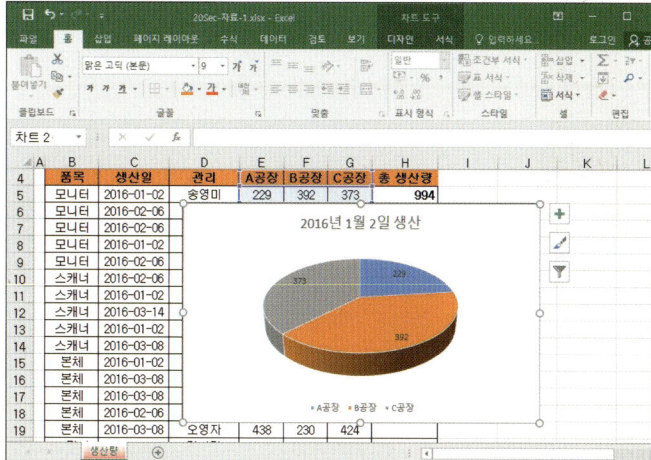

03 제목을 입력합니다.

 **실전문제**

01. "실전문제-20.xlsx" 파일을 열고, 평균과 합계를 "수행할 작업을 알려 주세요"에 "평균"과 "합계"를 입력하여 작성하시오.

[스크린샷: 상품별 온라인 쇼핑 거래액 표]

완성파일 | 실전문제 20-1-결과.xlsx

Hint sum, average를 입력하면 함수마법사가 표시됨

02. 1.의 결과에 "수행할 작업을 알려 주세요"에 "정렬"을 입력하여 "분류"를 기준으로 오름차순으로 정렬하시오.

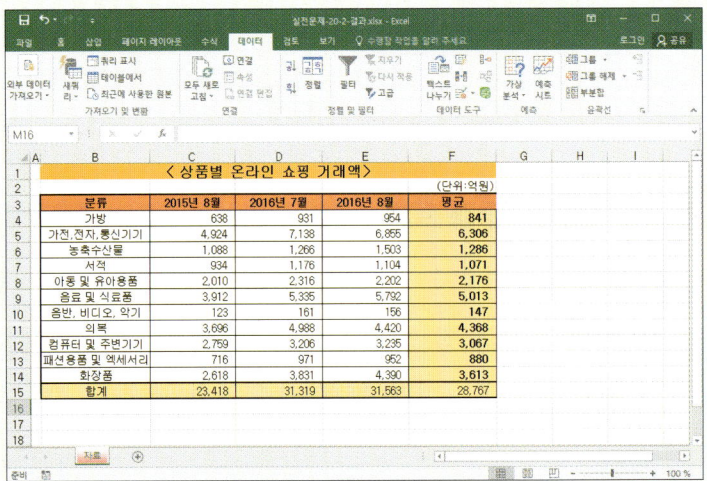

완성파일 | 실전문제 20-2-결과.xlsx

Hint 셀[B3:F14]를 블록 설정함

실전문제

03. 2.의 결과에 "수행할 작업을 알려 주세요"에 "필터"를 입력하여 자동필터를 지정하시오.

완성파일 | 실전문제 20-3-결과.xlsx

Hint 셀[B3:F14]를 블록 설정함

04. 3.의 결과에서 "가방"의 평균(셀F4)이 1,000이 되기 위하여 "가방"의 2015년 8월(셀C4)이 얼마가 되어야 하는지 "수행할 작업을 알려 주세요"에 "목표값"을 입력하여 목표값 찾기를 실행하시오.

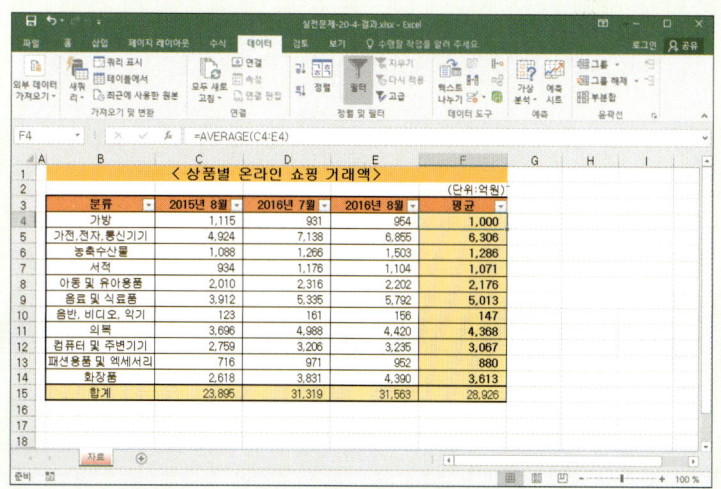

완성파일 | 실전문제 20-4-결과.xlsx

Hint "목표값 찾기"는 "가상 분석" 그룹입니다.

Part4. **21** Section

매크로

매크로는 반복적으로 수행하는 작업을 기록하여 자동으로 실행할 수 있도록 합니다. 매크로는 마우스 클릭 및 입력, 셀 이동 등 일련의 동작을 기록하였다가 실행하면 기록된 모든 과정을 자동으로 실행합니다.

매크로를 작성한 후 도구 모음 단추, 그래픽 또는 컨트롤 같은 개체에 연결하면 해당 개체를 클릭하여 매크로를 실행할 수 있습니다. 매크로를 정상적으로 실행하기 위하여 적당한 매크로 실행 설정이 되어 있어야 합니다.(123쪽 참조)

Zoom In

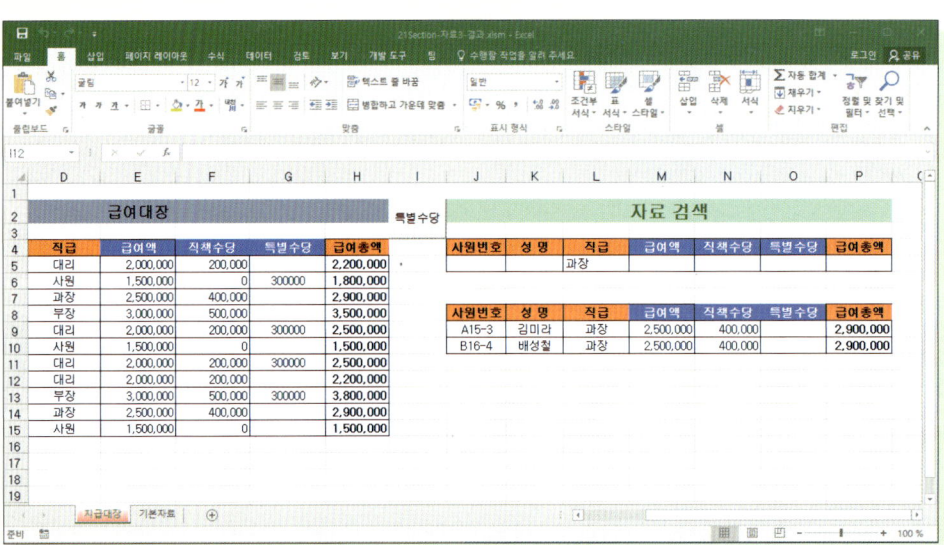

Keypoint

_ 상대참조로 매크로 기록하고 실행하기
_ 절대참조로 매크로 기록하고 실행하기
_ 매크로 실행하기
_ 매크로 사용파일 열고 저장하기

Knowhow

_ 상대참조로 매크로를 기록하면 매크로를 실행할 때 셀 포인터가 위치한 곳에서 시작한다.
_ 절대참조로 매크로를 기록하면 항상 같은 위치에서 시작한다.

직접 해보기 | 상대참조로 매크로 기록하기

_ 준비파일 | 21Section-자료1.xlsx

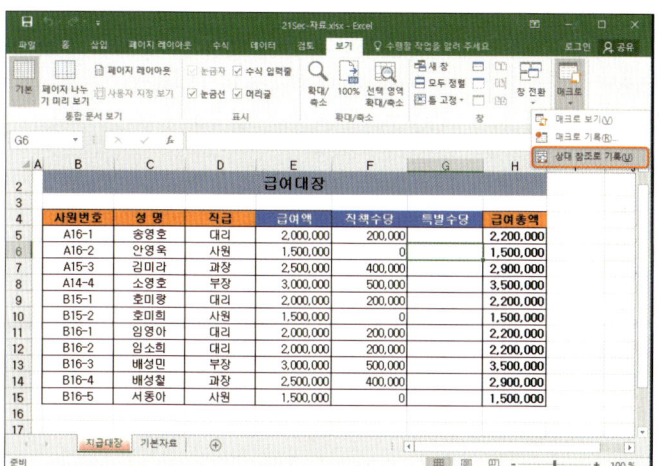

01 사용자가 원하는 곳에 특별수당 300,000원을 입력하는 매크로를 작성해 봅시다.
먼저, 셀 G6을 클릭하고, [보기] 탭의 [매크로] 그룹에서 [매크로]의 [상대 참조로 기록]을 클릭합니다.

02 다시 [보기] 탭의 [매크로] 그룹에서 [매크로]를 클릭하고, [상대 참조로 기록]이 선택되어 있는지 확인하고, [매크로 기록]을 클릭합니다.

강의노트
[상대 참조로 기록]이 선택되면 아이콘에 초록색 테두리가 표시되어 보입니다.

03 [매크로 기록] 대화상자에서 매크로 이름에 "특별", 바로 가기 키에 "m", 매크로 저장 위치에 "현재 통합 문서", 설명에 "특별수당 300,000원 입력"을 각각 입력하고 [확인]을 클릭합니다.

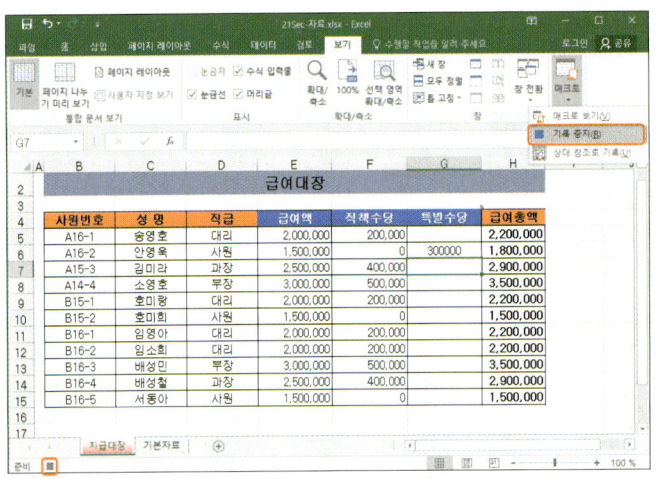

04 현재 셀 G6에 "300000"을 입력하고 Enter를 누릅니다. 매크로에 기록될 내용이 끝났으므로 [보기] 탭의 [매크로] 그룹에서 [매크로]를 클릭하고, [기록 중지]를 클릭합니다.

강의노트

매크로를 사용하면 엑셀의 상태 표시줄에 매크로 중지 아이콘(■)이 표시됩니다. 이 아이콘(■)을 클릭하여도 매크로가 중지됩니다.

직접 해보기 상대참조로 기록된 매크로 실행하기

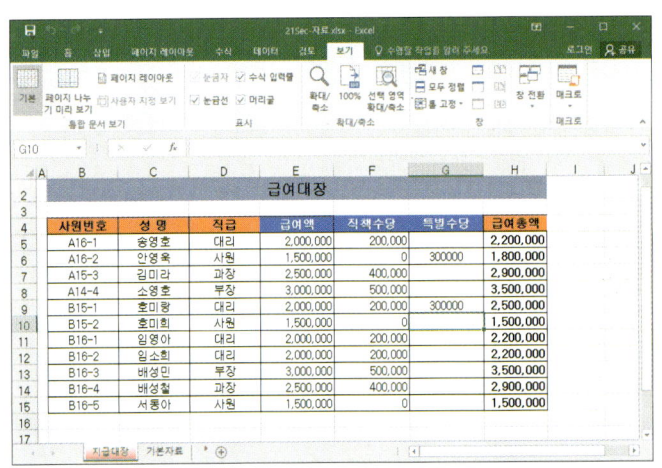

01 셀 G9를 클릭하고 Ctrl + M 을 누릅니다. 매크로 "바로 가기 키"가 적용되어 300000이 입력되고 셀 포인터는 아래 셀인 G10이 됩니다.

강의노트

매크로 기록 중에는 마우스 클릭이나 키보드 입력 동작 등 모든 동작이 기록되므로 필요 없는 작업은 하지 않도록 주의합니다.

보충수업 [매크로기록] 대화상자

- **매크로 이름** : 첫 글자는 문자나 밑줄(_)로 시작하고, 공백은 포함하지 않습니다.
- **바로 가기 키** : 영문자로 지정합니다. 공백이면 지정하지 않는 것입니다.
- **매크로 저장 위치** : 개인용 매크로 통합문서, 새통합 문서, 현재 통합문서 중에서 선택합니다.
- **설명** : 매크로에 대한 설명을 입력합니다.

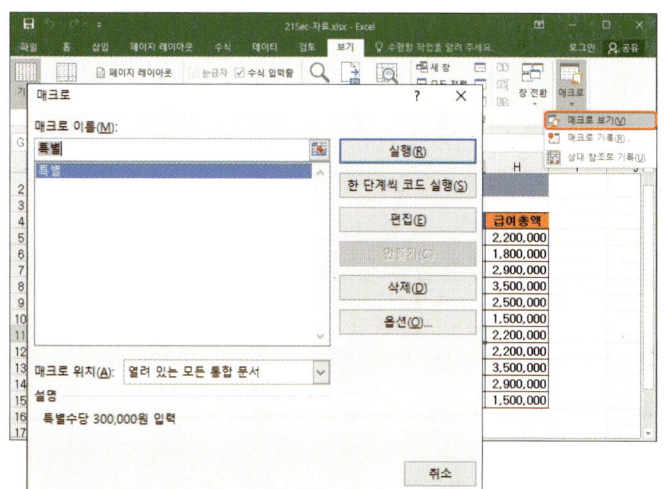

02 셀 G11에서 [보기] 탭의 [매크로] 그룹 [매크로]를 클릭하고, [매크로 보기]를 클릭합니다. [매크로] 대화상자에서 매크로 이름 "특별"을 클릭하고, [실행]을 클릭합니다.

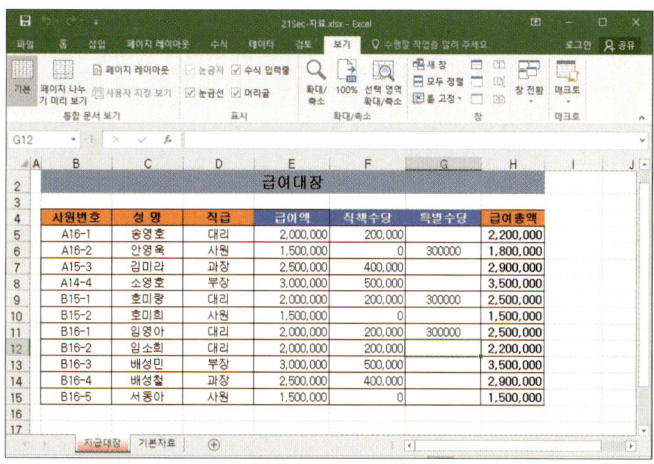

03 셀 G11에 매크로가 실행되어 300000이 입력되고 셀 포인터는 아래 셀인 G12가 됩니다.

직접 해보기 | 절대참조로 매크로 기록하기

_준비파일 | 21Section-자료2.xlsx

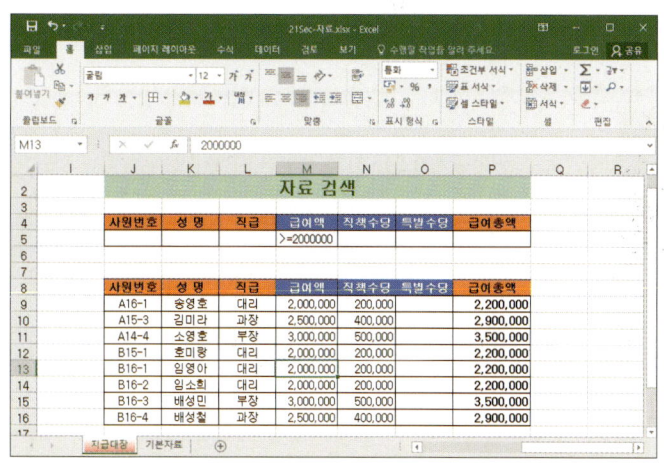

01 파일의 열 J:P에는 셀 B4:H15 자료에서 급여액 2,000,000원 이상인 자료를 추출하는 고급필터가 실행되어 있습니다. 조건을 수정하면 고급필터의 결과를 계산하는 매크로를 작성해 봅시다.

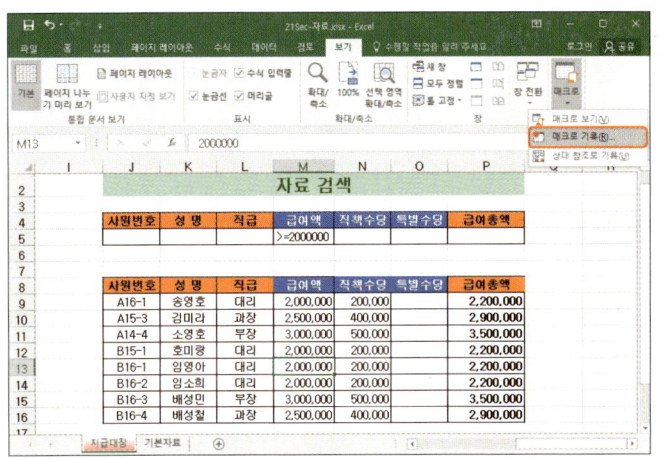

02 [보기] 탭의 [매크로] 그룹에서 [매크로]를 클릭하고, [상대 참조로 기록]이 선택 해제되어 있는지 확인하고 [매크로 기록]을 클릭합니다.

강의노트

[상대 참조로 기록]이 선택 해제되면 아이콘에 초록색 테두리가 보이지 않습니다.

03 [매크로 기록] 대화상자에서 매크로 이름에 "조건", 바로 가기 키에 "n", 매크로 저장 위치에 "현재 통합 문서"를 각각 입력하고 [확인]을 클릭합니다.

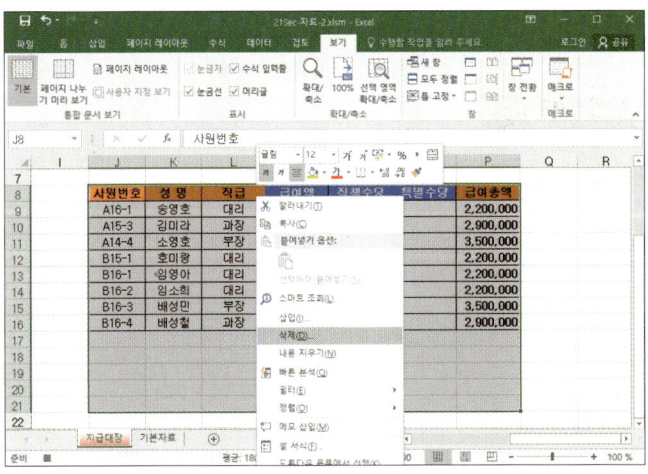

04 새로운 결과가 표시될 수 있도록 결과가 있는 셀 [J8:P21]을 삭제합니다.

강의노트

결과가 있는 셀을 삭제하지 않으면 현재 셀의 내용과 새로운 결과가 혼합될 수 있습니다.

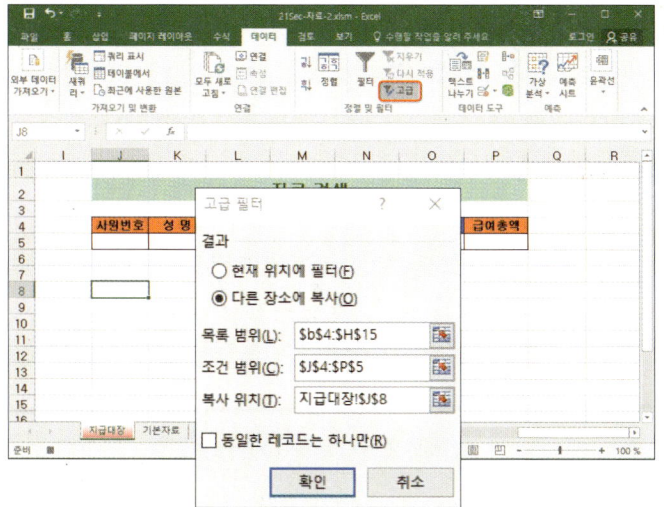

05 [데이터] 탭의 [정렬 및 필터] 그룹에서 [고급]을 클릭합니다. [고급 필터] 대화상자에서 "다른 장소에 복사"를 선택하고, 목록범위에 "B4:H15" 입력, 조건범위에 "J4:P5" 입력, 복사위치에 "J8"을 입력하고 [확인]을 클릭합니다.

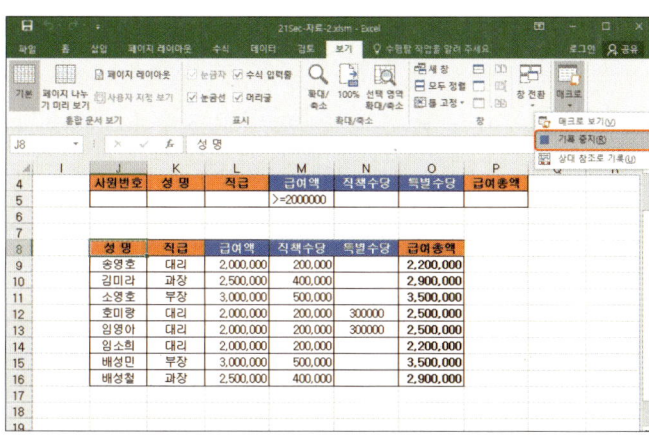

06 매크로 기록이 끝났으므로, [보기] 탭의 [매크로] 그룹에서 [매크로]를 클릭하고, [기록 중지]를 클릭합니다.

직접 해보기 | 절대참조로 기록된 매크로 실행하기

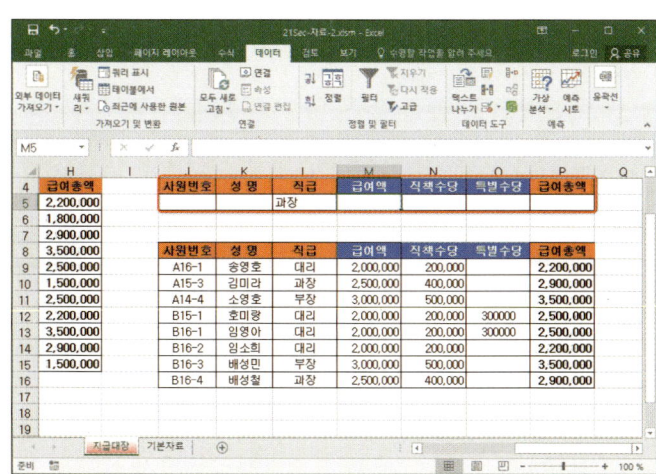

01 새로운 조건을 위하여 "직급(L5)"에 "과장"을 입력하고, "급여액" 내용은 삭제합니다.

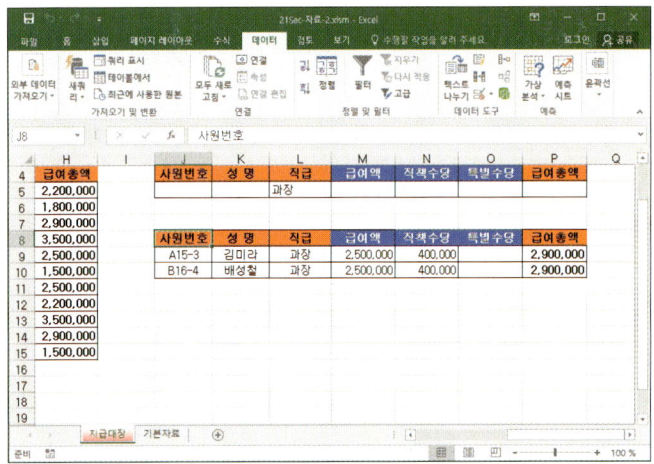

02 Ctrl + N 을 누릅니다. 직급 "과장"인 자료만 표시됩니다.

강의노트 ✏️

Ctrl + N 은 매크로 기록할 때 지정한 바로 가기 키입니다.

직접 해보기 단추 컨트롤로 매크로 실행하기

_ 준비파일 | 21Section-자료3.xlsm

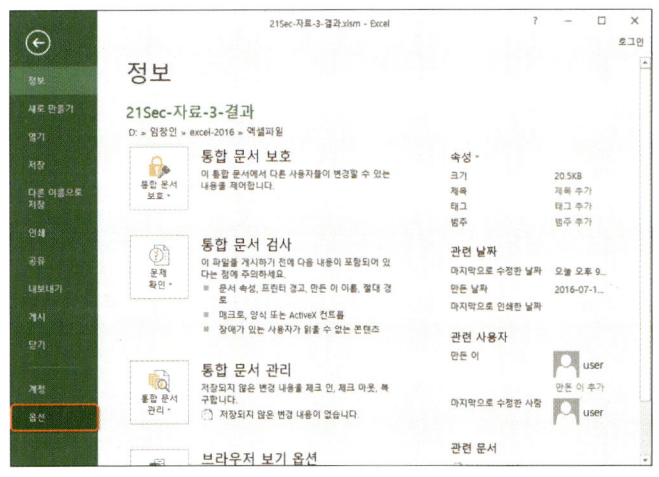

01 단추 컨트롤을 작성하고 "특별" 매크로를 실행할 수 있도록 지정해 봅시다.

단추 컨트롤을 사용하기 위하여 양식 컨트롤이 필요합니다. 그리고 이 양식 컨트롤은 [개발도구] 탭을 메뉴에 표시하여야 합니다. 먼저, 백 스테이지에서 [옵션]을 클릭합니다.

 보충수업 매크로 실행하기

매크로를 실행하는 여러가지 방법

1. 메뉴에서 [매크로 보기]를 실행하거나 Alt + F8 로 실행합니다.
2. 매크로에 지정한 Ctrl +바로 가기 키를 눌러 실행합니다.
3. 빠른 실행 도구 모음에 매크로 실행 단추를 추가 한 후 실행 할 수 있습니다.
4. 단추 컨트롤에 매크로를 지정하여 실행할 수 있습니다.
5. 그래픽 개체에 매크로를 연결하여 실행합니다.

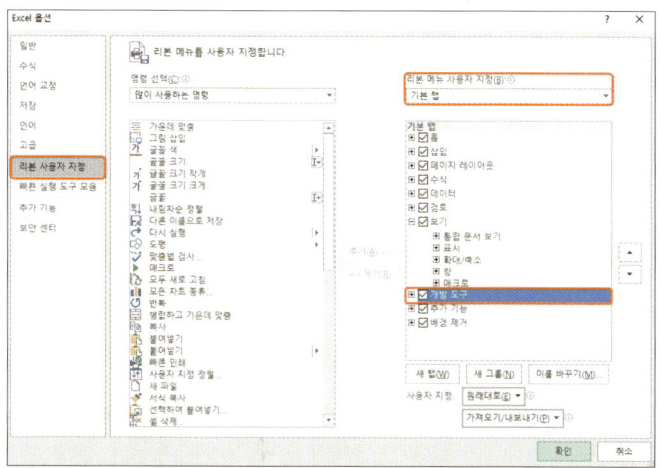

02 [리본 사용자 지정]을 클릭하고 "리본 메뉴 사용자"의 "기본 탭"에서 "개발 도구" 확인란을 선택하고, [확인]을 클릭합니다. 그러면 메뉴에 [개발 도구] 탭이 추가됩니다.

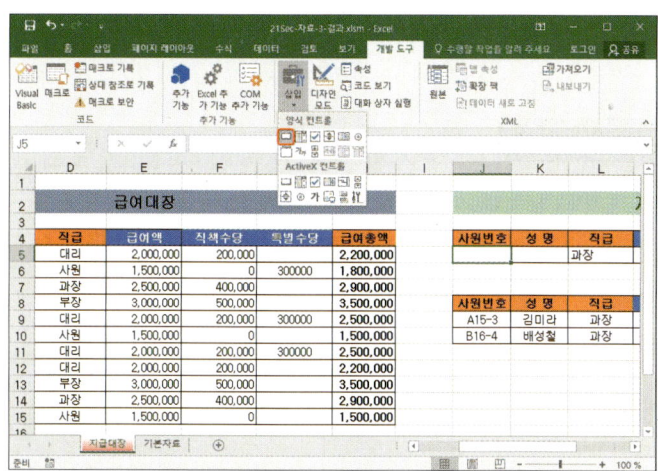

03 [개발 도구] 탭의 [컨트롤] 그룹에서 [삽입]을 클릭하고 [양식 컨트롤] 중에서 [단추(양식 컨트롤)]을 클릭합니다.

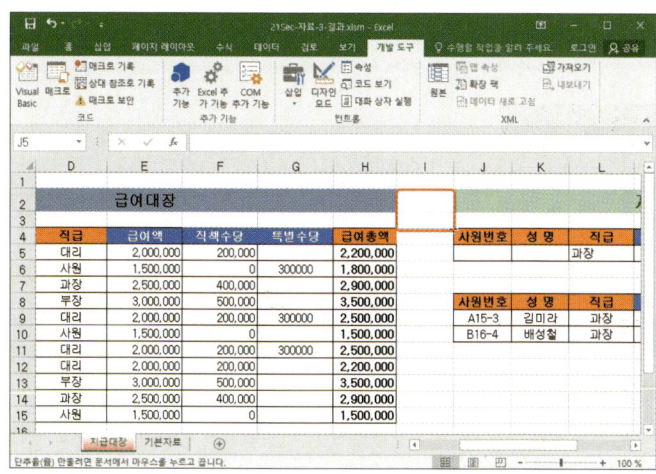

04 Alt 키를 누른 채 마우스를 셀 I2에서 셀 I3으로 드래그하여 단추 컨트롤을 그립니다.

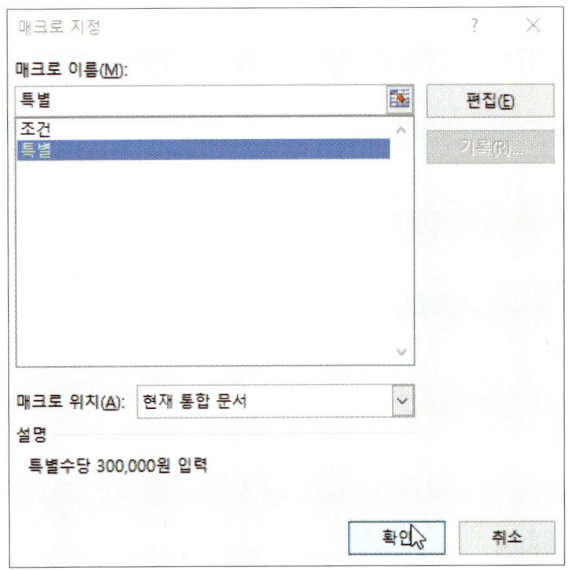

05 단추를 그리면 바로 [매크로 지정] 대화상자가 표시됩니다. [매크로 지정] 대화상자에서 매크로 이름 "특별"을 클릭하고 [확인]을 클릭합니다. 매크로가 단추에 연결되었습니다.

06 연결된 단추에는 자동으로 임의의 단추이름이 표시됩니다. 셀 G13을 클릭하고 작성된 단추를 클릭합니다. 셀 G13에 특별 수당 "300000"이 입력되고 셀 포인터는 아래로 이동합니다.

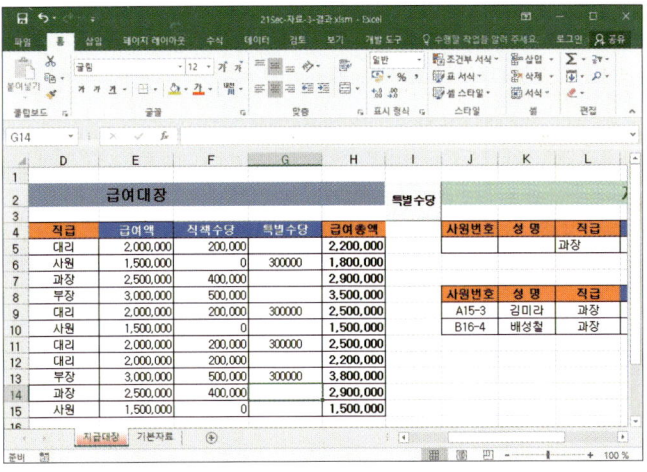

07 단추의 이름을 적당한 이름(특별수당)으로 수정합니다.

강의노트

매크로를 지정한 단추 이름을 수정할 때는 단추의 팝업메뉴에서 [텍스트 편집]을 클릭하고 수정합니다.

직접 해보기   매크로 사용 통합 문서 열기

준비파일 : 21Section-자료4.xlsm

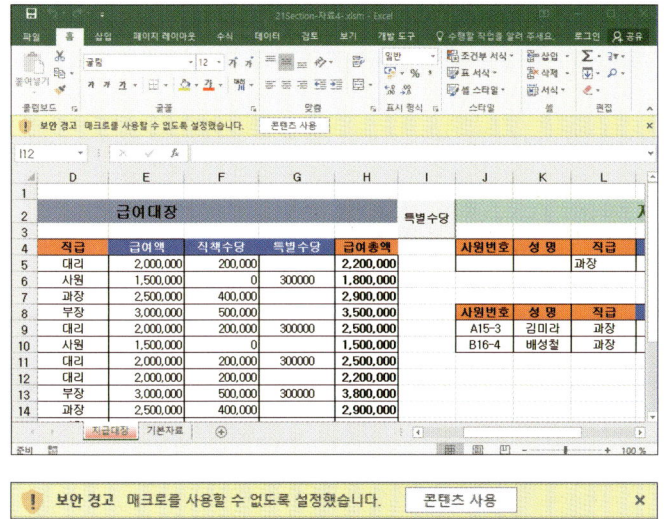

01 파일 "21section-자료4.xlsm"을 [열기]합니다. 매크로 파일을 읽어오면 "보안경고" 메시지를 표시합니다.

02 [콘텐츠 사용]을 클릭하면 매크로를 사용할 수 있습니다. [닫기](×)를 클릭하면 매크로를 사용할 수 없습니다.

직접 해보기   매크로 사용 통합 문서 저장하기

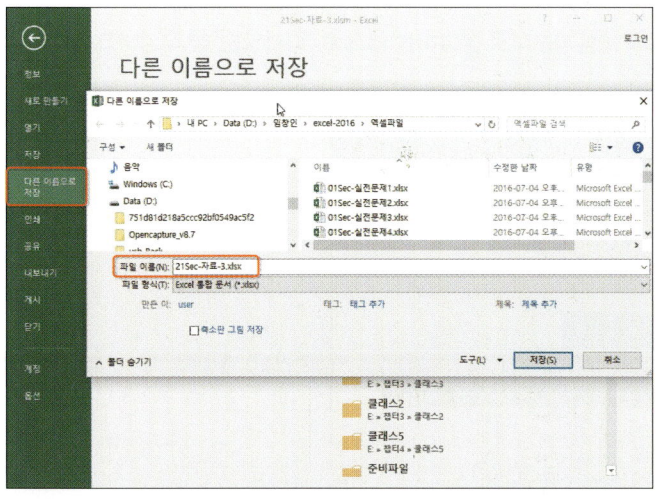

01 매크로를 사용한 파일을 다른 이름으로 저장해 봅시다.
먼저 메뉴 [파일] 탭을 클릭하고 [다른 이름으로 저장]을 클릭합니다. 그 다음 파일이름을 입력합니다.

02 [파일 형식]을 "Excel 매크로 사용 통합 문서(.xlsm)"을 선택하고 저장합니다.

실전문제

01. "실전문제-21.xlsx" 파일을 열고, 현재 선택한 셀의 글꼴을 빨강색, "굵게"로 지정하는 매크로를 매크로의 이름 "퇴직자표시", 바로 가기 키는 Ctrl+k로 지정하시오. 도형 "없음"기호를 그리고, "퇴직자표시" 매크로를 지정하고, 매크로 사용 통합문서로 저장하시오.

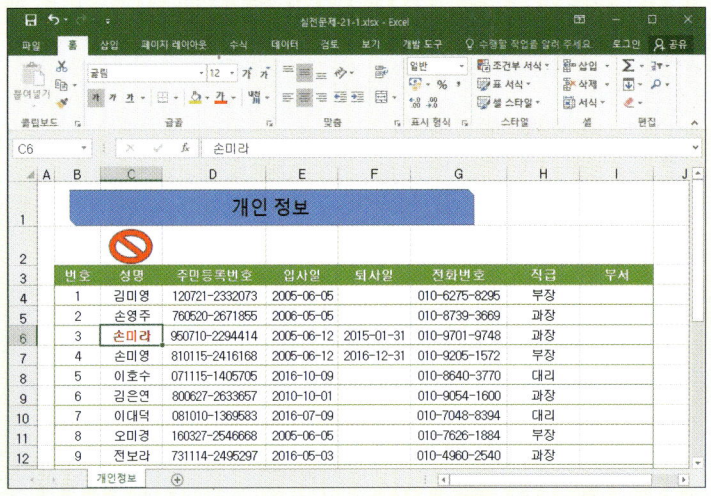

완성파일 | 실전문제 21-1-결과.xlsx

Hint 상대참조

02. "실전문제-21.xlsx" 파일을 열고, 입사일의 오름차순으로 정렬하는 매크로 "입사일순"을 작성하고, 단추 컨트롤에 지정하시오.

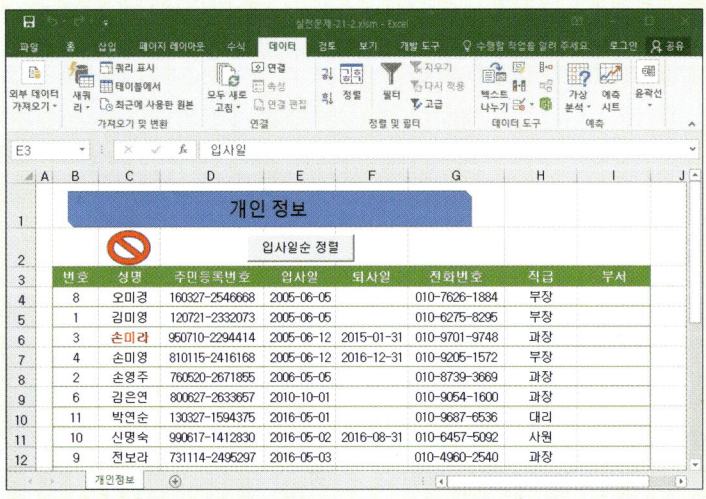

완성파일 | 실전문제 21-2-결과.xlsx

Hint 절대참조

실전문제

03. "실전문제-21.xlsx" 파일을 열고, "직급"을 오름차순으로 정렬하고, 부분합 기능으로 직급의 개수를 계산하는 "인원확인" 매크로를 작성하고, 단추 컨트롤에 지정하시오.

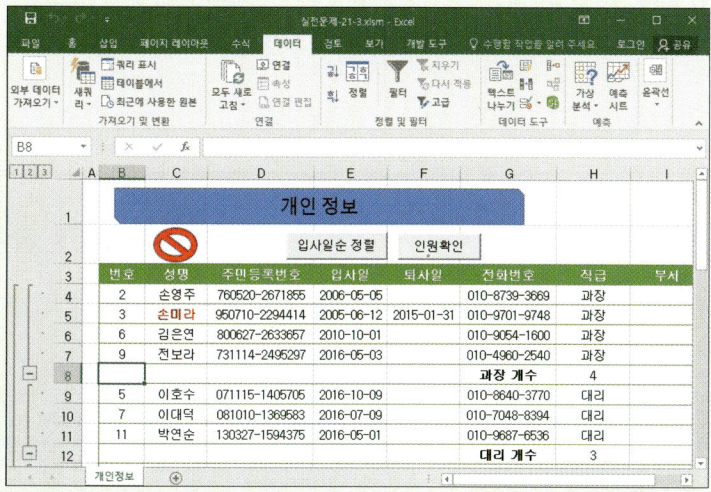

완성파일 | 실전문제 21-3-결과.xlsx

Hint 절대참조

04. "실전문제-21.xlsx" 파일을 열고, 현재 선택한 셀에 "영업부"를 입력하는 매크로와 "총무부"를 입력하는 매크로를 각각 작성하고, 두 개의 도형에 각각의 매크로를 지정하시오.

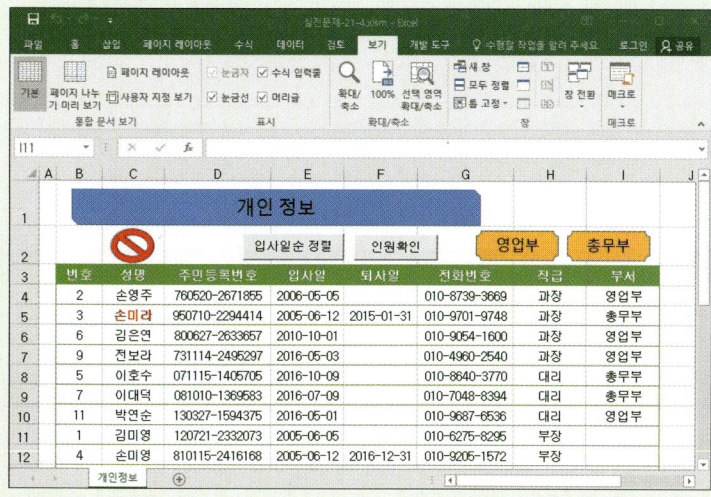

완성파일 | 실전문제 21-4-결과.xlsx

Hint 상대참조

EXCEL 2016

부록

Excel 함수와 오류의 종류

Step 01. 호환성 함수

일부 함수가 Excel 2010버전 이상과 Excel 2016에서는 함수의 용도를 쉽게 이해할 수 있는 새로운 이름의 함수로 바뀌었습니다. 그러나 이전 버전과의 호환성을 위하여 상위 버전에서도 계속 사용할 수 있습니다.

호환함수는 기존에 사용하던 함수이고, 새로운 함수는 Excel 2010버전 이상에서 추가되거나 변경된 함수입니다.

호환함수	새로운 함수	기능
BETADIST	BETA.DIST	누적 베타 분포함수를 반환
BETAINV	BETA.INV	지정된 베타 분포에 대한 역 누적 분포함수를 반환
BINOMDIST	BINOM.DIST	개별항 이항 분포 확률을 반환
CHIDIST	CHISQ.DIST CHISQ.DIST.RT	카이 제곱 분포의 단측 검정 확률을 반환
CHIINV	CHISQ.INV CHISQ.INV.RT	카이 제곱 분포의 역 단측 검정 확률을 반환
CHITEST	CHISQ.TEST	독립 검증 결과를 반환
CONCATENATE	CONCAT	두 개 이상의 텍스트 문자열을 하나의 문자열로 연결
CONFIDENCE	CONFIDENCE.NORM CONFIDENCE.T	모집단 평균의 신뢰 구간을 반환
COVAR	COVARIANCE.P COVARIANCE.S	각 데이터 요소 쌍에 대한 편차의 곱의 평균(공분산)을 반환
CRITBINOM	BINOM.INV	누적 이항 분포가 기준치 이하가 되는 값 중 최솟값을 반환
EXPONDIST	EXPON.DIST	지수 분포값을 반환
FDIST	F.DIST F.DIST.RT	F 확률 분포값을 반환
FINV	F.INV F.INV.RT	F 확률 분포의 역함수를 반환
FLOOR	FLOOR.MATH FLOOR.PRECISE	0에 가까워지도록 수를 내림
FORECAST	FORECAST.LINEAR FORECAST.ETS	기존 값을 사용하여 미래 값 계산 또는 예측
FTEST	F.TEST	F-검정 결과를 반환
GAMMADIST	GAMMA.DIST	감마 분포 값을 반환
GAMMAINV	GAMMA.INV	감마 누적 분포의 역함수 값을 반환
HYPGEOMDIST	HYPGEOM.DIST	초기하 분포 값을 반환
LOGINV	LOGNORM.INV	로그 정규 누적 분포의 역함수 값을 반환
LOGNORMDIST	LOGNORM.DIST	로그 정규 누적 분포 값을 반환
MODE	MODE.MULT MODE.SNGL	데이터 집합에서 가장 많이 나오는 값을 반환
NEGBINOMDIST	NEGBINOM.DIST	음 이항 분포 값을 반환

호환함수	새로운 함수	기능
NORMDIST	NORM.DIST	정규 누적 분포 값을 반환
NORMINV	NORM.INV	정규 누적 분포의 역함수 값을 반환
NORMSDIST	NORMS.DIST	표준 정규 누적 분포값을 반환
NORMSINV	NORMS.INV	표준 정규 누적 분포의 역함수 값을 반환
PERCENTILE	PERCENTILE.EXC PERCENTILE.INC	범위에서 k번째 백분위수를 반환
PERCENTRANK	PERCENTRANK.EXC PERCENTRANK.INC	데이터 집합의 값에 대한 백분율 순위를 반환
POISSON	POISSON.DIST	포아송 확률 분포값을 반환
QUARTILE	QUARTILE.EXC QUARTILE.INC	데이터 집합에서 사분위수를 반환
RANK	RANK.AVG RANK.EQ	수 목록 내에서 지정한 수의 크기 순위를 반환
STDEV	STDEV.S	표본 집단의 표준 편차를 구함
STDEVP	STDEV.P	모집단의 표준 편차를 계산
TDIST	T.DIST.2T T.DIST.RT	스튜던트 t-분포 값을 반환
TINV	T.INV.2T T.INV	스튜던트 t-분포의 역함수 값을 반환
TTEST	T.TEST	스튜던트 t-검정에 근거한 확률을 반환
VAR	VAR.S	표본 집단의 분산을 구함
VARP	VAR.P	모집단의 분산을 계산
WEIBULL	WEIBULL.DIST	와이블 분포값을 반환
ZTEST	Z.TEST	z-검정의 단측 검정 확률 값을 반환

Step 02. 통계 함수

함수	기능
AVEDEV	데이터 요소의 절대 편차의 평균을 반환
AVERAGE	인수의 평균을 반환
AVERAGEA	인수의 평균(숫자, 텍스트, 논리값 포함)을 반환
AVERAGEIF	범위 내에서 조건에 맞는 모든 셀의 평균(산술 평균)을 반환
AVERAGEIFS	여러 조건에 맞는 모든 셀의 평균(산술 평균)을 반환
BETA.DIST	누적 베타 분포 함수를 반환
BETA.INV	지정된 베타 분포에 대한 역 누적 분포 함수를 반환
BINOM.DIST	개별항 이항 분포 확률을 반환
BINOM.DIST.RANGE	이항 분포를 사용한 시행 결과의 확률을 반환

함수	기능
BINOM.INV	누적 이항 분포가 기준치 이하가 되는 값 중 최소값을 반환
CHISQ.DIST	누적 베타 확률 밀도 함수 값을 반환
CHISQ.DIST.RT	카이 제곱 분포의 단측 검정 확률을 반환
CHISQ.INV	누적 베타 확률 밀도 함수 값을 반환
CHISQ.INV.RT	카이 제곱 분포의 역 단측 검정 확률을 반환
CHISQ.TEST	독립 검증 결과를 반환
CONFIDENCE.NORM	모집단 평균의 신뢰 구간을 반환
CONFIDENCE.T	스튜던트 t-분포를 사용하는 모집단 평균의 신뢰 구간을 반환
CORREL	두 데이터 집합 사이의 상관 계수를 반환
COUNT	인수 목록에서 숫자의 수를 계산
COUNTA	인수 목록에서 값의 수를 계산
COUNTBLANK	범위 내에서 빈 셀의 수를 계산
COUNTIF	범위 내에서 주어진 조건에 맞는 셀의 수를 계산
COUNTIFS	범위 내에서 여러 조건에 맞는 셀의 수를 계산
COVARIANCE.P	각 데이터 요소 쌍에 대한 편차의 곱의 평균(공분산)을 반환
COVARIANCE.S	두 데이터 집합 사이에서 각 데이터 요소 쌍에 대한 편차의 곱의 평균(표본 집단 공분산)을 반환
DEVSQ	편차의 제곱의 합을 반환
EXPON.DIST	지수 분포값을 반환
F.DIST	F 확률 분포값을 반환
F.DIST.RT	F 확률 분포값을 반환
F.INV	F 확률 분포의 역함수를 반환
F.INV.RT	F 확률 분포의 역함수를 반환
F.TEST	F-검정 결과를 반환
FISHER	Fisher 변환 값을 반환
FISHERINV	Fisher 변환의 역변환 값을 반환
FORECAST	선형 추세에 따라 값을 반환
FORECAST.ETS	AAA 버전의 ETS(지수 평활법) 알고리즘을 사용하여 기존(기록) 값을 기반으로 미래 값을 반환
FORECAST.ETS.CONFINT	지정된 대상 날짜의 예측 값에 대한 신뢰 구간을 반환
FORECAST.ETS.SEASONALITY	Excel에서 지정된 시계열에 대해 감지하는 반복적인 패턴의 길이를 반환
FORECAST.ETS.STAT	시계열 예측의 결과로 통계 값을 반환
FORECAST.LINEAR	기존 값을 기반으로 미래 값을 반환
FREQUENCY	빈도 분포값을 세로 배열로 반환
GAMMA	감마 함수 값을 반환
GAMMA.DIST	감마 분포값을 반환
GAMMA.INV	감마 누적 분포의 역함수 값을 반환
GAMMALN	감마 함수 Γ(x)의 자연 로그값을 반환

함수	기능
GAMMALN.PRECISE	감마 함수 Γ(x)의 자연 로그값을 반환
GAUSS	표준 정규 누적 분포값 보다 0.5 작은 값을 반환
GEOMEAN	기하 평균을 반환
GROWTH	지수 추세를 따라 값을 반환
HARMEAN	조화 평균을 반환
HYPGEOM.DIST	초기하 분포값을 반환
INTERCEPT	선형 회귀선의 절편을 반환
KURT	데이터 집합의 첨도를 반환
LARGE	데이터 집합에서 k번째로 큰 값을 반환
LINEST	선형 추세의 매개 변수를 반환
LOGEST	지수 추세의 매개 변수를 반환
LOGNORM.DIST	로그 정규 누적 분포값을 반환
LOGNORM.INV	로그 정규 누적 분포의 역함수 값을 반환
MAX	인수 목록에서 최댓값을 반환
MAXA	인수 목록에서 최대값(숫자, 텍스트, 논리값 포함)을 반환
MAXIFS	주어진 조건에 맞는 셀에서 최대값을 반환
MEDIAN	주어진 수들의 중간값을 반환
MIN	인수 목록에서 최소값을 반환
MINA	인수 목록에서 최소값(숫자, 텍스트, 논리값 포함)을 반환
MINIFS	주어진 조건에 맞는 셀에서 최소값을 반환
MODE.MULT	배열이나 데이터 범위에서 가장 자주 발생하는 값의 세로배열을 반환
MODE.SNGL	데이터 집합에서 가장 많이 나오는 값을 반환
NEGBINOM.DIST	음 이항 분포값을 반환
NORM.DIST	정규 누적 분포값을 반환
NORM.INV	정규 누적 분포의 역함수 값을 반환
NORM.S.DIST	표준 정규 누적 분포값을 반환
NORM.S.INV	표준 정규 누적 분포의 역함수 값을 반환
PEARSON	피어슨 곱 모멘트 상관 계수를 반환
PERCENTILE.EXC	범위에서 k번째 백분위수를 반환. k는 경계값을 제외한 0에서 1 사이의 수
PERCENTILE.INC	범위에서 k번째 백분위수를 반환
PERCENTRANK.EXC	데이터 집합에서 경계값을 제외한 0에서 1 사이의 백분율 순위를 반환
PERCENTRANK.INC	데이터 집합의 값에 대한 백분율 순위를 반환
PERMUT	주어진 개체 수로 만들 수 있는 순열의 수를 반환
PERMUTATIONA	전체 개체에서 선택하여 주어진 개체 수(반복 포함)로 만들 수 있는 순열의 수를 반환
PHI	표준 정규 분포의 밀도 함수 값을 반환
POISSON.DIST	포아송 확률 분포값을 반환
PROB	영역 내의 값이 두 한계 값 사이에 있을 확률을 반환
QUARTILE.EXC	데이터 집합에서 경계 값을 제외한 0에서 1 사이의 사분위수를 반환

함수	기능
QUARTILE.INC	데이터 집합에서 사분위수를 반환
RANK.AVG	수 목록 내에서 지정한 수의 크기 순위를 반환
RANK.EQ	수 목록 내에서 지정한 수의 크기 순위를 반환
RSQ	피어슨 곱 모멘트 상관 계수의 제곱을 반환
SKEW	분포의 왜곡도를 반환
SKEW.P	모집단을 기준으로 분포의 왜곡도를 반환. 왜곡도란 평균에 대한 분포의 비대칭 정도를 나타냄
SLOPE	선형 회귀선의 기울기를 반환
SMALL	데이터 집합에서 k번째로 작은 값을 반환
STANDARDIZE	정규화된 값을 반환
STDEV.P	모집단의 표준 편차를 계산
STDEV.S	표본 집단의 표준 편차를 구함
STDEVA	표본 집단의 표준 편차(숫자, 텍스트, 논리값 포함)를 구함
STDEVPA	모집단의 표준 편차(숫자, 텍스트, 논리값 포함)를 계산
STEYX	회귀분석에 의해 예측한 y 값의 표준 오차를 각 x 값에 대하여 반환
T.DIST	스튜던트 t-분포의 백분율(확률값)을 반환
T.DIST.2T	스튜던트 t-분포의 백분율(확률값)을 반환
T.DIST.RT	스튜던트 t-분포값을 반환
T.INV	스튜던트 t-분포의 t-값을 확률과 자유도에 대한 함수로 반환
T.INV.2T	스튜던트 t-분포의 역함수 값을 반환
T.TEST	스튜던트 t-검정에 근거한 확률을 반환
TREND	선형 추세에 따라 값을 반환
TRIMMEAN	데이터 집합의 양 끝값을 제외하고 평균을 구함
VAR.P	모집단의 분산을 계산
VAR.S	표본 집단의 분산을 구함
VARA	표본 집합의 분산(숫자, 텍스트, 논리값 포함)을 구함
VARPA	모집단의 분산(숫자, 텍스트, 논리값 포함)을 계산
WEIBULL.DIST	와이블 분포값을 반환
Z.TEST	z-검정의 단측 검정 확률 값을 반환

Step 03. 수학 및 삼각 함수

함수	기능
ABS	숫자의 절대 값을 반환
ACOS	숫자의 아크코사인을 반환
ACOSH	숫자의 역 하이퍼볼릭 코사인을 반환
ACOT	아크코탄젠트 값을 반환
ACOTH	하이퍼볼릭 아크코탄젠트 값을 반환
AGGREGATE	목록 또는 데이터베이스에서 집계 값을 반환
ARABIC	로마 숫자를 아라비아 숫자로 변환
ASIN 문자	숫자의 아크사인을 반환
ASINH	숫자의 역 하이퍼볼릭 사인을 반환
ATAN	숫자의 아크탄젠트를 반환
ATAN2	x, y 좌표의 아크탄젠트를 반환
ATANH	숫자의 역 하이퍼볼릭 탄젠트를 반환
BASE	숫자를 지정된 기수의 텍스트 표현으로 변환
CEILING	가장 가까운 정수 또는 가장 가까운 significance의 배수로 숫자를 반올림함
CEILING.MATH	가장 가까운 정수 또는 가장 가까운 significance의 배수로 올림
CEILING.PRECISE	가장 가까운 정수 또는 가장 가까운 significance의 배수로 올림
COMBIN	주어진 개체 수로 만들 수 있는 조합의 수를 반환
COMBINA	주어진 개체 수로 만들 수 있는 조합의 수(반복 포함)를 반환
COS	숫자의 코사인을 반환
COSH	숫자의 하이퍼볼릭 코사인을 반환
COT	각도의 코탄젠트 값을 반환
COTH	하이퍼볼릭 코탄젠트 값을 반환
CSC	각도의 코시컨트 값을 반환
CSCH	각도의 하이퍼볼릭 코시컨트 값을 반환
DECIMAL	주어진 기수의 텍스트 표현을 10진수로 변환
DEGREES	라디안 형태의 각도를 도 단위로 바꿈
EVEN	가장 가까운 짝수로 숫자를 반올림함
EXP	e를 주어진 수만큼 거듭제곱한 값을 반환
FACT	number의 계승값을 반환
FACTDOUBLE	number의 이중 계승값을 반환
FLOOR	0에 가까워지도록 수를 내림
FLOOR.MATH	가장 가까운 정수 또는 가장 가까운 significance의 배수로 내림
FLOOR.PRECISE	가장가까운정수또는가장가까운significance의배수로내림.
GCD	최대 공약수를 반환
INT	가장 가까운 정수로 숫자를 내림

함수	기능
ISO.CEILING	가장 가까운 정수 또는 significance의 배수로 반올림한 숫자를 반환
LCM	최소 공배수를 반환
LN	숫자의 자연 로그를 반환
LOG	지정한 밑에 대한 로그 값을 반환
LOG10	밑이 10인 로그 값을 반환
MDETERM	배열의 행렬식을 반환
MINVERSE	배열의 역행렬을 반환
MMULT	두 배열의 행렬 곱을 반환
MOD	나눗셈의 나머지를 반환
MROUND	원하는 배수로 반올림된 수를 반환
MULTINOMIAL	각 계승값의 곱에 대한 합계의 계승값 비율을 반환
MUNIT	지정된 차원에 대한 단위 행렬을 반환
ODD	가장 가까운 홀수로 숫자를 반올림
PI	원주율(파이) 값을 반환
POWER	밑수를 지정한 만큼 거듭제곱한 결과를 반환
PRODUCT	인수를 곱함
QUOTIENT	나눗셈 몫의 정수 부분을 반환
RADIANS	도 단위로 표시된 각도를 라디안으로 변환
RAND	0과 1 사이의 난수를 반환
RANDBETWEEN	지정한 두 수 사이의 난수를 반환
ROMAN	아라비아 숫자를 텍스트인 로마 숫자로 변환
ROUND	수를 지정한 자릿수로 반올림
ROUNDDOWN	0에 가까워지도록 수를 내림
ROUNDUP	0에서 멀어지도록 수를 올림
SEC	각도의 시컨트 값을 반환
SECH	각도의 하이퍼볼릭 시컨트 값을 반환
SERIESSUM	수식에 따라 멱급수의 합을 반환
SIGN	수의 부호값을 반환
SIN	지정된 각도의 사인을 반환
SINH	숫자의 하이퍼볼릭 사인을 반환
SQRT	양의 제곱근을 반환
SQRTPI	(number * pi)의 제곱근을 반환
SUBTOTAL	목록이나 데이터베이스의 부분합을 반환
SUM	인수의 합을 구함
SUMIF	주어진 조건에 의해 지정된 셀들의 합을 구함
SUMIFS	범위 내에서 여러 조건에 맞는 셀들의 합을 구함
SUMPRODUCT	배열의 대응되는 구성 요소끼리 곱해서 그 값을 반환
SUMSQ	인수의 제곱의 합을 반환

함수	기능
SUMX2MY2	두 배열에서 대응값의 제곱을 구한 다음 그 차이의 합을 반환
SUMX2PY2	두 배열에서 대응값의 제곱을 구한 다음 그 합의 합을 반환
SUMXMY2	두 배열에서 대응값의 차이를 구한 다음 그 제곱의 합을 반환
TAN	숫자의 탄젠트를 반환
TANH	숫자의 하이퍼볼릭 탄젠트를 반환
TRUNC	수의 소수점 이하를 버림

Step 04. 텍스트 함수

함수	기능
ASC	문자열에서 영문 전자(더블바이트)나 가타가나 전자를 반자(싱글바이트)로 바꿈
BAHTTEXT	ß(바트) 통화 형식을 사용하여 숫자를 텍스트로 변환
CHAR	코드 번호에 해당하는 문자를 반환
CLEAN	인쇄할 수 없는 모든 문자들을 텍스트에서 제거
CODE	텍스트 문자열의 첫째 문자를 나타내는 코드값을 반환
CONCAT	여러 범위 및/또는 문자열의 텍스트를 결합하지만 구분 기호나 IgnoreEmpty 인수는 제공하지 않습니다.
CONCATENATE	여러 텍스트 항목을 한 텍스트 항목으로 조인
DBCS	문자열에서 영문 반자(싱글바이트)나 가타가나 반자를 전자(더블바이트)로 바꿈
EXACT	두 텍스트 값이 동일한지 검사
FIND FINDB	텍스트 값에서 다른 텍스트 값을 찾습니다(대/소문자 구분)
FIXED	숫자 표시 형식을 고정 소수점을 사용하는 텍스트로 지정
LEFT, LEFTB	텍스트 값에서 맨 왼쪽의 문자를 반환
LEN LENB	텍스트 문자열의 문자 수를 반환
LOWER	텍스트를 소문자로 변환
MID MIDB	지정된 위치에서 시작하여 특정 개수의 문자를 텍스트 문자열에서 반환
NUMBERVALUE	로캘에 영향을 받지 않으면서 텍스트를 숫자로 변환
PHONETIC	텍스트 문자열에서 윗주 문자를 추출
PROPER	텍스트 값에 있는 각 단어의 첫째 문자를 대문자로 바꿈
REPLACE REPLACEB	텍스트 내의 문자를 바꿈
REPT	텍스트를 지정된 횟수만큼 반복
RIGHT RIGHTB	텍스트 값에서 맨 오른쪽의 문자를 반환

함수	기능
SEARCH / SEARCHB	지정한 텍스트 값을 다른 텍스트 값 내에서 찾습니다(대/소문자 구분 안 함)
SUBSTITUTE	텍스트 문자열에서 기존 텍스트를 새 텍스트로 바꿈
T	인수를 텍스트로 변환
TEXT	숫자 표시 형식을 지정하고 텍스트로 변환
TEXTJOIN	여러 범위 및/또는 문자열의 텍스트를 결합하며, 결합할 각 텍스트 값 사이에 지정되는 구분 기호를 포함
TRIM	텍스트에서 공백을 제거
UNICHAR	주어진 숫자 값이 참조하는 유니코드 문자를 반환
UNICODE	텍스트의 첫 문자에 해당하는 숫자(코드 포인트)를 반환
UPPER	텍스트를 대문자로 변환
VALUE	텍스트 인수를 숫자로 변환
WON	₩(원) 통화 형식을 사용하여 숫자를 텍스트로 변환

Step 05. 날짜 및 시간 함수

함수	기능
DATE	특정 날짜의 일련 번호를 반환
DATEDIF	두 날짜 사이의 일, 월 또는 연도 수를 계산
DATEVALUE	텍스트 형태의 날짜를 일련 번호로 변환
DAY	일련 번호를 주어진 달의 날짜로 변환
DAYS	두 날짜 사이의 일 수를 반환
DAYS360	1년을 360일로 하여 두 날짜 사이의 날짜 수를 계산
EDATE	입력한 날짜부터 몇 개월 후의 날짜를 반환
EOMONTH	지정된 달 수 이전이나 이후 달의 마지막 날의 날짜 일련번호를 반환
HOUR	일련번호를 시간으로 변환
ISOWEEKNUM	지정된 날짜에 따른 해당 연도의 ISO 주 번호를 반환
MINUTE	일련번호를 분으로 변환
MONTH	일련번호를 월로 변환
NETWORKDAYS	두 날짜 사이의 전체 작업 일수를 반환
NETWORKDAYS.INTL	두 날짜 사이의 전체 작업 일수를 반환(주말과 공휴일로 지정된 날짜는 작업일로 간주되지 않음)
NOW	현재 날짜 및 시간의 일련 번호를 반환
SECOND	일련 번호를 초로 변환
TIME	특정 시간의 일련 번호를 반환
TIMEVALUE	텍스트 형태의 시간을 일련 번호로 변환

함수	기능
TODAY	오늘 날짜의 일련 번호를 반환
WEEKDAY	일련 번호를 요일로 변환
WEEKNUM	입력 날짜가 일 년 중 몇 번째 주인지 나타내는 숫자로 변환
WORKDAY	특정 날짜 사이의 날짜 수에서 주말이나 휴일을 제외한 날짜 수, 즉 평일 수를 반환(휴일을 지정할 수 있음)
WORKDAY.INTL	시작 날짜부터 주말을 제외함 일정한 날짜 수 이후의 날짜를 반환(주말에 해당하는 요일을 지정할 수 있습니다.)
YEAR	일련번호를 연도로 변환
YEARFRAC	두 날짜 사이의 날짜수가 일 년 중 차지하는 비율을 반환

Step 06. 논리 함수

함수	기능
AND	인수가 모두 TRUE이면 TRUE를 반환
FALSE	논리값 FALSE를 반환
IF	수행할 논리 검사를 지정
IFERROR	수식이 오류이면 사용자가 지정한 값을 반환하고, 그렇지 않으면 수식 결과를 반환
IFNA	식이 #N/A로 계산되면 지정한 값을 반환하고, 그렇지 않으면 식의 결과를 반환
IFS	하나 이상의 조건이 충족되는지 여부를 확인하고 첫 번째 TRUE 정의에 해당하는 값을 반환
NOT	인수의 논리 역을 반환
OR	인수가 하나라도 TRUE이면 TRUE를 반환
SWITCH	값의 목록에 대한 식을 계산하고 첫 번째 일치하는 값에 해당하는 결과를 반환
TRUE	논리값 TRUE를 반환
XOR	모든 인수의 논리 배타적 OR을 반환

Step 07. 찾기 및 참조 영역 함수

함수	기능
ADDRESS	참조를 워크시트의 한 셀에 대한 텍스트로 반환
AREAS	참조 영역 내의 영역 수를 반환
CHOOSE	값 목록에서 값을 선택
COLUMN	참조 영역의 열 번호를 반환
COLUMNS	참조 영역의 열 수를 반환

함수	기능
FORMULATEXT	주어진 참조 영역에 있는 수식을 텍스트로 반환
GETPIVOTDATA	피벗 테이블 보고서에 저장된 데이터를 반환
HLOOKUP	배열의 첫 행을 찾아 표시된 셀의 값을 반환
HYPERLINK	네트워크 서버, 인트라넷 또는 인터넷에 저장된 문서로 이동할 바로 가기 키를 만듭니다.
INDEX	인덱스를 사용하여 참조 영역이나 배열의 값을 선택
INDIRECT	텍스트 값으로 표시된 참조를 반환
LOOKUP	벡터나 배열에서 값을 찾습니다.
MATCH	참조 영역이나 배열에서 값을 찾음
OFFSET	주어진 참조 영역으로부터의 참조 영역 간격을 반환
ROW	참조의 행 번호를 반환
ROWS	참조 영역에 있는 행 수를 반환
RTD	COM 자동화를 지원하는 프로그램으로부터 실시간 데이터를 가져옴
TRANSPOSE	배열의 행과 열을 바꿉니다.
VLOOKUP	배열의 첫째열을 찾아 행쪽으로 이동하여 셀 값을 반환

Step 08. 데이터베이스 함수

함수	기능
DAVERAGE	선택한 데이터베이스 항목의 평균을 반환
DCOUNT	데이터베이스에서 숫자가 있는 셀의 개수를 계산
DCOUNTA	데이터베이스에서 데이터가 들어 있는 셀의 개수를 계산
DGET	데이터베이스에서 찾을 조건에 맞는 레코드가 하나인 경우 그 레코드를 추출
DMAX	선택한 데이터베이스 항목 중에서 최대값을 반환
DMIN	선택한 데이터베이스 항목 중에서 최소값을 반환
DPRODUCT	데이터베이스에서 조건에 맞는 특정 레코드 필드의 값을 곱함
DSTDEV	데이터베이스 필드 값들로부터 표본 집단의 표준 편차를 구함
DSTDEVP	데이터베이스 필드 값들로부터 모집단의 표준 편차를 계산
DSUM	데이터베이스에서 조건에 맞는 레코드 필드 열 값들의 합을 구함
DVAR	데이터베이스 필드 값들로부터 표본 집단의 분산을 구합니다.
DVARP	데이터베이스필드값들로부터모집단의분산을계산

Step 09. 정보 함수

함수	기능
CELL	셀의 서식 지정이나 위치, 내용에 대한 정보를 반환
ERROR.TYPE	오류 유형에 해당하는 숫자를 반환
INFO	현재 운영 환경에 대한 정보를 반환
ISBLANK	값이 비어 있으면 TRUE를 반환
ISERR	값이 #N/A를 제외한 오류 값이면 TRUE를 반환
ISERROR	값이 오류 값이면 TRUE를 반환
ISEVEN	숫자가 짝수이면 TRUE를 반환
ISFORMULA	수식을 포함하는 셀에 대한 참조가 있으면 TRUE를 반환
ISLOGICAL	값이 논리값이면 TRUE를 반환
ISNA	값이 #N/A 오류 값이면 TRUE를 반환
ISNONTEXT	값이 텍스트가 아니면 TRUE를 반환
ISNUMBER	값이 숫자이면 TRUE를 반환
ISODD	숫자가 홀수이면 TRUE를 반환
ISREF	값이 셀 주소이면 TRUE를 반환
ISTEXT	값이 텍스트이면 TRUE를 반환
N	숫자로 변환된 값을 반환
NA	#N/A 오류 값을 반환
SHEET	참조된 시트의 시트 번호를 반환
SHEETS	참조 영역에 있는 시트 수를 반환
TYPE	값의 데이터형식을 나타내는 숫자를 반환

Step 10. 공학 함수

함수	기능
BESSELI	수정된 Bessel 함수 In(x) 값을 반환
BESSELJ	Bessel 함수 Jn(x) 값을 반환
BESSELK	수정된 Bessel 함수 Kn(x) 값을 반환
BESSELY	Bessel 함수 Yn(x) 값을 반환
BIN2DEC	2진수를 10진수로 변환
BIN2HEX	2진수를 16진수로 변환
BIN2OCT	2진수를 8진수로 변환
BITAND	두 숫자의 '비트 단위 And'를 반환
BITLSHIFT	shift_amount비트씩 왼쪽으로 이동한 값 숫자를 반환

함수	기능
BITOR	두 숫자의 비트 단위 OR을 반환
BITRSHIFT	shift_amount비트씩 오른쪽으로 이동한 값 숫자를 반환
BITXOR	두 숫자의 비트 단위 '배타적 Or'를 반환
COMPLEX	실수부와 허수부의 계수를 복소수로 변환
CONVERT	다른 단위 체계의 숫자로 변환
DEC2BIN	10진수를 2진수로 변환
DEC2HEX	10진수를 16진수로 변환
DEC2OCT	10진수를 8진수로 변환
DELTA	두 값이 같은지 여부를 검사
ERF	오차 함수를 반환
ERF.PRECISE	오차 함수를 반환
ERFC	ERF 함수의 여값을 반환
ERFC.PRECISE	x에서 무한대까지 적분된 ERF 함수의 여값을 반환
GESTEP	숫자가 임계값보다 큰지 여부를 검사
HEX2BIN	16진수를 2진수로 변환
HEX2DEC	16진수를 10진수로 변환
HEX2OCT	16진수를 8진수로 변환
IMABS	복소수의 절대값을 반환
IMAGINARY	복소수의 허수부 계수를 반환
IMARGUMENT	각도가 라디안으로 표시되는 테타 인수를 반환
IMCONJUGATE	복소수의 켤레 복소수를 반환
IMCOS	복소수의 코사인을 반환
IMCOSH	복소수의 하이퍼볼릭 코사인 값을 반환
IMCOT	복소수의 코탄젠트 값을 반환
IMCSC	복소수의 코시컨트 값을 반환
IMCSCH	복소수의 하이퍼볼릭 코시컨트 값을 반환
IMDIV	두 복소수의 나눗셈 몫을 반환
IMEXP	복소수의 지수를 반환
IMLN	복소수의 자연 로그값을 반환
IMLOG10	복소수의 밑이 10인 로그값을 반환
IMLOG2	복소수의 밑이 2인 로그값을 반환
IMPOWER	복소수의 멱을 반환
IMPRODUCT	복소수 2개부터 255개까지의 곱을 반환
IMREAL	복소수의 실수부 계수를 반환
IMSEC	복소수의 시컨트 값을 반환
IMSECH	복소수의 하이퍼볼릭 시컨트 값을 반환
IMSIN	복소수의 사인을 반환
IMSINH	복소수의 하이퍼볼릭 사인 값을 반환

함수	기능
IMSQRT	복소수의 제곱근을 반환
IMSUB	두 복소수 간의 차를 반환
IMSUM	복소수의 합을 반환
IMTAN	복소수의 탄젠트 값을 반환
OCT2BIN	8진수를 2진수로 변환
OCT2DEC	8진수를 10진수로 변환
OCT2HEX	8진수를 16진수로 변환

Step 11. 재무함수

함수	기능
ACCRINT	정기적으로 이자를 지급하는 유가 증권의 경과 이자를 반환
ACCRINTM	만기에 이자를 지급하는 유가 증권의 경과 이자를 반환
AMORDEGRC	감가 상각 계수를 사용하여 매 회계 기간의 감가 상각액을 반환
AMORLINC	매 회계 기간에 대한 감가 상각액을 반환
COUPDAYBS	이자 지급 기간의 시작일부터 결산일까지의 날짜 수를 반환
COUPDAYS	결산일이 들어 있는 이자 지급 기간의 날짜 수를 반환
COUPDAYSNC	결산일부터 다음 이자 지급일까지의 날짜 수를 반환
COUPNCD	결산일 다음 첫 번째 이자 지급일을 나타내는 숫자를 반환
COUPNUM	결산일과 만기일 사이의 이자 지급 횟수를 반환
COUPPCD	결산일 바로 전 이자 지급일을 나타내는 숫자를 반환
CUMIPMT	주어진 기간 중에 납입하는 대출금 이자의 누계액을 반환
CUMPRINC	주어진 기간 중에 납입하는 대출금 원금의 누계액을 반환
DB	정율법을 사용하여 지정한 기간 동안 자산의 감가상각을 반환
DDB	이중 체감법이나 기타 방법을 사용하여 지정된 기간의 감가상각액을 반환
DISC	유가 증권의 할인율을 반환
DOLLARDE	분수로 표시된 금액을 소수로 표시된 금액으로 변환
DOLLARFR	소수로 표시된 금액을 분수로 표시된 금액으로 변환
DURATION	정기적으로 이자를 지급하는 유가 증권의 연간 듀레이션을 반환
EFFECT	연간 실질 이자율을 반환
FV	투자의 미래 가치를 반환
FVSCHEDULE	초기 원금에 일련의 복리 이율을 적용했을 때의 예상 금액을 반환
INTRATE	완전 투자한 유가 증권의 이자율을 반환
IPMT	일정 기간 동안의 투자 금액에 대한 이자지급액을 반환
IRR	일련의 현금 흐름에 대한 내부 수익률을 반환
ISPMT	일정 기간 동안의 투자에 대한 이자지급액을 계산

함수	기능
MDURATION	가정된 액면가 $100에 대한 유가 증권의 수정된 Macauley 듀레이션을 반환
MIRR	다른 이율로 형성되는 양의 현금 흐름과 음의 현금 흐름에 대한 내부 수익률을 반환
NOMINAL	명목상의 연이율을 반환
NPER	투자의 기간을 반환
NPV	주기적인 현금 흐름과 할인율을 기준으로 투자의 순 현재 가치를 반환
ODDFPRICE	첫 이수 기간이 경상 이수 기간과 다른 유가 증권의 액면가 $100당 가격을 반환
ODDFYIELD	첫 이수 기간이 경상 이수 기간과 다른 유가 증권의 수익률을 반환
ODDLPRICE	마지막 이수 기간이 경상 이수 기간과 다른 유가 증권의 액면가 $100당 가격을 반환
ODDLYIELD	마지막 이수 기간이 경상 이수 기간과 다른 유가 증권의 수익률을 반환
PDURATION	투자 금액이 지정된 값에 도달할 때까지 필요한 기간을 반환
PMT	연금의 정기 납입액을 반환
PPMT	일정 기간 동안의 투자에 대한 원금의 지급액을 반환
PRICE	정기적으로 이자를 지급하는 유가 증권의 액면가 $100당 가격을 반환
PRICEDISC	할인된 유가 증권의 액면가 $100당 가격을 반환
PRICEMAT	만기일에 이자를 지급하는 유가 증권의 액면가 $100당 가격을 반환
PV	투자의 현재 가치를 반환
RATE	연금의 기간별 이자율을 반환
RECEIVED	완전 투자 유가 증권에 대해 만기 시 수령하는 금액을 반환
RRI	투자 수익에 해당하는 이자율을 반환
SLN	한 기간 동안 정액법에 의한 자산의 감가 상각액을 반환
SYD	지정된 감가 상각 기간 중 자산의 감가 상각액을 연수 합계법으로 반환
TBILLEQ	국채에 대해 채권에 해당하는 수익률을 반환
TBILLPRICE	국채에 대해 액면가 $100당 가격을 반환
TBILLYIELD	국채의 수익률을 반환
VDB	일정 또는 일부 기간 동안 체감법으로 자산의 감가상각 액을 반환
XIRR	비정기적일 수도 있는 현금 흐름의 내부 회수율을 반환
XNPV	비정기적일 수도 있는 현금 흐름의 순 현재 가치를 반환
YIELD	정기적으로 이자를 지급하는 유가 증권의 수익률을 반환
YIELDDISC	국채와 같이 할인된 유가 증권의 연 수익률을 반환
YIELDMAT	만기 시 이자를 지급하는 유가 증권의 연 수익률을 반환

Step 12. 큐브 함수

함수	기능
CUBEKPIMEMBER	KPI(핵심 성과 지표) 속성을 반환하고 셀에 KPI 이름을 표시. KPI는 월별 매출총이익, 분기별 직원 전직률과 같이 수량화할 수 있는 측정값이며 조직의 성과를 모니터링하는 데 사용.
CUBEMEMBER	큐브에서 구성원이나 튜플을 반환. 큐브에 구성원이나 튜플이 있는지 확인하는 데 사용
CUBEMEMBERPROPERTY	큐브에서 구성원 속성 값을 반환. 큐브 내에 구성원 이름이 있는지 확인하고 해당 구성원에 지정된 속성을 반환하는 데 사용
CUBERANKEDMEMBER	집합에서 n번째 또는 순위 내의 구성원을 반환. 최고 판매 사원이나 10등내의 학생 등 집합에서 하나 이상의 요소를 반환하는 데 사용
CUBESET	서버의 큐브에 집합을 만드는 식을 전송하여 계산된 구성원이나 튜플 집합을 정의하고 이 집합을 Microsoft Office Excel에 반환
CUBESETCOUNT	집합에서 항목 개수를 반환
CUBEVALUE	큐브에서 집계 값을 반환

오류의 종류

오류 종류	설명	해결 방법
#####	열 너비가 좁아서 셀의 일부 자를 표시할 수 없을 경우	셀 너비를 넓혀줌
#DIV/0!	값이 포함되지 않은 셀이나 0으로 숫자를 나누기 하는 경우	수식 수정
#N/A	함수나 수식에 값을 적용할 수 없는 경우	iferror()함수와 같이 사용하거나, 오타 확인
NAME?	수식의 텍스트를 인식할 수 없는 경우(예. 함수이름 잘못 입력)	함수의 철자를 확인
#NULL!	교차하지 않는 두 영역의 논리곱을 지정한 경우	범위 수정
#NUM	수식이나 함수에 잘못된 숫자 값이 포함되어 있는 경우	수식 확인
#REF!	셀 참조가 유효하지 않은 경우	참조 범위 확인
#VALUE	수식에 여러 가지 데이터 형식이 있는 셀이 포함될 경우	수식 변경

알찬 예제로 배우는
Excel 2016

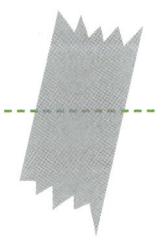

2017년 12월 15일 초판 1쇄 인쇄
2017년 12월 25일 초판 1쇄 발행

지은이 : 임창인
펴낸이 : 양진오
펴낸곳 : (주)교학사
주　소 : (공장) 서울특별시 금천구 가산디지털1로 42 (가산동)
　　　　(사무소) 서울특별시 마포구 마포대로14길 4 (공덕동)
전　화 : 02-707-5314(편집), 02-839-2505, 02-707-5147(영업)
팩　스 : 02-707-5316(편집), 02-839-2728(영업)
등　록 : 1962년 6월 26일 〈18-7〉

교학사 홈페이지 주소
http://www.kyohak.co.kr

Copyright by KYOHAKSA.
(주)교학사는 이 책에 대한 독점권을 가지고 있습니다. 따라서 (주)교학사의 서면 동의 없이는 책의 전체 또는 일부를 어떤 형태로도 사용할 수 없습니다.
또한 책에서 인용한 모든 프로그램은 각 개발사와 공급사에 의해 그 권리를 보호 받습니다.